普通高等教育市场营销专业"十三五"规划教材

计量营销学
第 2 版

田 广　欧阳峰　编著

机械工业出版社

计量营销学是近年来在西方市场经济发达国家形成的一门新兴的边缘学科，其核心内容是研究如何将计量学的理论和方法应用到市场营销的实践当中去。本书介绍了计量营销学的基本理论和方法，重点讲述了计量营销学的基本原理及其具体应用。作者用通俗易懂的文字阐述并解释了与现代营销密切相关的计量内容和项目，注重内容阐述的逻辑性和整体性，侧重实用性和易懂性，尽量避免烦琐的数学推导，并通过对大量实例的分析和讲解，来帮助读者学习和掌握计量营销学的主要内容。

本书可以作为高等院校市场营销专业本科高年级"计量营销学"课程的教材，也可以作为经济管理类其他专业本科生及研究生的辅助教材，还可以作为经济管理部门，特别是市场营销和市场调研部门相关人员的自学教材或参考书。

图书在版编目（CIP）数据

计量营销学/田广，欧阳峰编著. —2版. —北京：机械工业出版社，2019.3
（2025.1重印）
普通高等教育市场营销专业"十三五"规划教材
ISBN 978-7-111-62024-2

Ⅰ. ①计⋯ Ⅱ. ①田⋯ ②欧⋯ Ⅲ. ①计量经济学–市场营销学–高等学校–教材 Ⅳ. ①F224.0

中国版本图书馆CIP数据核字（2019）第029206号

机械工业出版社（北京市百万庄大街22号 邮政编码100037）
策划编辑：曹俊玲　责任编辑：曹俊玲　刘　静
责任校对：蔺庆翠　封面设计：张　静
责任印制：邓　博
北京盛通数码印刷有限公司印刷
2025年1月第2版第3次印刷
184mm×260mm·16.75印张·406千字
标准书号：ISBN 978-7-111-62024-2
定价：44.80元

电话服务　　　　　网络服务
客服电话：010-88361066　机 工 官 网：www.cmpbook.com
　　　　　010-88379833　机 工 官 博：weibo.com/cmp1952
　　　　　010-68326294　金　书　网：www.golden-book.com
封底无防伪标均为盗版　机工教育服务网：www.cmpedu.com

序 一

国际著名市场营销大师菲利普·科特勒（Philip Kotler）教授在（International Journal of China Marketing）发刊词中指出，当前的世界经济深受中国经济的影响，而未来中国的经济将持续在世界经济中扮演更加重要的角色。当整个西方世界为中国在制造业方面的竞争优势不断增长而感到压力，以及对能源的需求不断增长而忧虑之时，他们却忽视了一个更加严峻的事实，这就是中国正在迅速成长的消费文化，将会给十多亿中国人民的生活带来革命性的变化，而且具有改变世界的巨大潜在能量。

在全球化经济背景下，各个国家都已经或即将被卷入面对面的直接竞争中。创造和发展国家竞争优势、大力发展社会经济，已经成为各国政要的共识。经济增长取决于多种要素，而在国际竞争日益白热化的条件下，市场营销毫无疑问将占据重要地位。因此，学习和研究市场营销学，是全球化经济时代的要求，是迎接新经济挑战、适应环境变化的必修课。

市场营销学从诞生到现在有将近百年的历史，而中国则是在20世纪90年代中期才开始引进的，至今只有二十几年的历史。虽然市场营销学在中国的发展历史还不长，但却为中国的市场经济发展做出了巨大的贡献。不可否认，市场营销学这些年来在我国有了很大的发展，已经成为工商管理科学领域中最有特点的一个学科，深受青年学子的喜爱，毕业生供不应求，学科建设日趋完善，成就是有目共睹的。然而，同发达国家相比，特别是同美国相比，我国的市场营销学理论体系还有待完善，学科建设还需更加系统化。

随着中国社会主义市场经济体制的构建和完善，市场营销学的作用还将进一步得到加强。我们必须清醒地认识到市场就是战场，要赢得胜利我们需要更多的具有战略眼光、充满智慧和专业知识的职业营销家。在国外访问时，我曾经注意到发达国家，特别是美国，在市场营销教学实践中都非常注重定量化分析的训练。虽然我们在教学中也注意提高学生定量分析的能力，但还缺乏系统的以定量分析为主线的课程和教材。

《计量营销学》是依据国外有关计量营销学方面的教科书以及其他资料编写而成的，填补了我国在市场营销专业教材方面的一个空白。我在1993年访问加拿大麦吉尔大学时首次接触到计量营销学方面的内容，但不是很全面。该书是体现营销科学发展最新趋势的一部力作，全面系统地为我们提供了计量营销学的主要内容和方法，也为我们开拓市场营销教学的新领域和新内容提供了基本教材。

我非常认同该书关于计量营销学的定义及描述，书中写道："计量营销学（Marketing Metrics）也被称为营销计量学，是从市场营销学衍生、发展而形成的一个分支学科，它以一定的市场营销理论和实际统计资料为依据，运用数学、统计学方法和计算机技术，通过建立计量营销模型，定量分析市场营销活动过程中各个变量之间的关系。"我们也可以这样来理解，计量营销学实际上就是将计量学的理论、概念和方法应用于营销实践活动，并对这种计量的营销活动加以理论化而形成的一门交叉性边缘学科。计量营销学将市场营销活动中所有可以量化的内容和因素及其相互关系作为研究内容，是计量学与市场营销学的有机结合，但绝不是两者的简单相加。

我也十分同意该书的这个观点："计量营销学有利于企业科学、理性地判断市场，全面提高企业的竞争力，因此理应受到工商企业的重视。"此外，我还十分认同该书作者这样的判断："计量营销学还是相当年轻的一门学科，是近年来在西方国家所形成的交叉性边缘学科，在营销实践中尚未得到充分的应用，其理论和方法还有待进一步完善和提高。"

在中国，计量营销学还是一门全新的学科，营销经理们和营销学理论工作者对计量营销学还很陌生。但是，由于中国市场经济发展的需要，加之中国营销人员和理论工作者的勤奋，计量营销学将会在中国迎来一个快速的发展，并很有可能超越计量营销学在西方国家的发展阶段。对此我是非常有信心的。

我希望广大读者能从这部著作中获益，也希望有更多的营销学同行关注这一学科。

郭国庆

中国市场营销研究中心主任

中国人民大学商学院教授、博士生导师

序 二

国际学术界早年曾有过关于营销学是不是科学的争论。但时至今日，很少有人还否认营销是一门管理科学。究其原委，计量手段在营销中得到广泛和有效应用是重要原因之一。西方界定科学的基本标准，就是可以通过手段测量、分析和重复检验。从这种意义上说，计量化是现代营销学走向成熟的标志。

营销学在中国往往被认为是舶来之品。比如，我1983年在中国社会科学院读研究生时，国内大学确实还没有开设营销学这门课。但这并不等于说中国人拙于营销。我在美国获得营销学博士学位后于1995年应邀回国讲学，吃惊地发现西方营销的众多概念和做法对中国企业家来说不仅非常熟悉，而且他们已经开始创造出中国特色的营销手段，而当时改革开放还只有十几年的时间！根据我的理解，这是因为中华文化具有很深的企业家底蕴。我记得当时唯一对中国人尚属陌生的领域，大概就是应用于营销的计量手段。例如，企业往往对广告投入踌躇不决，原因是无法精确计算某单个媒体的广告效应或者不同媒体间的综合效应。缺乏计量手段的直接原因还是改革开放前的计划经济：那时的企业既然无须自负盈亏，精确的数量考核也就没有了必要。

随着改革开放的深入，特别是面对加入世界贸易组织后西方跨国企业的竞争压力，国内企业急需提升经营管理水平，包括营销实践的改进和创新。而中外企业营销水平的主要差距之一，我认为就在于计量手段的应用上。在这一背景下，《计量营销学》可以说是应运而生。正如改革开放初期计量经济学的引进，计量营销学应该是今后国内商学院着力发展的一门重要课程，学以致用。如果营销计量化确实是中国企业生存发展的需要，那么计量营销学也一定会成为广大学子和企业家所喜爱的一门课程。

田广博士在国外教书生活期间，始终以帮助提高祖国营销学科的教学科研水平为己任。他创办并主编《International Journal of China Marketing》的目的之一，就是为国内营销学学者提供一个与国际学术界进行交流的平台。《计量营销学》的编写则是他为中国营销科学发展做出的又一贡献。通读下来，不仅体会到作者严谨的学风，还深切感觉到他们对中国读者的体贴。相信所有愿意了解和学习计量营销学的朋友，都能从这部著作中受益。

林小华

加拿大怀雅逊大学管理学院教授/国际研究中心主任

国际商业学会加拿大分会主席

加拿大中小企业及企业家协会副会长

加拿大创业创新平台主席

序 三

2012年6月国内首次出版了由汕头大学商学院田广教授编著的《计量营销学》，该书的出版标志着计量营销学开始在我国的营销教学领域得到了重视和发展，也填补了我国高校市场营销专业教材方面的一个空白。该书全面系统地阐述了计量营销学的主要内容和方法，为我国高校开拓市场营销学教学新领域和新内容提供了基本教材。该书自出版以来，已经成为我国许多高校管理学院或商学院市场营销专业的"计量营销学"课程的教材，或被选为其他专业指定教学用书，受到许多高校相关专业教师的欢迎和认可。

"计量营销学"是国外许多著名商学院开设的专业课程之一，受《计量营销学》的影响，一些国内的著名大学或一般院校的市场营销专业也在近年陆续开设了该课程。与传统营销课程主要侧重于营销的概念、原理、经验与定性分析不同，"计量营销学"课程主要侧重于运用定量分析的方法对营销各领域进行科学的营销管理和决策。由于计量营销学迎合了我国营销科学发展的主要潮流和企业的营销实践需要，因而《计量营销学》一经问世，便受到许多高校和营销业界的广泛关注。作为一门新的交叉性边缘学科，现阶段计量营销学本身在西方尚处于发展阶段，而在国内随着《计量营销学》的出版也刚刚起步，虽可供参考的资料不多，但该书的出版给营销界的教师、学生和业界人士提供了更科学的营销决策方法，以及更便利的营销决策工具。为了让国内营销界的教师、学生和业界人士更好地理解和运用《计量营销学》，田广教授又陆续编写出版了教学配套用书《计量营销学——问题与案例分析》和科普读物《计量营销学，就这样简单》，把计量营销学的理论和实践融会贯通起来。

由田广、欧阳峰两位教授合作撰写的《计量营销学》（第2版）在保留了第1版《计量营销学》精华内容的基础上，吸收了国内一些高校教师的宝贵意见和建议，增加了一些反映计量营销学科发展的新内容和有助于提高学生动手能力的实操性练习。总之，《计量营销学》（第2版）作为普通高等教育市场营销专业"十三五"规划教材，对于我国高等院校市场营销专业的教学建设和发展具有重要意义，为拓展和培训学生的创新思维提供了营销决策工具，相信《计量营销学》（第2版）会得到越来越多读者的欢迎。

陈钦兰

华侨大学工商管理学院教授、博士、硕士生导师

华侨大学营销管理研究中心主任

中国高等院校市场学研究会理事

中国市场学会第五届理事会理事

美国普渡大学管理学院访问学者

第 2 版前言

《计量营销学》的第 1 版自 2012 年 6 月出版以来,受到许多高校教师的关注,并将其列为指定教材,不少高校将"计量营销学"列为专业课。作者之一田广教授应邀为多个市场营销类学会组织或杂志举办的会议做专题报告演讲,为"计量营销学"课程在国内的普及推广做出了自己的贡献。

在《计量营销学》第 1 版使用过程中,一些高校教师针对其中有关内容提出了很好的完善意见或建议。本书在第 1 版的基础上,吸收了一些教师的意见和建议,进行了修订完善。

本次主要修订了以下内容:

(1) 增减了有关章节和内容。将第 1 版中的第一章和第二章合并为第 2 版的第 1 章,并增加了营销分析模型等内容;在第 5 章品牌资产的估计模型和方法中,增加了全国品牌价值及价值测算标准化技术委员会制定的国家标准中提出的多周期超额收益法模型介绍等;在第 7 章增加了销售分担区域规划、销售队伍规划、销售拜访规划的模型介绍;在第 10 章增加了广告预算模型等内容。

(2) 增加了测试题和练习题。为方便教师组织教学和强化学生的动手能力,将第 1 版中各章章末的思考题改为测试题,将各章章末的案例改为练习题(对采用本书的教师,练习题有关数据文件可在机械工业出版社教育服务网(www.cmpedu.com)下载)。

(3) 修改了一些专业术语的表述。将第 1 版中参考的外文文献的内容进行了对照修改,使之尽量符合专业表达的习惯。

(4) 对第 1 版中的图表重新进行了绘制。

本书的出版得到汕头大学教材补贴资助。在本书编写过程中,汕头大学教务处和商学院企业管理系领导及同事给予了大力支持。在此,作者对他们一并表示衷心感谢。

由于作者水平有限,本书尚有许多需要改进之处,欢迎读者批评指正,以期在重印时加以修正。

田 广 欧阳峰

第 1 版前言

本书是一本普通高等院校教材,旨在介绍有关计量营销学(Marketing Metrics)的基本原理和方法。计量营销学是近年来才兴起的一门交叉性边缘学科,尚未自成体系,其理论和方法还处于探索和发展阶段。尽管如此,在许多美国大学的商学院,计量营销学正成为一门比较受欢迎的选修课。随着我国市场经济的发展,营销学在我国的高等院校也取得了较大的发展,学科建设成绩卓著。我国的营销学界向来注重基本理论和方法的教学与研究,将计量理论和方法应用于营销教学与研究之中,这应该成为我国营销学学科未来发展的重点内容之一。

近年来,数据库营销策略发展很快,横扫了工商企业界。在这股浪潮下,如何熟练地应用数据来衡量经营者的效益和责任,已经成为市场营销能否成功的关键问题。然而,在我国只有为数不多的营销经理意识到运用计量方法来评估营销战略的价值。我注意到市场营销人员、公司经理和市场营销专业的学生,迫切需要一本综合性且具实践参考价值的有关营销计量方面的教材,本书就是为满足他们所需而编写的。

编写本书的目的在于向读者介绍最基本的有关计量营销学的原理和方法,重点帮助读者学会在营销实践中应用这些原理和方法。在每一章的开头部分都提供了本章内容提要和学习目的,在每一章的最后部分都提供了本章小结和思考题,以便读者掌握每一章的重点内容。同时,也提供了与章节内容相关的案例,供学习参考。

全书共十三章,第一章为导论,主要讨论市场的形成和发展,以及以市场为导向的经济体制和制度的形成与发展。将计量学的理论和方法运用到市场营销的具体实践中,并将其系统化和理论化,这便形成了计量营销学。计量营销学是近年来在西方国家形成的一门交叉性边缘学科,其理论和方法还有待进一步完善和提高。

第二章讨论了企业经营战略的问题。提出这样一个思路:必须将企业计量营销的战略设想转化为可供操作的方案。计量市场营销的战略决策过程是一个重复循环上升的过程。只有学会并且善于发现最重要的一些计量内容,有针对性地进行分析和评估,才能提供对营销决策有意义的信息。

第三章通过对市场份额背后其他指标的动态变化的探讨,进一步探索顾客优先选择某种品牌决策过程的主导因素,包括对品牌的知名度、顾客态度及对产品的使用状况等进行计量的方法。这一章还讨论衡量顾客偏好及满意程度的方法，包括如果某产品暂时无法获得，消费者是否愿意在市场上继续主动寻找，以及消费者是否愿意将这个品牌推荐给其他人。

第四章主要介绍了单位利润、成本控制与营销投资分析的相关内容。这一章讨论如何通过不同渠道的销售整合来计算平均利润，以及如何比较不同分销渠道的经营状况。销售的"贡献利润"是营销学的重要定义之一。本章还讨论固定成本和可变成本在计算收支平衡和贡献利润方面的运用。

第五章讨论了在对一个比较新的产品销售额进行估算时，根据人口基数、试用率及重复购买率这三个变量，来估算在某一时段内某产品的市场渗透情况。本章还讨论了两种计量增长的方法：其一为年度增长率；其二为复合年度增长率。此外，本章还讨论了有关市场营销中的自我吞并现象。自我吞并率是评估新产品战略的一项重要指标。

第六章探讨了品牌资产的概念和计量方法。营销实践家和理论研究者研究总结出了不同的方法来分析考虑品牌的价值。本章还探讨了联合分析方法在营销实践中的应用。联合分析是用于评估不同属性对消费者的相对重要性，以及不同属性特征水平给消费者带来的效用的统计分析方法。此外，本章还探讨了有关市场细分的理论和方法，市场细分可以帮助管理层认识消费群体模式，并在一个较大的市场范围内识别出对自己有吸引力的对象。

第七章着重介绍了衡量顾客个人关系行为的计量。从简单计算有多少顾客为企业的服务对象开始。正如有些品牌比另一些品牌利润更大一样，有些顾客关系也会比其他顾客关系给企业带来更多的利润。本章还讨论了如何计算和说明顾客终身价值这个计量内容。

第八章主要讨论了推式营销，描述营销人员如何衡量系统的妥善性和有效性。首先讨论了有关销售人员的问题，然后讨论了关于渠道分析的问题。此外，本章还讨论了产品分布和可获得性的度量问题，并探讨了物流跟踪的目的，主要在于检测企业在管理产品分布和物流过程的有效性，以确保企业最大限度地满足顾客需要。

第九章首先分析讨论了集中计算价格溢价的常见方法；其次讨论了构成价格-质量一览表（也被称作需求函数或需求曲线）的概念；然后解释了价格弹性的定义及计算方法。此外，本章还讨论了在两个主要需求函数中决定最优价格的方法，价格弹性的计算是否可能引起竞争反应，主要讨论三种价格弹性，即自身价格弹性、交叉价格弹性和剩余价格弹性。

第十章主要讨论了价格促销的问题。首先讨论了兑换率问题，兑换率本身并不是一个判断成功与否的好标准。在评估一个优惠券或者退款项目时，企业还应当考虑提供给顾客的全部权益水平。其次讨论了价格瀑布问题，通过分析价格瀑布，市场营销人员可以决定产品的价格是从何处滑落的。此外，本章还讨论了价格歧视问题。

第十一章主要讨论了广告与媒体在营销中的地位和作用问题，并探讨了网络营销中的有关计量内容。本章还介绍了与广告计量内容相关的专业词汇，包括广告印象、曝光、能见率、收视率、总收视率、净到达率、有效频数和千人成本等。本章还讨论了一些对于网络来说独一无二的专业概念，如点选连接等。

第十二章主要讨论了营销与财务的关系问题。当市场参与者开展业务时，其计划必须与市场其他机制相协调。销售预测、预算安排、收益评估往往是市场营销与财务关系的焦点。这一章简要概述了评估盈利能力和利润的方法，介绍了财务度量的构建，并且讨论了如何运用财务度量来衡量不同的项目，以便更容易地制订符合规定的营销计划。本章还讨论了一个经常提及但没有明确定义的指标，即市场投资回报率（ROMI）。

第十三章主要讨论了如何应用营销计量指标来估测问题、机会和未来公司财务的表现。本章讨论了管理"仪表盘"的计量方法为什么被很多的市场参与者所喜爱。本章还探讨了如何将一个大的评估指标划分成小的组成部分，以帮助企业从细节上发现问题和优势。可以通过综合框架和结构，对市场决策的效果加以检测。营销组合模式可以用来估测对市场资源调配决策的有效性。

本书主要依据近几年在西方国家出版的有关计量营销学的论著编写而成。在写作中主要参考了美国培生教育出版公司于2010年出版的、由保罗·W. 法里斯（Paul W. Farris）等人联合编写的《计量营销学》教科书；同时，还参考了美国约翰·威利出版公司于2010年出版的、由美国西北大学马克·杰佛瑞（Mark Jeffery）编写的《数据驱动营销》，加拿大楚伏特出版公司于2007年出版的、由美国宾州大学加里·L. 莉莲（Gary L. Lilien）等人编写的《营销工程学原理》，新加坡约翰·威利出版公司于2007年出版的、由新加坡管理大学约翰·戴维斯（John Davis）编写的《营销测量》等著作的主要内容。此外，还阅读参考了大量的有关市场营销的中英文教材和论文，包括网络资料，在此恕不一一列举。

编写过教材的学者大概都有同样的感触，当面对浩瀚无边的大量学术资料时，是很难进行取舍的，总想将本学科领域的已有成果都囊括到正在编写的教科书中，但实际上很难做到。此外，编写教材与撰写专著又有着很大的区别，在总结和概括他人的研究成果时，还必须依据教学的需要，对某些概念和原理根据自己的理解进行阐述，并需要有针对性地发表自己的观点和意见。特别是当把外文资料翻译为中文时，似乎根本无法直接进行"翻译"，必须根据自己对学科的认识及教学的需要进行阐述性翻译和解释，有时候必须在外文资料的基础上，根据一定的逻辑关系进行重写。因为这不仅涉及语言的问题，也涉及不同的人对原文的理解问题，更涉及文化和观念方面的问题。

就本书的编写而言，虽然本人试图将有关计量营销学的理论和方法全面系统地介绍给我国读者，但由于现阶段计量营销学本身在西方国家的发展尚处于初始阶段，加之本人对计量营销学的认识程度有限，目前能编写出一本令各方面都完全满意的教科书还是比较困难的。现在呈现给读者的这本书，虽然还不够十分完美，但基本上囊括了现代西方计量营销学最主要的内容，可以作为大家学习计量营销学的引路教材。编写者将根据读者的反馈以及自己的教学实践，不断补充和完善，增加与我国市场营销相关的案例，使之逐步成为一本成熟的教科书。

在编写本书的过程中，本人得到了许多同事和朋友的帮助。首先要感谢美国默戴尔大学主管教学和科研的副校长道格拉斯·哈沃德（Douglas Howard）博士和工商管理系主任麦克·李立斯（Michael Lillis）博士，他们为我编写此书提供了资金支持。我的学生陈滨翘、朱晖、孙磊和吴昱莹协助我翻译了部分章节的英文资料。汕头大学商学院副院长欧阳峰教授、中国传媒大学经济管理学院副院长金学涛博士、山西大学经济与工商管理学院副院长孟慧霞博士、中国人民大学商学院王霞博士、辽宁工程技术大学营销管理学院营销系主任王丽娟博士、浙江财经大学王春霞博士、北京物资学院弓秀云博士、河北大学管理学院副院长张双才教授、河北大学管理学院工商管理系主任钟伟教授、西南财经大学经济管理学院侯立平教授、辽宁工程技术大学营销管理学院徐维隆老师等阅读了初稿，并提出了宝贵的修改意见。华东交通大学经济管理学院冷雄辉老师不仅阅读了初稿，并且帮助整理编辑了部分案例。中国数码公司图文编辑韦锦宁女士帮助制作了部分图表。我的太太王红、儿子田凯利、女儿田凯旋，如同我在撰写其他论著时一样，总是给予我应有的鼓励和支持。在此一并表示感谢。

最后，如前所述，计量营销学是近年来在西方国家刚刚形成的一门新兴的市场营销学分支学科，其理论和方法尚处于初始发展阶段，但计量营销的重要性却是客观存在的。在我国，计量营销学还是一片有待开发的处女地，祝愿读者在本书的帮助下，能获得一些最基本的有关计量营销学的理论和方法方面的知识，在此基础上继续探索，并在实践中具体应用，取得成功。

田　广

教 学 建 议

1. 教学目的

计量营销学的核心内容是研究如何将计量学的理论和方法应用到市场营销的实践中去，它不仅要求学生能够熟练掌握市场营销的相关知识，还要求学生在掌握相关计量理论和方法的基础上，将两者进行有效结合，使得计量营销的知识能够为营销实践服务，以期获得更加有效的营销效果。与传统市场营销课程主要侧重于市场营销的概念、经验与定性研究不同，计量营销学主要侧重于运用量化模型进行科学的营销决策与研究，主要通过整合营销理论知识、营销决策模型、营销数据、营销问题、营销信息系统以及营销案例库，来帮助营销人员实现决策的数量化、流程化、科学化和规范化，从而提高营销决策的科学性以及营销绩效。

2. 前期需要掌握的知识

市场营销学、管理学和统计学等课程相关知识。

3. 课时分布建议

工商管理类专业高年级本科一般为 48 学时，MBA 及普通硕士研究生一般为 32 学时。

教学内容	学习目标	课时安排（学时）		
		硕士研究生	MBA	本科
第1章 概述	1. 理解计量营销学与市场营销学的关系 2. 了解计量营销学的定义、基本内容与范畴 3. 了解计量营销学的重要性、学习方法 4. 理解市场营销的核心计量项目 5. 理解营销分析的模型概念，掌握营销分析的通用工具	4	4	6
第2章 市场和顾客意愿	1. 掌握市场份额、相对市场份额及市场集中化的计量方法 2. 理解品牌发展指数、品类发展指数与市场渗透的计量方法 3. 掌握需求份额、重度使用指数与影响力等级的计量方法 4. 掌握与顾客满意度相关的计量方法	2	2	3
第3章 利润和销售目标	1. 掌握销售利润与利润率的计算方法 2. 掌握售价和渠道利润的计算方法 3. 掌握单位平均价格、统计单位价格和成本的计算方法 4. 掌握营销支出与收支平衡分析的方法 5. 掌握以利润为基础的销售目标的确定方法	2	2	3
第4章 产品销售与增长	1. 掌握从市场渗透到市场销售额（量）估算的原理和方法 2. 掌握年度增长率、复合年度增长率的意义与计算方法 3. 掌握自我吞并率、公平份额截取的意义与计算方法	2	2	3

(续)

教学内容	学习目标	课时安排（学时）		
		硕士研究生	MBA	本科
第5章 品牌资产和组合管理	1. 理解有关品牌资产的评估模型 2. 掌握如何用组合分析方法来分析消费者偏好 3. 理解消费者关于可弥补与不可弥补的选择偏好 4. 掌握组合分析在销售量预测等方面的应用方法	4	4	6
第6章 顾客利润与价值	1. 掌握顾客数量的相关概念及计量方法 2. 掌握顾客盈利能力、顾客获取与保留成本的概念及计量方法 3. 理解顾客终身价值的意义和计算方法	2	2	3
第7章 销售人员和渠道管理	1. 理解销售地域划分、销售目标与效率的方法 2. 理解销售队伍规划、拜访规划和销售分担区域规划的方法 3. 掌握销售人员薪酬与渠道分析的原理和方法 4. 理解分销配置的计量方法 5. 理解供应链及其盈利能力的计量方法	2	2	3
第8章 价格策略	1. 掌握计算价格溢价的常见方法 2. 理解保留价格和物有所值百分比的基本概念 3. 理解需求价格弹性的定义及计算方法 4. 理解最优价格与需求函数的基本原理 5. 理解剩余价格弹性与囚徒困境定价方法	2	2	3
第9章 促销策略	1. 掌握促销及其组合的基本原理和计算方法 2. 理解优惠券、兑换率及其成本的概念和原理 3. 理解促销折扣的计算方法 4. 掌握价格瀑布及价格剪裁分析的理论与计算方法	2	2	3
第10章 广告与网络媒体	1. 理解和掌握广告收视率、千人成本与净到达率的计量方法 2. 理解和掌握广告预算模型的应用 3. 理解反应频率函数、有效频次及广告占有率的计量方法 4. 理解网络与多媒体广告效果及其计算方法	2	2	3
第11章 营销与财务	1. 理解净利润、销售回报率、利润影响值的计算方法 2. 理解投资回报与投资风险的相关概念 3. 掌握经济增加值的原理和计算方法 4. 掌握评价多期投资和营销投资回报率的计算方法	2	2	3
第12章 营销计量指标的应用	1. 掌握应用营销计量指标分析企业经营状况的思路 2. 理解销售收入模型及其应用 3. 理解恒等式在营销分析中的应用 4. 掌握通过营销组合模型进行市场分析的方法	2	2	3
综合练习	掌握分析报告的撰写方法	4	4	6
课时总计		32	32	48

目 录

序 一
序 二
序 三
第2版前言
第1版前言
教学建议
第1章 概述 ·· 1
  本章目录 ·· 1
  学习目标 ·· 1
  1.1 市场与市场营销学 ··················· 1
  1.2 市场营销学与计量 ··················· 5
  1.3 学习计量营销学的重要性与
      方法 ····································· 10
  1.4 市场营销的核心计量项目 ········ 14
  1.5 营销分析模型与工具 ·············· 21
  本章小结 ······································· 28
  测试题 ·· 28
  练习题 ·· 28
第2章 市场和顾客意愿 ···················· 29
  本章目录 ······································· 29
  学习目标 ······································· 29
  2.1 市场份额与相对市场份额 ········ 29
  2.2 品牌发展指数与品类发展指数
      及其渗透 ······························· 33
  2.3 需求份额、重度使用指数及影响
      力等级的计量 ························ 36
  2.4 与顾客满意度相关的计量 ········ 42
  本章小结 ······································· 46
  测试题 ·· 46
  练习题 ·· 46
第3章 利润和销售目标 ···················· 48
  本章目录 ······································· 48
  学习目标 ······································· 48
  3.1 利润与利润率 ························ 48

  3.2 价格和渠道利润率 ················· 52
  3.3 单位平均价格与成本 ·············· 59
  3.4 营销支出与收支平衡分析 ········ 64
  3.5 基于利润的销售目标 ·············· 69
  本章小结 ······································· 71
  测试题 ·· 71
  练习题 ·· 72
第4章 产品销售与增长 ···················· 74
  本章目录 ······································· 74
  学习目标 ······································· 74
  4.1 试用、重复购买以及市场
      渗透 ····································· 74
  4.2 年度增长率与复合年度增长率 ··· 82
  4.3 自我吞并率与公平份额截取 ···· 84
  本章小结 ······································· 88
  测试题 ·· 88
  练习题 ·· 88
第5章 品牌资产和组合管理 ············ 90
  本章目录 ······································· 90
  学习目标 ······································· 90
  5.1 品牌资产的估计 ···················· 90
  5.2 组合分析和消费者偏好 ··········· 97
  5.3 运用组合分析进行市场细分和
      销售量预测 ··························· 102
  本章小结 ····································· 104
  测试题 ·· 104
  练习题 ·· 105
第6章 顾客利润与价值 ·················· 107
  本章目录 ····································· 107
  学习目标 ····································· 107
  6.1 顾客数量 ···························· 107
  6.2 顾客利润 ···························· 110
  6.3 顾客终身价值 ······················ 115
  本章小结 ····································· 120

  测试题 …………………………… 121
  练习题 …………………………… 121

第7章　销售人员和渠道管理 …… 123
  本章目录 ………………………… 123
  学习目标 ………………………… 123
  7.1　销售地域、销售目标与
    效率 ………………………… 123
  7.2　薪酬与销售渠道 ……………… 131
  7.3　分销配置计量 ………………… 135
  7.4　供应链与盈利 ………………… 139
  本章小结 ………………………… 145
  测试题 …………………………… 145
  练习题 …………………………… 146

第8章　价格策略 …………………… 148
  本章目录 ………………………… 148
  学习目标 ………………………… 148
  8.1　价格溢价 ……………………… 148
  8.2　保留价格和物有所值
    百分比 ……………………… 151
  8.3　需求价格弹性 ………………… 155
  8.4　最优价格 ……………………… 159
  8.5　剩余价格弹性与囚徒困境
    定价 ………………………… 166
  本章小结 ………………………… 171
  测试题 …………………………… 172
  练习题 …………………………… 173

第9章　促销策略 …………………… 175
  本章目录 ………………………… 175
  学习目标 ………………………… 175
  9.1　价格促销及评估 ……………… 175
  9.2　优惠券及相关因素评估 ……… 181
  9.3　促销折扣 ……………………… 183
  9.4　价格瀑布及价格剪裁 ………… 184
  本章小结 ………………………… 188
  测试题 …………………………… 188
  练习题 …………………………… 189

第10章　广告与网络媒体 ………… 190
  本章目录 ………………………… 190
  学习目标 ………………………… 190
  10.1　广告收视率、千人成本与
     净到达率 …………………… 190
  10.2　广告预算模型 ……………… 196
  10.3　广告反应频率函数、有效频次
     及广告占有率 ……………… 199
  10.4　网络与多媒体广告效果及其
     计量 ………………………… 203
  本章小结 ………………………… 214
  测试题 …………………………… 215
  练习题 …………………………… 215

第11章　营销与财务 ……………… 217
  本章目录 ………………………… 217
  学习目标 ………………………… 217
  11.1　利润与利润影响 …………… 217
  11.2　投资回报 …………………… 219
  11.3　经济利润——经济增加值 …… 222
  11.4　评价多期投资与营销投资
     回报率 ……………………… 224
  本章小结 ………………………… 230
  测试题 …………………………… 230
  练习题 …………………………… 231

第12章　营销计量指标的应用 …… 232
  本章目录 ………………………… 232
  学习目标 ………………………… 232
  12.1　应用营销计量指标分析企业
     经营状况 …………………… 232
  12.2　营销中的杜邦模型 ………… 238
  12.3　恒等式在营销分析中的应用 … 240
  12.4　营销组合模型 ……………… 242
  本章小结 ………………………… 245
  测试题 …………………………… 246
  练习题 …………………………… 246

参考文献 …………………………… 247

第1章
概　述

本章目录

1.1　市场与市场营销学
1.2　市场营销学与计量
1.3　学习计量营销学的重要性与方法
1.4　市场营销的核心计量项目
1.5　营销分析模型与工具

学习目标

1. 理解计量营销学与市场营销学的关系
2. 了解计量营销学的定义、基本内容与范畴
3. 了解计量营销学的重要性、学习方法
4. 理解市场营销的核心计量项目
5. 理解营销分析的模型概念，掌握营销分析的通用工具

1.1　市场与市场营销学

1.1.1　市场与市场经济

1. 市场的形成

经济学家从揭示经济实质的角度提出了市场的概念，认为市场属于商品经济的范畴，是社会分工和商品生产的产物，是商品内在矛盾的表现，反映了供求关系，是商品交换关系的总和，是通过交换反映出来的人与人之间的关系。管理学家侧重于从具体的交换活动及其运行规律认识市场，认为市场是供需双方在共同认可的条件下所进行的商品或劳务的交换活动。

根据经济学的定义，市场既可以是买卖双方进行商品交换的场所，也可以理解为一种扶助买卖双方进行交换的机制，还可以指为了买卖某些商品而与其他相联系的一群厂商和个人、商品生产者和商品消费者之间各种经济关系的总和。市场起源于古代人们对在固定时段和地点进行产品交换的需求，伴随着人类社会的进步而发展。当城市开始形成并发展繁荣起来后，人们发现最好的交易方式就是在城市中有一个集中的地方，以便人们在此买卖货物以及提供服务，方便人们寻找货物，洽谈生意。这种在相对比较固定的时空内进行交易的活动便促成了市场的形成。

2. 现代市场的特点

市场是商品交换顺利进行的条件，是商品流通领域一切商品交换活动的总和。现代市场具有开放性、竞争性、统一性、完整性和有序性五个特点。

（1）开放性。开放性是指任何有需求的组织和个人都可以自由进入市场进行交易。开放性能使企业之间在更大的范围内和更高的层次上展开竞争与合作，促进经济发展。

（2）竞争性。竞争性是指进入市场的各个组织和个人等经济实体必须同与自己具有相同需求的组织或个人进行竞争，才能满足自己的需求。竞争性可以促使各个经济主体为了维护和扩大自己的利益，采取各种自我保护行为和扩张行为，努力在产品质量、价格、服务、品种等方面创造优势。充分的市场竞争会促使经济活动充满生机和活力。

（3）统一性。统一性是指市场在扶助各种经济组织和个人进行交易时所遵循和采用的统一度量衡和支付手段，具体表现为市场规则的一致性、市场的自由流动性、同一市场价格的均衡性，以及不同市场价格之间的关联性等。市场的统一性不仅使消费者在商品的价格、品种、服务上有更多的选择，也使企业在购买生产要素和销售产品时有更好的选择。

（4）完整性。完整性主要是指市场对各种资源进行全面性的总体配置。市场的完整性不仅要求市场种类的齐全，如消费品市场、生产资料市场、金融市场、劳动力市场、技术市场、产权交易市场、期货市场等，更重要的是要求各类市场的发育与发展程度必须具有均衡性，从而使各类不同的市场共同发挥作用，完成对资源的合理配置。如果各类市场的发育与发展程度参差不齐，其中滞后的市场势必影响对资源配置的总体功能，阻碍市场体系完整功能的发挥。

（5）有序性。有序性主要是指市场交易和竞争必须具有秩序，具体表现为：价格与非价格信号的透明化、交易程序的规范化、不同市场主体的权利平等和机会均等、交易过程的公平和安全等。无序的市场不仅交易风险巨大，使交易成本增加，从而扼杀市场交易活动，而且会使整个市场体系处于非稳定状态，乃至趋于崩溃。市场的有序性是现代市场体系的主要特征，更确切地说，发挥市场体系的功能有赖于市场体系的稳定。而市场体系稳定的基础则是其内部的有序，为此，要确保市场的有序就必须完善行政执法，加强行业自律，发挥舆论监督的作用，提高群众参与监督管理市场体系的程度。

3. 市场与市场经济之间的关系

市场是社会分工和商品经济发展的必然产物，在其发育壮大的过程中推动着社会分工和经济的发展繁荣。事实上，在人类经济社会发展的每个历史阶段都有与其相适应的市场体系。市场体系是指由各类专业市场，如商品市场、服务市场、金融市场、劳务市场、技术市场、信息市场、房地产市场、文化市场、旅游市场，以及虚拟的网络市场等组成的完整体系。市场体系中的各个专业市场均有其特殊功能，它们互相依存、相互制约，共同作用于社会经济。市场对经济的作用主要表现在：①通过信息反馈，直接影响人们生产什么、生产多少，以及上市时间、产品销售的状况等；②连接商品经济发展过程中产、供、销各方，为产、供、销各方提供交换场所和其他交换条件，使商品生产者、经营者和消费者实现各自的经济利益。随着人们社会经济交往的网络虚拟化，市场不一定局限于真实的场所和地点，当今许多买卖都是通过网络来实现的。例如电子商务网站——淘宝网，就是提供交易的虚拟市场。

市场是经济社会发展到一定阶段的必然产物，而市场的形成和发展又加速了经济的发展，从而促进了以市场为导向的经济体制和制度的形成和发展。市场经济是一种经济体系，也被称为自由市场经济或自由企业经济。在市场经济体系下，产品和服务的生产及销售完全由自由市场的自由价格机制所引导，而不是像计划经济那样由政府，特别是由中央政府所引导。在市场经济体系下并没有一个中央协调的体制来指引其运作，但是在理论上，市场将会通过产品和服务的供给和需求产生复杂的相互作用，从而达到自我组织的效果。

1.1.2 市场经济与市场营销

1. 市场经济模式

西方经济学中，市场经济的支持者通常主张，人们所追求的私利其实是一个社会最好的利益。他们认为，没有政府干预，完全由市场机制来决定资源的配置以及生产什么、生产多少和产品的分配，这样的经济才是真正的市场经济，而只有在真正的市场经济体系下社会经济才能取得最佳效益。实际上，这种所谓的真正的市场经济在世界上并不存在。我们对17世纪以来市场经济的形成与发展进行了回顾和分析，不难发现，世界各国在市场经济实践中形成了不同的市场经济模式，概括起来大概有以下六种：

（1）美国式的自由市场经济模式。美国的市场经济具有其特殊文化和自由主义传统，它的运行是以经济高度分散为特征的。虽然美国社会反对政府以任何规划、计划的形式干预经济活动，但事实上历届政府，特别是第二次世界大战以来一直以不同形式参与和调节经济活动，并非"自由放任"的市场经济（政府的两大手段：财政政策与货币政策）。

（2）德国的社会市场经济模式。社会市场经济实质上是一种以自由竞争为基础，国家进行适当调节并以社会安全为保障的资本主义市场经济。第二次世界大战后，德国历届政府制定各项经济政策基本上都是以此为依据的，实践证明也是行之有效的经济管理体制。社会市场经济坚持两个基本原则：①经济活动以市场调节为主，市场作为基础和纽带在经济运行中始终处于主导地位；②市场活动要受国家一定程度的干预和协调，国家具有指导和调节经济的职能，并为其提供社会保障、公正和社会进步的社会福利政策。

（3）日本式的国家主导型市场经济。第二次世界大战后，日本政府干预经济的侧重点在于总供给方面，强调政府与企业之间的双向约束，要求尽量做到对市场最小限度的破坏，对企业最大限度的帮助，逐步形成了一种以私人企业为基础、以政府为主导的官民调节型的经济体制模式。

（4）法国式的计划指导市场经济。第二次世界大战后，法国推行了由计划调节的经济政策而被认为是"混合经济"的典型，其经济的快速恢复和发展正是计划与市场有机结合的结果。

（5）瑞典等北欧国家的福利市场经济模式。瑞典等北欧国家在私有制基础上追求经济效率与社会平等，在实践中形成了由经济机制、经济组织以及经济社会政策构成的有机体系。它强调私人企业是经济发展的主要力量，强调高度发达的社会福利和高税收、互助合作的精神等。

（6）发展中国家多样化地实践市场经济模式。发展中国家及转型经济国家都以自己的国情和历史、文化传统为基础，结合其他国家经济发展的经验、教训，调整自己的经济政策，尝试走符合自己国情的市场经济发展之路。

2. 市场经济的含义

市场经济就是以市场为导向的所有经济活动的总和，而市场不仅是买卖双方进行交换的场所，更是一种机制，它由一切有特定需求或欲望并且愿意和可能通过交换来使需求和欲望得到满足的潜在顾客所组成。传统的经济理论认为，卖方组成行业，买方组成市场。行业和市场构成了简单的市场营销系统。买方和卖方由四种流程所连接，卖方将货物、服务和信息传递到市场，然后收回货币及信息。现代市场经济中的市场是由诸多种类的市场及多种流程连接而成的。生产商到资源市场购买资源（包括劳动力、资本及原材料），转换成产品或服务之后卖给中间商，再由中间商出售给消费者。消费者则到资源市场上出售劳动力而获取货币来购买产品或服务。政府从资源市场、生产商及中间商处购买产品，支付货币，再向这些市场征税及提供服务。因此，整个国家的经济及世界经济都是由交换过程所连接而形成的复杂且相互影响的各类市场组成的。

3. 市场经济与市场营销的关系

市场经济具有多种模式，但无论是什么样的市场经济模式，其最普遍的经营形式就是市场营销。换言之，市场营销是市场经济的具体体现，没有市场营销就没有市场经济，反之亦然。市场营销涉及市场经济的出发点，即满足消费者需求，还涉及以何种产品来满足消费者需求、如何才能满足消费者需求，即通过交换方式，产品在何时、何处交换，并且由谁来实现产品与消费者的连接。可见，市场营销的核心概念应当包含需求及相关的欲望、需要，产品及相关的效用、价值和满足，交换及相关的交易和关系，市场、市场营销及市场营销者。

随着市场经济的发展，各类市场都在发展。市场营销是创造与传递价值给消费者，以及经营客户关系，以便让组织与其利益关系人受益的一种组织功能与程序。市场营销所做的实际上就是将产品或服务从生产转移到消费的种种活动，它是一个过程，是企业或其他组织以满足消费者需求为中心进行的一系列经营活动。通常市场营销是指企业的一种功能，即辨别和捕获目前尚未被满足的需求和欲望，估量和确定需求量大小，选择和确定企业能最好地为其服务的目标市场，并决定适当的产品、服务和计划（或方案），以便为目标市场提供服务。

市场营销可以从宏观和微观两个层次进行研究。宏观市场营销是反映社会的经济活动，其目的是满足社会需要，实现社会目标。微观市场营销是一种企业的经济活动过程，它是根据目标消费者的需求，生产适销对路的产品使之从生产者流转到目标消费者，其目的在于满足目标消费者的需求，实现企业的目标。通常我们所讲的市场营销主要是指微观市场营销，微观市场营销是进行市场研究、向顾客销售产品或服务，并通过广告促进销售的经营活动。企业在营销过程中可以不断修订和加强其经营战略，促进生产发展，提高经济效益。通过营销企业与消费者之间可以建立起一种牢固的关系，并且通过这种关系创造出既能满足消费者需要又能满足企业利润追求的价值，而使社会总体受益。企业通过营销来帮助消费者购买某种特定的产品或服务，从而使双方利益都得到满足，因此市场营销也是一种社会管理过程。

1.1.3 市场营销与市场营销学

1. 市场营销的含义

市场营销在一般意义上可理解为与市场有关的人类活动，它是个人和群体通过创造并同他人交换产品和价值以满足需求和欲望的一种社会过程和管理过程。市场营销的最终目的是满足需求和欲望。而交换是市场营销的核心，交换过程是一个主动、积极寻找机会，满足双方需求和欲望的社会过程和管理过程。交换过程能否顺利进行，取决于营销者创造的产品和价值满足消费者需求的程度和交换过程管理的水平。

2. 市场营销理论的应用

市场营销观念和理论具有广泛的应用性，它首先被引进生产领域，先是日用品公司，继而被引入耐用消费品公司,接着被引进工业设备公司,稍后被引入重工业公司,如钢铁、化工公司。而后,市场营销的理念和理论又被从生产领域引入服务业领域,先是被引入航空公司、银行,继而被引入保险、证券金融公司。后来,又被专业团体,诸如律师、会计师、医生和建筑师所运用。

在当代资本主义国家,有关国计民生的一切都被商品化,即使社会领域及政治领域也无法躲避被商品化,因而市场营销的原理与方法也被应用于社会政治以及文化领域。市场营销的方法被广泛应用于大学、医院、博物馆及政府政策的推行等领域中。例如,法国政府曾应用市场营销的原理与方法了解公众对政府废除死刑及扩大欧洲共同体的看法,根据公众不同的政见进行市场细分,然后采用广告宣传去影响或改变公众对政府政策的反对态度;又如,西方国家政党及政治候选人应用市场营销的方法对选民进行市场细分,对选民进行广告宣传,争取选民的投票和支持。

3. 市场营销学的形成与发展

随着市场的发展变化,市场营销活动也变得日益复杂和丰富多彩,并出现了许多新情况和新问题需要经营者认识和处理,于是便产生了以市场和市场营销为内容的新学科,即市场营销学。

简单来讲,市场营销学是专门研究市场上买卖交易活动的一门学问,是系统地研究市场营销活动规律性的一门学科。作为一门学科,市场营销学是适应现代市场经济高度发展而产生和发展起来的一门关于企业经营管理决策的科学,是经济管理类专业中比较实用的学科。在市场经济逐步完善的今天,对于作为独立经济实体的企业、公司,如果没有专业的市场营销人才,以科学、现代化的营销手段来"做生意",肯定无法在竞争激烈的市场中生存。

市场营销学于20世纪初创建于美国,后来流传到欧洲、日本和其他国家,在实践中不断完善和发展。19世纪末20世纪初,世界主要资本主义国家先后完成了工业革命,由自由竞争向垄断资本主义过渡。垄断组织加快了资本的积聚和集中,使生产规模不断扩大。这一时期,以提高劳动生产率为主要目的的科学管理理论和方法,如泰勒制应运而生,并受到普遍重视。一些大型企业实施科学管理的结果是,产品产量迅速增大,要求对流通领域有更大影响,对相对狭小的市场有更精细的经营。同时,科学技术的发展也使企业内部计划与组织变得更为严整,从而有可能运用现代化的调查研究方法预测市场变化趋势,制订有效的生产计划和销售计划,控制和调节市场销售量。在这种客观需要与可能的条件下,市场营销学作为一门独立的经营管理学科诞生了。

几十年来,随着社会经济及市场经济的发展,市场营销学发生了根本性的变化,从传统市场营销学演变为现代市场营销学。市场营销学的原理不仅广泛应用于企业、政府和非营利组织,而且逐渐应用于微观、中观和宏观三个层次,涉及社会经济生活的各个方面。市场营销学不仅是财经类、管理类各专业的必修课,而且还是人文、哲学、社会科学等专业的重要课程。在工商管理类课程体系中,市场营销学是一门十分重要的专业基础课。

1.2 市场营销学与计量

1.2.1 市场营销学的属性与特性

1. 市场营销学的属性

市场营销学作为一门独立的学科是不争的事实,但它究竟是一门经济科学还是一门应用科学，对此学术界存在着不同的观点。有的学者认为，市场营销学是经济科学的一门分支学科，是研究商品流通、供求关系及价值规律的经济科学。另外一些学者认为，市场营销学是一门应用科学。持这种观点的学者强调，市场营销学无疑是20世纪初从经济学衍生出来的，但是经过几十年的演变，它已不再是经济科学，而是建立在多种学科基础上的应用科学。

国际著名的市场营销学家菲利普·科特勒（Philip Kotler）曾经指出："市场营销学是一门建立在经济科学、行为科学、现代管理理论之上的应用科学。因为经济科学提醒我们，市场营销是用有限的资源通过仔细分配来满足竞争的需要；行为科学提醒我们，市场营销学涉及谁购买、谁组织的问题，因此必须了解消费者的需求、动机、态度和行为；管理理论则提醒我们，如何组织才能更好地管理其营销活动，以便为消费者、社会及自己创造效用。"

在关于市场营销学的特性或者属性的问题上，学术界也存在着不同的观点。概括起来，大致有这样一些观点：

（1）市场营销学不是一门科学，而是一门艺术。持这种观点的学者认为，市场营销学研究如何有效操作市场经营，是一门教会人们如何做营销决策的艺术。

（2）市场营销学是一门科学，因为市场营销学是对现代化大生产及商品经济条件下工商企业营销活动经验的总结和概括，它阐明了一系列概念、原理和方法。

（3）市场营销学既是一种科学，又是一种艺术。持这种观点的学者认为，市场营销学不完全是科学，也不完全是艺术，有时偏向科学，有时偏向艺术。当收集资料时，尽量用科学的方法收集和分析，这时科学的成分比较大。当取得资料以后做最后决定时，艺术的成分就大一点，由于主要是根据企业领导者的经验和主观判断，这时便是艺术。这种双重性观点的主要问题在于将市场营销同市场营销学混同起来了。市场营销是一种活动过程、一种策略，因而是一门艺术；而市场营销学是对市场营销活动规律的概括，因而是一门科学。

2. 市场营销学的研究对象

本书认为，市场营销学是一门建立在经济科学、行为科学、管理科学和现代科学技术基础之上的综合性应用科学。市场营销学的研究对象是以满足消费者需求为中心的企业市场营销过程及其规律，即在特定的市场营销环境中，企业以市场调研与分析为基础，为满足现实和潜在的市场需求，所实施的以产品、定价、渠道、促销为主要决策内容的市场营销管理过程及其客观规律。市场营销学的研究对象具有实践性、经验性、综合性、应用性和科学性。

更具体地说，市场营销学的研究内容主要包括以下几个方面：①调查和发现消费者或市场需求；②研究和分析如何最大限度地满足消费者或市场的需求；③研究如何采用更好的策略、方法和技巧，使产品或服务有计划、有目的地进入最具利润潜力的市场，在满足市场需求的同时，实现企业利润最大化；④调查和了解消费者对本企业所提供产品或服务的意见，并在分析研究消费者所反馈意见的基础上，提出改进产品或服务的具体建议，从而增加和提高本企业的利润率。

3. 市场营销学的特性

对国内外有关市场营销学的主要论述进行综合分析后，本书认为市场营销学具有这样几个特性：

（1）实践性。市场营销学的理论均来源于实践，换言之，它是在企业营销实践的过程中形成的。

（2）经验性。市场营销学的理论几乎都是对成功企业案例的经验加以总结而形成的。

(3) 综合性。市场营销学的理论吸收了经济学、心理学、社会学、管理学、人类学、统计学等的理论与成果。

(4) 应用性。市场营销学具有很强的应用性，市场营销学的理论与方法一直指导着国内外企业营销活动的开展。

(5) 艺术性。市场营销学的理论不能当作纯理论和教条来学，而应视其为一门艺术。

(6) 科学性。市场营销学理论具有很强的科学性，是营销理论工作者应用科学的方法收集资料进行归纳分析而形成和发展起来的。

(7) 技术性。市场营销学的理论具有很强的可操作性和技术含量，用以指导和提高营销人员的营销技巧。

市场营销学的主要特性，如科学性和技术性等，涉及数据范畴，需要进行计量分析。例如，营销人员在进行营销核算时，就是对企业营销活动中劳动消耗与劳动成果进行比较，或者更加广义地讲，就是对营销活动的投入与有效产出进行比较，需要运用数据依据一定的计算公式进行运算，从而得出结论。因此，对于一个成功的营销人员来说，懂得和掌握一定的计量基础知识，无疑是很重要的。

1.2.2 计量、计量学与市场营销

1. 计量的发展与对象

计量也被称作量衡，就是用数据统计方法来解释人们在社会经济活动中所面临并需要解决的某些问题。例如，在市场营销中我们常常说到的品牌知名度，就是根据被调查对象了解某个品牌的人数占被调查人群的比重来计算的。计量与其他测量一样，是人们理论联系实际认识自然、改造自然的方法和手段。它是科技、经济和社会发展中必不可少的一项重要的技术基础，是实现单位统一、量值准确可靠的活动，或者说是以实现单位统一、量值准确可靠为目的的定量活动。

计量的历史源远流长。计量的发展与社会进步联系在一起，是人类文明的重要组成部分。计量起源于量的概念。量的概念在人类产生的过程中就开始形成了。人类从利用工具到制造工具，包含着对事物大小、多少、长短、轻重、软硬等的思维过程，逐渐产生了形与量的概念。在我国，有关计量的记载有近5 000的历史，古代史中关于度量衡的记录指的就是现代科学中的计量。早在公元前26世纪，传说黄帝就设置了"衡、量、度、亩、数"五量。到了秦朝，秦始皇不仅统一了六国，主张车同轨、书同文，而且下诏统一了全国度量衡，为我国计量史写下了光辉的一页。

度量衡其原义是关于长度、容量和质量的测量，所使用的主要计量器具就是尺、斗、秤。随着社会的发展和科学技术的进步，它的概念和内涵也在不断扩展和充实，远远超出了"度量衡"的范畴。因此，随着人们的经济社会生活的复杂化，与之相关的有关计量活动和方法也变得日益重要和完善，并成为人们经济社会生活中所必需的一个内容。

在相当长的历史时期内，计量的对象主要是各种物理量。随着科技的进步和经济社会的发展，计量的对象突破了传统物理量的范畴，不仅扩展到化学量、工程量，生物方面的生理、心理量，而且也扩展到经济社会的各个方面，如以定量分析为主要特点的研究社会经济方方面面关系的计量经济学，甚至一些微观领域的统计数量也可通过一定的物理技术手段转换成物理量来计量。因此，可以说一切可计量的量，皆属于计量的对象。

2. 计量的特点

随着社会的进步、经济的发展，必然对单位统一、量值准确可靠提出越来越高的要求。因此，计量必须具备准确性、一致性、溯源性、社会性、法制性等特点。

（1）准确性。准确性是计量的基本特点，是计量科学的命脉和计量技术工作的核心。一切数据只有建立在准确测量的基础上才具有利用的价值，计量保证的作用就体现于此。准确性表征计量结果与被测量真值的接近程度。只有量值而无准确程度的结果，严格来说不是计量结果。准确的量值才具有社会实用价值。量值统一是指在一定准确程度上的统一。

（2）一致性。一致性是计量最本质的特点，计量单位统一和量值统一是计量一致性的两个方面。然而，单位统一是量值统一的重要前提。量值的一致性是指在给定误差范围内的一致性。这种一致性不仅限于国内，也适用于国际。计量失去了一致性，也就失去了存在的意义。

（3）溯源性。溯源性是指为了使计量结果准确一致，任何量值都必须由同一个基准（国家基准或国际基准）传递而来。换言之，任何量值都必须能通过连续的比较链与计量基准联系起来。因此，溯源性、准确性和一致性是计量的技术归宗。尽管任何的准确和一致都是相对的，它们都与科技水平、人的认识能力有关，但溯源性使计量科技与人们的认识相一致，使计量的准确性与一致性得到基本保证。否则，量值出于多源，不仅无准确性和一致性可言，而且势必造成技术和应用上的混乱。

（4）社会性。社会性是指计量涉及社会经济生活的各个方面和国民经济的各个部门，是一个与全社会有关的话题和行为。实际上，社会生活的各个领域，国际交往的方方面面，直至千家万户的衣食住行等，无不与计量有着密切的关系。

（5）法制性。法制性是指计量的社会性本身要求有一定的法制来保障。不论是单位制的统一，还是基标准的建立、量值传递网的形成、检定的实施等各个环节，都要有技术手段及严格的法制监督管理，也就是说都必须以法律法规的形式做出相应的规定。尤其是那些关系国计民生的重要计量，更需要有法制做保障。计量如果失去了法制性，不通过立法来予以保障，计量的一致性和准确性就成了一句空话。

3. 计量学的产生与研究内容

计量涉及工农业生产、国防建设、科学试验、国内外贸易及人民生活、健康、安全等各个方面，是国民经济的一项重要技术基础。可以说，凡是为实现单位统一、保障量值准确可靠的一切活动，均属于计量的范围。随着社会经济的迅速发展，计量在以往度量衡的基础上逐步发展成为一门独立的学科——计量学。

计量学就是一门对计量的理论和实践加以科学总结和阐述的有关计量知识领域的综合性学科。计量学具有双重属性，既属于自然科学，又属于社会科学。作为自然属性，它属于生产力的范畴，不是某种社会制度的产物，也不因某种社会制度的消亡而消亡；而作为社会属性，它又属于上层建筑，伴随着经济基础的发展而发展，与社会制度紧紧相连，不能脱离社会制度而单独存在。

计量学内容丰富，应用十分广泛。就学科而言，根据任务性质，计量学可以分为普通计量学、法制计量学、技术计量学、质量计量学、理论计量学等。计量学研究的内容主要包括：①计量单位及其基准、标准的建立、复制、保存和使用；②量值传递、计量原理、计量方法、计量不确定度以及计量器具的计量特性；③计量人员进行计量的能力；④计量法制和管理；⑤有关计量的一切理论和实际问题。随着生产和科学技术的发展，计量学的内容还会更加丰富。

4. 计量营销学的产生

正如前文所讲到的，市场营销是一项非常复杂的经济社会活动，涉及许多数据、计量和运算问题，因此也可以说是一项计量活动。将计量学的理论和方法运用到市场营销的具体实践中，将其系统化和理论化，便形成了计量市场营销学，简称为计量营销学。

1.2.3 计量营销学的内容与范畴

计量营销学（Marketing Metrics）也被称为营销计量学，是从市场营销学衍生、发展而形成的一个分支学科，它以一定的市场营销理论和实际统计资料为依据，运用数学、统计学的方法和计算机技术，通过建立计量营销模型，定量分析市场营销活动过程中各个变量之间的关系。换言之，计量营销学实际上就是将计量学的理论、概念和方法应用于营销实践活动，并对这种计量的营销活动加以理论化而形成的一门交叉性的边缘学科。计量营销学将市场营销活动中所有可以量化的内容和因素及其相互关系作为研究内容，是计量学与市场营销学的有机结合，但绝不是两者的简单相加。

市场营销活动中有许多可供计量分析研究的因素和内容。例如，关于营销的绩效分析和评价，就涉及许多需要计量的内容。从投入和产出两个方面来考察，营销活动的投入计量包括：①有形投入要素，主要是指营销活动所需费用（如市场研究费用、市场信息费、营销人员费、广告费、公关信息费、营销推广费、营销管理费、销售服务费），直接物力占用花费（包括营销机构网站及设计、办公工具用品、交通运输及通信设备等费用），人力占用花费（包括市场调研者、营销策划者、营销执行者）；②无形投入要素，主要是指营销战略规划及营销策略的制定与实施、营销风险（机会成本）、信息的有效输出、服务、时间、营销因素组合、营销文化、营销影响区域、客户关系、市场预测等。

营销活动的有效产出方面则包括：①有形产出要素，主要是指收入增加额、利润增加额、业务增长率、市场扩张区域、市场份额增长、投资回收期的缩短、新客户增加率等；②无形产出要素，主要是指知名度与美誉度、商标、品牌声誉、企业及其产品形象、服务满意度、顾客忠诚度、企业及其产品信誉度、产品适销性、新机会、企业社会影响力、安全及环境保护性、竞争力增强度等。

营销经理在其管理实践中，往往需要在同一时间内对不同的一组计量数据进行分析，以便做出正确的决策。例如，市场营销活动的第一个环节是市场调研，在这一环节中营销人员需要各项有关财务及市场的数据，如当前市场上各种产品的市场占有率、消费者的需求偏好等。这些数据都是计量的结果，同时也需要更多的运算和分析。将一组用来研究分析某一特定营销内容的计量数据的罗列称作市场营销计量组合。

正确地应用各种计量可以使营销经理根据回报来调整预算，并促进企业组织成长和创新。而且，营销经理也能用这些计量数据来证明营销部门的价值和对企业的贡献。目前，在营销管理实践中最常见的计量应用主要是基于活动的计量和报告。例如跟踪记录网络文件下载数目，记录网站访客人数，统计各种各样事件的参与者人数等。

然而，这些计量数据并不能很好地反映企业营销与经营的成果和效益。相反，能反映企业经营效益结果的计量，如市场份额、顾客价值以及对新产品的接收程度等，则能更好地反映市场营销的相关作用。因此，营销绩效管理应该侧重于计量营销系统复合性、有效性和效率等方面。常见的这些特殊计量的主要分类有：营销对份额偏好的影响，营销对吸引新顾客的作用；

平均买单量，新产品和新服务接受率，购买次数的增长，市场容量和份额，顾客忠诚度，与竞争对手和市场相比的增长率，边际收益以及顾客的参与度。

在竞争日益激烈的当代市场，熟练掌握和运用数据是每个商业领袖都必须具备的一个关键技能。经营管理人员必须对市场机会和竞争威胁进行定量分析，并依据其分析结果对他们的决策可能带来的财务风险或预期盈利进行调整。经营管理人员还必须依据数据计量分析来评估计划，解释变化，判断经营表现，并识别出需要改善经营的平衡点。这些责任要求经营管理人员必须具备较强的计量能力，并熟识进行计量分析的一系列公式。简言之，他们需要通过计量手段来管理营销活动，对商务活动中的关键性计量项目必须进行选择、计算和解释，熟识每个计量项目是如何构建的，并且清楚在决策过程中如何应用不同的计量单元。

营销人员并非天生对定量计划和评估具有特殊的判断能力。营销学也许曾经被认为艺术性高于科学性。营销执行经理或许会不假思索地承认，他们投入在广告上的钱被浪费了一半，但他们不知道浪费在了哪里。然而，这样的情景早已经一去不复返了。如今，营销人员必须对其目标市场具有定量描述的能力，他们必须对新的潜在机会以及兑现这些机会所需的投资能加以量化研究。营销人员还必须在不同价格和促销情形下，对产品、消费者和销售渠道进行量化分析。营销人员对由他们的决定而引起的财务分流负有越来越直接的责任。

一些计量项目对营销人员来说可能有一定的挑战性。在商务和经济方面，许多计量项目是很复杂和难以把握的，有些数据和计量是高度专业化的，因此需要进行特殊的处理和分析。许多所需要的数据或计量也许只是近似的、残缺不全的，或者根本就无法获得。在某些情况下，没有任何一项计量可能会是完善的。为此，建议营销人员使用"仪表板"式或组合式的群计量项目。如此，营销人员可以从各种各样的角度观察市场的活力，并制定营销战略和确定解决问题的途径。

此外，营销人员可以利用多元计量中的单个计量单元来检验其他计量项目。这种做法可以使营销人员所获信息的准确性大大提高，并且有助于在其他计量单元的基础上对某一特定的计量项目做出预测或估计。当然，要想有效地使用多元计量组合，营销人员必须熟识计量组合内各个单元之间的相互联系及其单个单元的局限。有了这种认识之后，计量组合分析就可以帮助企业在消费者和市场之间维持一个有效的经营焦点。计量组合可以帮助营销经理识别本企业在战略和战略执行过程中的强弱点。计量组合经过严格的数学定义和广泛传播，可以成为企业内部精确的工作语言。

对计量营销来说，不同产业和地理之间的数据缺失和差异性成为更加严峻的挑战。对此我们必须有清醒的认识。此外，虽然营销计量的范围和类型在不同国家之间存在着差异，但可喜的是，在各国营销人员的共同努力下，这种差异正在缩小。事实上，对各个国家的营销经理而言，有关营销绩效方面的计量评价已经成为他们的共同语言，并被应用于跨国营销团队的组建和业绩对照方面。

1.3　学习计量营销学的重要性与方法

1.3.1　学习计量营销学的重要性

随着我国社会主义市场经济体制的构建和完善，市场营销的作用还将进一步加强。企业的效益和成长是国民经济发展的基础。市场营销学对经济成长的贡献，主要表现在解决企业成长与发展中的基本问题上。而从市场营销学衍生出来的计量营销学，更肩负着企业科学理性地判断市场、提高企业全面竞争力的重任，因此更应该受到工商企业的重视。

市场营销学从诞生到现在有近百年的历史，我国则是改革开放以后才开始引进市场营销学的。如今，市场营销学在我国虽然已成为各高校的基础必修课之一，市场营销学的原理与方法也已广泛地应用于各类企业，甚至事业单位，但由于各地区、各部门之间生产力发展不平衡，产品市场趋势有别，加之各部门经济体制改革进度不一，各企业经营机制改革深度不同等，市场营销学在各地区、各部门、各类企业的应用程度不尽相同。

如果说市场营销学是以满足需要为宗旨，引导企业树立正确的营销观念，面向市场组织生产过程和流通过程，不断从根本上解决企业成长中的关键问题的话，那么计量营销学则为企业成长提供具体的详尽的计量分析，为企业战略管理原则、竞争策略，以及组织管理和营销计划执行与控制方法提供决策依据，指引企业创造竞争优势，力求处于不败之地。

相对于市场营销学和计量学来讲，计量营销学还是相当年轻的一门学科，是近年来在西方国家所形成的边缘性交叉学科，在营销实践中尚未得到充分的应用，其理论和方法还有待进一步完善和提高。在我国，计量营销学还是全新的一门学科，营销经理和营销学理论工作者对计量营销学还比较陌生。但是，由于中国市场经济发展的需要，加之我国营销人员和理论工作者的努力，计量营销学将会在我国迎来一个快速的发展时期，并很有可能超越计量营销学在西方的发展。

美国西北大学凯洛格（Kellogg）管理学院高级讲师马克·杰佛瑞（Mark Jeffery）于2008—2009年对252家企业进行了调查研究。被调查研究的这252家企业每年的营销预算高达530亿美元，但他们的营销经理却对营销绩效测定所知不多。被调查的营销执行经理中55%的人承认，他们的营销人员不知道更不用说会使用计量技术，因此他们没有应用数据库进行营销活动，53%的被调查企业在其营销经营过程中没有采用营销投资回报、净现值、顾客终身价值等重要的营销计量。该项研究还发现，57%的被调查企业没有使用中央数据库来记录和分析他们的营销活动；82%的被调查企业从未使用诸如营销资源管理之类的软件，来记录和监测其营销活动及其所创造的价值。㊀

马克·杰佛瑞的调查研究结果令美国营销理论界震惊，因为调查数据表明，大多数企业没有以明确的专业性操作程序规则来管理其营销活动，不会或者不知道在其日常营销经营方面进行计量和计量分析。很显然，如果在营销活动开展之前不对营销投资回报等可计量的内容进行规范，又如何在事后测定确认一项营销活动的成功与否？与此相反的是那些小部分懂得如何进行计量并应用数据库驱动营销的企业，在市场上获得了相对的竞争优势。

通过对比分析，马克·杰佛瑞发现那些善于应用计量分析的企业一般都有较好的经营效益，在营销投资预算上也与那些不善于应用计量分析的企业有很大的不同。例如，那些经营效益较好的企业在营销投资上比平均水平高出20%，而那些经营效益较差的企业在营销投资方面比平均水平低4%。前者在品牌和消费者权益方面的投资比重为27%，而后者在这方面的投资比重为18%；前者在营销基础设施方面的投资比重为16%，而后者为10%。营销投资分配比例见表1-1。

㊀ JEFFERY M. Data-Driving Marketing: The 15 Metrics Everyone in Marketing Should Know [M]. Hoboken: John Wiley and Sons, 2010.

表 1-1 营销投资分配比例

项 目	所有企业平均水平（%）	经营效益较差的企业（%）	经营效益较好的企业（%）
基础设施	14	10	16
需求激发	52	58	48
消费者权益	12	11	14
品牌	10	7	13
市场塑造	12	14	9

注："需求激发"特指有关目标在于促进短期内销售量的销售行为。

（资料来源：JEFFERY M. Data-Driving Marketing：The 15 Metrics Everyone in Marketing Should Know [M]. Hoboken：John Wiley and Sons, 2010. ）

按常规，在宏观经济不景气或者衰退的情况下，许多工商企业领袖的首选决策自然是大力削减成本。但是，如果选择逆向思维，在经济不景气的情况下不是退缩而是挺进的话，将会对企业的近期和中长期经营效益产生有力的冲击。由于对营销投资回报的量化难度较高，因此营销投资往往成为最容易被削减的成本目标。但必须提醒大家注意的是，那些具有市场竞争优势的企业，基本上都具有数据库营销的经验和计量营销的能力，他们非常重视在经济衰退过程中和之后的经济恢复发展阶段，对营销方面的投资及其效益进行有效衔接。

实际上，在经济衰退时加大对营销投资的力度，可能会是一个更积极有效的经营战略。美国麦克劳·希尔公司（McGraw·Hill Research）曾经对分布于 16 个不同产业或行业的 600 家企业，在 1980—1985 年期间的经营状况进行过调查研究。其研究结果表明，那些在 1981—1982 年经济衰退期间维持或加大了广告支出的企业，同那些放弃了或减少了广告投资的企业相比，无论是在衰退期间还是在其后的三年里，销售额都有明显的增长。到了 1985 年，在衰退期间增加广告投资的企业，比那些在衰退期间削减了广告投资的企业，销售额增长了 256%。[一]

在一项关于美国 1990—1991 年的经济衰退期间企业经营状况的研究中，学者们发现那些在市场上处于领导地位的企业，的确在经济衰退期间积极加强对市场营销的投资。经营效果比较理想的企业善于将其经营重点集中在好的营销项目上，从而使得其能够巩固顾客基础，将经营不善的竞争对手的市场份额转移到自己手中，为经济复苏时期的发展奠定了基础。[二]这些在经营上表现优秀的企业，之所以敢于在别人削减营销投资的经济衰退时期采用逆向思维，加大对市场营销投资的力度，从而在经济恢复时期取得经营的大发展，很大程度上在于其营销人员能够善于应用计量，向公司决策层展示加强对市场营销的投资力度能够给企业带来巨大的投资回报。可见，计量营销学的理论和方法完全可以被营销人员用来开拓市场营销的新天地。

1.3.2 学习计量营销学的方法

与一般的营销学课程相比，计量营销学的学习方法有其自身的特点。因为学习和研究的对象发生了较大变化，即从学习研究市场营销的有效性问题转向评定和计量市场营销的有效性问题，所以学习和研究对象的性质和意义都有很大变化，因此在学习方法的思路上、性质上以及结果上，都会发生全新的变化。计量营销学方法的基础是数学计算和逻辑推理，是一种新的市场营销教学形式。因此，在学习中要十分注意对其基本概念和方法思路的理解与把握。我们要

[一] McGraw-Hill Research. Laboratory of Advertising Performance Reports 5262 [M]. New York：Mc-Graw-Hill, 1986.

[二] Penton Research Services, Coopers & Lybrand, and Business Science International. Recession Study, 2003.

特别指出的是，目前某些计量内容在营销学界还缺乏统一的规范和认识，因此，对有些计量内容我们不得不依靠经验来判断，也可以说是不太确定的。但要真正理解其不确定性的含义，并非那么容易，我们在学习中需要始终关注这一点。

随着全球经济一体化的迅猛推进，我国的经济无疑越来越与国际经济社会紧密相连。国际经济全球化的发展使得市场营销成为当代中国最热门的新兴学科之一，也促使市场营销工作也成为最富有挑战性和吸引力的现代职业之一，深受广大青年的喜爱。但是也应当看到，由于经济社会的巨大变化，市场营销的内容、方式及衡量标准也发生了巨大的变化。市场营销的艺术属性虽然依旧，但其技术与科学属性却在日益提高。企业决策层越来越希望得到更加具体的、实实在在的数据来衡量营销绩效和营销投资回报，这就需要努力学习好计量营销的知识和技能。

在这种新的市场营销格局下，传统的市场营销理论和方法虽然依旧有效，但却远远不能满足当代市场经济发展的需要。为了适应新的市场经济格局发展的需要，营销人员已经或正在创造性地发展着市场营销理论和方法。数据库营销学、计量营销学、营销工程学等新的分支学科不断涌现。这些新型分支学科的出现，既向广大营销人员提出了严峻的挑战，又给他们创造了许多前途无量的机遇。毋庸置疑，在这种新的挑战与机会并存的条件下，能否有效地收集整理和应用各种各样的数据，正确理解和把握计量理论和方法，便成为市场营销能否成功的关键。

市场营销是一项复杂的经济社会系统工程，涉及企业经营的各个方面，可供计量的内容和对象也非常繁多复杂，往往令人无从下手。本书认为应当从最关键、最重要的计量内容和对象入手，确保解决市场营销中所必须解决的首要问题。然而，确定应该对哪些数据进行细致的研究，需要一定的时间来学习才能掌握这种知识和技能。为此，营销管理者和其他营销人员必须不断地实践计量的应用，并善于总结经验、吸取教训，在实践过程中不断提高自己的知识和技能。

（1）必须认真努力学习有关市场营销学的基本理论和原则，从本质上理解和体会市场营销学的内容、范畴、方法和特点。正如前文所述，计量营销学是从市场营销学衍生发展形成的，是营销学的一个分支学科，其基本理论和方法都来源于传统的市场营销学。计量营销学的主要内容是对传统营销学某些重大理论和原则的具体化和量化。例如，营销投资回报率（Return on Investment，ROI）这一计量，实际上就是对传统营销学理论中有关衡量市场营销活动绩效的理论和原理的高度量化后而形成的。因此努力学好并熟练掌握传统营销学的理论和原则，是学习和掌握计量营销学的基础。

（2）必须努力学习和掌握计量学的有关概念、原理和方法。如前所述，计量营销学其实是计量科学在营销实践中的应用。计量学是一门科学性和技术性都很强的应用学科，精确严密、逻辑性强是计量学最大的特点。在学习计量营销学的过程中，应该努力培养锻炼自己的耐性，对每一个计量内容都要严肃、认真地琢磨，做到精确、精确、再精确，绝对不能粗心大意，即便对一些目前还暂时不能准确计量的内容，也不可以用想当然的方式来捏造并处理数据，而是要根据以往的经验和相关的计量内容做出理性的判断并提出自己的假设。营销人员必须懂得，商场就是战场，一个小小的失误就有可能给企业带来巨大的无可挽回的损失。因此，学习和掌握计量学的基本理论和方法是学习和掌握计量营销学的关键。

（3）必须将学习的重点放在实践与应用方面。计量营销学涉及许多数学和统计学的概念及方法，有些数学公式的推导比较抽象复杂。营销人员不必像数学和统计学专业人员那样，对每个公式都能够熟练地加以推导，并能说出其所以然来。事实上，只要能够应用本书中所推荐的数学公式或统计方法来解决市场营销操作过程中的实践问题就足够了。当然，如果营销人员既能够应用数学公式和统计方法解决实践中的具体问题，又能像数学和统计学专业人员那样解释每个计量公式的数学或统计原理，那最好不过了。

（4）必须努力学习和掌握计算机技术，熟练应用数学和统计分析软件。计量营销学涉及许多具体运算问题，一些比较简单的运算可以用手工操作解决，但也有许多比较复杂的运算必须借助计算机技术和软件。目前，市场上比较流行的统计分析和数学计算软件比较多，如 SPSS、SAS、Excel 等。本书比较倾向推荐读者使用微软办公系统的 Excel，虽然 Excel 不是专业的统计分析软件，但其功能齐全，完全可以满足计量营销人员的基本要求和主要需求。此外，微软办公系统在中国的普及率较高，而且 Excel 的数据处理和运算功能本身也在不断完善和发展，因此在学习和应用计量营销学的初期，能熟练使用 Excel 就足以满足工作要求了。当然，如果某一计量数据库特别大，运算也过于复杂的话，营销人员就该求助于专业的数据处理和统计分析人员了。

（5）学习任何一门学科，都应遵循学以致用的原则，这个原则同样适应于学习计量营销学。除了认真阅读教材，理解教材中所列举的个案之外，还应当尽可能地将课堂或书本中所学到的知识和技能应用到实践中。例如，为自己所熟识的企业进行计量营销方面的咨询，用计量方法和手段帮助企业解决营销中存在的问题，或者帮助企业做市场预测分析等。通过参与企业具体的营销活动，发现问题并用自己所学到的知识和技能帮助解决所发现的问题，是最好的学习计量营销学的方法，应大力鼓励这种理论与实践相结合的学习方法。

1.4　市场营销的核心计量项目

1.4.1　营销行为影响模式

一般来说，所有的市场营销活动都具有很强的创造性和艺术性。而创造性和艺术性等市场营销特性又很难量化分析，当然，说很难并非不能。事实上，可以对市场营销的各项内容和各个方面都进行量化评估和分析，而且正如前所述，量化评估和分析不仅能有效提高市场营销的业绩，也能促使企业行为的变化，前提是企业必须应用正确的方法来量化评估和分析确有必要计量的内容。马克·杰佛瑞教授曾经针对企业是否将市场营销富有创意的部分工作外包给专业公司这一问题做了调研，结果发现有 72% 的被调查营销机构将营销创意部分工作外包。[1]这个调查结果的启示就是，在现实的商业社会，绝大多数市场营销机构不刻意从事与市场营销创意部分相关的工作，而专注营销过程的程序管理。

面对数以百计的可计量内容，许多市场营销机构都深感困惑，不知该从何处着手来开始实施计量营销项目，他们动辄提出几十项内容作为计量考核单位，来分析评估自己的营销业绩和操作程序。由于没有重点，结果是辛辛苦苦收集罗列的一大堆数据，却无法准确反映企业的营销状况和业绩，更不用说对营销决策有何价值了。换言之，对许多营销机构来说，他们面临的问题不是数据不足的问题，而是数据太多无从下手的问题。对此如果不加以修正，必定会影响企业实行计量营销的积极性。因此营销人员必须学会并且善于发现和认可最重要的一些计量内容，有针对性地进行分析和评估，这样才能提供对营销决策有意义的信息。

---

[1] JEFFERY M. Data-Driving Marketing: The 15 Metrics Everyone in Marketing Should Know. [M]. Hoboken: John Wiley and Sons, 2010.

20世纪60年代，在美国营销界形成的营销行为影响模式，也被称作购买过滤理论，虽然距今已经50多年了，但依然有着很强的现实意义，特别是技术的高度发展，为在营销实践中应用这个理论模式创造了良好的物质条件。营销行为影响模式理论的基本要义是：企业的不同营销行为影响并牵引着消费者对其产品从认知到评估，再到促成消费需求，直至成为忠诚顾客这个全过程的不同阶段。在这个理论模式形成的初始阶段，由于营销人员对计量技术的认识和掌握程度有限，因而很少量化分析和评估每个阶段的成效。而现在高度发达的计量技术使得营销人员完全可以针对不同阶段所采取的营销活动及其结果，开展非常有效的计量分析和评估。

马克·杰佛瑞以营销行为影响模式理论为基础，建立了自己的理论分析模型。原始的营销行为影响模式是线性设计，即以认知为开始，以成为忠诚顾客为结束，中间加上评估和促成需求两个阶段，如图1-1所示。马克·杰佛瑞将其演变为环形，也就是说从针对认知而采取的营销措施与活动开始，到针对评估而采取的营销措施与活动，到针对产生需求而采取的营销措施与活动，再到针对促使消费者成为忠诚顾客而采取的营销措施与活动，然后再让这些忠诚顾客影响他们的同事和朋友，并针对他们的同事和朋友再开始针对认知而采取的营销措施与活动，一直循环下去，如图1-2所示。这里借助马克·杰佛瑞的模式，向读者重点介绍五个方面的核心计量内容，共计十个最重要的计量项目，以便读者更好地理解和把握计量营销项目的要义。

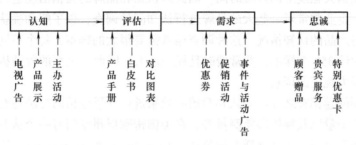

图1-1 原始的营销行为影响模式

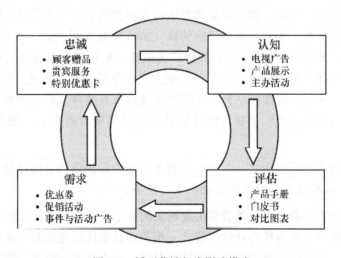

图1-2 循环营销行为影响模式

（资料来源：JEFFERY M. Data-Driving Marketing: The 15 Metrics Everyone in Marketing Should Know [M]. Hoboken: John Wiley and Sons, 2010.）

1.4.2 针对消费者认知阶段的营销活动及其计量

针对消费者认知阶段的营销活动有很多种，如电视广告、大型广告牌、赞助或主办体育活动、场所冠名权，以及强调品牌的印刷广告、网络创意广告等。认知与品牌的形成具有很紧密的关系。在市场营销领域，关于什么是品牌有不同的说法，很多人都会认为品牌就等于一个企业的名字、广告、标志。但是，这些仅仅是品牌的载体或体现，是一些可观的东西。本书认为，品牌是营销者与消费者互动的结果：对营销者而言，品牌是一种承诺，是对消费者的一种有关愉快体验的承诺；对消费者来说，品牌则是对某产品或服务的特定看法，是一种在高质量基础上建立起来的信任感，这种看法和信任感也可以延伸到整个企业。例如，海尔就是一个包含整个公司的品牌。

消费者对产品或服务的看法，一般通过两种途径形成：一是由于营销的效果和对产品使用后的正面经验；二是经由同事和朋友的推荐。品牌的形成对营销者来说是至关重要的，因为品牌往往可以促使消费者采取首次行动来关注企业的产品或服务，并且可以帮助企业形成一种优势从而在定价上可以高于那些没有品牌的竞争者所生产的产品或服务。在购买的循环过程中，对产品的认知是距离实际购买最远的一个因素。换言之，在消费者对产品的认知与实际购买之间可能会有一个相当大程度上的延缓时间。因此对认知和品牌的营销活动进行财务方面的计量不是特别有意义。企业常常对一些大的品牌进行认知问卷调查，以了解和确认不同地区的消费者在不同时间段对产品的认知情况。这种调查通常需要很大的样本，每个不同的区域或不同层次的消费者需要大约 350 个样本，非常费时且耗资巨大。因此，大型的营销机构通常平均一两年才进行一次这样大规模的调查。

除了品牌认知问卷调查之外，对认知营销的效果进行计量分析的方法还有：统计参加活动的人数、网页的点击量以及媒体印象测量等。在美国密歇根州专门有一个从事体育和娱乐赞助及促销活动的机构乔伊斯·朱利叶斯合伙公司（Joyce Julius & Associates），该公司有一套非常精确也很复杂的方法，研究计量体育竞赛赞助与品牌形成的价值系数，并据此计算出购买这个时间段电视广告的成本。当然，媒体对品牌形成因素的贡献估算与实际的市场价值判断，很有可能不同。例如据乔伊斯·朱利叶斯公司的估算，2005 年赛车手杰夫·戈登（Jeff Gordon）为其赞助商杜邦公司带来了 8 500 万美元的媒体广告效益，但杜邦公司首席营销官大卫·比尔斯（David Bills）对此并不认同。他认为杜邦公司的主要业务是公司对公司，他们通常每年不会在广告上花费那么多。显然，媒体的估算与实际的市场价值有差异，那么什么才是对认知营销效益的最主要和最基本的计量呢？最核心的计量其实就是消费者对产品（服务）的回忆或记忆能力。⊖

> **核心计量内容之一：针对消费者认知阶段的营销关键计量**
> 计量项目 1：品牌认知 = 回忆或记忆产品（服务）的能力

在循环营销行为影响模式中，消费者决定购买的肯定是其头脑中首先想到的那些产品或服务。在营销领域，还有几个与核心计量内容之一相关并且也比较复杂的计量项目，但基本上都是计量消费者对某一产品或服务的回忆或记忆状况的。中小企业一般不会像大中型企业那样常

⊖ JEFFERY M. Data-Driving Marketing: The 15 Metrics Everyone in Marketing Should Know [M]. Hoboken: John Wiley and Sons, 2010.

常进行耗时费资的品牌认知调查，而媒体上发布的有关产品或服务认知的公共调查，又缺乏时效性。我们建议中小型企业要学会并善于利用新媒体，例如在体育场馆广告牌上留下自己公司的网址，或者一个专门接收短信的电话号码，以此来收集数据，即可达到量化分析该项营销效果的目的。我们建议在电视广告、印刷广告以及广告牌上都留下公司的网址和接收短信的号码。这样，只要我们询问一下顾客是否知道这样的网址和号码，就能够基于具体的数据来判断每个广告带来多少人对企业的产品感兴趣。

1.4.3　针对消费者评估阶段的营销活动及其计量

针对消费者评估阶段的营销活动的主要目的在于，通过让消费者比较不同的产品或服务，促使消费者产生强烈的购买意愿。通常的手段包括：发放产品介绍白皮书，发布或张贴详细列举使用该产品益处和特性的印刷广告品，派发介绍产品的宣传册，以及制作并上线详细描述产品的网页等。例如在美国的电脑厂商戴尔，由于建有网上的直销渠道，加之有效的供应链管理，因而具有低成本优势，其产品的价格可以定得比较低却依然能够获利，因此在针对评估阶段的营销活动中，戴尔强调的就是价格，他们在产品和广告设计上采取了统一的策略，简单明了地列出有关其产品的价格。这种策略对那些将价格作为是否购买的第一参考因素的消费者而言，无疑是非常有效的，这些消费者通过对产品特性进行大致的比较，便很快就因为价格的优势而决定购买戴尔的产品，因为对他们来说电脑的功能特性也许并不非常重要。

而苹果公司在针对评估阶段的营销活动中采取了与戴尔截然不同的策略，他们在营销中强调产品设计的独特和新颖。例如，苹果的手机广告就强调产品的技术创新性，以及多样化的功能。在苹果产品专营店陈列着数千种不同类型的能够满足各种需要的产品，供消费者选择。特别是其笔记本电脑，价格高出戴尔笔记本电脑一大截，在其针对消费者评估阶段的广告中，他们刻意避免触及价格。在苹果公司的网页上，直到决定根据个人的需要而组合产品前，消费者是看不到价格的。

在针对消费者评估阶段的营销活动中，企业致力于将产品或服务的价值、益处以及与其相应的成本变化加以综合平衡与考虑。企业可以有多种方式向消费者提供信息，但没有相同的市场营销绩效测定与评价方式。在测定和评估这个阶段的营销活动业绩时，营销人员面临的一个难题就是消费者从评估到最终购买可能会间隔数周、数月甚至更长的时间。还有一个难题就是如何将消费者评估阶段的营销活动同最终购买结合起来。正因为这些难题，所以有关财务的计量，对于针对消费者评估阶段的营销活动而言，也不那么特别有意义，除非营销人员能在这个阶段一直跟踪到具体的消费者最终购买。

关于对消费者评估阶段营销的标准计量通常包括有多少人从企业的网页上下载有关产品的信息，以及对印刷广告的印象。但这些计量方法并不能特别有效、准确地测定和评定针对评估阶段所进行的营销业绩。那么怎样有效地量化分析针对消费者评估阶段的营销业绩呢？建议选择能够指向未来销售的计量内容。以购买汽车为例，任何一个人在决定购买汽车前，都会亲自去汽车销售点，在那里他会选取阅读符合自己购买标准的几款车的宣传册（在汽车营销行业，网站和这些宣传册是主要的消费者评估阶段营销所使用的媒介）。他会认真比较这些印刷精美的产品宣传册，那么这些产品宣传册价值多少呢？这是一个很难回答的问题。可以将试驾作为一个计量内容，满意的试驾结果很可能就会让消费者产生购买意愿。当然这种意愿的形成，是消费者对厂家在消费者评估阶段营销努力的综合认可。

事实上很多试驾的消费者最后会做出购买的决定，虽然不是100%，但有很高的概率。这个计量内容非常简单，就是用那些试驾过并最终购买的总人数除以试驾总人数，这个计量能够给企业以足够的信息，使得企业能够比较准确地预测出在全部试驾过的消费者中最终购买的概率是多少。另外一个相关的计量就是统计前来展厅参观访问的人流量，因为展厅人流量越高，试驾的人也就越多，而试驾后的人当中有些就会成为最终的购买者。在汽车销售行业，试驾是购买的先导计量内容，因此营销人员就可以据此进行试验，看用什么营销方法能够有效提高试驾人数和访问展厅的人流量。当然，营销人员还可以用焦点小组等定性分析的方法，例如在阅读了产品宣传册之后，会有多少人形成购买意愿。

> 核心计量内容之二：针对消费者评估阶段的营销关键计量
> 计量项目2：试用率 = 消费者在购买前试用某产品的比率

1.4.4 针对促成消费需求阶段的营销活动及其计量

在促成消费需求阶段，营销者的目的就是让潜在消费者成为真正的顾客，也就是想方设法让他们购买使用产品或服务。在这个阶段营销者往往采取促销的方式，在某一个特定的短时间内提升销售量。例如，有效期为30天的食品店优惠券，在某一特定时间段价格优惠10%，以及针对某一特定群体的价格优惠等，这些促销活动都可以在短期内提高销售量和收入。在这个阶段，另外一个关键的计量就是潜在消费者转换率，也就是说衡量有多少潜在的消费者最终成为真正的顾客。因为所有上市公司都被要求每季度公开自己的销售额和净收入，所以很容易用现金收入来量化分析。简而言之，对促成需求阶段营销业绩的考核，实际上就是对市场营销投资回报的计量分析，这也是第三个核心计量内容，共有四项计量。

> 核心计量内容之三：针对促成消费需求阶段的营销关键计量
> 计量项目3：利润 = 销售收入 - 成本 - 销售费用
> 计量项目4：净现值 = 折现值 - 期初投资额
> 计量项目5：投资回报率 = $\frac{总收益}{总投入} \times 100\%$
> 计量项目6：销售资金回款 = 销售收入 + 期初应收账款 - 期末应收账款

一般来说，企业市场营销预算的50%以上用于针对促成消费者需求阶段的营销活动方面。因此，关于这个阶段的投资回报分析，对于营销决策者正确理解和评估总体性的营销投资回报率具有重要的意义。正确地使用营销投资回报计量分析，可以帮助营销决策者就如何运用投资原则达成共识，如明确投资目标、寻找和利用经济杠杆点、控制风险和跟踪回报率等，这些投资原则在企业的其他部门早已广泛使用。在市场竞争日益白热化的经营环境下，将这些投资管理原则应用在营销职能上，可以促使营销决策者对企业的营销总支出有一个清晰连贯的总体思路。善于使用投资回报计量分析，遵循基本的投资原则，有助于营销决策者在投资回报最高的经济杠杆点上，做出具体、有效的干预，从而降低营销投资风险，提高营销投资回报。当然，如何在具体的营销实践中应用这些计量方法，还需要我们共同努力探索。

事实上，至少50%以上的市场营销行为和活动，可以通过营销投资回报计量方法给以分析和评估。换句话说，关于营销投资回报的财务计量分析，可以用来衡量评估几乎所有的与市场营销相关的活动和行为。因此建议应当将关于营销投资回报的计量当作计量营销最重要的核心内容。当然，财务分析中有关市场投资回报的计量，并不能反映全部的市场营销行为和活动的绩效，因此，本书所包含的其他多项计量，甚至本书所没有涉及的其他计量内容，在计量营销中的作用也是很重要的，只不过应当根据本企业的具体营销环境和内容进行合理的取舍。

1.4.5 针对形成忠诚顾客群体阶段的营销活动及其计量

顾客忠诚营销理论是在流行于 20 世纪 70 年代的企业形象设计理论和 80 年代的顾客满意理论的基础上发展而来的。其主要内容可表述为：企业应以满足顾客的需求和期望为目标，有效地消除和预防顾客的抱怨和投诉，不断提高顾客满意度，促使顾客的忠诚，在企业与顾客之间建立起一种相互信任、相互依赖的"质量价值链"。

所谓忠诚顾客群体，是指那些反复不断地购买和使用本企业产品或服务的消费者，他们对本企业提供的产品和服务非常满意，愿意长期重复购买。通常，这些忠诚顾客群体的行为结果与在促成消费需求阶段初次购买的顾客一样，也就是增加了企业的销售额。除非营销人员能够记录和识别那些重复购买者，否则营销人员就很难计量忠诚顾客的购买情况。因此，营销人员需要破解的第一个难题就是识别并记录重复购买者。为了促进忠诚顾客群体的形成，营销人员可以在酒店举办招待会，款待那些对企业具有很高价值的顾客，此外还可以为忠诚顾客提供免费的服务或与主产品相关的小产品或副产品。

由于针对形成忠诚顾客群体阶段的营销行为和活动所产生的结果，同针对促成需求阶段的营销活动所产生的结果大致一样，只不过前者是重复购买而后者是初次购买，因此可以用营销投资回报计量进行衡量和分析。但是，除了重复购买之外，这里要强调一个与形成忠诚顾客群体阶段关联度最高的计量，提请读者注意，这就是顾客流失率（Customer Churn Rate），有的教科书也将其称作客户流失率，它是指顾客的流失数量与全部消费产品或服务顾客的数量的比例。它是顾客流失的计量表述，是判断顾客流失的主要指标，直接反映了企业经营与管理的现状。

核心计量内容之四：针对形成忠诚顾客群体阶段的营销关键计量

计量项目 7：顾客流失率 $= \dfrac{\text{流失的顾客数量}}{\text{全部顾客数量}} \times 100\%$

此外，有关顾客群体方面还有三项关键计量指标。首先来讨论顾客满意度。顾客满意是指顾客对一个产品可感知的效果（或结果）与期望值相比较后，形成的愉悦或失望的感觉状态。顾客满意度是评价企业总体市场营销业绩的重要手段。为此，营销决策者要科学确定顾客满意度的指标和满意度的程度并对顾客满意度进行测量、监控和分析，这样才能进一步改进营销管理体系。要评价顾客满意的程度，必须建立一组与产品或服务有关的、能反映顾客对产品或服务满意程度的产品满意项目。由于顾客对产品或服务需求结构的强度要求不同，而产品或服务又由许多部分组成，每个组成部分又有许多属性，如果产品或服务的某个部分或属性不符合顾客要求，他们都会做出否定的评价，产生不满意感。因此，企业应根据顾客需求结构及产品或服务的特点，选择那些既能全面反映顾客满意状况又具有代表性的项目，作为顾客满意度的评价指标。全面就是指评价项目的设定应既包括产品的核心项目，又包括无形的和外延的产品项目；否则，就不能全面了解顾客的满意程度，也不利于提升顾客满意水平。另外，由于影响顾客满意或不满意的因素很多，企业不能都一一用作测量指标，因而应该选择那些具有代表性的主要因素作为评价项目。

关于顾客满意度的测量，营销人员可以简单地询问顾客："您是否乐意向您的朋友或同事推荐本产品或服务呢？"然后让顾客在 1~10 之间选择一个数字，1 代表非常不乐意，10 代表非常乐意，只有那些选择了 8、9、10 的顾客才有可能一定推荐，因此他们是满意的和忠诚的顾客。在循环营销行为影响计量模式中，忠诚营销与认知营销是紧密相连的，如图 1-3 所示，忠诚的顾客会以其对企业产品或服务的忠诚，通过向其亲友推荐的方式，协助企业进行认知营销。因此，顾客满意度是市场营销的黄金计量，它在认知营销与忠诚营销之间架起一座桥梁，而且也可以作为未来销售的引导指向。

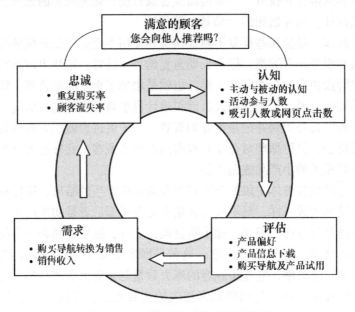

图 1-3　循环营销行为影响计量模式

（资料来源：JEFFERY M. Data-Driving Marketing: The 15 Metrics Everyone in Marketing Should Know [M]. Hoboken: John Wiley and Sons, 2010.）

关于顾客满意度的计量，可以说是对企业市场营销业绩的回顾与总结，是过去时。而市场营销是在不断向前发展的，因此还需要对未来的营销进行研究和计量分析。关于企业未来的营销计量有很多，这里重点论述顾客对企业的终身价值这样一个分析预测未来利润的计量项目。所谓顾客终身价值，是指每个购买者在未来可能为企业带来的收益总和。

顾客终身价值的计量本身比较复杂，将在以后的有关章节中详细阐述，这里只是原则性地讨论一下，以便读者对这个重要的计量有个初步认识。对企业来说，每个顾客的价值都是由三部分构成的：①历史价值，即到目前为止已经实现了的顾客价值；②当前价值，即如果顾客当前行为模式不发生改变的话，将来会给企业带来的顾客价值；③潜在价值，即企业通过有效的交叉销售调动顾客购买的积极性，或促使顾客向别人推荐产品和服务等，从而可能增加的顾客价值。研究表明，如同某种产品一样，顾客对于企业利润的贡献也可以分为导入期、快速增长期、成熟期和衰退期。对此留待以后讨论，建议在计量顾客终身价值时，侧重计算分析顾客未来可以为企业带来的价值。

最后，简略地向读者介绍一个与顾客有关但却可以用来测量企业具体营销操作效益的计量，即顾客接受率。顾客接受率是指在所有参与或触及的顾客之中，有多少人接受了营销厂商的产品、服务、礼品、信息等。例如,企业的营销人员用设计的营销方法,登门拜访了 100 个顾客,进行一对一的近距离推销,结果有 30 个顾客决定购买企业的产品,那么这次活动的顾客接受率就是 30%。顾客接受率可以从技术和策略的角度让营销人员认识到营销活动和行为的有效性,如果营销人员能提高顾客接受率,那么企业的产品销售量一定能有大幅度的增长。

作为一种计量方法,顾客接受率可能在针对促成消费需求阶段的营销活动和实践中更为有效,但其他几个阶段也可以应用,只要企业的营销活动或行为需要顾客做出反应,营销人员就都可以用该项计量方法进行测量和分析。例如,企业新研发出一个产品,为此营销人员随机选择了 1 000 个顾客,发信邀请他们来函索取有关对新产品的介绍材料,假如营销人员接到了 150 封回信,那么该项营销活动的接受率就是 15%。显然,这个活动的内容不属于促成消费需求阶段的营销而属于消费者认知阶段的营销。

> **核心计量内容之五:针对顾客满意度、顾客价值和顾客接受率的营销关键计量**
>
> 计量项目 8:顾客满意度 = $\dfrac{\text{愿意向他人推荐的顾客人数}}{\text{被访顾客总人数}} \times 100\%$
>
> 计量项目 9:顾客终身价值 = 顾客未来可能为企业带来的价值
>
> 计量项目 10:顾客接受率 = $\dfrac{\text{接受产品、提议等的顾客人数}}{\text{被接触顾客总人数}} \times 100\%$

1.5 营销分析模型与工具

1.5.1 营销分析模型

1. 营销分析模型的概念与特征

营销分析模型是对营销现实问题的程式化表述,融合了对目的、假设、变量及其关系的解析。对此,需要明确其以下几个特征:

(1) 抽象化。模型是对现实世界中各种现象和整个系统的简单化描述或类比,它并不是完整地反映客观现实而仅仅专注于其中的某一个或者某几个方面。

(2) 表述。模型只是对现实中一些物理特征的简单类比,大多数营销分析模型使用文字、图形和数学公式来进行描述,通常是在一系列逻辑关系条件下的数学方程式。

(3) 目标。营销分析模型的目标是理解和影响市场中的某些行为,既表明了建模的理由同时也限定了模型的适用范围。比如 ADBUDG 模型主要帮助决策者建立有效的广告预算。

(4) 假设。假设为模型提供基本的逻辑关系或者应用框架背景。例如,一个广告预算模型包含了以下假设:产品的销售量与广告相关;销售量会随着广告费的增加而增加;该产品有一个销售量上限,更多的广告费也不会使销售量超过这个上限;广告费的增加会降低顾客对价格的敏感性等。所有模型均包含了明显的或潜在的假设,这种假设使得决策者能更加准确地判断在调整假设后可能产生的结果,并且为其提供了一种大家讨论问题的前提。

(5) 变量。变量是营销过程中的那些不确定因素。在市场经济中,许多因素都是变化的和不确定的,如企业的销售量、顾客选择产品的可能性、销售人员的促销方式、市场的竞争程度等。一般认为存在三种类型的变量:①可控变量,即那些企业能够左右的营销组合工具等,如广告宣传力度和新产品的特性设计等;②不可控变量,即那些由市场中的竞争者和供应商控制的变量等，尽管企业会去努力影响这些不可控变量，但是这种影响只是间接的；③环境变量，即不受市场系统中任何一个活动主体所控制的变量，这类变量反映了一般趋势，如人口老化、新的市场规则和行业饱和度等。所有这三种变量统称为自变量或输入变量，与此相对应的是因变量或输出变量，它们的值由一组自变量决定。

变量之间的关系反映了一个变量的变化如何影响另一个变量，这种关系是建立在营销管理理论和心理与社会知识等基础上的。例如，假设包装的变化会增加顾客在购物时对该产品的注意。多数营销分析模型使用数学函数来反映自变量（如广告费用）对因变量（如销售量）的影响。

2. 营销分析模型的类型

营销分析模型按不同的分类方法可以有不同的类型。可以按照模型的结构特征将其分为文字模型、图形模型和数学模型，也可以按照模型所涉及的管理问题的种类将其划分为描述性模型和标准化模型。

（1）文字模型。文字模型就是用语言文字来定性描述现象的模型，例如运用较为普遍的广告推动模型：

知名→了解→喜爱→偏好→深信→购买

该模型反映了广告影响变量的影响顺序以及广告费增加能带来的好处。文字模型的优点是直观、容易解释、易于理解，它是所有模型的基础。文字模型的主要缺陷是定量化的缺失。

（2）图形模型。图形模型是用图表或图形来表示的模型。地图、组织结构图和流程图等都是典型的图形模型。该类模型主要用于描述一类现象的本质，以便观察者能够抓住整体特征并选择一些特定关系做进一步的研究。相对于文字模型而言，图形模型能更为清楚地描述变量之间的关系。同时，图形模型在文字模型和更精确的数学模型之间架起了一座沟通的桥梁。

（3）数学模型。数学模型是一种用定量化的、数学化的方法来分析现象和解决问题的模型。在数学模型中，变量之间关系的性质和大小都明确表示出来，这有助于营销人员探索自变量的变化程度如何影响模型中因变量变化的方向和程度。

（4）描述性模型。描述性（或预测性）模型解决"假如我做了X，将会发生什么"的问题。例如，管理者需要对是否引入一种新产品进行决策，这可能取决于引入该产品会对整个产品线的潜在销量带来什么变化；又如，决定是否继续实行"买二赠一"的促销活动，这取决于该促销活动带来的利润增长。通过描述性模型，营销人员可以通过模拟来评估营销活动的后果。

（5）标准化模型。标准化模型主要解决"在给定条件下最好的实施方案是什么"的问题。例如，管理者想确定一家新商店的最佳位置或确定某种产品的最佳广告预算。这类营销问题可以转化为一定约束条件下的优化模型，用目标函数来衡量某一决策对企业的价值，用各种约束条件对决策选择允许变化的范围进行限制。但管理者只有很少的决策选择项时，采用描述性模型进行模拟就可以了；当管理者面临很多选择时，则需要利用数学优化来识别出最好的决策方案，如销售资源分配、店铺选址和零售货架空间设计等问题都适合采用标准化模型。

1.5.2 计量营销学的分析工具

计量营销的分析工具有很多，也有许多专门的软件包，但许多专用软件不具有通用性。本书主要介绍和使用通用的分析工具，如微软办公软件Office中的数据处理软件Excel与社会科学统计软件包SPSS软件。有关SPSS的安装和操作等问题，有许多的教科书可供参考，本书不再赘述。本书仅重点介绍Excel的常用操作。Excel电子表格具有很强的数据分析处理功能，一些所谓专用软件的功能在其中都具备。目前，Excel 电子表格已经成为一种通用"商业语言"，通过其中的图表功能，数据可以比较方便地转化为可视化图形；并且，通过使用 Excel 中的公式、函数、统计或功能，可以比较容易地将数据转化为营销决策人员需要的各种信息。

本书主要使用的分析工具是微软 Excel 2016 版。在其"数据"菜单下有用于统计分析的"数据分析"工具，以及用于最优化分析的"规划求解"模块。如果在"数据"菜单下看不到"数据分析"和"规划求解"模块，就需要在"文件"菜单中单击"选项"，单击"Excel 选项"对话框左侧的"加载项"，然后单击"转到"，在弹出的对话框中选中"分析工具库"和"规划求解加载项"，再单击"确定"按钮即可。

1. Excel 的常用操作

（1）Ctrl + Shift + 方向键。在很多情况下，需要选取表格中的数据，一般情况下都是通过使用拖动鼠标的方式，但是在数据量比较大的时候，这种操作比较难于控制，经常会出现多选或少选的情况。使用这一组合键就可以避免这样的问题。它们实现的功能是：从当前单元格或单元格区域开始，按照选定的方向选取数据，遇到第一个空单元格时结束。

（2）快速选择每列或每行的首位和末尾单元格。很多情况下，需要选取一列中末尾的单元格，或者首位的单元格，如果数据少的话，可以滑动鼠标轴选择，但是当数据量大时，这样很费时间。这时，可以选择对应列或者行中的任意单元格，然后双击此单元格的上边框，就可以选择此列最首位的单元格。同样，双击此单元格的下边框，就可以选择最末尾的单元格。同理可以双击左边框或者右边框，分别快速选择左边首位单元格或者右边末尾单元格。

（3）Ctrl + 单击鼠标左键（选取指定单元格）。有时，需要选取多个指定的单元格，这时只需要按住 Ctrl 键，再单击鼠标左键即可。

（4）灵活使用状态栏。在 Excel 的最下方有一个状态栏，提供了许多有用的功能与函数对选定的范围进行处理，如平均值、计数、最小值、最大值、求和等。在状态栏上，单击鼠标右键就可以调出这个功能，在"自定义状态栏"中选择需要的功能（打钩表示选择）。

（5）筛选功能。Excel 可以对数据进行快速筛选，首先选择区域中的单个单元格，然后单击"开始"菜单中的"排序和筛选"功能，再单击"筛选"后，就会在单元格区域最上面有字段名称的一行每个单元格右侧显示下三角形"▼"按钮，单击此按钮，会出现相应的对话框，可以选择相应的选项。

（6）选择性粘贴。我们经常会使用一些函数，但是用完函数后，单元格中的数值会包含公式，此时可运用选择性粘贴去除函数。具体操作是：首先对含有函数的单元格进行复制，然后右击鼠标选择"粘贴选项"或"选择性粘贴"，再选择对应的"粘贴"或"运算"选项即可。有时候还可以使用这个方法对数据进行转置（比如把一行的数据转置为一列），只需在"选择性粘贴"的窗口中选择"转置"即可。

（7）冻结窗格功能。有时候我们在看数据时，希望将某一行或某一列数据冻结不动，此时可使用冻结窗口功能。具体操作是：首先选定一行或一列，然后单击"视图"菜单下的"冻结窗格"，再选择"冻结拆分窗格""冻结首行"或"冻结首列"中的一项，其中"冻结拆分窗格"是指滚动工作表其余部分时，保持所选择的行或列（选定一行的上一行或选定一列的左侧一列）可见。

（8）剪切、粘贴命令的鼠标操作。一般情况下，我们都是采用两个命令来完成复制和粘贴的，但是使用鼠标可以一次完成。具体操作是：选择需要剪切的单元格或区域，移动鼠标到选中范围的右上角，当指针呈现带箭头的十字时，按住鼠标左键，拖动到希望粘贴的地方。

（9）F4 快捷键操作。F4 键最常用的是两个功能，一是在编辑公式的时候，将公式中的单元格引用选中，然后按〈F4〉键，可以循环改变单元格引用的类型，从相对引用到绝对引用再到混合引用，例如对 A1 单元格，相对引用是 A1，绝对引用是 \$A\$1，混合引用是 A\$1 或 \$A1。第二个作用是在 Excel 基本操作里，按〈F4〉键可以重复上一次的操作。比如对某单元格设置了字体颜色，然后选中另一个单元格，按〈F4〉键，就可以为这一个单元格也设置相同的字体颜色。

（10）排序功能。很多情况下，为了更加方便地分析数据，人们经常会对数据进行排序。简单排序只针对数据清单中的某一列进行排序，一般情况下只需单击"开始"菜单中的"排序和筛选"功能选"升序"或"降序"即可。复杂排序则可以选择"排序和筛选"功能中的"自定义排序"，在弹出的"排序"对话框中，设置"列"的"主要关键字""排序依据""次序"等选项。

（11）合并单元格中的数据。许多情况下，需要合并两个单元格中的数据，这时使用"&"（和）运算符即可。

（12）数据透视表和数据透视图。数据透视表是从数据中产生一个动态汇总表格，快速对工作表中的大量数据进行分类汇总，并建立交互式动态表格，通过改变字段的位置可得到不同的统计结果。其操作步骤是：首先选中要建立数据透视表的数据列，然后单击"插入"菜单下的"数据透视表"，在弹出的"创建数据透视表"对话框（见图1-4）中，设置"表/区域"和"选择放置数据透视表的位置"等后单击"确定"；在工作表右侧弹出的"数据透视表字段"（见图1-5）中，选择要添加到报表的字段，再通过拖动字段设置透视表中要显示的字段、列标签、行标签和计数项（Σ值）等，并单击行、列的下三角按钮设置进行字段设置或对Σ值进行值字段设置，即可得到需要的数据透视表。单击"插入"菜单下的"数据透视图"，在弹出的"插入图表"对话框中，选择一种图形，如图1-6选择的是柱形图。

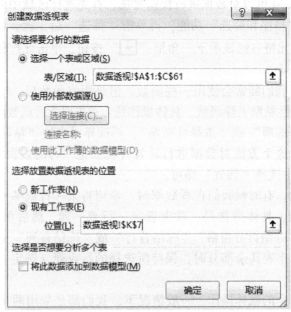

图1-4 "创建数据透视表"对话框

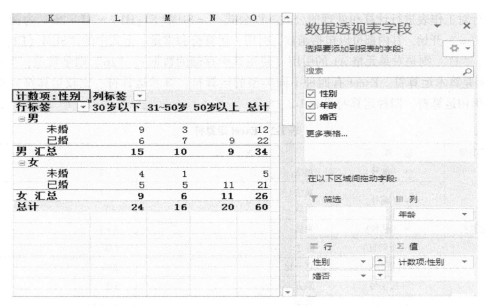

图1-5 "数据透视表字段"设置

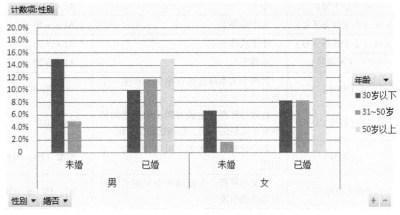

图1-6 数据透视图（柱形图）

（13）模拟运算表。模拟运算表即假设分析，用来查看当某一个或几个变量变动时数值会产生怎样的变动，求解变量的变动对结果的影响。模拟运算表是 Excel 的一种快捷计算工具。常用的模拟运算表有两种类型：①单变量模拟运算表，即输入一个变量的不同替换值，并显示此变量对一个或多个公式的影响；②双变量模拟运算表，即输入两个变量的不同替换值，并显示这两个变量对一个公式的影响。有关模拟运算表的具体操作可参见"Excel 帮助"。

2. Excel 函数与公式的概念、运算符及运算次序

Excel 函数是预先定义，执行计算、分析等处理数据任务的特殊公式。以常用的求和函数"SUM"为例，它的语法是"SUM（number1，number2，…）"，其中"SUM"称为函数名称。一个函数只有唯一的名称，它决定了函数的功能和用途。函数名称后紧跟左括号，接着是用逗号分隔的称为参数的内容，最后用一个右括号表示函数结束。由于计量营销学所涉及的范围比较广，有些计算可能会超越 Excel 已设定的函数，因此需要用户自行设计公式进行运算。函数与公式既有区别，又互相联系。如果说前者是 Excel 预先定义好的特殊公式，后者就是由用户自行设计对工作表进行计算和处理的公式。以公式"=SUM(E1:H1)*A1+26"为例，它要以等号"="开始，其内部可以包括函数、引用、运算符和常量。上式中的"SUM(E1:H1)"是函数，"A1"则是对单元格 A1 的引用（使用其中存储的数据），"26"则是常量，"*"和"+"则是算术运算符。Excel 有四种不同类型的运算符：算术运算符、比较运算符、文本运算符和引用运算符。四种运算符见表1-2。

表1-2 Excel 运算符

运算符类型	运算符	含义	示例
算术运算符	+（加号）	加法	3+3
	-（减号）	减法 负数	3-1 -1
	*（星号）	乘法	3*3
	/（正斜杠）	除法	3/3
	%（百分号）	百分比	20%
	^（脱字号）	乘方	3^2
比较运算符	=（等号）	等于	A1=B1
	>（大于号）	大于	A1>B1
	<（小于号）	小于	A1<B1
	>=（大于或等于号）	大于或等于	A1>=B1
	<=（小于或等于号）	小于或等于	A1<=B1
	<>（不等号）	不等于	A1<>B1
文本运算符	&（与号）	将两个文本值连接或串起来产生一个连续的文本值	("North"&"wind")
引用运算符	:（冒号）	区域运算符，生成对两个引用之间的所有单元格的引用，包括这两个引用	B5:B15
	,（逗号）	联合运算符，将多个引用合并为一个引用	SUM(B5:B15,D5:D15)
	（单个空格）	交叉运算符，生成对两个引用共同的单元格的引用	B7:D7 C6:C8

如果在公式中要同时使用多个运算符，则应该了解运算符的优先级。Excel 运算符运算次序见表1-3。算术运算符的优先级是先乘幂运算，再乘、除运算，最后为加、减运算。相同优先级的运算符按从左到右的次序进行运算。公式中出现不同类型的运算符混用时，运算次序是：引用运算符→算术运算符→文本运算符→比较运算符。如果需要改变次序，可将先要计算的部分括上圆括号。

表1-3 Excel 运算符运算次序

优先次序	符号	说明
1	:（冒号） （单个空格） ,（逗号）	引用运算符
2	-	算术运算符：负数（如-1）
3	%	算术运算符：百分比
4	^	算术运算符：乘方

(续)

优先次序	符 号	说 明
5	*和/	算术运算符：乘和除
6	+和−	算术运算符：加和减
7	&	文本运算符：连接两个文本字符串（串连）
8	=，<，>，<=，>=，<>	比较运算符：比较两个值

3. Excel 的常用函数

（1）SUM 函数。SUM 函数的主要功能是计算所有参数数值的和。使用格式：SUM（number1，number2，…）。参数说明：number1，number2，…代表需要计算的值，可以是具体的数值、引用的单元格（区域）、逻辑值等。例如，在"A10"单元格中输入公式"=SUM（A1：A9）"，表示计算 A1 至 A9 单元格区域各单元格数值之和。

（2）SUMIF 函数。SUMIF 函数的主要功能是计算符合指定条件的单元格区域内的数值和。使用格式：SUMIF（range，criteria，sum_range）。参数说明：range 代表条件判断的单元格区域；criteria 为指定条件表达式；sum_range 代表需要计算的数值所在的单元格区域。例如，在 F3 单元格中输入"=SUMIF（C：C，F2，D：D）"，表示如果在 C 列中有值等于 F2 的，就对 D 列中的值进行求和。

（3）AVERAGE 函数。AVERAGE 函数的主要功能是求出所有参数的算术平均值。使用格式：AVERAGE（number1，number2，…）。参数说明：number1，number2，…为需要求平均值的数值或引用单元格（区域），参数不超过 30 个。需要注意的是：如果引用区域中包含"0"值单元格，则计算在内；如果引用区域中包含空白或字符单元格，则不计算在内。

（4）MAX 函数。MAX 函数的主要功能是求出一组数中的最大值。使用格式：MAX（number1，number2，…）。参数说明：number1，number2，…代表需要求最大值的数值或引用单元格（区域），参数不超过 30 个。需要注意的是：如果参数中有文本或逻辑值，则忽略。

（5）MIN 函数。MIN 函数的主要功能是求出一组数中的最小值。使用格式：MIN（number1，number2，…）。参数说明：number1，number2，…代表需要求最小值的数值或引用单元格（区域），参数不超过 30 个。需要注意的是：如果参数中有文本或逻辑值，则忽略。

（6）RAND 函数。RAND 函数的主要功能是产生一组随机数。使用格式：RAND（ ），不需要参数。例如"=RAND（ ）"，在"（ ）"中不要输入任何数值，就可以随机生成一个 0~1 之间的数值。

（7）NORMDIST 函数。NORMDIST 函数的主要功能是返回指定平均值和标准偏差的正态分布函数。使用格式：NORMDIST（x，mean，standard_dev，cumulative）。参数说明：x 为需要计算其分布的数值；mean 为分布的算术平均值；standard_dev 为分布的标准偏差；cumulative 为一逻辑值，指明函数的形式，如果 cumulative 为 TRUE，则函数 NORMDIST 为累积分布函数，如果为 FALSE，则为概率密度函数。例如"=NORMDIST（25，20，3，1）"，可得出服从期望值 $\mu = 20$、标准偏差 $\sigma = 3$ 的正态分布，数值小于 25 的概率。如果将 1 改为 0，则返回值为概率密度。

（8）NORMSINV 函数。此函数是 NORMDIST 的反函数。使用格式：NORMSINV（probability）。参数说明：probability 表示正态分布的概率值。例如"=NORMSINV（0.55）"，表示 Z 服从标准正态分布，返回值为 $P(Z<z) = 0.55$ 时 z 的值。

（9）IF 函数。IF 函数的主要功能是根据条件满足与否返回不同的值。使用格式：IF

(logical_test，value_if_true，value_if_false)。参数说明：logical_test 是条件，是计算结果可能为 TRUE 或 FALSE 的任意值或表达式；value_if_true 是可选参数，指 logical_test 参数的计算结果为 TRUE 时所要返回的值；value_if_false 是可选参数，指 logical_test 参数的计算结果为 FALSE 时所要返回的值。例如" = IF（B1 > 50," 大于"," 小于"）"，表示如果 B1 单元格大于 50，则显示"大于"，否则显示"小于"。IF 函数中可以嵌套多个 IF 函数。

本章小结

本章首先对市场营销实践与学科的发展演进历程进行了回顾，讨论了市场营销的艺术性和科学性问题，然后简述了计量营销学的定义、基本内容和范畴，学习计量营销学的重要性和方法，最后对市场营销的核心计量项目以及营销分析模型和通用工具等进行了介绍。

测试题

1. 因为市场营销涉及许多数据、计量和运算问题，所以市场营销也是计量活动。（对/错）
2. Excel 中的函数与公式既有区别又互相联系。（对/错）
3. 市场中顾客接受率低则意味着之前所投入的资源浪费率低，企业的利润就会降低。（对/错）
4. 如果营销分析缺乏可衡量的指标，则将降低营销活动的可操作性与可计量分析性。（对/错）
5. 企业在营销行为影响模式中的顾客评估阶段最应该关心的计量内容是销售收入指标。（对/错）
6. 对 Excel 工作表中的大量数据进行分类汇总，并建立交互式动态表格，通过改变字段的位置可得到不同的统计结果，这称为（　　）。
   A. 水晶易表　　　　B. 数据透视表　　　　C. 数据可视化表　　　　D. 数据动态表
7. 下列关于针对顾客评估阶段的关键计量指标是（　　）。
   A. 品牌认知　　　　B. 投资回报率　　　　C. 利润　　　　D. 试用
8. 除了顾客满意度外，有关顾客的关键计量内容还包括（　　）。
   A. 顾客终身价值　　B. 顾客接受率　　　　C. 新顾客数　　　　D. 顾客资产价值
   E. 顾客数量
9. 对企业来说，每个顾客的价值构成部分除了当前价值以外，还包括（　　）。
   A. 历史价值　　　　B. 潜在价值　　　　C. 资产价值　　　　D. 终身价值
   E. 附加价值
10. Q 公司通过发行自己的会员卡来收集顾客的基本个人信息，并且每当顾客使用会员卡消费的时候，公司的销售系统就会记录顾客购买的产品，分析品牌偏好、客单价、消费频率等。此外，公司的市场部门会委托有关市场调研机构对某些新产品进行调研，制定相应的新产品战略。公司收集顾客信息结合了以下何种方法：
    A. 销售系统记录法　　B. 会员卡记录法　　　C. 市场调研法　　　D. 直接法
    E. 间接法

练习题

1. 商友公司面向消费者开展调查，共收回 60 份问卷，统计结果参见教材第 1 章数据文件。要求：
   （1）分别利用 Excel 筛选功能和公式分析样本的性别、年龄和婚姻状况组成，选用一种图显示样本比例。
   （2）利用 Excel 数据透视表分析样本的性别、年龄和婚姻状况组成（行标签依次为性别、婚否，列标签为年龄，"值显示方式"为"总计的百分比"），并建立数据透视图。
   （3）改变（2）中的行标签和列标签，说明数据透视表和数据透视图有何变化。
2. 针对一家淘宝或天猫网店，按照循环营销行为影响模式理论，对其不同阶段的营销活动设置核心计量项目。最后，说明其中最为关键的 3～5 个计量项目，并阐述理由。

第 2 章
市场和顾客意愿

本章目录

2.1 市场份额与相对市场份额
2.2 品牌发展指数与品类发展指数及其渗透
2.3 需求份额、重度使用指数及影响力等级的计量
2.4 与顾客满意度相关的计量

学习目标

1. 掌握市场份额、相对市场份额及市场集中化的计量方法
2. 理解品牌发展指数、品类发展指数与市场渗透的计量方法
3. 掌握需求份额、重度使用指数与影响力等级的计量方法
4. 掌握与顾客满意度相关的计量方法

2.1 市场份额与相对市场份额

2.1.1 市场份额

1. 市场份额的相关计量

"由于沃尔玛积极地开始经营更多的商店，它在市场中所占的份额可以取得持续的增长。在这个刚过去的美国假期期间，有 3/5 的顾客是在沃尔玛购买的礼物。现在，美国的主妇们平均有 22% 的杂货是在沃尔玛购买的。1/4 的购物者指出同一年前相比，他们在沃尔玛花费的买衣服钱增多了。对这些购物者进行调查，为零售预测对于沃尔玛会在顾客的允许范围内继续突破销售规模这个假设提供了有力的证据。"这是我们引自美国《零售前瞻》杂志 2005 年 2 月号题为"沃尔玛顾客最新消息"文章中的一段话。

作为世界级的零售商领军企业，沃尔玛公司向来重视对其商品的市场份额进行研究。市场份额，乍看之下只涉及一个相对简单的计算公式："企业的销售值/（企业的销售值＋竞争对手的销售值）"。但是这个公式又引出了一大堆问题。例如，谁是"竞争对手"？换言之，企业对于竞争范围的定义有多大？要用什么计量单位？企业在价值链的何处收集企业所需要的信息？在什么时间框架下可以使企业的信噪比达到最大？在这样一个计量同市场份额同等重要，并且计量可以密切检测变化及趋势的市场中，这些问题的答案变得尤为重要。本章将强调这些问题，同时会介绍一些市场份额的重要组成，包括市场渗透率、重度使用指数和需求份额。

简单来讲，市场份额就是某一企业的销售在市场中所占的比例，既可用销售量也可用销售收入来定义。

$$销售量市场份额 = \frac{某企业产品销售量}{产品市场销售总量} \quad (2\text{-}1)$$

$$销售收入市场份额 = \frac{某企业产品销售收入}{产品市场销售总收入} \quad (2\text{-}2)$$

作为营销人员，必须具备将销售目标转化为市场份额的能力，因为这决定着企业如何实现市场预测目标，是通过扩大市场还是通过夺得竞争对手的市场份额来实现企业的目标。一般来说，后者总是更难以实现的。所有营销人员都很注意对市场份额进行全景的密切监测，通常这种监测是在竞争非常激烈的市场条件下进行的，并在很大程度上推动着策略性或战略性行动的进行。

市场份额是一个企业对抗其竞争对手程度的指标。这个计量，辅之以销售收入，可以帮助管理者评估市场对企业产品或服务的基本需求和选择性需求。换言之，计量市场份额，不仅可以使管理者判断市场整体增长或下降的情况，还可以判断消费者在竞争对手中的选择趋势。一般来说，基本需求（市场整体增长）导致的销售增长比夺得竞争对手市场份额取得的增长成本更小，利润更高。相反，市场份额的减少是企业长期问题的反映，对此营销人员需要通过战略调整来解决。企业的市场份额低于一定的水平是不可行的。同样，在企业的生产水平范围内，个别产品市场份额趋势被看作企业未来机遇或问题的早期指标。

销售量市场份额如式（2-1）所示。当然，这个公式可重新排列，如果已知企业的市场份额，则可以导出产品销售量或产品市场销售总量的公式。销售收入市场份额如式（2-2）所示，它与销售量市场份额的不同在于它除了能反映销售量之外，还可以反映产品售出时的价格。因为产品销售收入为产品售价与产品销售量的乘积。就像销售量市场份额一样，式（2-2）也可以重新排列，根据另两个变量来计算产品销售收入或者产品市场销售总收入。

2. 市场份额计量的注意事项

（1）在营销实践中，必须高度重视关于市场范围的界定这一原则问题。一个企业如果对其市场界定太过广泛，它就会丧失侧重点。相反，如果企业对市场的界定太过狭隘，它就会失去发展的机遇并且会遇到未知的威胁。为了避免这种缺陷，作为计算市场份额的第一步，企业的管理者应根据特定的一些竞争对手的销售量或销售收入、产品、销售渠道、地理区域、消费者和时间周期，来界定企业市场的范围。

（2）必须仔细定义数据参数。尽管市场份额是最为重要的市场计量，却没有普遍意义上的最佳计算方法。遗憾的是，用不同的方法计算，不仅会在某特定时刻得出不同的市场份额的数值，而且会使其数值随着时间的变化而变得大相径庭。产生这种不一致的原因包括在测量份额时，从制造商处取得货物与消费者购买之间采取的计量方法不同（包括计量的单位和货币的不同），还包括对市场的定义偏差以及测量时的误差。在对企业产品的销售形势进行分析并以此为基础进行战略决策时，管理者必须能够理解并解释这些差异。

有的行业的竞争态势证明了市场份额量化的复杂性。例如汽车行业的通用汽车公司，其"市场份额在年度前两个月从27.2%下滑到24.9%，这是自1998年因两个月罢工而关闭公司以来的最低水平。由此通用公司整体预计在第一季度的净损失会达到8.46亿美元。"回顾这段摘自2005年《经济周刊》的声明后，管理者会立即提出许多问题：

- 这些数字表示通用公司的销售量市场份额还是销售收入市场份额？

- 这一趋势是否既适用于销售量市场份额，又适用于销售收入市场份额？
- 销售收入市场份额是在优惠和折扣之前还是之后计算的？
- 相关的销售数据是反映与制造商当前收入状况有直接联系的出厂数据，还是反映销售商用于减轻库存压力对消费者的销售数据？
- 市场份额的降低是否可以等价为销售额下降的比例，或是等价于市场总量大小的改变？

管理者必须确定一份有关市场份额报告的数据来源，是基于运输数据、销售渠道数据、零售数据，还是消费者调查或者其他来源。有时，市场份额数据可能代表数据的组合。例如，通过对企业的实际发货量与竞争对手销售量的调查进行估计，加以综合。如果必要的话，管理者必须对来自不同渠道的资料加以调整。

（3）计量时期的长短会对信噪比产生影响。在分析市场短期动态时，诸如某次推销活动的效果，或者最近一次的价格变动等，管理者会发现测量一段特定短时间内的市场份额是很有意义的。然而，一般情况下短期数据的信噪比很低。相反，长周期的数据可能会更稳定，但是对近期市场变化的重要性会降低。更广泛地说，这种影响同样适用于对地理区域聚集、渠道类型或消费者群体的分析。当选择分析的市场和时间跨度时，管理者应该将能反映重要问题的信号优先考虑。

（4）报告市场份额中的潜在偏见。常见的一种寻找市场规模数据的方法，是对顾客的使用情况进行调查。然而在解读这些数据时，管理者必须谨记，与实际数据相比，依据顾客调查所得的市场份额，往往有偏向知名品牌的倾向。

（5）服务所及市场。服务所及市场专指在全部的服务市场上本企业参与竞争的那部分，这排除了某些地理区域或产品类型。以航空飞行服务为例，如果航空公司没有飞往美国的班机，则美国就不能算作其服务所及市场的一部分。

2.1.2 相对市场份额和市场集中度

1. 相对市场份额

相对市场份额是指某企业或品牌的市场份额与其主要竞争对手市场份额之比。它为营销人员提供了一个比较本企业或品牌的市场份额与其最大竞争对手份额的基准方法，这便于企业的管理层对本企业或品牌在不同产品市场的相对市场地位进行比较。

相对市场份额的计算公式为

$$相对市场份额 = \frac{某企业或品牌市场份额}{最大竞争对手市场份额} \tag{2-3}$$

式（2-3）中，市场份额既可用销售量也可用销售收入计算。例如，在某市小汽车市场上，共有甲、乙、丙、丁、戊五个主要参与者。在该市小汽车市场中，丙公司的管理者们想知道他们公司相对于其最大竞争对手甲公司的市场份额。他们可以根据销售收入或销售量来计算，具体结果见表 2-1。由此可见，丙公司在销售收入方面的相对市场份额比销售量方面高。

表 2-1 某市小汽车市场份额

公 司	销售量 （千辆）	销售量市场 份额（%）	销售收入 （千元）	销售收入市场 份额（%）	销售量相对市 场份额（%）	销售收入相对 市场份额（%）
甲	25	50	375 000	40.0		
乙	10	20	200 000	21.3	40.0	53.3

(续)

公司	销售量 (千辆)	销售量市场 份额(%)	销售收入 (千元)	销售收入市场 份额(%)	销售量相对市 场份额(%)	销售收入相对 市场份额(%)
丙	7.5	15	187 500	20.0	30.0	50.0
丁	5	10	125 000	13.3	20.0	33.3
戊	2.5	5	50 000	5.3	10.0	13.3
市场总和	50	100	937 500	100		

随着市场营销研究领域的发展，人们对相对市场份额的重要性有了更多的认识。研究结果显示，一般来说市场中的主要参与者比其竞争对手有获得更多利润的可能。这一计量因波士顿顾问公司（BCG）著名的相对份额与市场增长模型而得以普及（见图2-1）。

在BCG的模型中，横轴代表相对市场份额——相对优势的代表产品，纵轴代表市场增长率——发展潜力的代表产品。在图的每个部分，根据市场份额的高低不同，产品被放在四个象限中的一个。在这个模型的传统解释中，拥有高相对市场份额且在高市场增长率中的产品被视为"明星"产品，暗示着它们应该被支持予以大量的投资。投资的资金也许来源于"现金牛"产品，即在低市场增长率的高相对市场份额的产品。"问号"产品或许未来有增长的潜力，但是现阶段相对市场地位较低。最后，"瘦狗"产品是既没有强大的相对市场地位也没有增长潜力的产品。

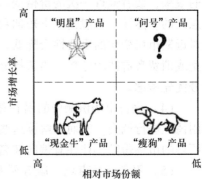

图 2-1 波士顿顾问公司的相对
份额与市场增长模型

2. 市场集中度

市场集中度是指数量相对少的企业占据市场大比例的程度，也被称为市场集中化。市场集中度通常计算市场中最大的三四家企业。三四家企业的市场集中度是指市场中领军的三四家企业的市场总份额。比如在某市小汽车市场中，三家公司市场集中度的市场份额由前三大竞争者企业甲公司、乙公司和丙公司组成（见表2-1）。三家公司的市场集中度，在销售量方面为85%（50%＋20%＋15%），而在销售收入方面是81.3%（40%＋21.3%＋20%）。

市场集中度是一个相对的计量，用于衡量少数几个富有竞争力的企业所占据的较大份额的市场在全部市场中的比例。这些计量对于比较一个企业或品牌在不同市场的相对位置以及评估市场的类型及竞争程度方面，具有很大的作用。例如，一个具有25%市场份额的企业，在很多市场中基本上都是富有竞争力的领军企业，而在有的市场则可能会屈居第二的位置。

3. 赫芬德尔指数

赫芬德尔指数（Herfindahl-Hirschman Index，HHI）是一种测量产业集中度的综合指数，等于市场中所有参与者各自的份额平方之和。HHI越大，表示市场集中程度越高，垄断程度越高。其计算公式为

$$HHI = \sum_{i=1}^{N}\left(\frac{X_i}{X}\right)^2 = \sum_{i=1}^{N} S_i^2 \qquad (2-4)$$

式中，X 为市场总规模；X_i 为第 i 个企业的规模；S_i 为第 i 个企业的市场占有率；N 为该产业内的企业数。

赫芬德尔指数具有以下几个特点：①当独家企业垄断时，该指数等于1；当所有企业规模相同时，该指数等于$1/N$；数值越大，表明企业规模分布的不均匀度越高。②兼有绝对集中度和相对集中度指标的优点，并避免了其缺点。③可不受企业数量和规模分布的影响，能较好地测量产业集中度变化的情况。

例如，赫芬德尔指数显著地突出了某市小汽车市场的集中度（见表2-2）。在销售量方面，赫芬德尔指数总和为0.3255；而在销售收入方面，赫芬德尔指数总和为0.266。这表明，该市小汽车市场在销售量方面比销售收入方面更集中一点。其原因为：价格较高的汽车在市场中销售的数量少。

表2-2 某中小城市汽车市场赫芬德尔指数

公司	销售量（千辆）	销售量市场份额（%）	销售量赫芬德尔指数	销售收入（千元）	销售收入市场份额（%）	销售收入赫芬德尔指数
公司甲	25	50	0.250	375 000	40.0	0.160
公司乙	10	20	0.040	200 000	21.3	0.046
公司丙	7.5	15	0.0225	187 500	20.0	0.040
公司丁	5	10	0.010	125 000	13.3	0.018
公司戊	2.5	5	0.003	50 000	5.3	0.003
市场总和	50	100	0.3255	937 500	100	0.266

4. 市场份额排名

市场份额排名是指将不同品牌的某类产品按其在市场中所占份额的大小顺序排列。如前所述，市场份额是一个企业的销售量或销售收入在市场同类产品中所占的比重，也就是企业对市场的控制能力。市场份额越高，表明企业的经营、竞争能力越强。企业市场份额的不断扩大，可以使企业获得某种形式的垄断，这种垄断既能带来垄断利润又能使企业保持一定的竞争优势。当竞争企业依照市场份额按从大到小的顺序排列时，排在第一名的品牌其市场份额最大。

5. 种类份额

这个计量指标与市场份额计量指标相类似。种类份额是指某一类产品的销售量（额）占某一特定零售商或某一类零售商全部销售总量（额）的比例。例如，某一百货超市的销售总额为每周1 000万元，这个百货超市销售三个不同品牌的运动鞋，销售额为每周26万元，那么这个百货超市运动鞋的种类份额就是2.6%。

2.2 品牌发展指数与品类发展指数及其渗透

2.2.1 品牌发展指数和品类发展指数

品牌发展指数（Brand Development Index，BDI）用来量化某一品牌在一个特定顾客群体中的表现如何，以便与其在所有顾客中平均的表现相比。其计算公式为

$$BDI = \frac{品牌在特定顾客群体中的销售量/群体中的家庭数量}{品牌销售总量/家庭总数量} \tag{2-5}$$

品类发展指数（Category Development Index，CDI）则用来衡量某一品类产品或服务在一个特定顾客群体的销售表现，以便与其在所有顾客中的平均销售表现相比，其计算公式为

$$CDI = \frac{品类在特定顾客群体中的销售量/群体中的家庭数量}{品类销售总量/家庭总数量} \tag{2-6}$$

品牌发展指数和品类发展指数，对于理解特定顾客群体及其相对于市场整体的关系很有意义。尽管这里的定义是对于家庭数量而言的，但这些指数也可以用于个体顾客、常客账户、企业及其他实体的计算。

研究品牌和品类的发展，主要在于通过量化分析而理解某一品牌或品类在特定顾客群体中的相关表现如何。品牌发展指数和品类发展指数有助于定义特定品牌或品类的产品或服务的市场细分，这里所说的市场细分通常以人文指标或地区分布来划定。例如，通过监测品类发展指数，营销人员可以确定美国中西部消费者比其他地方的美国人平均购买多一倍的西部乡村音乐光碟，然而住在东部沿海的消费者的购买力比全国平均值要低。这对于开发一个新的乡村音乐消费市场来说，无疑是非常有用的信息。相反，如果管理者发现某一特定产品的品牌发展指数很低，但其所在的品类发展指数却很高，他们就会质疑为什么这个品牌在一个如此有前景的细分市场却表现很差。

由式（2-5）可以看出，品牌发展指数是衡量在特定的人口群体或地理位置，与其在整个市场中人均或每个家庭平均销售量相比，某一品牌的人均或每个家庭平均的销售量。通过举例来解释它的作用：可以假定某品牌的冰淇淋在其品牌产地的人均销售量一定会比在全国其他地方的销售量大。通过计算该品牌冰激凌在其产地的品牌发展指数，营销人员可以在数量上检验这个假设。

又如，以某著名早餐奶粉品牌为例：在没有孩子的家庭中，平均每100户家庭每周消费一包；在平均人口中，平均每80户家庭每周消费一包。这可以解读为，在没有孩子的家庭，每户每周消费1/100包，在整体人口中每户每周消费1/80包。即品牌发展指数为

$$BDI = \frac{品牌销售量/家庭数量}{品牌销售总量/家庭总数量} = \frac{1/100}{1/80} = 0.8$$

因此可以得出结论：该品牌早餐奶粉在没有孩子家庭的表现比在市场整体的表现要差一点。

与品牌发展指数的概念相似，品类发展指数表示了一个品类相对于其整体表现，在何处有优势、在何处有劣势。例如，波士顿人均消费冰淇淋较多；德国和爱尔兰人均消费啤酒量比伊朗人均消费啤酒量多。在计算品牌发展指数和品类发展指数时，精确定义细分市场是非常重要的。市场细分通常与地理区域有关，但是也可以用其他任何指标进行划分，只要能得到定义所需要的指标数据即可。

此外，品类发展指数也可以应用于对零售机构的分析。在这个应用中，它主要用来衡量某零售商强调一个品类而非其他品类的程度。其计算公式为

$$CDI = \frac{零售商销售某品类的份额}{零售商的市场总份额} \tag{2-7}$$

2.2.2 市场渗透

市场渗透是用来衡量品牌或品类的畅销程度的，我们将其定义为在给定的时间内，至少购买一次某一特定品牌或品类产品的消费者人数除以相关市场的人口规模。由此可以列出的一组公式为

$$市场渗透率 = \frac{购买某品类产品的消费者数量}{总人口数量} \tag{2-8}$$

$$品牌渗透率 = \frac{购买某品牌产品的消费者数量}{总人口数量} \tag{2-9}$$

$$渗透份额 = \frac{购买某品牌产品的消费者数量}{购买某品类产品的消费者数量} = \frac{品牌渗透率}{市场渗透率} \quad (2\text{-}10)$$

通常,管理者需要决定通过何种途径来提升销售量,主要有两种途径:①通过争夺竞争对手的现存品类的消费者;②通过扩大品类使用者的人口数量,以吸引新的消费者,从而寻求销售量的增长。通过市场渗透计量有助于管理层确定哪种战略对本公司更为恰当,同时这个计量也有助于管理者监测其营销战略是否成功。除了计算销售量外,这些公式也可以用来计算产品的使用情况。

渗透率和渗透份额是两个衡量产品"畅销程度"的关键计量术语。渗透率(也被称作渗透度、品牌渗透或市场渗透),是指在本项研究期间至少购买一次某给定品牌或品类的相关人口比例。例如在一个月的时间范围内,在一个拥有10 000户家庭的杀虫剂市场上,有500户家庭购买了A品牌的杀虫剂产品,那么

$$A 品牌渗透率 = \frac{A 品牌的产品顾客数}{总人口数量}$$

$$= \frac{500 \text{ 户}}{10\ 000 \text{ 户}} = 5\%$$

一个品牌的渗透份额与其渗透率相反,取决于该品牌的顾客数量与其品类在相关市场作为一个整体的顾客数量之比。在此,作为一个有效顾客,该顾客必须在这个阶段至少购买一次该品牌或品类的产品。仍以上述杀虫剂市场为例,在有500户家庭购买A品牌产品的月份里,共有2 000户家庭会至少购买过一次这个品类的任何品牌。这样,就可以计算A品牌的渗透份额为

$$A 品牌渗透份额 = \frac{A 品牌顾客数量}{杀虫剂品类顾客数量}$$

$$= \frac{500 \text{ 户}}{2\ 000 \text{ 户}} = 25\%$$

2.2.3 市场份额分解

(1) 渗透份额和市场份额的关系。市场份额可以被计算为渗透份额、需求份额和重度使用指数三个因素的乘积,即

$$市场份额 = 渗透份额 \times 需求份额 \times 重度使用指数 \quad (2\text{-}11)$$

(2) 需求份额。它是指在被某个给定品牌或产品占有的类别中顾客需求的百分比(在下一节讨论)。

(3) 重度使用指数。它用来衡量使用某个特定产品的顾客使用该产品整个类别的轻重程度(留待下一节讨论)。

(4) 渗透份额。基于以上计量关系,在给定其他因素的前提下,管理者可以用市场份额分解来解释渗透份额,其计算公式为

$$渗透份额 = \frac{市场份额}{需求份额 \times 重度使用指数} \quad (2\text{-}12)$$

例如,乙品牌早餐奶粉在南方某市的市场份额是6%,其重度使用指数是0.75,需求份额是40%。通过这些数据可以计算出乙品牌早餐奶粉在该市的渗透份额。

$$乙品牌早餐奶粉的渗透份额 = \frac{6\%}{40\% \times 0.75} = 20\%$$

在此需要注意的是，公司用以衡量渗透的时间段对渗透率有着重要的影响。例如，即使是最畅销的清洁剂品牌，很多人也并不会每周都购买。随着用于定义渗透的时间缩短，管理者有理由预期渗透率会下降。相反，渗透份额则较少受这类动态变化的影响，因为它代表着品牌间的比较，在这些被比较的品牌之间，时间变量缩短的效应会大致均匀地分布在比较期间。同时，还需注意以下几个相关的计量和概念：

（1）主动消费者总数。它是指消费者或常用顾客在给定的时间内至少购买一次产品的人数。当我们在品牌上评估的话，这就相当于品牌渗透。这个计量经常用于简写形式——顾客总数。虽然，当必须做出与前顾客的区别时，这种说法也许不准确。后面的有关章节将会更细致地讨论。

（2）接受者。它是指那些接受给定产品及其利益倾向的顾客。

（3）尝试者。它是指在任何时间曾经尝试过给定品牌的顾客。

2.3 需求份额、重度使用指数及影响力等级的计量

2.3.1 需求份额

需求份额也被称作钱包份额，用以计算一个特定品牌的购买者的购买情况。在这个特定品牌的购买者群体中，需求份额体现了在相关品类中的购买比例及其占所考虑品类的比例。

$$销售量需求份额 = \frac{品牌购买数量}{品牌购买者购买该品类的总数量} \tag{2-13}$$

$$销售收入需求份额 = \frac{品牌购买金额}{品牌购买者购买该品类的总金额} \tag{2-14}$$

许多营销者将需求份额视为品牌忠诚度的关键衡量标准。这一计量内容和结果常常被企业决策者用来作为决策依据，来做出是否分配资源来扩大某个品类以吸引竞争对手的顾客，或者在既定的顾客群体中增加需求份额方面的决策。实质上，某一市场中某品牌的需求份额可被狭义地定义为购买该品牌的顾客群体。

研究需求份额的主要目的在于，了解与顾客关系的广度和深度表示的市场份额，以及相关品类使用的范围（如重度使用者/大量使用者、轻度使用者/少量使用者）。当计算需求份额时，营销人员可以从销售数量或销售收入两个方面考虑。当然，必须确保重度使用指数与此选择相一致，也就是说市场份额和重度使用指数必须用相同的计量单位。理解需求份额的最好方式，就是将其当作某产品在其消费者中的平均市场份额。

举例说明：在给定的某一个月份，A品牌防晒霜的购买量是1 000 000瓶。在购买A品牌的家庭中，购买防晒霜的总量达到2 000 000瓶，那么

$$A品牌防晒霜需求份额 = \frac{1\,000\,000\,瓶}{2\,000\,000\,瓶} = 50\%$$

需求份额在分析市场整体份额方面也非常有意义。正如前文所提到的，它是市场份额的重要组成部分。市场份额的计算公式参见式（2-11）。

需求份额也可以间接地用市场份额分解计算，其计算公式为

$$需求份额 = \frac{市场份额}{渗透份额 \times 重度使用指数} \tag{2-15}$$

举例说明：EW品牌早餐奶粉在某中心城市的市场份额是8%，其重度使用指数是1，其渗

透份额是 20%。根据这些数值可以计算出该品牌早餐奶粉在该中心城市的需求份额。

$$EW 品牌早餐奶粉需求份额 = \frac{8\%}{20\% \times 1} = 40\%$$

在这个例子中，市场份额和重度使用指数都必须用相同的量（销售量或销售收入）。根据这两个计量的定义，计算的结果可以是销售量需求份额，也可以是销售收入需求份额。在计算需求份额的过程中，需要注意双重风险问题。有些营销人员热衷于争取一个有特定要求的市场定位，这个定位通过低渗透份额和高需求份额的组合能够产生高市场份额。也就是说他们寻求小量却非常忠诚的顾客。然而在布局实施这个战略之前，我们必须对一种被称作"双重风险"的现象加以关注。事实证明，没有取得高渗透份额却达到一个高需求份额，通常是很难的。原因之一就是，拥有高市场份额的产品，通常都具有较高的可得性，然而，那些市场份额低的产品却不是这样。因此，就顾客来说，对市场份额较低的品牌保持忠诚度，一般来说也是很难的。此外，还需关注以下相关计量和概念：

（1）单独使用者。它是指只使用某种品牌的顾客。

（2）单独使用率。它是指在某品牌的顾客当中，只使用某品牌且不会购买竞争对手产品的顾客的百分比。独家用户也许是死心塌地的忠诚顾客。或者，他们也许没有获得其他选择的渠道，也许是因为他们住在遥远的地方。在单独使用百分比为 100% 的地方，钱包份额也是 100%。其计算公式为

$$单独使用率 = \frac{只购买某一品牌的顾客数量}{该品牌的顾客总数} \quad (2-16)$$

（3）品牌购买数量。在一段给定的时间内，一些顾客也许只购买某一品类中的单一品牌，然而其他顾客可能会购买两个或更多品牌的产品。在评估一个给定品牌的顾客忠诚度时，营销人员可以考虑该品牌顾客的平均购买数量与该品类所有顾客的平均购买数量。

例如，在 10 个购买猫粮的顾客中，7 个购买 A 品牌的产品，5 个购买 B 品牌的产品，3 个购买 C 品牌的产品。因此，这 10 个顾客一共产生了 15 个品牌购买量（7+5+3），每个顾客的平均购买品牌数量为 1.5 个。在评估顾客忠诚度时，B 品牌的管理者注意到，在购买他们公司产品的 5 个顾客中，有 3 个只购买 B 品牌的产品，然而另 2 个既购买 A 品牌的产品也购买 B 品牌的产品。B 品牌的顾客中没有购买 C 品牌产品的。因此，这 5 个购买 B 品牌的顾客产生了 7 个品牌购买量（1+1+1+2+2），每个 B 品牌的顾客平均购买量为 1.4（即为 7/5）。与每个顾客的平均购买数量（1.5 个）相比，B 品牌的购买者对品牌要更忠诚一点。

（4）重复率。它是指在某个给定期限内的品牌顾客仍然会在接续而来的期限内消费该品牌的比例。重复率越高，反映出顾客对品牌的忠诚度越高；反之越低。

（5）重购率。它是指某品牌的顾客在下次购买情境下仍然会再次购买该品牌的比例。

重复率与重购率这两个概念容易混淆。在定义中，我们试图把基于日历时间的计算方法（重复率）和基于顾客时间的计算方法（重购率）区分开来。对此我们将在后续讨论顾客带来的利润率时详细论述，描述相关的顾客保留计量，以识别第一次不再购买的信号，该信号标志着顾客不再关心该品牌。尽管我们建议保留率这个术语只被应用于合同情境下，但是我们会经常看到在营销学术界，人们常常会用重复购买率和回购率来取代保留率这个概念。由于缺少使用这些术语的一致性意见，我们建议营销人员不要依赖于这些计量的名称，错把他们当作如何完美计算的指引。

重复率的重要性取决于涵盖的时间阶段。仅仅观察一个星期的购买价值对我们研究和理解市场也许是没有什么启发性的。在给定的品类中，大部分顾客每周只可能购买一个品牌；相反，在几年的时间里，有时当他们找不到他们所喜欢的品牌时，顾客们会买几个他们不喜欢的品牌。因此，最佳的参考周期取决于被研究的品牌及被购买的频率。对此，我们建议营销人员在进行项目评估时，务必选择一个有意义的时间段。

2.3.2 重度使用指数

重度使用指数是对相关消费强度的计量内容，用于解释与该品牌所属品类的顾客平均使用同类产品的频率相比，顾客使用某一给定品牌的频率。其计算公式为

$$\text{重度使用指数} = \frac{\text{顾客购买某品牌的平均值}}{\text{所有顾客购买该品类的平均值}} \tag{2-17}$$

重度使用指数也叫作权重指数，可以帮助营销人员洞察产品销量的来源以及品牌顾客群的性质。研究重度使用指数的主要目的在于，确定或衡量一个企业的顾客是不是"重度使用者"。营销人员常常希望知道"顾客频繁使用我们的品牌产品的品类程度是怎样的？"重度使用指数显然可以帮助营销人员回答这个问题。当一个品牌的重度使用指数大于1.0时，就说明该品牌顾客使用品牌所属类别产品的频率大于这个类别产品的顾客平均使用频率。

需要说明的是，重度使用指数用来计量某给定品牌的顾客平均消费该产品所属品类的数量（或金额），是基于与品类所有顾客平均消费该品类产品的数量（或金额）的比率相比较而得出的。重度使用指数可以用销售数量或销售金额进行计算。对于一个给定的品牌，如果重度使用指数大于1.0，那么该品牌的顾客消费大于平均数量，或高于品类产品的平均价值。

举例说明： 在一年的时间内，家庭平均购买SF牌洗发水的总量是6瓶。在同一时间内，家庭平均消费任何牌子洗发水的量是4瓶（假设每瓶洗发水的容量相同），那么家庭购买SF品牌的重度使用指数是6瓶/4瓶=1.5，因此SF品牌洗发水的顾客是非均衡的重度使用者。他们比同品类顾客平均多购买50%的洗发水。当然，因为SF的购买者是整体市场平均值的一部分，当与非SF品牌顾客相比时，他们的相对使用量就比较高。

正如前文提到的，市场份额可以用产品的三个因素来计算：渗透份额、需求份额和重度使用指数。因此，如果我们知道市场份额、渗透份额和需求份额，就可以计算出重度使用指数了，其计算公式为

$$\text{重度使用指数} = \frac{\text{市场份额}}{\text{渗透份额} \times \text{需求份额}} \tag{2-18}$$

上述公式中，重度使用指数既可以衡量销售数量，也可以衡量销售金额。对比一个品牌的销售数量重度使用指数与它的销售金额重度使用指数，营销人员可以判断品牌顾客购买该品类产品的价格，是高于还是低于该品类产品的平均价格。

这里需要注意的是，重度使用指数并不表示顾客使用某一特定品牌的程度，而是表示顾客使用某个品类的程度。一个品牌可以有较高的重度使用指数，而这个较高的重度使用指数表明其顾客是重度品类使用者，即便那些顾客使用该品牌只满足了他们需要的一小部分。

2.3.3 认知度、态度及使用状况：对影响力等级的计量

通过对认知度、态度及使用状况的研究，营销人员可以量化消费者的知识、观念、信任、意图和行为的水平及其趋势。在某些企业，这种研究的结果被称作"跟踪"数据，因为它们

被用来跟踪顾客对认知度、态度和行为的长期变化。将结果与一个明确竞争对手的数据进行对比，对研究认知度、态度和行为是非常有意义的。当然，用于对比的信息和资料除了有关竞争对手的信息之外，还包含先前的数据、不同的市场情况等。

对认知度、态度及使用情况的研究目的在于跟踪顾客态度和行为趋势。认知度、态度和使用情况计量与影响力等级的关系很紧密。影响力等级是一种假定，也就是说假定顾客的认知度、态度和使用是一个连续的有着不同阶段的发展过程，从最初缺乏对某个产品的认知，到初次试用购买，再到对品牌的忠诚，可以用图2-2展示这个过程。认知度、态度与使用情况的计量内容，实际上就是对这个过程的追踪记录，跟踪并记录"谁"使用了某个品牌或产品，在此基础上，根据使用类别（高/低）、地区分布、人口数量、消费心态、媒体使用情况和他们是否购买其他产品而将顾客划分为不同的群体。

认知度 → 顾客首先必须知道这个产品，然后……
态度 → 顾客产生对产品的观点和信任，最后……
使用情况 → 顾客购买和体验产品

图2-2 顾客认知过程

有关态度和信任的信息，有助于我们对顾客为什么喜欢或为什么不喜欢某一特定的品牌这个问题，进行更深刻的解读。通常，营销人员对家庭或企业客户进行大样本的问卷调查来收集这些资料。对认知度、态度和使用情况的研究揭示了顾客和某产品或品牌关系等一系列问题（见表2-3）。例如，谁是产品的接受者和拒绝者？顾客对重播的广告内容如何回应？

表2-3 认知度、态度和使用情况：典型问题

类 型	度 量	典 型 问 题
认知度	认知度和知识	您听说过××品牌吗？ 当您想到"豪华"车时，什么品牌会浮现在您的脑海中？
态度	信任度和意向	××品牌适合我吗？ ××品牌对年轻人的合适度为多少？（用1~5表示，5表示最合适） 每个品牌的强弱项是什么？
使用情况	购买习惯及忠诚	在本周内您使用过××品牌的产品吗？ 您最后购买的品牌是什么？

营销人员构造许多量化指标来回答这些问题。在这些指标中，总体指标一般被认为是最重要的绩效指标。例如，在许多研究中，顾客"自愿推荐"和"有意购买"某个品牌被认为是最有效的。对这些数据进行分析后，营销人员会用不同的诊断计量方法来帮助理解为什么顾客会愿意或不愿意推荐或购买某个品牌。顾客也许不知道该品牌，或者他们知道，但是并不认同它对顾客有某种重要利益的承诺。

1. 认知和知识

营销通常依据顾客是否被及时告知某一个产品的品类、品牌，是否及时接触到广告或使用情况等，来评估顾客在各个水平上的认知度。以下四个概念对研究顾客的认知和了解是很重要的：

（1）认知度。它是指能认出或说出某一给定品牌的有潜力的消费者或顾客的比例。营销人员在调查品牌的识别度时会在一个辅助的或提示性的层面上，设置一些问题让消费者回答。例如，"你是否听说过宝马车？"这样的问题。我们也可以进行无辅助或自发性的衡量，提出诸如"什么让你想起汽车？"这样的问题，让消费者或顾客回答。

（2）第一提及品牌。它是指当顾客在无辅助或提示的条件下被问及某品类的产品时，第一个出现在他们脑海中的品牌。我们可以计算出第一提及某品牌的顾客的比例。

（3）广告认知度。它是指目标顾客或客户表现出对某品牌广告的认知的比例，这种认知可以是辅助的或无辅助的。这个计量内容既可以是对某项促销活动的广告的认知，也可以特指对载于某一媒体的广告的认知，或者也可以涵盖对所有广告的认知。

（4）品牌/产品知识。它是指被调查的顾客能证明对某一品牌或产品有特殊的了解或信任的比例。

2. 态度

对态度的测量主要在于了解和掌握顾客对某一品牌或产品的反应。态度是顾客的信念及他们对这种信念的感觉程度的结合。以下几个概念涵盖了这个领域的一些主要的计量内容：

（1）态度/喜好/形象。它是指消费者赋予某事或某物的一个评定等级，反映应答者对所被问及的问题的同意程度，通常的等级范围是1~5或1~7。例如"这个品牌就是适合像我一样的人使用"或"这个品牌适合年轻人"。基于这种调查数据的计量也可以被称作对顾客的相关性了解。

（2）主观认定的价值。它是指消费者赋予某事或某物价值的一个主观评定等级，反映应答者对被所问及的问题的同意程度，通常的等级范围是1~5或1~7，例如"这个品牌通常代表着物有所值"。

（3）主观认定的质量或等级。它是指在与其他同品类或市场的产品相比的情况下，消费者对一个给定的品牌产品的评价等级，通常的等级范围是1~5或1~7。

（4）相关的主观认定质量。它是指当与品类或市场中其他的产品相比时，消费者对于某品牌产品的评价等级，通常的等级范围是1~5或1~7。

（5）意愿。它是指对顾客所表示出的某种行为方式的意愿的衡量。有关这方面的信息可以通过问卷调查获得。例如询问顾客"如果买不到你喜欢的品牌，你是否愿意换一个品牌"这样的问题。

（6）购买意愿。它是指对于顾客所表示出的购买意图的特定等级衡量。这方面的信息通过调查应答者对问题的反应来获得，例如"我很有可能买这个产品"。

3. 使用情况

使用情况实际上就是对顾客自身行为报告的量度。在衡量产品或服务被使用的情况时，我们必须要考虑市场动态，如购买频率和单位购买量等。这些计量内容不仅强调什么被购买了，而且也强调什么时候和在什么地点被购买了。在对使用情况的研究中，营销人员也要力图确定有多少人尝试了某品牌。营销人员还需要进一步确定，这些人中有多少"拒绝"了该品牌，以及有多少人"采用"了这个品牌并把它列入自己常用的品牌列表中。

在衡量使用情况时，营销人员会向被调查访问的顾客提出"你上一次买的牙膏是什么品牌的？""去年你买了多少次牙膏？""现在你家有多少管牙膏？""你家里现在有多少管高露洁的牙膏？"等这样的问题。

总之，关于对认知度、态度以及使用情况的计量，涉及一个很大范围的信息，可适用于特定的企业和市场。它们为管理者提供了顾客和某一给定品牌或产品间整体关系的深刻见解。通常关于认知度、态度以及使用情况的计量数据的来源包括：保修卡和注册（通常用奖励和随机抽取来鼓励参与）；组织定期执行的调查；通过电话、信件、网站或其他科技手段，如手持式扫描仪来采访顾客。

然而，即使利用最好的方法，从一个时间段到下一个时间段，跟踪数据中的各种观察结果也不一定总是可信的。管理者必须依靠他们自己的经验来区分季节效应、"噪声"（随机活动）和"信号"（实际的趋势和类型）。掌握和熟悉数据采集审阅中的相关技术，可以帮助管理者区分出季节性干扰和噪声。

在问题设计和执行过程中要注意调整时期的变化。调查可以通过信件或电话，以有偿或无偿的访谈进行。要适当调整不同的数据采集技术来评价不同的反应。如果从一阶段到下一阶段，数据突然出现变化，营销人员就应考虑调查方法的变化是否影响了结果。

要尝试把顾客和非顾客的回答区分开来，这两者之间的答案会非常不一样。认知度、态度和使用情况之间的偶然联系不容易做出明确的解释。虽然等级影响力通常被视为单行道，也就是说，认知度引领态度，态度决定使用情况，真实的流动情况却有可能是反过来的。例如，当人们认为一个品牌属于自己时，人们就会预先有喜欢该品牌的倾向。

谨慎处理相关顾客的调查数据，包括销售收入、货物运输或其他与销售表现相关的数据。顾客态度、分销商和零售商收入以及企业装运费可能朝不同的方向变化。分析这些数据虽然很具有挑战性，但可以获得更多关于品类动态的信息。例如，玩具运送到零售商的时间通常会比促使顾客知晓和产生购买意愿的广告发布的时间早。也就是说，顾客的认知度和购买意愿必须在零售前确定。此外，玩具市场有时候会比较复杂，如产品的购买者也许并不是最终的顾客。在评估顾客认知度、态度和使用方面的数据时，营销人员不仅要理解需求的驱动力，还要理解与购买相关的物流学。

此外，要注意尽可能从滞后的预测因子中区分出主导因子。例如，在汽车市场上，要买新车的顾客对车的制造和模型的广告有极高的敏感度。传统观点认为，他们是在寻求证实以确定他们自身在有风险的选择中做了一个明智的决定。汽车制造商如果能有效地帮助顾客正面评判他们本次的购买情况，就可以增强顾客的长期满意度和推荐意愿。

在计量顾客认知度、态度和使用方面的数据时，还需注意以下几个相关的计量和概念。

（1）喜欢程度。顾客的认知度、态度和使用情况对营销人员很重要，而且至今没有单一合适的方式来处理它们，因此人们开发了一些专门的数据采集方法和系统。在这些采集方法和系统中，最广为人知的是评价"喜欢程度"的Q评分。Q评分来源于对被选家庭的一个普通调查，让年龄较大的一组顾客分享他们关于品牌、名人和电视节目的感觉。Q评分依赖于顾客自我报出的分数。因此，虽然系统的使用方法很复杂，但它依赖于顾客的理解和显示他们偏爱的意愿。⊖

（2）地理分割或地理聚集。营销人员通过把顾客分成更小、更均匀的顾客组而取得对顾客态度的深层认识。一个被人们所熟知的例子是PRIZM市场细分法（Potential Rating Index by Zip Market），该方法根据邮政编码把美国的家庭分成不同的组别，目的在于创建便于分析的家庭小组。PRIZM市场细分法的每个分组的典型特征是很明显的，并且这些典型特征被用于分配组名。例如，"金镑"（Golden Ponds）顾客就是由小城镇中过着节俭生活的高龄单身人士和夫妇组成的。在营销实践过程中，许多企业发现，与监测整体人口的认知度、态度和使用数据相比，跟踪这些群组的数据更为实用和有意义。

⊖ 请登录 Marketing Evaluating, Inc. 网站了解更多的详细情况：www.qscores.com。

2.4 与顾客满意度相关的计量

2.4.1 顾客满意度

顾客满意度一般基于调查数据并且用等级评分来表示。顾客满意度的等级评分对企业有巨大的影响,有助于企业员工将注意力集中在满足顾客期待的重要性方面。此外,评分下降则预示着在企业的经营方面可能存在影响销售和盈利的问题。与满意度相关的重要计量是推荐意愿度。当一个顾客满意某一产品,他也许会向朋友、亲戚和同事推荐这个产品。这种推荐的存在可以成为一个重要的营销优势。

顾客满意度是指报告期内某企业、产品或其服务评分等级超过其满意指标的顾客数量占顾客总人数的比例。

顾客满意度是基于个人水平方面的衡量,但总是以总体的水平反映。它可以是也经常是多方面的衡量。例如,一家宾馆也许会让顾客对它的前台和入住登记、房间、房间设施、餐厅等进行评分。另外,在整体意义上,宾馆也许会询问"您对住宿的整体满意程度是怎样的?"顾客满意度通常按照五分来衡量(见表2-4)。

表2-4 典型的五等级顾客满意度

等　级	非常不满意	有些不满意	既非满意也非不满意	有些满意	非常满意
评分	1	2	3	4	5

满意度水平通常表示为最高分或者更可能表示为最高分和次高分,营销人员将这些描述转换为单一的数据,即选择4分或5分的顾客的比例。例如,加拿大魁北克某宾馆的总经理,创立了一个新的监测顾客满意度的系统。她将满意度调查表放在办理退房手续处。作为一种对填写调查表的激励,所有参与调查者都有可能赢得两张免费的飞机票。管理者收集了220份调查表,其中有20份不清楚或没有用处。在剩下的200份调查表中,3个人对他们的整体体验非常不满意,7个人认为有些不满意,40个人回答说既非满意也非不满意,50个人说他们很满意,其他人认为有些满意(见表2-5)。

表2-5 加拿大魁北克某宾馆顾客满意度调查结果

等　级	非常不满意	有些不满意	既非满意也非不满意	有些满意	非常满意
评分(分)	1	2	3	4	5
顾客数(个)	3	7	40	100	50
百分比	1.5%	3.5%	20%	50%	25%

评价最高的(体验评价为5分的顾客)有50个,或用比例表示50/200=25%,"有些满意"和"非常满意"的有100个+50个=150个顾客,占总体的75%。

顾客满意度数据也可以按照10分的标准计算。不管用什么标准,目的在于衡量顾客对某个企业所提供服务或产品的满意程度。然后营销人员整合这些数据,计算出相关结果的比例。

在调查满意度时,企业通常会问顾客企业的产品或服务是否迎合或超过了他们的预期。因此,预期是衡量满意度的一个重要因素。当顾客有很高的预期而现实没有达到标准,他们会失望,其所给的评分就很有可能低于满意度。例如,因为这个原因,豪华度假村也许会得到一个比便宜的汽车旅馆还要低的满意度评分，尽管它的设施和服务都被视为有"绝对"优势。

对顾客进行调查是收集满意度数据最普遍使用的方法。因此，在测量满意度时一个主要的风险可以被归纳到调查对象是谁这个问题中。"回答偏差"在满意度数据中并不是普遍存在的。不满意的顾客总是需要有可以发泄不满的途径，而满意的顾客通常不需要。因此，尽管有许多顾客对产品感到满意，但他们觉得没必要完成一份调查，但那些有不好的消费体验且所占比例很小的一部分顾客却不成比例地成了被调查者，于是给人感觉这样的顾客有很多。例如，大多数旅馆把反馈卡放在房间里，问顾客"您对住宿满意吗？"但是只有很小比例的顾客会不嫌麻烦去填写那些卡片。而这些填写者往往可能是有非常不好的消费体验的顾客，这是毫不奇怪的。由于这个原因，我们要评判顾客的真实满意度是有困难的。如果顾客的抱怨突然增多了，那就说明产品质量或服务水平可能有下降的趋势。

样本的选择也可能以另一种方式造成满意度评分等级的失真。在其他地方经历过不满意的顾客参与到本企业的满意度调查时，很可能使本企业的评分等级虚假上升。一些顾客也可能比其他人更直白或更容易倾向于抱怨，这些情况的差异会对顾客感知的满意度水平产生影响。在分析满意度数据时，企业可能需要解释评分的差异性，了解其背后的原因。为了纠正满意度评分等级失真这种倾向，建议营销人员对同一市场根据不同时间重复做几次满意度调查。

许多企业将顾客满意度定义为"达到或超过预期"，评分下降也许仅仅是因为预期的上升。而在解读评分数据时，管理者可能会认为他们提供的服务或产品质量下降，但实际上可能并不是这样。当然，反之亦然。通过降低预期，顾客对企业的满意度可以大幅度提高。不过，企业降低预期，销售额有可能会下降，因为企业的产品或服务变得缺乏吸引力了。与顾客满意度相关的一个计量内容是交易满意度，该计量的基础与顾客满意度在原则上是相同的，交易满意度衡量达成交易的顾客态度。投诉数量也是一个重要的计量，主要是指在给定时间内的投诉数量。

顾客满意度的调查结果为我们提供了顾客购买意愿和忠诚度的主要指标。顾客满意度数据是市场营销人员最经常收集的指标，具有双重的作用：①在企业内部，通过对这些数据的收集、分析和分解，等于向顾客发出了企业很关心他们的重要性信息，而且该信息还确保了顾客对企业的产品或服务有一个正面的印象；②尽管销售或市场份额可以表明一个企业近期的表现如何，但是满意度也许是一个更好、更重要的指标，表明顾客在未来有多大可能会购买本企业的产品。许多调查聚焦于顾客满意度和顾客保留之间的关系方面。

研究表明，作为满意度的衍生物，再次购买或成为忠诚的顾客，往往是在两个极值处得以实现的。打 5 分的顾客就极有可能成为回头客并且甚至有可能为企业的产品或服务做义务宣传。相反，打 1 分的顾客成为回头客的可能性就很小，此外，他们可能会做负面的评价来伤害企业。

2.4.2 推荐及推荐意愿度

在市场营销考核中，推荐意愿度是一个与顾客满意度非常相关的计量。推荐满意度是指被调查的顾客中表明他们会向朋友推荐某品牌的比例。这样的计量将一个很重要的动态变化加以量化。当一个品牌有忠诚的顾客时，那么该品牌在市场上就赢得了很好的口碑，而这个口碑的取得是免费且高效的。

推荐意愿度主要用来衡量现有顾客会推荐某一产品、服务或企业的程度。

计量推荐对于衡量顾客满意度或忠诚度特别有用。研究推荐的主要目的在于衡量企业在创造满意的、忠诚的顾客方面是否成功以及成功的程度。净推荐值（Net Promoter Score，NPS）是由贝恩咨询公司负责客户忠诚度业务的佛瑞德·赖克霍德（Frederick R. Reichheld）提出的概念，是对当前顾客满意度或忠诚度的一个简单测量。顾客被调查和询问自己有多大的可能会向朋友或同事推荐某企业或品牌，回答分值从低到高为 0～10 分。基于对这个单一问题的回答，我们可以将顾客分为三个群体：

(1) 推荐型顾客，即愿意向他人推荐企业的顾客（打 9 分或 10 分者）。

(2) 被动型顾客，即对企业满意但是没有热情去推荐的顾客（打 7 分或 8 分者）。

(3) 贬低型顾客，即不愿意向他人推荐企业的顾客（打 0～6 分者）。

高推荐值通常意味着一个企业在保证顾客忠诚度和积极宣传方面做得很成功，低推荐值和负推荐值是对企业的一个重要预警信号。因为这个计量简单易懂，企业常常以此来激励员工并检测操作过程。如前所述，净推荐值的计算方法就是用当前推荐型顾客的比例减去当前贬低型顾客的比例。例如，如果一个企业顾客报告中，20% 是推荐型顾客，70% 是被动型顾客，10% 是贬低型顾客，那么该企业的净推荐值就为 20% - 10% = 10%。

已注册为商标的净推荐值（NPS）包括下述内容：①向顾客提一个简单的问题；②得分系统为 0～10 分制；③采用特定的标准把顾客划分为推荐型、被动型和贬低型。尽管如此，我们也可以采用其他方法来计算 NPS，例如，把 0～10 分制换成 1～5 分制，并采用不同的标准和标签来划分顾客。从定义中可以看出，净推荐值具有三方面的特征：①净推荐值是向被访者询问其愿意向他人推荐企业产品的可能性；②净推荐值是一种净测量方法，即愿意推荐的顾客与不愿意推荐的顾客数值之差；③净推荐值只考虑了推荐型顾客和贬低型顾客而没有考虑被动型顾客对其的影响。

相同的净推荐值可以表明不同的商业状况。例如，净推荐值为零表明顾客高度两极化，50% 的推荐型顾客，50% 的贬低型顾客，或者一个完全不同的情况：顾客 100% 是被动型顾客。计算清楚净推荐值是对顾客品牌感知度进行讨论的良好开端，因为它是当前顾客回应的平均值，企业管理者必须深度探讨这些数据才能很好地理解企业所面临的准确状况。

如果不仔细认真对待的话，净推荐值在特殊的情况下会产生误导管理者的结果。例如，某公司当前有 30% 的推荐型顾客、30% 的贬低型顾客和 40% 的被动型顾客。那么这个公司的净推荐值是一个不会引人注意的 0（30% - 30%）。假设下一步，一个新的竞争对手挖走了公司 2/3 的贬低型顾客，而且因为这些顾客马上倒向这个新竞争对手，他们就不再是该公司的顾客，据此重新计算的净推荐值为

$$\text{推荐型顾客占剩余顾客比例} = \frac{30\%}{100\% - 20\%} = 37.5\%$$

$$\text{被动型顾客占剩余顾客比例} = \frac{40\%}{100\% - 20\%} = 50\%$$

$$\text{贬低型顾客占剩余顾客比例} = \frac{30\% - 20\%}{100\% - 20\%} = 12.5\%$$

$$\text{净推荐值} = 37.5\% - 12.5\% = 25\%$$

现在的净推荐值为 25%，这是一个非常令人鼓舞的数字，但事实上却是由于大多数受伤害和不高兴的顾客的倒戈而直接导致的净推荐值增加。对此，企业管理者必须理解真正的情况是什么。一般情况下，如果企业能够实现其向顾客允诺的价值，就可以获得一个满意并且较高

的净推荐值。一种最简单的方法就是在价格不变的情况下提高企业产品的质量。这样的话，他们怎能不喜欢推荐企业呢？虽然在短期或中期企业应用这种方法可能有战略原因，但这不是一个长期有效的战略措施。

净推荐值可以通过调查数据而计算得出。正因如此，它有可能会遇到如同在进行问卷调查时所遇到的问题，同时对所得出的结果也应该依据其他数据加以理解，如销售趋势的数据。增加顾客满意度可以导致销售的增长吗？如果可以，很好；如果不可以，为什么？

虽然净推荐值备受关注，并且在相关方面也迅速地对其加以采用，但在营销学术界对其还存在着很大的争议。有的学者和实践者认为，与相关的其他量度，如顾客忠诚度和满意度相比，净推荐值的益处被夸大了[1]。

2.4.3 自愿搜寻率

我们有很多探索品牌忠诚度问题的计量内容，自愿搜寻率则是一个非常关键的计量，用公式表示为

$$自愿搜寻率 = \frac{顾客愿意延期购买的人数}{顾客购买该品牌产品的总人数} \tag{2-19}$$

这个计量可以令一个企业更多地了解它的顾客态度，以及企业在市场的位置是否有可能防御一个竞争对手的持续压力。我们学习和研究该计量的目的在于更好地评估某企业或某品牌的客户群的基础。顾客对品牌或企业的忠诚度是一个重要的资产，营销人员通过多种计量来确定其特性和价值，包括重复购买率、需求份额、支付溢价的意愿和其他有关对认知度、态度和使用情况的测量，营销人员评估它的各个方面。然而，也许对最基础的忠诚度考验可以通过一个简单的问题取得：当面对某品牌无法获得的情况时，其顾客是会继续寻找还是准备用次优选择替代它？

当某品牌享有这个级别的忠诚度时，其供应商可以在贸易谈判时占有比较有利的优势。通常，这个忠诚度也能为供应商提供足够的时间对竞争对手的威胁进行反应。忠诚度是以很多因素为基础的，包括：

(1) 满意且有影响力的顾客愿意推荐品牌。
(2) 可有效传达的隐藏价值或情感利益。
(3) 产品、使用者或使用经历的强有力的形象。

以购买为基础的忠诚度计量，受到一个产品是否能被广泛和方便地购买到的影响，也受到顾客是否在该品类中有其他选择的影响。简单而言，自愿搜寻率就是计量顾客当首要目标不可得时选择次选商品的可能性，也就是接受替代品的比率。

自愿搜寻率代表了如果他们喜爱的品牌无法获得时，会离开商店不购买其他产品的顾客所占的比例。忠诚度有很多方面。顾客对品牌忠诚的意思就是他们很少或基本不更换品牌，愿意支付该品牌的溢价或向朋友推荐这个品牌。行为的忠诚度也许很难与惯性或习惯进行区分。当被问及忠诚度时，顾客通常不知道他们在新情况下会怎么做。他们对过去的行为没有准确的回忆，特别是那些参与性低的相关产品。

此外，不同的产品产生不同的忠诚度水平。例如，很少有顾客对火柴品牌会像对婴幼儿配方奶粉那样具有同样的忠诚度。因此，营销人员在比较不同产品的忠诚度时要非常谨慎。事实

---

[1] KEININGHAM T, COOIL B, ANDERSON T W, AKSOY L. A Longitudinal Examination of Net Promoter and Firm Revenue Growth [J]. Journal of Marketing, 2007, 71 (3): 39-51.

上，他们应该注意有关同品类的专有的特征。忠诚的程度在不同人群之间也不同。年老的顾客已证实具有最高的忠诚度。总之，不管多么复杂，忠诚度依然是市场营销中最重要的计量内容之一。营销人员需要了解在顾客和零售商眼中品牌的价值是什么。

本章小结

本章通过对市场份额背后其他指标的动态变化的探讨，进一步探索顾客优先选择某种品牌决策过程的主导因素，包括对品牌的知名度、顾客的态度及产品的使用情况等进行计量的方法。顾客对产品和经销商的满意度是一个重要的市场营销计量内容。顾客满意度的高低对于营销人员的重要性在不断增长。本章还讨论了衡量顾客偏好及满意度的方法，包括如果某产品暂时无法获得，顾客是否愿意在市场上继续主动寻找，以及顾客是否愿意将这个品牌推荐给其他人。营销人员必须将此类因素作为未来市场份额变化的主要指标来对待。

测试题

1. 某一企业的市场份额可用销量或销售收入来计算，其计算结果相同。（对/错）
2. 某一个企业的市场份额也就是其相对市场份额。（对/错）
3. 对于一个给定的品牌，其重度使用指数 > 1.0，意味着该品牌的顾客消费 > 平均数量，或高于品类产品的均值。（对/错）
4. 如果一个企业品牌有忠诚的顾客时，则这个口碑的取得是免费且高效的。（对/错）
5. 相对市场份额是指某企业或品牌的市场份额与其主要竞争对手市场份额的比例。（对/错）
6. 赫芬德尔指数也反映了市场的集中度。（对/错）
7. 品牌发展指数与品类发展指数的区别在于计算发展指数时前者是针对品牌，后者是针对品类。（对/错）
8. 当顾客买不到某个品牌的产品时，宁愿推迟购买也不会买其他品牌的产品，反映这部分顾客的指标称为（　　）。
   A. 推迟购买率　　　　B. 自愿搜寻率　　　　C. 品牌忠诚度　　　　D. 品牌满意度
9. 在计量顾客认知、态度和使用方面的数据时，除了认知度、第一提及品牌、广告认知度和品牌/产品知识，还应注意以下相关指标的计量（　　）。
   A. 喜好程度　　　　B. 广告投入　　　　C. 地理细分市场　　　　D. 目标市场
   E. 市场份额
10. 衡量现有顾客推荐某一产品、企业的程度可用净推荐值来反映，可以用以下指标来计算（　　）。
    A. 推荐型顾客人数　　B. 推荐型顾客比例　　C. 贬低型顾客人数　　D. 贬低型顾客比例
    E. 推荐度

练习题

1. 某市轿车市场有 5 家公司，近 5 年各公司的销售情况见表 2-6。

表 2-6　各公司的销售情况

公司	销量（万辆）	销售收入（万元）
A	3	45
B	1.5	30
C	1.25	18
D	1.0	12.5
E	0.75	9

(1) 计算各公司的市场份额。
(2) 计算按销量和销售收入最大的前3家公司计算的市场集中度。
(3) 计算赫芬德尔指数。
(4) 假设每家公司销售一个品牌的轿车，该市有购买轿车能力的人口约为70万，计算各公司的品牌渗透率。

2. 某企业认为其产品的质量、功能、价格、服务、包装、品位等属性对顾客满意度有重要影响。调查的100人样本的结果见表2-7和表2-8，其中，产品属性重要性评语等级（很重要、重要、较重要、一般）量化标准依次为0.4、0.3、0.2、0.1；产品属性满意度评语等级（很不满意、不满意、不太满意、无所谓、较满意、满意、非常满意）量化标准依次为 -60、-40、-20、0、20、40、60。计算产品各属性的权重（归一化）、平均满意度和总体满意度（60分为满分）。

表2-7 产品属性重要性调查结果　　　　　　　　　　　　　　　　（单位：人）

属性 \ 评语	很重要 (0.4)	重要 (0.3)	较重要 (0.2)	一般 (0.1)
质量	41	44	15	0
功能	20	40	35	5
价格	58	30	12	0
服务	55	25	20	0
包装	15	20	25	40
品位	10	15	50	25

表2-8 产品属性满意度调查结果　　　　　　　　　　　　　　　　（单位：人）

属性 \ 评语	很不满意 (-60)	不满意 (-40)	不太满意 (-20)	无所谓 (0)	较满意 (20)	满意 (40)	非常满意 (60)
质量	0	0	1	2	5	15	77
功能	0	2	0	5	10	35	48
价格	0	0	0	1	3	6	90
服务	0	1	3	4	15	16	61
包装	2	10	22	30	30	6	0
品位	0	1	5	14	20	30	30

第 3 章

利润和销售目标

本章目录

3.1 利润与利润率
3.2 价格和渠道利润率
3.3 单位平均价格与成本
3.4 营销支出与收支平衡分析
3.5 基于利润的销售目标

学习目标

1. 掌握销售利润与利润率的计算方法
2. 掌握售价和渠道利润的计算方法
3. 掌握单位平均价格、统计单位价格和成本的计算方法
4. 掌握营销支出与收支平衡分析的方法
5. 掌握以利润为基础的销售目标的确定方法

3.1 利润与利润率

彼得·德鲁克（Peter Drucker）曾写道："进行商业活动是为了创造客户。"作为营销人员，我们赞同他的观点。但是我们也认识到，企业在创造客户价值的同时，也要保证可以赚取利润，否则商业活动将无法进行下去。在某个层面上，利润只是某一产品价格与成本的差值。然而，当一种产品的不同形式因不同价格、不同渠道销售、不同物流而产生不同的成本时，这个计算方法就变得更加复杂了。例如，2005 年 3 月 28 日发刊的《商业周刊》（Business Week）刊载的一篇文章指出，通用公司将近 2/3 的销售是通过零售完成的。其余的是通过汽车租赁机构或公司员工和其家庭成员完成的——这种销售产生的毛利润很低。虽然"不获取利润商业活动无法进行下去"这种观点是对的，但是准确确定一个企业实际赚取的利润是很富有挑战性的。

经营管理人员在做出所有的市场决策前，几乎都需要了解利润率并依据利润率做出决策。利润率是企业在制定价格时需要考虑的主要因素，也是营销人员分析市场营销投资回报、收益预测以及客户盈利情况时的主要考虑因素。我们学习和研究利润及利润率的目的，在于确定增加销售的价值，指导定价和促销的决策。

销售利润率是企业考虑许多基础经营背后的一个重要因素，包括预算和预测。所有的企业

管理者都应该了解企业的大概利润率是多少，事实上通常企业管理者也都是这么做的。然而，企业的管理者在计算利润率的假设方面，以及分析交流这些重要数值的众多方面，会因人而异，大不相同。

人们在讨论利润率方面的主要差异，存在于对利润率和单位利润的区分方面。其实这两个概念的不同点是很容易理解的，并且管理人员在具体实践中应该具有将两者相互转换的能力。

什么是单位量？每个企业都有自己对"单位量"的定义，单位的范围广泛，从1t人造黄油、64盎司$^\ominus$的可乐到1桶石膏。许多产业都应用多个单位量并且以其计算利润。例如在烟草行业，是按"根""条""箱"销售的；银行以账户数量、顾客数量、贷款额、交易量、家庭数量和分行数量为基础来计算利润的。营销人员必须具备不同单位之间的换算能力，因为决策的基础可以是这些单位之中的任何一个。单位利润、利润率的计算公式为

$$单位利润 = 单位销售价格 - 单位成本 \tag{3-1}$$

$$利润率 = \frac{单位利润}{单位销售价格} \tag{3-2}$$

利润率也可以用销售总收入和总成本来计算。其计算公式为

$$利润率 = \frac{销售总收入 - 总成本}{销售总收入} \tag{3-3}$$

在计算利润率或单位利润时，营销人员可以通过一个非常简单的方法进行验证，将各个部分的值加总起来即可。

$$验证单位利润：单位销售价格 = 单位利润 + 单位成本 \tag{3-4}$$

$$验证利润率：销售成本百分比 = 100\% - 销售利润率 \tag{3-5}$$

举例说明：某公司以m为单位出售帆布，单位销售价格为24元/m，单位成本为18元/m，故单位利润为24元/m - 18元/m = 6元/m，销售利润率为6元/m/24元/m = 25%。

验证一下上述计算是否正确：

单位销售价格 = 单位利润 + 单位成本

24元/m = 6元/m + 18元/m　　　　　　　　　　（正确）

销售成本百分比 = 100% - 销售利润率

18元/m/24元/m = 100% - 25%

75% = 75%　　　　　　　　　　　　　　　　　（正确）

当考虑不同产品的不同收入和成本时，我们可以基于所有产品的总收入和总成本来计算整体的利润率，也可以基于不同产品利润率的加权平均数来计算整体的利润率。

举例说明：假定上述帆布公司2018年的总收入为1 000万元，其总成本为650万元，那么该公司的利润率为

$$利润率 = \frac{销售总收入 - 总成本}{销售总收入}$$

$$= \frac{1\ 000万元 - 650万元}{1\ 000万元} = 35\%$$

$\ominus$　1盎司（美制）= 29.57mL。

继续上例，假定上述帆布公司生产了一种新的高级帆布，其售价为 64 元/m，生产成本为 32 元/m。由此可得产品的单位利润为 64 元/m – 32 元/m = 32 元/m，利润率为 32 元/m / 64 元/m = 50%。

因为公司现在出售两种产品，所以只有知道每种商品的销售量才能计算公司的平均利润率。如果只选取标准帆布（25% 的利润率）和高级帆布（50% 的利润率）的平均值，计算结果是不准确的，除非公司销售两种产品的数量相同。

假设某天公司出售 20m 标准帆布和 2m 高级帆布，我们可以计算公司当天的利润率为（见表 3-1）：

$$总销售额 = 24 元/m \times 20m + 64 元/m \times 2m = 608 元$$
$$总成本 = 18 元/m \times 20m + 32 元/m \times 2m = 424 元$$
$$利润 = 608 元 - 424 元 = 184 元$$
$$利润率 = \frac{184 元}{608 元} = 30.3\%$$

因为两种产品的销售额不同，所以公司的利润率不是简单的两种产品利润率的平均值。

表 3-1 帆布公司销售、成本和利润表

	标准帆布	高级帆布	合　　计
销售量/m	20	2	22
单价（元/m）	24	64	
销售收入（元）	480	128	608
单位成本（元/m）	18	32	
总成本（元）	360	64	424
总利润（元）	120	64	184
单位利润（元/m）	6	32	8.36
利润率（%）	25	50	30.3

当我们决定好用什么单位量之后，还需要用两个量来确定利润：单位成本和单位销售价格。销售价格可以在不同费用被扣除之前或之后决定，这些费用包括折扣、顾客优惠、中间商费用以及佣金等可以被管理报告称为成本或从销售价格中扣除的项目。此外，外部审计报告与内部管理报告可能会有所不同，因为外部会计标准可能是一个与内部做法不同的处理方法。报告的利润可能大不相同，取决于采用什么计算方法。这可能导致企业对于某一产品的实际价格到底是多少存在认识上的模糊，而这个问题是企业经营中最基本的问题。

关于在计算净价格时扣除的一定折扣和津贴问题，请参考有关价格瀑布的论述。通常，在计算净价格时，是从价格列表上减去某一项目，还是加上该项目将其算作成本，在操作上是有很大余地的。例如，在营销实践中我们常常向购买了一定量商品的顾客提供礼物券。如何来处理这些礼物券而不至于在价格、市场成本和利润之间造成混淆，是一个不容易回答的问题。不管如何处理，我们都必须注意下面相互关联的两个方面：①某些项目既可以从价格中扣除，也可以当作成本的增量来处理，但是不能同时既将其从价格中扣除，又将其当作成本的增量；②如何处理这个项目不会影响单位利润，但却会影响利润率。

有些行业，特别是零售业，把利润计算为成本的百分比而不是销售价格的百分比。将这个方法运用在之前的例子里，每米帆布的利润率则与先前的结果不同。我们可以这样计算，用

6元/m的单位利润除以18元/m的单位成本，即利润率为33%。这种不同的算法可能引起混淆。为了消除这种混淆，我们必须对企业所属行业的实际活动有所了解，如果需要的话应该有能力在两种算法之间相互转化。

虽然许多人将"加价率"和"利润率"这两个术语交换使用，但这是不恰当的。加价通常是指以成本为基数加上一定的百分比来确定销售价格。让我们来计算几个数值以便更好地理解加价率和利润率的区别及其关系。例如，某产品的可变成本为10元，在此基础上加价50%，即加价5元，那么其销售价格就为15元。相反，一个零售价格为15元、利润为5元的产品的利润率为5元/15元=33.3%。表3-2显示了利润率和加价率的关系。

表3-2 利润率与加价率的关系

价格（元）	成本（元）	利润率（%）	加价率（%）
10	9	10	11
10	7.5	25	33.3
10	6.67	33.3	50
10	5	50	100
10	4	60	150
10	3.33	66.7	200
10	2.5	75	300

零售行业中可能出现的一种情况是，商店在成本上加成一定的百分比，但在促销时，会在零售价的基础上降低一定的比例。大多数顾客都理解："50%"的"降价"意味着零售价格被降低50%。

举例说明：某服装零售商将其10元买进的T恤衫以50%的加价卖出。如上所述，成本为10元的商品，50%加价后的销售价格为15元。不幸的是，该商品并不畅销，店主决定以原价出售它们以便清空货架。他随意地让销售助理减价50%。然而，这个50%的减价将零售价格降低到7.5元。50%减价之后导致了每件售出的T恤衫有2.5元的损失。由此我们可以很容易地看出混淆是如何发生的。因此，我们必须清楚地区分加价与降价的区别，加价是以企业购买的成本为基数的，而降价是以企业制定的零售价格为基数的。管理者应当阐明这两个重要术语的区别。

举例说明：某一无线供应商以100元/个的价格出售电话听筒。电话听筒的生产成本是50元/个，包括20元/个的邮寄回扣退款。供应商的内部报告将邮寄回扣退款算为产品销售的成本。因此它的利润率为

$$单位利润 = 销售价格 - (生产成本 + 邮寄回扣退款)$$
$$= 100 元/个 - (50 元/个 + 20 元/个) = 30 元/个$$
$$利润率 = \frac{30 元/个}{100 元/个} = 30\%$$

然而，会计准则要求在对外审计报告上从销售收入中减去邮寄回扣退款（见表3-3）。在这个条件下，由于计算方法不同，公司的利润率也就不同了。此时，利润率为

$$利润率 = \frac{30 元/个}{100 元/个 - 20 元/个} = 37.5\%$$

表3-3　内部报告与外部报告的对比

	内部报告	外部报告
顾客支付的价格（元/个）	100	100
邮寄回扣退款（元/个）	—	20
销售价格（元/个）	100	80
生产成本（元/个）	50	50
邮寄回扣退款（元/个）	20	—
销售成本（元/个）	70	50
单位利润（元/个）	30	30
利润率（%）	30.0	37.5

在这个例子中，管理者在内部报告中将邮寄回扣退款添加在销货成本上。相反，会计准则要求在外部报告中从销售收入中减去邮寄回扣退款。这意味着外部报告和内部报告的利润率的值是不同的。在引用利润率时，这会在企业内部引起一定的疑惑。因此，需要注意，作为一般原则，内部利润率应当遵循外部报告的格式来计算，以避免混淆。

是否考虑可变成本一般取决于相关毛利率计算的目的。一种极端的情况是，如果所有的成本都只计算可变成本，则毛利和净利润是相等的。另外，营销人员也许会选择运用"贡献利润"（只减去可变成本）、"营业毛利"或"营销前利润"。通过运用特定的计量方法，营销人员可以区别固定成本和可变成本，并且可以分离某些特定的运营成本，或从整体经营中将某部门的成本分离出来。

在这里，毛利是在计算其他成本之前的收入和成本的差值。一般来说，我们这样计算毛利：从某产品的销售价格中减去商品的销货成本（基本的生产成本或购置成本）。毛利可以用百分比或金额的总值来表示。如果是后者，公司可以以每单位为基础或每段时间为基础进行计算和报告。

3.2　价格和渠道利润率

3.2.1　基本概念与计量

渠道利润（率）既可以以每单位为基础也可以以销售价格的百分比来表述。在分析相互关联的连续销售过程中的渠道利润（率）时，应该注意到这样一个事实，即某一渠道成员的销售价格会成为另外一家渠道成员的成本，在这个过程中销售产品给下家渠道成员的商家，可视作下家渠道成员的供应商。

在产品销售链中存在着不同层次的参与厂商，包括制造商、经销商和零售商。因此，不能简单地将所有的渠道利润相加来计算总的渠道利润。相反，应当利用销售过程开始点和结束点处（也就是说在制造商和零售商处）的销售价格，来计算总渠道利润。营销人员应该能够懂得产品的销售价格与客户的购买价格是相关的，并且能够理解每一阶段的渠道利润。研究学习此项计量内容的目的在于，计算销售过程中每个阶段的销售价格。

营销往往是涉及通过一系列的"增值"中间商来销售的过程。有时，一个产品会在这个过程中改变形式。在另外一些时候，产品的价格在其销售过程的旅途中会被"加价"（见图3-1）。在某些产业，如进口啤酒业，在产品传递到顾客之前，有多达四五个渠道成员会将自己的利润加载在产品上。在这种情况下，正确理解渠道利润和定价方式，对评估价格变动及其影响就显得尤为重要。

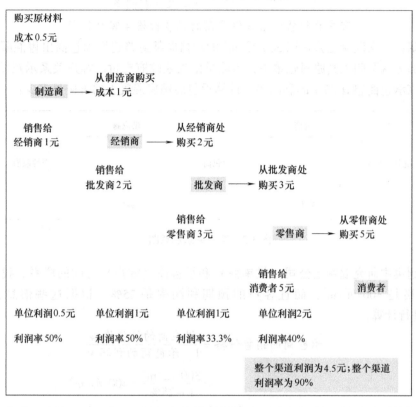

图 3-1　销售渠道示意图

首先，我们需要确定是采用逆向还是正向的方法进行计算。所谓逆向，就是从客户的销售价格到供应商的销售价格。我们选择逆向计算方法，有两个等式可供我们进行计算，一个是以金额为基础的利润计算公式，另一个是以百分比为基础的利润计算公式。其计算公式为

$$供应商的销售价格 = 客户的销售价格 - 客户利润 \tag{3-6}$$

$$供应商的销售价格 = 客户销售价格 \times (1 - 客户利润率) \tag{3-7}$$

举例说明：小王经营一家小的家具店，他从一个当地的经销商手中以单价 200 元买进了一批 BC 品牌的书架。小王想直接从 BC 品牌生产厂家买进书架，并且还想计算，如果他与经销商在 BC 生产厂家得到相同的价格，他需要交付多少钱（小王知道经销商的利润率是 30%）？

制造商为经销商提供产品，即在这个链条中，制造商是供销商，经销商是客户。为了计算制造商给经销商的价格，我们可以利用式（3-7）进行计算。

$$供应商的销售价格 = 客户的销售价格 \times (1 - 客户利润率)$$
$$= 200 \text{ 元}/\text{个} \times 70\% = 140 \text{ 元}/\text{个}$$

小王的经销商以单价 140 元买进，并以单价 200 元卖出，盈利 60 元，客户利润率为 60 元/个/200 元/个 = 30%。

通过重新排列公式，我们也可以计算链条中从供应商的销售价格到客户的销售价格，即正向计算。通过正向计算，可以得出客户的销售价格，即销售链条中下一个阶段出售的价格，这

种正向计算过程，就是不断向最终消费者移动的过程。

$$客户的销售价格 = \frac{供应商的销售价格}{1-客户利润率} \tag{3-8}$$

$$客户的销售价格 = 供应商的销售价格 + 客户利润 \tag{3-9}$$

举例说明：一家混凝土公司以 300 元/m³ 的价格向某道路建设承包商出售混凝土。该承包商试图将这部分购买归入其原料账单中，该账单由当地政府支付。客户关系示意图如图 3-2 所示。此外，该承包商想有 25% 的利润率。计算承包商销售混凝土的价格是多少？

图 3-2 客户关系示意图

这个问题集中研究混凝土公司（供销商）和承包商（客户）之间的联系。我们知道供应商的销售价格是 300 元/m³，而且客户的预期利润率是 25%。根据这些信息，可以利用式 (3-8) 进行计算。

$$承包商的销售价格 = \frac{供应商的销售价格}{1-承包商的利润率}$$

$$= \frac{300 \text{ 元/m}^3}{1-25\%} = 400 \text{ 元/m}^3$$

为了验证我们的计算，根据 400 元/m³ 的销售价格和 300 元/m³ 的成本，我们可以确定承包商的利润率。

$$承包商的利润率 = \frac{承包商的销售价格 - 供应商的销售价格}{承包商的销售价格}$$

$$= \frac{400 \text{ 元/m}^3 - 300 \text{ 元/m}^3}{400 \text{ 元/m}^3} = 25\%$$

具备了这些公式和销售链条中各个成员利润率的信息，我们可以一直计算到链条中渠道 1 的销售价格（第一个渠道成员的销售价格）。其计算公式为

$$\begin{aligned}渠道 1 的销售价格 = & 渠道 n 的销售价格 \times (1-渠道 n 的利润率) \times \\ & [1-渠道(n-1)的利润率] \times [1-渠道(n-2)的利润率] \times [1-渠道(n-3)的利润率] \times \cdots \times \\ & (1-渠道 2 的利润率)\end{aligned} \tag{3-10}$$

式中，n 为渠道的数量。

举例说明：每罐零售价格为 5 元的意大利面酱，其销售渠道中各个不同成员的利润率见表 3-4。

制造商生产一罐意大利面酱的成本是多少？用零售价格（5 元）乘以 1 减去零售商的利润率，就得到了批发商的销售价格。批发商的销售价格也可看作零售商的成本。批发商的成本（经销商的销售价格）可以通过批发商的销售价格乘以 1 减去批发商的利润率得到，用此方法一直可以推算出制造商的成本。此外，还可以利用渠道成员的利润率来计算其各自的利润，然

后从渠道成员的销售价格中减去这个数,就能得到其成本。按此方法计算,最后就能得出每罐零售价格为 5 元的意大利面酱实际上的生产成本只有 0.5 元(见表 3-5)。

表 3-4 意大利面酱销售渠道利润

销售渠道步骤(成员)	利润率(%)
制造商	50
经营商	50
批发商	33
零售商	40

表 3-5 零售商成本(购买价格)

阶段(步骤)	利润率(%)	金额(元)
消费者购买价格 零售商利润	40	5 2
零售商成本 批发商利润	33	3 1
批发商成本 经销商利润	50	2 1
经销商成本 制造商利润	50	1 0.5
制造商成本		0.5

在多层次销售渠道中,各个成员所取得的利润对于消费者的最终支付价格有巨大的影响。在进行逆向分析时,许多人发现将加价转换为利润比较容易,当然在做正向连续计算的过程中就不需要这种转换。

举例说明:为了显示利润和加价是一个问题的两个方面,我们可以通过加价的方法得到相同的价格。让我们一起看看意大利面酱是如何层层加价以达到消费者最终必须支付的消费价格的,即零售价 5 元。如上所述,制造商的成本是 0.5 元。制造商的加价率为 100%,因此可以计算出它的加价为 0.5 元×100% = 0.5 元。将生产商的加价部分与其成本相加,就得到其销售价格为 0.5 元(成本)+ 0.5 元(加价)= 1 元。制造商以 1 元的价格出售意大利面酱给经销商。经销商的加价率为 100%,即以 2 元的价格出售给批发商。批发商的加价率为 50%,即以 3 元的价格出售给零售商。最终,零售商的加价率为 66.7%,即以 5 元的价格出售给消费者。在表 3-6 中,通过跟踪这些加价过程,显示了意大利面酱的全部生产与销售过程:从制造商的 0.5 元成本到零售商的 5 元零售价格(消费者支付价格)。

表 3-6 销售渠道加价过程

阶段(环节/步骤)	加价率(%)	金额(元)	利润率(%)
制造商成本		0.5	
制造商加价	100	0.5	50
经营商成本		1	
经营商加价	100	1	50
批发商成本		2	

(续)

阶段（环节/步骤）	加价率（%）	金额（元）	利润率（%）
批发商加价	50	1	33.3
零售商成本		3	
零售商加价	66.7	2	40
消费者购买价格		5	

计算渠道利润所需的信息与计算基本利润的信息是一样的。然而，因为存在不同的层次问题，因此复杂程度会随着增加。在这个结构中，链条中某一层次的销售价格成为下一层次的成本。这在消费品行业是显而易见的，这些产业中，在制造商和消费者之间总有许多层次的销售传递，每一渠道的成员都会要求自己的利润率。

成本和销售价格取决于链条中所处的位置。人们总是习惯于问这样的问题："这个成本是谁的？"以及"谁以这个价格出售？"弄清楚利润获取的过程并不难，只需要弄清楚谁向谁销售即可。在跟踪商品流通的过程中，先画一条水平的线会很有帮助，将链条中所有渠道成员都标记上，制造商在最左侧，零售商在最右侧。例如，假设一个德国的啤酒出口商将啤酒出售给一个美国的进口商，进口商出售给弗吉尼亚的经销商，经销商将啤酒卖给零售商，这样在出口商和零售商的顾客间就会产生四个不同的销售价格和三个渠道利润。在这个过程中，出口商是第一个供应商，进口商是第一个客户。为了避免混淆，我们建议先勾勒出销售渠道草图，然后再计算各个阶段的利润、购买价格和销售价格。

本节中，我们假定所有的利润都是毛利润，用销售价格减去成本来计算。当然，渠道成员们在增值的过程中会产生其他的成本。例如，批发商支付给销售人员的佣金，就会成为商业过程中的成本，但是这不属于商品销售成本，也不属于毛利。

3.2.2 相关的计量和概念

1. 混合渠道利润

混合渠道是指企业运用多个流通体制将产品抵达同一个市场。厂商一般需要通过中介或媒体，如商店、网站和电话推销等，来接触消费者。这些不同渠道的利润往往是不同的。在营销实践中，越来越多的企业用不止一种途径"进入市场"。例如，一个保险公司可以通过独立的代理人、免费电话和网站来销售保险单。不同的销售渠道通常会产生不同的渠道利润，并且使供应商产生不同的支持成本。当企业从一个渠道转向另一个渠道时，营销人员必须调整价格以合理经济的方式来支持商业活动。为了做出恰当的决定，营销人员必须识别出在不同渠道的组合中更有利可图的渠道，并据此制定方案和策略以适应这些渠道。

当通过多种渠道及其不同的利润进行销售时，运用渠道利润的加权平均数来分析，而不是用简单的平均数来计算，对营销人员来说是很重要的。运用简单的平均数会导致混淆和不尽如人意的决策。

举例说明：假设某公司通过 6 个渠道销售 10 单位的产品，其中 5 单位的产品是通过一个利润率为 20% 的渠道销售的，剩下的 5 单位分别通过其他的 5 个渠道销售，这 5 个渠道的利润率各为 50%。用加权平均数来计算平均值，可以得到以下结果：

$$平均利润率 = \frac{5 \times 20\% + 5 \times 50\%}{10} = 35\%$$

相反地,如果用简单的平均值来计算公司6个渠道的平均利润率,会得到一个很不一样的结果:

$$平均利润率 = \frac{1 \times 20\% + 5 \times 50\%}{6} = 45\%$$

上述利润率计算上的这种区别会在很大程度上模糊企业管理者的决策。

2. 平均利润

当评估以金额单位计算的利润时,我们运用销售量百分比来表述,其计算公式为

$$平均利润 = 渠道1销售量百分比 \times 渠道1单位利润 + 渠道2销售量百分比 \times 渠道2单位利润 + \cdots + 渠道n销售量百分比 \times 渠道n单位利润 \quad (3-11)$$

当评估以百分比计算的利润时,我们则运用销售额百分比,其计算公式为

$$平均利润率 = 渠道1销售额百分比 \times 渠道1利润率 + 渠道2销售额百分比 \times 渠道2利润率 + \cdots + 渠道n销售额百分比 \times 渠道n利润率 \quad (3-12)$$

举例说明:盖尔公司的玻璃制品通过三个渠道销售,即电话、网络和商店。这些渠道的利润率分别为50%、40%和30%。当盖尔的妻子向他询问玻璃制品的平均利润时,他最初用简单的利润率计算,说是40%。然而盖尔的妻子进行了进一步的调查,并且了解到她丈夫的回答有点仓促。盖尔公司一共销售10单位的玻璃制品,通过电话销售1单位,利润率为50%;通过网络销售4单位,利润率为40%;另外5单位的玻璃制品在商店销售,利润率为30%。为了计算玻璃制品在这三个渠道的平均利润率,每个渠道的利润率必须根据它的销售量来衡量。在此基础上,盖尔的妻子用以下方法计算的加权平均利润率为

$$\begin{aligned}渠道平均利润率 &= (电话销售量百分比 \times 电话销售利润率) + \\ &\quad (网络销售量百分比 \times 网络销售利润率) + \\ &\quad (商店销售量百分比 \times 商店销售利润率) \\ &= \frac{1}{10} \times 50\% + \frac{4}{10} \times 40\% + \frac{5}{10} \times 30\% = 36\%\end{aligned}$$

举例说明:SA公司有网络和零售两个销售渠道,前一阶段的经营结果如下:某顾客通过网络订购1单位产品,单价为10元,公司的单位成本为5元,这个渠道可为SA公司带来50%的利润率;另一个顾客在商店购买了2单位产品,单价为12元,公司的单位成本为9元,因此,SA公司在商店单位产品的销售利润率是25%。

在这个组合中,相关的权重很容易确定。在销售量方面,SA一共销售3单位产品:1单位(33.3%)通过网络,2单位(66.7%)通过商店。在销售额方面,SA公司的销售总额为34元:10元(29.4%)通过网络,24元(70.6%)通过商店。因此,SA公司产品的平均利润可以这样计算:网络渠道产生5元的利润,商店渠道产生3元的利润;相关的权重是网络33.3%,商店66.7%。

$$\begin{aligned}平均利润 &= 网络销售量百分比 \times 网络单位利润 + 商店销售量百分比 \times 商店单位利润 \\ &= 33.3\% \times 5元 + 66.7\% \times 3元 = 3.67元\end{aligned}$$

SA公司产品的平均利润率则可以这样计算:网络渠道产生50%的利润率,商店渠道产生了25%的利润率,相关权重分别为29.4%和70.6%。

$$\begin{aligned}平均利润率 &= 网络销售额百分比 \times 网络利润率 + 商店销售额百分比 \times 商店利润率 \\ &= 29.4\% \times 50\% + 70.6\% \times 25\% = 32.35\%\end{aligned}$$

平均利润率还可以直接通过总数计算。SA 公司销售 3 单位产品产生的总毛利润为 11 元。所以它的单位平均利润为 3.67 元（11 元/3）。同样，我们可以用总收入除以总利润得到平均利润百分比。用这个方法计算的结果与我们之前通过权重计算的结果相同：11 元/34 元 = 32.35%。同样的加权过程也可被用来计算平均销售价格。其计算公式为

$$平均销售价格 = 渠道1销售量百分比 \times 渠道1的销售价格 + 渠道2销售量百分比 \times 渠道2的销售价格 + \cdots + 渠道n销售量百分比 \times 渠道n的销售价格 \quad (3\text{-}13)$$

举例说明：继续之前的例子，我们可以看出 SA 公司是如何计算平均销售价格的。SA 公司的网络顾客购买单价为 10 元，其商店顾客购买单价为 12 元。通过销售量来衡量每个渠道，我们可以得到 SA 公司的平均销售价格为

$$平均销售价格 = 网络销售量百分比 \times 网络销售单价 + 商店销售量百分比 \times 商店销售单价$$
$$= 33.3\% \times 10\ 元 + 66.7\% \times 12\ 元 = 11.33\ 元$$

供应商平均销售价格的计算公式与平均销售价格在含义上是相似的。其计算公式为

$$供应商平均销售价格 = 渠道1销售量百分比 \times 渠道1供应商的销售价格 + 渠道2销售量百分比 \times 渠道2供应商的销售价格 + \cdots + 渠道n销售量百分比 \times 渠道n供应商的销售价格 \quad (3\text{-}14)$$

举例说明：现在，让我们来思考 SA 公司是如何计算其供应商平均销售价格的。SA 公司的网络商品单位成本为 5 元，其在商店中的商品单位成本为 9 元。因此有

$$供应商平均销售价格 = 网络销售量的百分比 \times 网络供应商的销售价格 + 商店销售量的百分比 \times 商店供应商的销售价格$$
$$= 33.3\% \times 5\ 元 + 66.7\% \times 9\ 元 = 7.67\ 元$$

回答了所有上述问题，现在我们对 SA 公司的商业活动有了更多的了解（见表 3-7）。

表 3-7 SA 公司的销售渠道测量

项目	网络	商店	平均/合计
销售价格	10 元	12 元	—
供应商价格	5 元	9 元	—
单位利润	5 元	3 元	—
利润率	50%	25%	—
销售量	1 单位	2 单位	3 单位
销售量百分比	33.3%	66.7%	100%
销售额	10 元	24 元	34 元
销售额百分比	29.4%	70.6%	100%
总利润	5 元	6 元	11 元
单位平均利润	—	—	3.67 元
平均利润率	—	—	32.35%
平均销售价格	—	—	11.33 元
供应商平均价格	—	—	7.67 元

3.3 单位平均价格与成本

3.3.1 单位平均价格和统计单位价格

平均价格是一个很简单的计量内容，用销售总收入除以总销售量即可。然而，许多产品以不同的形式销售，如瓶装饮料瓶子的大小不同。在这些情况下，管理人员将会遇到一个挑战：他们必须确定可比单位量。单位平均价格可以通过加权不同的产品单位售价与每个产品单位销量的百分比来计算。如果我们应用统一标准，而不是实际产品的大小和产品类别的组合，那么得到的结果就是统计单位价格。统计单位也称作等量单位。

对于营销人员而言，单位平均价格和统计单位价格都是必需的，因为我们在销售同一产品时必须面对不同包装、不同大小、不同形式和结构等问题，要处理这些问题就必须熟练掌握单位平均价格和统计单位价格的计算技能。在分析不同销售渠道时，产品和价格的变化必须能准确反映整体的平均价格。如果不能准确反映，营销人员往往会忽视价格的变化以及为什么变化。例如，假设每个产品的不同形式的价格保持不变，但是销售量变化了，那么单位平均价格也会变化，而统计单位价格却是不变的。这两个计量在确定市场行情方面都有价值。

我们学习和研究单位平均价格和统计单位价格的目的在于，准确计算一个产品系列中，包括不同大小的产品的平均销售价格。许多品牌或产品系列包括多种样式、类型、口味、颜色、大小，或更一般地说包括库存单位（SKU）。例如，碧然德（Brita）过滤器按照不同的库存单位出售。碧然德出售单芯过滤器、双芯过滤器和也许只在俱乐部商店销售的特殊绑定过滤器。它们在独立销售的基础上，与水罐结合出售。这些不同的组合及不同的形式，主要是由于库存单位、样式、款式等的不同而形成的。

库存单位是一个零售商使用的术语，用来识别那些被陈列销售或被储存在仓库的某一分类中的产品。在使用库存单位时，存货和各个产品的销售情况都会被详细记录下来进行分析。营销人员通常既想知道自己出售产品的平均价格，也想知道零售商出售产品的平均价格。通过估算产品的库存单位，可以计算出销售链条中任何阶段的单位平均价格。其中最有用的两个平均价格是：

（1）单位平均价格。它包括所有库存单位销售情况的单位平均价格，定义表示为每单位的平均价格。

（2）统计单位价格。它是由固定数量的不同库存单位组成的统计单位价格。这组数据通常用来反映各仓库库存单位产品销售情况的实际组合。

当以库存单位表示的销售百分比伴随着不同单位的价格变动时，单位平均价格会随之变动。单位平均价格在个别库存单位被修改时也会变动。这与统计单位价格不同，统计单位价格根据定义，在每个库存单位中有一个固定的比例。因此，统计单位价格只有在一个或多个库存单位价格改变时才会有所变动。

通过统计单位价格而收集的信息，对于理解把握市场上的价格变动非常有帮助。统计单位价格与单位平均价格相结合，为我们提供了深入考察市场价格变化的新视点，这种变化是由不同的库存单位价格产生的销售比例，与个别产品的价格变化"混合"而形成的。例如，相对于零售杂货店的小包装冰淇淋而言，大包装冰淇淋销售量的增加更会影响单位平均价格，但是不会影响统计单位价格。然而，组成统计单位的库存单位价格的改变，会通过统计单位价格的变化而被反映出来。

与其他市场平均值相同，单位平均价格可以通过企业的总销售计算，或者通过单独的库存单位价格和份额计算。其计算公式为

$$单位平均价格 = \frac{销售收入}{销售量} \tag{3-15}$$

或

$$\begin{aligned}单位平均价格 =\ &库存1的价格 \times 库存1的销售量百分比 + \\ &库存2的价格 \times 库存2的销售量百分比 + \cdots + \\ &库存n的价格 \times 库存n的销售量百分比\end{aligned} \tag{3-16}$$

单位平均价格取决于库存单位价格及其销售量。单位平均价格可以因单位价格的上涨而提高，或者因为价格高的库存单位销售量的增加而提高，或者因为这两者的结合而提高。通常统计单位的"平均"价格计量对库存单位销售量的变化不是那么敏感。

有一些公司在检测大批量的产品大小、封装形式和产品说明方面常常会面临着挑战。某些品牌有多达25～30个不同的库存单位，并且每个库存单位都有其自身的价格。在这些情况下，营销人员应当如何决定某品牌的整体价格水平并与同类产品竞争，或者去追踪价格的涨落？一个比较有效的解决方案是"统计单位"，也被称作"统计容量"，以体积或重量衡量，比如以升统计或吨统计。例如，一个288盎司的清洁剂统计容量可能由如下的搭配组成：

4瓶4盎司=16盎司，12瓶12盎司=144盎司，2瓶32盎司=64盎司，1瓶64盎司=64盎司

需要注意的是，这个统计容量的内容需谨慎选择，以便所包含的盎司数量与标准的容量（24瓶12盎司的容量）相同。通过这种方式，统计容量与标准容量在大小方面应该是相同的。统计容量的优势在于它的内容可以近似地与公司实际销售的混合库存单位相同。

一个统计单位容量可以是满箱的清洁剂瓶子，而在其他情况下，一个统计容量可能只包含部分，比如1/4箱或3/4箱的清洁剂瓶子，以便使其总容量与所要求的总容量或重量相匹配。

统计单位由固定的不同库存单位组成。这种固定的比例可以确保统计单位价格的变化只反映组成它的库存单位价格的变化。

统计单位的价格可以表示为组成该统计单位的库存单位的总价格，也可以表示为总价格除以总容量。前者可以被称作"每统计单位价格"，后者被称作"每统计计量单位价格"。

举例说明： 卡尔公司的咖啡霜以三种包装规格销售：1L经济装、0.5L冰箱适用装和0.05L一份装。卡尔公司将12L的咖啡霜统计容量定义为

$$2单位经济装 = 2L(2 \times 1.0L)$$
$$19单位冰箱适用装 = 9.5L(19 \times 0.5L)$$
$$10单位一份装 = 0.5L(10 \times 0.05L)$$

每个包装规格的价格和统计单位总价格的计算见表3-8。

表3-8 卡尔咖啡霜统计单位价格

库存单位	单位容量/L	单位价格（元）	单位数	统计单位容量/L	金额合计（元）
经济装	1	8	2	2	16
适用装	0.5	6	19	9.5	114
一份装	0.05	1	10	0.5	10
合计				12	140

因此，12L统计容量的咖啡霜的总金额为140元。统计容量中的平均价格是11.67元/L。请注意统计容量的140元比12单位经济装的96元的平均价格要高。这个高出的价格表示小包装的咖啡霜每升的平均价格高。如果统计容量中库存单位的比例和实际销售比例相匹配，那么统计容量每升的价格和实际销售的每升的价格相同。

假如卡尔公司销售了10 000单位经济装咖啡霜、80 000单位冰箱适用装及40 000单位一份装，则每升的平均价格为

$$单位平均价格 = \frac{销售收入}{销售量}$$

$$= \frac{8 元 \times 10\,000 + 6 元 \times 80\,000 + 1 元 \times 40\,000}{1L \times 10\,000 + 0.5L \times 80\,000 + 0.05L \times 40\,000} = 11.54 元/L$$

请注意卡尔公司每升的平均价格为11.54元，比统计容量的平均价格低。原因是显而易见的：在统计容量中，冰箱适用装与经济装的比约为10:1，这些库存单位实际的销售比率仅为8:1。同样，统计容量中，一份装与经济装的比是5:1，而它们的实际销售比仅为4:1。卡尔公司的高价值的产品销售的比例比在统计容量中所显示的要少，因此，其实际平均价格比统计单位的价格低。

在表3-9中解释了单位平均价格的计算方式。单位平均价格是依据卡尔公司咖啡霜三种库存单位的单位容量价格和销售容量份额来计算的。在表3-9中，我们也列出了单位价格和单位（每升）份额。

表3-9 卡尔公司咖啡霜的平均价格

库存单位	单位容量/(L/瓶)	单位价格(元/瓶)	销售瓶数(瓶)	销售容量/L	单位容量价格(元/L)	销售容量份额(%)
经济装	1	8	10 000	10 000	8	19.23
适用装	0.5	6	80 000	40 000	12	76.92
一份装	0.05	1	40 000	2 000	20	3.85
合计			130 000	52 000		100

由此，我们可以算出

单位平均价格 = 8 元/L × 19.23% + 12 元/L × 76.92% + 20 元/L × 3.85% = 11.54 元/L

面对复杂和不断变化的产品系列，以及不同零售商销售的不同价格，营销人员需要理解和掌握许多计算平均价格的方法。仅仅决定在整个市场中以什么价格销售多少单位产品，对营销人员来说就是一个挑战。作为跟踪价格的标准方法，我们常常运用统计单位来计量，统计单位是以产品系列中不同库存单位的恒定销售比例为基础的。

通常，统计单位的库存单位的比例符合或至少近似于市场的历史销售记录。然而，销售模式可以改变。因此，这些涉及市场和变化的产品系列的比例，也需要我们谨慎地加以修改。有效地计算平均价格需要区分混合销售变化和统计单位价格变化情况，而这些变化通常都比较复杂。此外，在某些行业，确定分析价格和销售数据的近似单位量是很困难的。例如，在化学工业，一种除草剂可能以不同的包装规格、不同的涂药器和不同的浓度销售。面对竞争激烈的零售商所提供的不同价格及不同产品组合分类时，计算和跟踪平均价格是非常必要的。

3.3.2 可变成本和固定成本

可变成本既可以用产品总量的可变成本来表示，也可以用每单位产品可变成本来表示。固

定成本是不随销售量或生产量的变化而变化的。可变成本以每单位为基础是相对稳定的。总可变成本随销售量或生产量的增长而增长,并可用此预测销售量的增长。固定成本也会变化,但其变化并不是短期销售量增加或减少的直接结果。

营销人员必须对可变成本和固定成本的区别有清楚的认识。在预测单位销售量变化及其带来的收入方面,以及在财务对营销活动计划的影响方面,这个区别是很重要的,而且这个区别也是理解价格和销售量转换的基础。换言之,营销人员必须正确理解成本是如何随着销售量变化而变化的。假设某市场营销活动计划带来 10 000 单位的额外销售量,营销人员需要知道提供额外量需要的成本是多少。当然,问题是没有人知道在数量方面的变化会如何影响一个企业的总成本,其部分原因是企业的工作程序会很复杂。企业不可能支付得起雇用大量的会计人员来准确地解答每个可能的花销问题。相反,我们通常运用一个简单的成本形态模型,就可以很好地应对大多数情况。

标准的线性方程可以用来帮助解释总成本和销售量或生产量(统称为数量)之间的关系。总成本的计算公式为

$$y = mx + b \tag{3-17}$$

式中,y 表示总成本;m 表示单位可变成本;x 表示数量;b 表示固定成本。

用文字表述为

$$总成本 = 单位可变成本 \times 数量 + 固定成本$$

在这个基础上来确定一个企业的某一给定数量产品的总成本,营销人员只需要用单位可变成本乘以数量加上固定成本即可。为了全面地传递固定成本和可变成本的含义,我们将图 3-3 细化为图 3-4,可直观地理解固定成本与可变成本。根据定义,不论数量是多少,固定成本保持不变。因此,在图 3-4 中用一个长方形表示。固定成本在纵向不增长,也就是说,不会随着数量的增长而增长,因此不增加总成本。

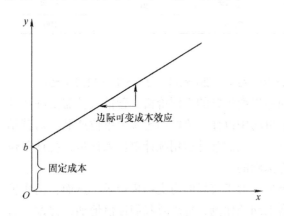

图 3-3　固定成本与可变成本的关系

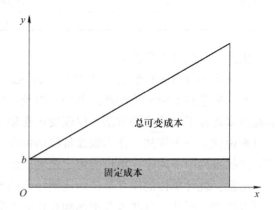

图 3-4　固定成本与可变成本图示

单位可变成本和数量乘积的结果通常被称为总可变成本。可变成本与固定成本不同,当没有产量的时候,它们的总值为零。总可变成本的增长是一条稳步上升的直线,随着数量的增长而增长。我们可以将成本形态模型表示为一个简单的等式,即

$$总成本 = 总可变成本 + 固定成本 \tag{3-18}$$

$$总可变成本 = 单位可变成本 \times 数量 \tag{3-19}$$

当然，为了应用这个模型，营销人员必须将企业的成本归为两类成本中的一类或另一类。如果一项成本不随着数量而变化，那么它就属于固定成本并且保持不变，不论企业生产或销售了多少单位的产品；如果一项成本随着数量的变化而改变，那么它就是可变成本。

3.3.3 单位总成本

某给定销量的总成本也可能以每单位为基础表示出来，其结果被称为单位总成本、平均成本、完全成本，或者甚至是完全沉没成本。对于简单的线性模型，单位总成本可以用两种方式计算。最显而易见的是用总成本除以数量。其计算公式为

$$单位总成本 = \frac{总成本}{数量} \tag{3-20}$$

也可以将其标记在图表上，由此所形成的曲线告诉我们平均总成本或单位总成本随着数量的增长而递减。这个曲线的形状因企业中成本结构的不同而不同，但是它们都有固定成本和可变成本，单位总成本会随产量的增长而降低，因为固定成本被分散在增加的数量单位中（见图3-5）。固定成本的分配引出了另一种常见的单位总成本的公式，即

$$单位总成本 = 单位可变成本 + \frac{固定成本}{数量} \tag{3-21}$$

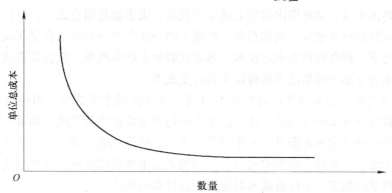

图 3-5 单位总成本与数量之间的关系

随着数量的增加，也就是说随着固定成本分散到增加的数量单位中，单位总成本以一种非线性的方式下降。

举例说明：某企业随着产品销售量的增加，它的固定成本保持500元不变。单位可变成本保持在每单位10元不变。总可变成本随着单位销售量增加。单位总成本随着产品销售量的增加而减少，并且固定成本分散到增加的数量单位中。最终，随着生产或销售越来越多的产品，企业的单位总成本接近了它的单位可变成本（见表3-10）。

表 3-10 固定成本、可变成本与单位总成本

销 售 量	1	10	100	1 000
固定成本（元）	500	500	500	500
单位可变成本（元）	10	10	10	10
可变成本（元）	10	100	1 000	10 000
总成本（元）	510	600	1 500	10 500
单位总成本（元）	510	60	15	10.5

综上所述，成本形态的简单模型显示了总成本随着供应数量的增多而呈线性增长，总成本由固定成本和可变成本组成，单位总成本随着供应数量的增长而呈非线性递减。

固定成本包括厂房租金、职工的工资，这些费用不论是否生产或销售了产品都必须支付。相反地，可变成本随着产品数量的增长或下降而改变。在上述模型中，假定每单位的可变成本为不变的，例如，不论生产 1 单位还是 1000 单位，单位可变成本均为 10 元。虽然这是个有用的模型，但是在实践中，营销人员必须认识到它并没有把所有的复杂性都考虑进去。

（1）成本线性模型并不适用于所有情况。例如，数量折扣、对未来操作质量提高的预期、生产能力的限制等，这些情况所带来的变动，在某种程度上会影响线性成本公式的有效应用，甚至会影响到数量决定总成本的观念并导致人们的质疑。虽然企业支付投入（如原材料和劳动力），营销人员却想知道企业的产出成本，即成品的销售成本。这个不同点在理论上是很清晰的，然而在实践中却常常无法准确找到产出数量和包括各种各样投入的总成本之间的关系。

（2）固定成本和可变成本的分类取决于具体环境和内容。虽然线性模型不是在所有的环境中都适用，但是它提供了在许多环境中近似合理的成本形态。然而有些营销人员可能会有这样的问题：为什么某些特定成本，在有些环境中被认为是固定成本，但在另一些环境中被认为是可变成本？整体来讲，在短期内数量上适度变化的，大多数是固定成本；在长时间内数量大量变化的，大多数是可变成本。例如租金，产量上的小变化并不需要工作空间或商业地点的改变，在这种情况下，租金被视为固定成本；然而在数量上的大改变，就会需要或多或少的工作空间，因此，租金在那个数量范围就被认为是可变成本。

（3）不要将单位总成本和单位可变成本混淆。在线性成本等式中，单位可变成本是企业每增加一单位数量总成本增加的量。这个数字不应与单位总成本相混淆。如果一个企业有固定成本，那么它的单位总成本将会总大于单位可变成本。单位总成本表示企业产品在当前数量上的每单位的平均成本，并且只在当前数量上。营销人员不要错误地认为单位总成本是一个可以应用于变化的数量的数字。单位总成本只应用于被计算的销售量。

单位总成本通常随着数量的增加而降低，一个相关的误解也会因为这个事实而产生。有些营销人员利用这个事实来主张积极提高数量，以便降低企业的成本，提高利润率。总成本与单位总成本相反，几乎总是随着数量的增长而增加。只有在特定数量折扣或购物返款达到目标数量时，总成本才可能随着数量的增加而降低。

3.4 营销支出与收支平衡分析

3.4.1 营销支出

为了预测销售成本如何随着销售量的变化而变化，企业必须区分固定销售成本和可变销售成本。其计算公式为

$$总销售成本 = 总固定销售成本 + 总可变销售成本 \tag{3-22}$$

$$总可变销售成本 = 销售收入 \times 可变销售成本百分比 \tag{3-23}$$

正确认识固定销售成本和可变销售成本之间的区别，可以有效地帮助企业解释销售策略的选择与相关的风险。整体来说，可变销售成本的策略风险较小，因为可变销售成本在销售不符合预期的情况下会保持在很低的水平。我们的目的在于预测营销支出和评估风险预算。

营销支出是指市场营销活动的总支出，通常包括广告和非价格促销的花费，有时也包括推销人员的开支和临时降低价格进行促销所减少的销售收入。市场销售成本通常是一个企业的整体任意开支的主要部分，因此，也是短期利润的决定性因素。当然，市场营销和销售预算也可以看作获得和维持顾客的投资。然而不论从哪个方面看，区分固定销售成本和可变销售成本都是很有意义的。换言之，企业管理者必须认识到哪部分销售成本会保持稳定，而哪部分成本会随着销售而改变。通常，这种划分要求对全部营销预算条目逐条进行检查。

在之前的章节，我们把总可变成本看作可随单位销售量改变的花费。关于销售成本，我们需要一个稍微有些不同的定义。总可变销售成本不是随着单位销售量变化而变化，而是直接随着单位售出的金额变化的，也就是说随着收入变化而变化的。因此，可变销售成本表示为销售额的百分比更好，而不是特定的每单位的金额。

某些销售成本是固定成本还是可变成本，取决于一个企业的结构和在管理决策方面的特点。我们通常将许多项目归为一个类别或另外一个类别，条件是其作为固定或可变的状态是在特定时间内决定的。从长期的角度看，所有的成本最终都变成了可变成本。在一个季节或一年的计划时间内，固定销售成本可以包括：①销售人员的工资和支持费用；②主要的广告活动开支，包括广告制作成本；③专职管理人员的工资和支持费用；④促销材料成本，如购买点的辅助设施、优惠券和推销成本；⑤前期销售基础上的合作广告津贴。可变销售成本可以包括：①支付给销售人员、经纪人或厂商代表的销售佣金；②根据销售目标完成情况而支付的销售奖励；③直接折扣和与当前销售量相关的贸易绩效补贴；④早期支付款项（如果款项被包含在促销预算里）；⑤票面价值的支付和回款，包括操作费用；⑥当地活动的票据支持，这些活动是通过零售商执行的，其品牌和合作的广告费用基于当期销售量返还。

营销人员通常不从固定成本和可变成本方面进行其预算，但是我们认为如果营销人员能够这样考虑，至少可以得到以下两点好处：

（1）如果营销支出实际上是可变的，那么这方面的预算就会更精确。有些营销人员喜欢做固定数量的预算，如果销售未能达到宣称的目标，将会面临期末的矛盾或差异。相反，一个灵活的预算，即一个考虑到确实的变化因素的预算，则更能反映实际的结果，不论销售行为在何处停止。

（2）与固定销售成本相关的短期风险要比与可变销售成本相关的风险大。如果营销人员的预期收入对于其控制之外的因素（如竞争行为或生产短缺）敏感，则我们可以通过囊括预算中更多的可变投入和更少的固定投入，来降低我们的营销风险。

雇用第三方销售代表还是由内部销售人员执行销售计划，这种选择是由固定市场成本和可变市场成本决定的。雇用一个领取工资的或主要领取工资的销售人员，将会比另一个选择导致更大的风险，因为工资必须支付，即使企业没有达到其收入目标。相反，当一个企业雇用第三方经纪公司来销售商品向其支付佣金时，其销售成本在销售目标没有达到时就会降低。

佣金销售成本随着销售收入的变化而变化，是一个典型的可变成本。因此，任何销售佣金都应被算作可变销售成本。

举例说明： 亨利番茄酱公司，每年花费 1 000 万元来维持一支销售队伍。某经纪公司愿意以 5% 的销售额为佣金取代亨利番茄酱公司的销售人员开展销售工作。

当销售收入为 10 000 万元时，总可变销售成本 = 10 000 万元 × 5% = 500 万元。

当销售收入为 20 000 万元时，总可变销售成本 = 20 000 万元 × 5% = 1 000 万元。

当销售收入为 30 000 万元时，总可变销售成本 = 30 000 万元 × 5% = 1 500 万元。

如果亨利番茄酱公司的销售收入小于 20 000 万元，企业向经纪公司支付的销售佣金会少于维持公司内部销售队伍的花费；当销售收入为 20 000 万元时，企业向经纪公司支付的销售佣金与维持公司内部销售队伍的花费相同；当销售收入大于 20 000 万元时，企业向经纪公司支付的销售佣金会更多。

当然，从领取工资的销售人员到经纪公司的过渡，也许会导致收入的变化。计算收入在什么等级上，销售人员工资与经纪公司的销售佣金相等，仅仅是分析的开始，但这是了解这种平衡关系的重要一步。

可变销售成本有很多类型。销售成本可以在企业与经纪公司或经销商签订的协议中加以明确。销售成本可能包括对当地营销人员的激励，这与特定销售目标的完成情况相关，它可能包括对合作推广的零售商的补偿。相反，固定曝光数量或点击率的网站的费用、在合同中要求的具体赔偿金，则更可能被划分为固定成本。另外，兑换（销售）的费用会被归类为可变成本。

举例说明：一个小的区域性精美食品生产商，必须选择一种计划进行电视广告活动的预算。

如果选择 A 计划，他必须支付设计商业广告和在特定数量时间段播放的费用。它的投入水平因此是固定的。A 计划可以被提前选择而且不会因为活动结果的改变而变化。

如果选择 B 计划，公司可以设计广告，依然是固定的成本，但是要求零售商在其当地市场播出，并且向电视台支付所需的媒体费用。作为支付媒体费用的回报，当地的零售商每销售 1 单位该公司的产品，他们都会收到一个折扣（回账）。

在 B 计划中，产品的折扣是一个可变成本，其总金额将取决于售出的单位数量。通过采用这样的合作广告活动，生产商会制定一个固定成本和可变成本混合的营销预算。这样来合作广告是个好主意吗？为了得到答案，公司必须确定它在两种安排下的预期销售量，还要确定随之而来的收入和其承受的风险。

固定成本通常比可变成本容易计量。通常，固定成本可以从工资记录、租赁文件或财务报表中收集。虽然固定销售成本通常表示为一个事先确定好了的收入百分比，但它们也会随着售出的数量而变化（如"×元/每箱"的折扣）。如果一些可变销售成本只花费在某些销售中，那么复杂情况就会产生。例如，当某些经销商符合现金折扣或其他折扣，而另一些不符合时，这些复杂情况就会发生。

更为复杂的情况是，有些费用在发生时看起来似乎是固定的，或者说在某点上是固定的，但是这些支出会引发超出其本身的再追加花销。例如，一个公司可能会和一个广告代理机构签订每年搞三个活动的合同。如果该公司决定举办的活动多于三个，就会增加费用。通常，这种临时增加的费用可以被视为固定成本，这也很容易理解。

临时追加的支付很难模型化。对于超过一定购买水平的顾客的折扣，或者超过一定份额的销售人员的奖金，很难利用方程对其进行描述。创新性在设计营销折扣的时候很重要，但是这种创新性很难反映在固定成本和可变成本的架构中。

在制定营销预算时，企业必须决定哪些成本要在当前阶段支出，哪些成本要在几个时间段中分期支付。通常后者被视作投资性的正确支出。给予一个新的经销商融资性的特别津贴，就是这种投资的例子之一。除了把这种津贴计入当前预算内，更好的方式是把它看作企业的运营成本，即为营销增加的一项投资。相反，可以产生长期效益的营销广告支出可以称为投资，但是最好将其视为营销费用。在理论上分期支付广告费用是有效的,但是关于这个问题的讨论已经超出了本书的范围。

3.4.2 相关的计量和概念

营销支出的不同等级,通常被用来比较各个企业和证明它们在这个领域的投资程度如何。因为这个原因,营销支出通常以销售收入的百分比来表示。

1. 营销支出占销售收入的百分比

营销支出的水平以销售收入的百分比来表示。这个数字为我们提供了分析某企业营销程度的指标。这个数字的大小因产品、策略和市场的不同而不同。营销支出作为销售收入的百分比的计算公式为

$$营销支出占销售收入的百分比 = \frac{营销支出}{销售收入} \times 100\% \qquad (3-24)$$

这个计量的变体可用于检验市场营销支出的各分项占销售收入的百分比。例如贸易促销的花费占销售收入的百分比,或者销售人员薪酬销售收入的百分比。更普遍的例子是广告支出占销售收入的百分比。

在使用这些计量之前,建议营销人员首先必须确定营销支出在计算销售收入时是否已经被扣除。例如,贸易折扣通常会从"销售收入总额"中减去,以计算"销售收入净额"。

2. 货架补贴

这是销售成本的一个特殊形式,是当新产品被零售商和经销商引进时的支出。本质上,它代表了零售商在其商店和仓库中为新产品预留"位置"的费用。这个费用也许会采取一次性现金支付、免费商品或者特殊折扣等形式。货架补贴的具体内容决定了它应该归入固定成本还是可变成本中,或者两者混合。

3.4.3 收支平衡分析和贡献值分析

从营销的角度讲,收支平衡点(Break Even Point, BEP)是指销售总收入等于销售总成本的销售点,在这个点上,企业既无盈利也无亏损。换言之,就是收支平衡时,企业的利润为零。只有当一个企业的产品价格比其单位可变成本高时才会产生收支平衡。如果是这样,每单位售出的产品会对弥补固定成本有一些"贡献"。我们将单位价格和单位可变成本之间的差额定义为单位贡献值。

收支平衡分析是计量营销学的重要分析工具之一,它适用于多种情况,并且通常被用来评估营销行为的盈利可能性,因为营销行为对固定成本、价格或单位可变成本具有一定的影响。收支平衡点通常通过一个粗略的计算得到,用来决定是否需要做更具体详细的分析。

进行收支平衡分析的目的在于为营销活动对收入影响的程度提供大致的指标参考。对于任何商业活动来讲,所谓的收支平衡点就是既没有盈利也没有损失的销售点,换言之,就是总收入等于总成本。倘若某企业出售产品的单位价格比单位可变成本高,每销售 1 单位都对弥补固定成本起到"贡献"作用。贡献值可以被计算为单位价格(收入)和单位可变成本的差值。在这个基础上,收支平衡点确定了可以弥补全部固定成本的最低总贡献值的销售量。

为了确定一个商业项目的收支平衡点,必须先计算出该项目中涉及的固定成本,而计算固定成本并不需要管理人员估算销售量,因为不论销售量是多少,固定成本是不变的。然而,管理人员需要计算单位收入和可变单位成本之间的差值。这个差值表示了单位贡献值。其计算公式为

$$\text{单位贡献值} = \text{单位销售价格} - \text{单位可变成本} \tag{3-25}$$

贡献值也可以表示为比率,量化销售价格中弥补固定成本的部分。这个比率通常被称作贡献率。其计算公式为

$$\text{贡献率} = \frac{\text{单位贡献值}}{\text{单位销售价格}} \times 100\% \tag{3-26}$$

1. 收支平衡

当总贡献值等于固定成本时就实现了收支平衡。在这个点上利润和损失都为零。收支平衡分析的关键要素之一是贡献值的定义。贡献值表示销售收入中超出可变成本的部分,也就是可用来弥补固定成本的部分。

总贡献值的计算公式为

$$\text{总贡献值} = \text{销售量} \times \text{单位贡献值}$$

或

$$\text{总贡献值} = \text{总收入} - \text{总可变成本}$$

2. 收支平衡销售量

收支平衡销售量是指为全额弥补固定成本所必须销售的单位数量。其计算公式为

$$\text{收支平衡销售量} = \frac{\text{固定成本}}{\text{单位贡献值}} \tag{3-27}$$

当企业销售足够单位的产品去弥补固定成本时,就会产生收支平衡的问题。如果某公司产品的固定成本是10元,并且每单位贡献值是2元,那么该公司必须销售5单位产品方能达到收支平衡。

举例说明:某捕鼠器公司想知道需要销售多少单位"魔力捕鼠器"才能达到收支平衡?该商品销售单价20元,可变成本是5元,公司的固定成本是3万元。当总贡献值等于固定成本时可达到收支平衡。

$$\text{单位贡献值} = \text{单位销售价格} - \text{单位可变成本}$$
$$= 20\text{元} - 5\text{元} = 15\text{元}$$

$$\text{收支平衡销售量} = \frac{30\ 000\ \text{元}}{15\ \text{元}/\text{个}} = 2\ 000\ \text{个}$$

这个动态变化可以用图3-6表示,图中标示了固定成本、总可变成本、总成本和总收入。盈亏平衡点以下,总成本大于总收入,产生了生产损失;在收支平衡点之上,公司产生了利润。

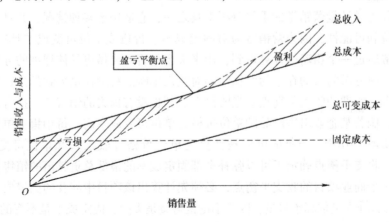

图3-6 盈亏平衡点图示

3. 收支平衡销售收入

收支平衡销售收入是指销售收入达到收支平衡要求时的销售额。其计算公式为

$$收支平衡销售收入 = 收支平衡销售量 \times 单位销售价格 \tag{3-28}$$

举例说明：捕鼠器公司想知道为达到收支平衡，其捕鼠器的销售额应该是多少？该产品单价为40元，单位成本是10元，公司的固定成本是3万元。

$$收支平衡销售量 = \frac{固定成本}{单位贡献值}$$

$$= \frac{30\,000\,元}{40\,元/个 - 10\,元/个} = 1\,000\,个$$

$$收支平衡销售收入 = 收支平衡销售量 \times 单位销售价格$$

$$= 1\,000\,个 \times 40\,元/个 = 40\,000\,元$$

以金额计算的收支平衡，也可以用固定成本除以表示贡献值那部分占销售价格之比来计算，即

$$收支平衡销售收入 = \frac{固定成本}{(单位销售价格 - 单位可变成本)/单位销售价格}$$

$$= \frac{30\,000\,元}{(40\,元/个 - 10\,元/个)/40\,元/个} = 40\,000\,元$$

4. 收支平衡增量投资

收支平衡增量投资是收支平衡分析的一种常用形式。它计量为实现营销计划所需的额外投资，并且它计算了为了弥补这些额外支出所需要的额外销售量。投资决策已经产生的任何成本或收入都不包括在收支平衡分析中。

举例说明：约翰服装店雇用了3名销售人员，为商店带来了每年100万元的销售额和一个30%的平均贡献利润。服装店的租金是5万元。每个销售人员的成本是每年5万元，包括工资和福利。如果约翰再雇用1名销售人员需要增加多少销售额才能达到收支平衡？

如果一个销售人员的额外"投资"是5万元，那么当销售额增加16 666.67元（50 000元/30%）时，约翰服装店在新雇用销售人员后就可以达到收支平衡。为了计算收支平衡的水平，我们必须知道单位收入、单位可变成本和固定成本。为了确定这些数字，必须将所有成本分为固定成本（不随着销售量变化的）或可变成本（随着销售量线性变化的）。

分析的时间范围会影响对成本的分类。一个人的管理意图可以被反映在分类上。企业管理者必须思考这些问题：如果销售量降低，企业会不会解雇员工、转租厂房？作为一般规则，所有的成本在长期都会变为可变成本。例如，企业通常将租金视为固定成本。但是从长期来说，租金可能成为可变成本，因为当销售增长超过了一个特定量时，企业可能会搬到更大的地方。

在思考这些问题之前，企业管理者必须记住：收支平衡最有效的用处是对是否值得做更细致的分析做出粗略的判断。收支平衡使企业管理者可以快速判断不同的选择和提议。然而，它并不能替代更详尽的分析，要进行更详尽的分析，还需要对目标利润进行预测、预估风险以及估算货币的时间价值，关于这些问题我们在以后的章节中会详细论述。

3.5 基于利润的销售目标

在开发一个项目时，企业管理者通常从一个构想开始，这个构想包括他们希望的利润和为

了达到利润所需的销售水平。目标销售量是满足一个收入目标所需的销售数量,目标收入是与之相对应的以金额所反映的销售数字。这两项计量内容都可视为收支平衡分析的延伸。

越来越多的企业寄希望于其营销人员可以顺利实现企业利润目标所必须达到的销售量。这通常需要企业管理者随着价格和成本的变化来修改销售目标。我们学习研究该项计量的目的在于确保营销计划与销售目标同利润目标相契合。在之前的部分,我们探索了收支平衡的含义,即企业销售量所达到的水平正好足以支付成本。在计划目标销量和目标收入时,企业管理者往往要确定所需的单位销售量或收入的水平,这个水平不仅可以弥补企业成本,而且可以实现利润目标。

1. 目标销售量

目标销售量是指能够实现企业计划所确定利润的销售量。目标销售量的公式对于擅长进行收支平衡分析的人来说,是很熟悉的。唯一的区别是将所需的利润目标加在固定成本上。从另一个角度来讲,收支平衡销售量的公式,也可以被看作一般目标销售量计算的特殊案例,在这个计算公式中利润目标是零,并且企业力图弥补其固定成本。在预估目标销售量时,企业会扩展目标,以便获得预期利润。目标销售量的计算公式为

$$目标销售量 = \frac{固定成本 + 目标利润}{单位销售价格 - 单位可变成本} \tag{3-29}$$

举例说明:某画家需要知道他必须每年销售多少漫画才能实现年利润 3 万元的目标。假定每幅漫画售价为 20 元,制作材料的成本为 5 元。画家工作室的成本是每年 3 万元。

$$目标销售量 = \frac{30\,000\,元 + 30\,000\,元}{20\,元/幅 - 5\,元/幅} = 4\,000\,幅$$

2. 目标销售收入

将目标销售量转换成目标收入很简单,只需要用产品的单位销售价格乘以目标销售量即可。目标销售收入的计算公式为

$$目标销售收入 = 单位销售价格 \times 目标销售量$$

或

$$目标销售收入 = \frac{固定成本 + 目标利润}{贡献率} \tag{3-30}$$

继续以画家工作室为例,计算其目标销售收入:

$$目标销售收入 = 4\,000\,幅 \times 20\,元/幅 = 80\,000\,元$$

或者,可以用另一个公式计算

$$目标销售收入 = \frac{30\,000\,元 + 30\,000\,元}{15\,元/幅/20\,元/幅} = 80\,000\,元$$

进行目标销售量计算所需的信息,本质上与收支平衡分析所需的信息一样,即固定成本、销售价格和可变成本。当然,在决定目标销量之前,必须先设定一个利润目标。这里的主要假设与收支平衡分析相同:在探索的计算范围内,成本与销售量呈线性关系。在此提请读者注意以下两个相关的计量和概念:

(1)目标销售量并不基于目标利润。这里,我们假设一个公司以利润目标为基础,然后寻找能满足这个利润目标的销售量。然而,在某些情况下,公司也许会因为某些原因而不是短期利润而设定一个销售量目标。例如,公司有时把"顶线"增长(营收增长)作为目标。请不要将目标销售量的这个用法,与以利润为基础的目标销售量计算相混淆。

(2)回报和目标。企业通常设置最低销售量和投资回报率,并且要求任何计划必须实现这些规划方能批准。考虑到这些目标,我们可以计算出必要回报所需的销售量。

举例说明：小王在格尔德公司发展业务，格尔德是一家销售回报目标为15%的公司。换言之，格尔德公司需要所有的项目带来的利润相当于15%的销售收入。小王正在评估一个项目，该项目会增加100万元的固定资本。在这个项目中，产品的单位销售价格为100元，并且会带来25%的贡献率。为了在这个项目中达到收支平衡，格尔德公司必须销售多少件产品？格尔德公司必须销售多少件产品才能达到15%的目标销售回报率？

$$收支平衡销售量 = \frac{固定成本}{单位贡献值}$$

$$= \frac{1\,000\,000\,元}{100\,元/件 \times 25\%} = 40\,000\,件$$

为了确定能达到15%的目标销售回报率的收入水平，小王既可以运用电子表格模型和试错法，也可以运用以下公式计算：

$$目标销售收入 = \frac{固定成本}{贡献率 - 目标销售回报率}$$

$$= \frac{1\,000\,000\,元}{25\% - 15\%} = 10\,000\,000\,元$$

$$目标销售量 = \frac{目标销售收入}{单位销售价格}$$

$$= \frac{10\,000\,000\,元}{100\,元/件} = 100\,000\,件$$

因此，为了在新项目中达到收支平衡，格尔德公司必须销售40 000件产品；如果格尔德公司新项目产品销售收入为10 000 000元，那么它就能达到15%的目标销售回报率；如果新项目产品的单位销售价格为100元，这就等于必须销售100 000件产品才能达到15%的目标销售回报率。

本章小结

本章讨论了有关利润与利润率、价格与销售渠道利润（率）、单位平均价格与成本、营销支出与收支平衡分析等方面的问题，并介绍了与上述内容相关的基本计量内容及其计算方法。利润率是企业在制定价格时需要给予充分考虑的主要因素，也是营销人员分析市场营销投资回报、收益预测，以及客户盈利情况时的主要考虑因素。在此基础上，本章阐释了单位利润和利润率的基本计量方法，同时也讨论了作为销售价格百分比的利润及其计量方法，以及渠道利润的计量方法。本章还讨论了单位平均价格和统计单位价格。销售的"贡献利润"是计量营销学的重要内容之一。接下来，本章重点讨论了固定成本和可变成本在计算收支平衡和贡献利润方面的作用。

测试题

1. 单位平均价格和统计单位价格是同一种价格的不同定义。（对/错）
2. 在计算渠道价格时，正向方法就是通过计算客户的售价与利润之差来计算供应商售价。（对/错）
3. 渠道利润既可以用绝对值也可以用相对值来表述。（对/错）
4. 某一渠道成员的销售价格就是其上一个渠道成员的成本。（对/错）
5. 当通过多种渠道及其不同的利润进行销售时，应采用渠道利润的加权平均值来计算。（对/错）

6. 产品单位销售价格与单位可变成本之间的差值称为（　　）。
   A. 贡献值　　　　　　B. 单位贡献值　　　　C. 平均利润　　　　D. 单位利润
7. 单位贡献值与产品单位销售价格之间的比值称为（　　）。
   A. 贡献率　　　　　　B. 单位贡献率　　　　C. 利润率　　　　　D. 单位利润率
8. 在销售同一产品时面对不同包装、不同大小、不同形式和结构等问题，营销人员需要掌握的计量指标有（　　）。
   A. 单位平均价格　　　B. 统计单位价格　　　C. 平均销售价格　　D. 单位销售价格
   E. 供应商销售价格
9. 以每个单位为基础来表示给定销售量的总成本，称为（　　）。
   A. 单位总成本　　　　B. 单位固定成本　　　C. 单位可变成本　　D. 总成本
   E. 目标销售收入
10. 企业在确定销售量或销售收入水平时，不仅要弥补企业的固定成本，而且要（　　）。
    A. 扣除可变成本　　　B. 实现目标利润　　　C. 实现收支平衡　　D. 考虑销售能力

练习题

1. 橄榄菜销售渠道中各个成员的利润率和加价率见表 3-11 和表 3-12，分别按销售利润率（零售价为 15 元）和加价率（制造商成本 1.5 元）计算各渠道成员售价、利润和成本。

表 3-11　按利润率计算表

渠道成员	售价（元）	利润率（％）	利润（元）	成本（元）
零售商	15	40		
批发商		33.3		
经销商		50		
制造商		50		

表 3-12　按加价率计算表

渠道成员	成本（元）	加价率（％）	利润（元）	售价（元）
制造商	1.5	100		
经销商		100		
批发商		50		
零售商		66.7		

2. HY 公司化妆品以三种规格销售，分别是：1L 经济装、0.5L 适用装和 0.05L 精细装。公司将 12L 的化妆品统计容量定义为：2 盒经济装（2×1L）、19 盒适用装（19×0.5L）、10 盒精细装（10×0.05L）。该化妆品当月销售 1 万盒经济装、8 万盒适用装和 5 万盒精细装。按表 3-13 计算 12L 化妆品统计容量均价和当月销售的每升均价。

表 3-13　计算表

化妆品规格	每盒容量/L	单价（元/盒）	盒数	容量/L	金额合计（元）	12L统计容量每升均价（元/L）	当月销售量（万盒）	销售收入（元）	销售容量/L	当月销售每升均价（元/L）
经济装	1	8	2				1			
适用装	0.5	6	19				8			
精细装	0.05	1	10				5			
合计										

3. 某超市的可乐饮料分别有 0.35L 易拉罐装、0.60L 小瓶装和 1.25L 大瓶装三种规格，零售单价分别为 2.5 元、3 元和 6 元。超市将 9L 的可乐统计容量定义为：10 瓶易拉罐装 = 3.5L（10×0.35L）；5 瓶小瓶装 = 3L（5×0.6L）；2 瓶大瓶装 = 2.5L（2×1.25L）。假设 4 月销售易拉罐装 3 000 瓶、小瓶装 2 000 瓶、大瓶装 1 000 瓶。

（1）在表 3-14 和表 3-15 中填写计算有关数字。

表 3-14　统计单位价格计算

库存单位	单位容量/（L/瓶）	单位价格（元/瓶）	统计单位瓶数（瓶）	统计单位容量/L	统计单位价值（元）	统计单位价格（元/L）
易拉罐装						
小瓶装						
大瓶装						
合计						

表 3-15　单位价格计算

库存单位	销售量（瓶）	销售收入（元）	销售容量/L	单位平均价格（元/L）
易拉罐装				
小瓶装				
大瓶装				
合计				

（2）如果把 9L 的统计容量作为捆绑促销装，从单位收入来看，对超市来说，促销装和零售哪个更合算？

（3）要达到同期零售销售水平，捆绑促销装要销售多少件（每件 9L）？

4. 某销售公司产品固定成本为 320 000 元，单位销售价格为 6.9 元，单位变动成本为 5.5 元，运用 Excel 计算收支平衡销售量和收支平衡销售额。

5. 某公司产品固定成本为 280 000 元，单价从 6.9～8.4 元（间隔 0.1 元）变动，单位可变成本为 5.5 元，运用 Excel 模拟运算表快速计算出各个单价下对应的收支平衡点，并建立图表直观显示。

第 4 章
产品销售与增长

本章目录

4.1　试用、重复购买以及市场渗透
4.2　年度增长率与复合年度增长率
4.3　自我吞并率与公平份额截取

学习目标

1. 掌握从市场渗透到市场销售额（量）估算的原理和方法
2. 掌握年度增长率、复合年度增长率的意义与计算方法
3. 掌握自我吞并率、公平份额截取的意义与计算方法

4.1　试用、重复购买以及市场渗透

4.1.1　从市场渗透到估算市场销售额

营销人员常常通过对消费者进行问卷调查和市场研究等方法，并通过试销及估算销售额来预测未来的销售量。实际上，通过估计有多少人可能会试用新产品以及他们大概隔多长时间会重复购买等变量，就能较有把握地对未来销售额进行可靠的估算。

在产品开发的早期，根据对消费者进行问卷调查的结果进行估算，并确定具体的时间点进行首次试销，是非常必要且有效的。通过这种估算，营销人员可以根据消费者的回应进行估计，而不需要进行全方位的试销。在估算新产品的销售额时，营销人员往往会计算产品的试用率和重复购买率，以估计未来时段的销售额。通常认为，所有购买该产品的顾客，不是首次试用的新顾客就是重复购买的回头客。因此，营销人员将在某一时段的首次购买顾客与重复购买的回头顾客简单相加，就可以确定该产品在市场上的渗透情况。

然而，如何以模拟的市场试验，甚至是完全的区域性的初次公开的展销会来估算面对大量人口的销售额，对我们来说无疑是一个巨大的挑战。营销人员曾经采用多种不同的方法来加快试销的速度并降低试销的成本，例如，说服一家商场上货多种产品或者新产品样品，或者给顾客现金券让他们购买所选择的商品。这些都可以营造真正的市场气氛，但却需要特定的模型根据这些模拟市场的试验数据来估算全部市场的销售额。为了解释这个过程的逻辑和概念，这里给大家提供一个基本的模型，用于估算市场销售额。

可以根据人口基数、试用率以及重复购买率这三个变量来估算在某一时段内某产品的市场

渗透。所谓试用率，就是在某一确定的时间段内，初次购买或使用某产品的人数占企业所定义的人口总数的百分比。试用率的计算公式为

$$\text{试用率} = \frac{t\text{时段初次试用者人数}}{\text{人口总数}} \tag{4-1}$$

例如，某有线电视公司妥善地记录并保存着其所有顾客的姓名和地址。该公司主管市场营销的副总裁注意到在2018年3月，共有150户家庭初次使用该公司的服务，该公司的顾客共有30 000户家庭。那么要计算该公司2018年3月的试用率，我们就简单地以150户除以30 000户，得到的0.5%就是试用率。

t时段初次试用者人数是指在给定的一个时间段内首次购买或使用某产品或某品牌的人数。其计算公式为

$$t\text{时段初次试用者人数} = \text{人口总数} \times \text{试用率} \tag{4-2}$$

t时段的市场渗透 $=(t-1)$时段的市场渗透$\times t$时段重复购买率$+t$时段初次试用者人数

例如，某有线电视公司于2018年1月开始提供包月体育节目服务。该公司通常会有80%的重复购买率，并且预计这个重复购买率会对新产品或服务延续下去。1月共有10 000户家庭购买了该包月计划服务，预计在2月还会增加3 000户家庭，那么我们就可以依据这些数据来计算该公司2月的市场渗透。具体计算过程为

$$2\text{月市场渗透} = (1\text{月市场渗透} \times 2\text{月重复购买率}) + 2\text{月初次试用者人数}$$
$$= 10\ 000\ \text{户} \times 80\% + 3\ 000\ \text{户} = 11\ 000\ \text{户}$$

到了2018年9月，该公司共有20 000户购买其包月体育节目服务，其重复购买率依然是80%，公司8月共有用户18 000户。该公司管理人员想知道在9月份公司增加了多少户包月体育节目服务的新用户。具体的计算过程为

$$\text{初次试用者人数} = \text{市场渗透} - \text{重复购买顾客人数}$$
$$= 20\ 000\ \text{户} - (18\ 000\ \text{户} \times 80\%) = 5\ 600\ \text{户}$$

最后即可估算市场销售额，其计算公式为

$$t\text{时段销售额估算量} = t\text{时段的市场渗透} \times \text{平均购买频率} \times \text{平均每次购买单位量} \tag{4-3}$$

4.1.2 模拟市场测试结果与销售量估算

1. 试用总量

通常，营销人员通过对潜在消费者进行问卷调查而估计试用率。在问卷中，营销人员会询问潜在消费者他们是否非常确定要购买该产品，或者可能会购买该产品。由于这两项选择是关于是否购买某产品的所有选项中最重要的选择，因此营销人员也时常会将这两项选择称为"高段两项选择"。其余的几项选择答案分别为：也许会也许不会购买、可能不会购买、肯定不会购买。

由于并非所有确定具有购买意愿的消费者会最终购买，因此营销人员一般都会对"高段两项选择"进行调节判断，并据此做出销售额估算。例如，有些营销专家估计，大约80%的做出肯定要购买选择的消费者最终会购买，大约30%的做出可能要购买选择的消费者最终会购买[⊖]，在下文的模式中我们将运用这种调节判断法进行推算。此外，做出其他三项选择的消费者也有可能会购买，但我们估计其数量并不会大到影响我们的分析模式。在正常情况下，通过

⊖ Harvard Business School Case: Mestlé Refrigerated Foods Contadina Pasta & Pizza (A) 9-595-035, Rev Jan 30, 1997.

对做出"高段两项选择"的人数进行压缩调节,营销人员就会对愿意购买某产品的人数做出比较现实可靠的估计。这里,我们所讲的"正常情况"是由对产品的认知和产品的现成可用性决定的。

(1) 认知。销售额估算模型包括目标市场中缺乏对某产品的认知而所必须进行的调节,消费者调查流程如图4-1所示。由于市场缺乏对某产品的认知,因此试用率一定会有所降低,因为它将一些原本有可能会试用但因为不知道而无法试用的消费者排除在外。相反,假设认知率是100%,那么就不会因为认知率低而损失潜在的消费者和销售。

(2) 分销。在测试市场的试用率时,另外一个需要调节的因素是新产品是否有现货。即便那些选择肯定会购买某产品的消费者,假如他们不能很轻易地找到该产品,也无法购买。在具体营销实践中,企业往往会对分销量做一个大概的评估,即估计拥有该新产品库存的商家在所有商店中占有多大的百分比,如分销的商品占总商品量的百分比。

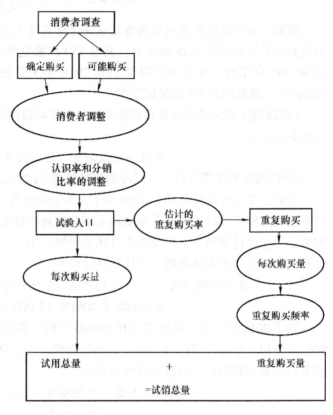

图 4-1　消费者调查流程

调节后的试用率计算公式为

$$\text{调节后的试用率} = \text{试用率} \times \text{认知率} \times \text{分销的商品占总商品量的百分比} \tag{4-4}$$

在做出这样的修正之后,营销人员就可以计算出真正可能会购买试用新产品的人数了,方法很简单,就是用目标市场人口数乘以调节后的试用率。其计算公式为

$$\text{试用者人数} = \text{目标市场人口数} \times \text{调节后的试用率} \tag{4-5}$$

在用这种方法进行估算时,试用者人数就是试销时期的市场渗透数。营销人员把试用者人数和估算的试销期间平均每次购买该商品的单位数相乘,就得出了对试销量的预测数目。通常将试销期间平均每次购买该商品的单位数估算为1,因为大多数顾客都会先购买1单位试用之后再确定是否大量购买。试用总量的计算公式为

$$\text{试用总量} = \text{试用者人数} \times \text{平均每次购买单位} \tag{4-6}$$

我们将上述计算归纳起来,就会得出计算试用总量的整体公式,即

$$\text{试用总量} = \text{目标市场人口数} \times (80\% \times \text{肯定会购买的消费者人数比例} + 30\% \times \text{可能会购买的消费者人数比例}) \times \text{认知率} \times \text{分销的商品占总商品量的百分比} \times \text{平均每次购买单位} \tag{4-7}$$

例如,某办公用品供应厂商市场营销团队有个关于生产营销安全订书机新产品的构想。为

了说服公司内部接受他们的构想,他们需要对在第一年内该新产品的销售量做出估算。他们就此针对其潜在消费者进行了调查,结果见表4-1。

表4-1 潜在消费者调查反馈

购买意愿	占所有被调查消费者的百分比
肯定会购买	20%
可能会购买	50%
也许会也许不会购买	15%
可能不会购买	10%
肯定不会购买	5%
总计	100%

根据这一调查结果,公司对该新产品的试用率按行业的标准,即在正常的情况下80%做出肯定会购买选择的消费者最终会购买,大约30%做出可能会购买选择的消费者最终会购买,进行了估算。

$$试用率 = 80\% \times 肯定会购买的消费者人数比例 + 30\% \times 可能会购买的消费者人数比例$$
$$= 80\% \times 20\% + 30\% \times 50\% = 31\%$$

因此公司估计大约有31%的潜在消费者,在他们对该产品有所认知并且也能容易从市场上购买得到的前提下,会试用该新产品。公司有很好的广告策划和很扎实的分销系统,公司营销人员估计其分销的商品占总商品量的百分比为60%,而且他们也很有把握潜在消费者的认知率会在60%。依据这些计量数据,营销人员将试用率调节为11.16%,计算过程为

$$调节后的试用率 = 试用率 \times 认知率 \times 分销的商品占总商品量的百分比$$
$$= 31\% \times 60\% \times 60\% = 11.16\%$$

公司的目标市场总人口数为2 000万人,估计大约有223.2万人会试用该产品,其计算过程为

$$试用者人数 = 目标市场人口数 \times 调节后的试用率$$
$$= 2\ 000万人 \times 11.16\% = 223.2万人$$

假定每个首次试用者平均购买1单位,那么试用总量就是223.2万个安全订书机。我们可以用试用总量的整体公式来估算出试用总量,其计算过程为

$$试用总量 = 目标市场人口数 \times (80\% \times 肯定会购买的消费者人数比例 + 30\% \times 可能会购买的消费者人数比例) \times 认知率 \times 分销的商品占总商品量的百分比 \times 平均每次购买单位$$
$$= 2\ 000万人 \times [(80\% \times 20\%) + (30\% \times 50\%)] \times 60\% \times 60\% \times 1个/人 = 223.2万个$$

2. 重复购买量

在我们的估算过程中,第二项内容是在试用过新产品的消费者中有多少人会做出重复购买的决定。我们可以用单一的估计,即重复购买率,来估算可能会有多少人在试用过新产品后会重复购买该产品。事实上,一开始的重复购买率总是比后来的重复购买率低,比如我们常见的是第一次重复购买者只占大约首次试用者人数的50%,而在第一次重复购买者当中大约有80%的人会第三次购买。重复购买者人数的计算公式为

$$重复购买者人数 = 试用者人数 \times 重复购买率 \tag{4-8}$$

现在,我们就可以计算重复购买量了,其计算公式为

$$重复购买量 = 重复购买者人数 \times 平均每次重复购买单位 \times 重复购买次数 \quad (4-9)$$

整体的计算公式为

$$重复购买量 = 试用者人数 \times 重复购买率 \times 平均每次重复购买单位 \times 重复购买次数 \quad (4-10)$$

我们再以前述办公用品供应商为例,公司估计试用安全订书机的消费者有223.2万人。由于该新产品的质量不错,公司营销人员期望在试销的第一年有10%的重复购买率,那么重复购买者人数为

$$重复购买者人数 = 试用者人数 \times 重复购买率$$
$$= 223.2 万人 \times 10\% = 22.32 万人$$

公司营销人员预计平均每个重复购买者在试销的第一年会重复购买4次,而每次的平均购买量为2单位。据此,我们可以估算出重复购买量为

$$重复购买量 = 重复购买者人数 \times 平均每次重复购买单位 \times 重复购买次数$$
$$= 22.32 万人 \times 2 个/人 \times 4 = 178.56 万个$$

我们也可以用整体公式进行计算,即

$$重复购买量 = 试用者人数 \times 重复购买率 \times 平均每次重复购买单位 \times 重复购买次数$$
$$= 223.2 万人 \times 10\% \times 2 个/人 \times 4 = 178.56 万个$$

3. 试销总量

将试用量与重复购买量相加就得出试销总量,换言之试销总量中包括销售给初次试用的新顾客的购买量和重复购买的回头客购买量,其计算公式为

$$试销总量 = 试用总量 + 重复购买量 \quad (4-11)$$

因此,要估算试销总量,我们只需要将上述分别计算试用总量和重复购买量的两个整体公式相加,即

$$试销总量 = 目标市场人口数 \times (80\% \times 肯定会购买的消费者人数比例 + 30\% \times 可能会购买的消费者人数比例) \times 认知率 \times 分销的商品占总商品量比例 \times 平均每次购买单位 + 试用者人数 \times 重复购买率 \times 平均每次重复购买单位 \times 重复购买次数$$

$$(4-12)$$

例如,上述办公用品供应商在试销第一年的总量可以这样来估算

$$试销总量 = 试用总量 + 重复购买量$$
$$= 223.2 万个 + 178.56 万个 = 401.76 万个$$

我们用表4-2来详细列出估算的全过程,读者也可以将此表当作估算任何一个新产品在某试销时段的标准参照来进行具体的某项估算。

表4-2 试销总量估算列表

基本变量	信息来源	估算结果
调查中表示肯定会购买的消费者人数比例	消费者问卷调查	20%
调查中表示可能会购买的消费者人数比例	消费者问卷调查	50%
实际可能的购买者		
肯定会购买的消费者人数比例	肯定会购买的消费者人数比例×80%	16%
可能会购买的消费者人数比例	可能会购买的消费者人数比例×30%	15%
试用率	全部实际可能的购买者人数比例	31%
营销估算调节		

(续)

基本变量	信息来源	估算结果
认知率	依据营销计划估计	60%
分销的商品占总商品量百分比	依据营销计划估计	60%
调节后的试用率	试用率×认知率×分销的商品占总商品量百分比	11.16%
目标市场人口（万人）	营销计划信息资料	2 000
试用者人口（万人）	目标市场人口×调节后的试用率	223.2
平均每次购买单位（个）	依据营销计划估计	1
试用总量（万个）	试用者人数×平均每次购买单位	223.2
重复购买率	依据营销计划估计	10%
重复购买者人数（万人）	试用者人数×重复购买率	22.32
平均每次重复购买单位（个）	依据营销计划估计	2
重复购买次数（次）	依据营销计划估计	4
重复购买量（万个）	重复购买人数×平均每次重复购买单位×重复购买量	178.56
试销总量（万个）	试用总量+重复购买量	401.76

平均每个重复购买者的购买次数应当根据初次试用者重复购买、再次重复购买及其频率，以及产品是否现成供应等情况加以调节。如果试用率是常数，并且所有人在期限内的第一天试用，则重复购买率大约为50%。

4.1.3 谨慎对待数据源及估算的复杂性

基于模拟市场试验数据估算销售量（额），需要满足一些假定条件或情景。在设定这些假定条件或情景时，营销人员往往要面对并处理种种能够根据自己需要进行估算的诱惑。对此，营销人员应抵制这些诱惑，严肃认真地对待每一项估算，并尽可能地进行敏感性分析，从而给出一个预测的范围，例如根据假设条件的不同，估算出从最低到最高的一组数值，供决策参考。

试用率和重复购买率这些看起来比较简单的市场营销数据，在实践中往往是非常难以获取的。虽然营销人员有一定的方法获取消费者的信息，如通过访谈、问卷调查，或者顾客登记表等方法，但用这种方法获得的信息无法让营销人员判断出谁是初次购买的试用者，谁是重复购买的回头客。因此，缺乏经验的营销人员一般很难估计出试用率、重复购买率这些变量。

对于认知数据，就更难以把握了。我们通常假定，认知往往会受新产品初期广告的影响。但是我们需要知道该新产品到底需要什么样的认知？什么样的促销活动能够有助于该新产品的初始销售？而营销渠道以及分销的商品与总商品的百分比，一般来说还相对比较容易获得。在估算过程中，试用率和重复购买率这两个变量的数据是非常重要的。有的商品可能会一开始创造出一个很高的试用率，但其后的销售量却下滑；相反，有的商品可能一开始并没有创造出一个很高的试用率，但其后的销售量却一直上扬。

让我们将上述办公用品供应商的安全订书机（产品A）同另外一个新产品改进的信封口黏合仪（产品B）相比较。产品B开始时的试用率远远低于产品A，但其后的重复购买率却较高。为估算方便起见，我们将用于估算产品A销售量的模型中的"高段两项选择"数据降低一半，以反映产品B开始时的低试用率；然后再将重复购买率从10%提高到33%，以反映产品B所赢得的试用后的高回购率。

在最初的 6 个月销售中，产品 A 的销售量高于产品 B，到 12 个月时两种产品的销售量相差无几，一年半之后，产品 B 的销售量开始高于产品 A 的销售量，两年之后产品 B 的销售量大大地高于产品 A 的销售量（见图 4-2，详细的估算数据见表 4-3）。

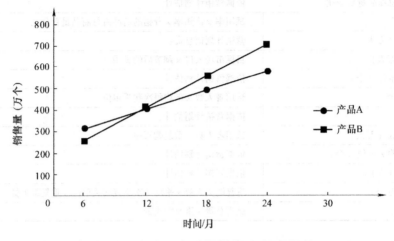

图 4-2 产品 A 与产品 B 销售量随时间变化的对比

表 4-3 试销情况随时间变化的对比

基本变量	6 个月		12 个月		18 个月		24 个月	
	产品 A	产品 B	产品 A	产品 B	产品 A	产品 B	产品 A	产品 B
调查中表示肯定会购买的消费者人数比例（%）	20	10	20	10	20	10	20	10
调查中表示可能会购买的消费者人数比例（%）	50	25	50	25	50	25	50	25
实际可能的购买者								
肯定会购买的消费者人数比例（%）	16	8	16	8	16	8	16	8
可能会购买的消费者人数比例（%）	15	7.5	15	7.5	15	7.5	15	7.5
试用率（%）	31	15.5	31	15.5	31	15.5	31	15.5
营销估算调节								
认知率（%）	60	60	60	60	60	60	60	60
分销的商品占总商品量百分比（%）	60	60	60	60	60	60	60	60
调节后的试用率（%）	11.16	5.58	11.16	5.58	11.16	5.58	11.16	5.58
目标市场人口（万人）	2 000	2 000	2 000	2 000	2 000	2 000	2 000	2 000
试用者人口（万人）	223.2	111.6	223.2	111.6	223.2	111.6	223.2	111.6
平均每次购买单位（个）	1	1	1	1	1	1	1	1
试用总量（万个）	223.2	111.6	223.2	111.6	223.2	111.6	223.2	111.6
重复购买率（%）	10	33	10	33	10	33	10	33
重复购买者人数（万人）	22.32	36.83	22.32	36.83	22.32	36.83	22.32	36.83
平均每次重复购买单位（个）	2	2	2	2	2	2	2	2
重复购买次数（次）	2	2	4	4	6	6	8	8
重复购买量（万个）	89.28	147.32	178.56	294.64	267.84	441.96	357.12	589.28
试销总量（万个）	312.48	258.92	401.76	406.24	491.04	553.56	580.32	700.88

1. 重复与试用

有的估算方法假设顾客在停止了重复购买之后就再也不回来了,即该顾客流失了。然而,企业还会有新的顾客的。于是我们就有了这样一个模式:一些顾客流失了,企业又得到了另外一些顾客;又有一些顾客流失了,然后又新来了一批顾客。这个模式最适合用于估算早期的销售量。其他的估算方法包括必要的市场份额以及渗透等变量,我们已在有关章节讨论过。这些方法比较适合用来估算缺少有效重复购买率的产品。

2. 曾经试用率

这个变量与试用率稍有不同,它是测量在目标市场中迄今为止那些不管在何时曾经试用过某个正在被研发的产品的比例。曾经试用率是一种累计测量并且从来不会累计相加超过100%。相反,试用率则是一种增量测量,用来测量在某一指定时间段内那些首次购买试用某产品的人占目标市场的百分比。即便我们对这两个变量做出这样的定义,但在具体实践中依然常常会将两者混淆。例如,某一消费者停止购买某产品6个月后又重新试用一次该产品,对此有的营销人员会将这个消费者当作回头客,所以是重复购买;而另外一些营销人员则可能将其当作新顾客来记录。如果按照新顾客记录的话,那么很有可能最终的试用者人数会超过目标市场的人口总数。为了避免这种麻烦,我们最好能在审核数据资料前,将有关的概念及其定义搞清楚。

3. 试用差异

在某些特定的情景下我们可能会降低试用的门槛,但与标准的方法相比却也可能同时降低消费者对购买的承诺。有两种情形需要注意:①因为没有其他可替代的产品,因此这种试用就是强迫性试用。例如,许多消费者想尝试百事可乐,但因为餐厅只有可口可乐,因而只好被迫试用可口可乐,相反亦然。②因为降价而购买试用,消费者购买该产品完全是因为价格降低。通常这两种试用购买的回头率较之通过正常方式而试用的回头率要低很多。

4. 激活域

在一个产品种类内,消费者意识到的一系列品牌被称作意识域。消费者可能通过进一步减少种类,并从一个更小的品牌组内进行购买选择,这个品牌组被称为激活域(Evoked Set)。激活域也被称作诱发集合、考虑集合。激活域可大可小,例如在美国,关于牛奶添加物早餐的激活域,就要比咖啡的激活域大很多。

5. 新产品数量

新产品数量主要是指在某一特定时期内,首次推介给消费者的新产品数目。

6. 新产品收入

新产品收入通常表述为当期或最近3~5个时期内,新推介的产品收入占销售总收入的百分比。

7. 新产品毛利

新产品毛利主要用百分比或金额来表述。新产品毛利可以分别测量,但与销售毛利的计算方法没有区别。

8. 企业从新产品所获得的利润

它是指在企业利润当中由新产品而获得的利润所占百分比。在计算过程中必须清楚关于新产品的定义是什么。

9. 目标市场匹配度

它主要是指在购买某产品的消费者当中,那些符合原定人文、地理和社会心理等目标市场群体所占的百分比。目标市场匹配度对分析市场营销战略十分重要,假如目标市场匹配度低,说明原来选择的目标市场有问题,营销人员应当依据新资料对原定目标市场进行重新定义。

4.2 年度增长率与复合年度增长率

通常有两种方法计量增长情况:①年度增长率,即将前一年的数据作为基数来计算下一年度的变化百分比;②复合年度增长率,用来计算较长一个时期的增长率。目前较多采用后者来反映平均增长情况。

增长说到底是所有企业追求的目标,事实上,人们判断企业经营成功与否,最主要的就是看其有无增长。换言之,我们常常通过对企业的增长进行分析而判断其经营是否成功。增长分析的内容和方法并不难,但在进行年度增长分析时,有两个因素使得这种方法变得较为复杂。其一是如何计算增长的基数变化,这种变化包括商店数目的增加、市场容量的变大或销售人员销售量的增长。对此我们可以通过计算"同店"的增值而避免这种偏差(也可以通过推算市场增长、销售人力资源管理等方法)。其二就是需要计算各时期的复合增长。例如,某企业在某年有30%的增长,但在其后的两年内是零增长,这种情况与三年内每年增长10%是完全不同的。对此可以通过复合年度增长率的方法进行计量。

4.2.1 年度增长率

年度增长率是计算年度增长的核心,通过计算年度增长率可以得出同去年相比企业今年的营销成绩是多少。将当前期的业绩除以前期的业绩,就得出一个可比的数字。从当前期的业绩中减去前期的业绩,就可以得出同前期业绩相比当前期的业绩是增长了还是减少了的结论。在比较两个年度的业绩时,我们可以这样说:第二年的业绩是第一年的110%,从中减去100%就得出了年度增长率(通常以年度来计量,但也可以选择其他的时间度量,如选择月度来计量)。年度增长率的计算公式为

$$年度增长率 = \frac{t\,年度数值 - (t-1)\,年度数值}{(t-1)\,年度数值} \tag{4-13}$$

例如,某餐馆第二年业绩很不错,其年度总营业额是57万元,而其前一年度的总营业额是38万元。我们据此进行计算,得出其第二年的营业额是前一年的150%,从中减去100%得出其第二年年度增长率为50%。其计算结果为

$$年度增长率 = \frac{57\,万元 - 38\,万元}{38\,万元} = 50\%$$

4.2.2 同店增长率

同店增长率是进行零售业绩分析的核心内容,营销人员可以据此分析在其所关注的时段内,那些连续营业的商店及其业绩。其背后的逻辑就是营销人员在进行分析时,将那些不曾营业或新建的商店排除,以便分析的结果更有可比性。同店增长率分析旨在揭示那些在当前期和前期使用了相同的等量资源的商店的经营效益。在零售行业,平稳的同店增长率和较高的总体增长率,表明企业的急剧扩张,这种增长主要是由投资牵动的。当同店增长率和总体增长率双双都体现出强态势时,营销人员就可以得出结论:企业很好地利用了已有商店的基础设施和资源。

例如，某小型连锁零售商的销售记录表明其经营业绩有很大的增长，从 2017 年的 5 800 万元增长到 2018 年的 10 700 万元，增长了 84%，尽管这个增长数据看起来很乐观，详尽的分析却令人怀疑该企业的经营模式是否有效，因为当我们用同店增长率计量分析时发现其经营业绩是下降的（见表 4-4）。

表 4-4 各商店营业额统计

商 店	开 业 年 份	2017 年营业额（万元）	2018 年营业额（万元）
A	2017	1 000	900
B	2017	1 900	2 000
C	2017	2 000	1 500
D	2017	900	1 100
E	2018	0	5 200
		5 800	10 700

如前所述，同店增长率分析方法并不考虑第 1 年未开业经营的 E 商店。为叙述方便起见，假定商店 A、B、C、D 于第 1 年的 1 月 1 日开业，商店 E 于第 2 年的 1 月 1 日开业。据此可知，同店第 2 年的销售营业额应当从第 2 年的总营业额当中减去 E 商店的营业额，也就是说同店第 2 年的销售营业额是 5 500 万元(10 700 万元 – 5 200 万元 = 5 500 万元)。然后依据这个调整后的营业额进行同店增长率计算，即

$$同店增长率 = \frac{A、B、C、D 商店 2018 年营业额 - A、B、C、D 商店 2017 年营业额}{A、B、C、D 商店 2017 年营业额}$$

$$= \frac{5\ 500\ 万元 - 5\ 800\ 万元}{5\ 800\ 万元} = -5\%$$

假如我们不进行同店增长率分析，而以总增长分析为依据就被误导了。其实该企业的同店增长率是负增长 5%，也就是说，其经营业绩用同店增长率分析，不但没有增长反而降低了 5%。这个结果不能不令我们对该企业的经营状况进行怀疑，同时这个结果也促使我们认真研究新建商店是否自我吞并了原有商店的销售量。

4.2.3 复合增长率及未来期价值

运用复合计量方法，我们可以根据复加原理对增长状况进行更加科学的描述和分析。例如，连续两年内每一年的增长率都是 10%，那么这连续两年的增长结果并非只增长了 20%，而是更多。原因是显而易见的，因为第 2 年的增长是在第 1 年增长了 10% 的基础上再增长的。假定第 0 年时的销售额为 100 000 元，再假定第 1 年时的销售额增长为 10%，那么第 1 年的销售额就是 110 000 元。如果第 2 年的销售额还是增长 10% 的话，则第 2 年的销售额应该是 121 000 元，即 110 000 元 + (110 000 元 × 10%) = 121 000 元，而不是 120 000 元（即 100 000 元 × (1 + 20%)）。

可以用计算报表，如 Excel 报表来确定复合效应。当我们知道了年增长率后，用计算报表就可以计算出年复一年的复合增长。例如，要计算第 1 年的销售额，只需要以第 0 年的销售额乘以（1 + 增长率）就可以了，然后再以计算所得的第 1 年销售额为基数乘以（1 + 增长率），就得出第 2 年的销售量，如此反复直到需要确切计算的年度。例如，要分析计算某零售商店连续 3 年的销售增长情况，假定年度增长率为 10%，起始计算年度的销售额为 1 000 万元，那么

第 0 年的销售额 = 1 000 万元
第 1 年的销售额 = 1 000 万元 × (1 + 10%) = 1 100 万元
第 2 年的销售额 = 1 100 万元 × (1 + 10%) = 1 210 万元
第 3 年的销售额 = 1 210 万元 × (1 + 10%) = 1 331 万元

我们可以将上述计算归纳为一个数学公式来计算未来某时段第 n 年的销售额,其计算公式为

$$未来某时段销售额 = 当前时段销售额 \times (1 + 复合年度增长率)^n \tag{4-14}$$

4.2.4 复合年度增长率

这是一个常量,是在某一个时期内的年度增长率,在已知起始量、终结量和年度数目 n 的条件下,可以用以下数学公式来计算

$$复合年度增长率 = \sqrt[n]{\frac{终结量}{起始量}} - 1 \tag{4-15}$$

以上述例子来说明怎么计算复合年度增长率。假定我们不知道复合年度增长率,但已知起始年度销售额为 1 000 万元,终结年度销售额为 1 331 万元,年度数目为 3 年,则只需要简单地将这些数据代入上述公式进行运算即可

$$复合年度增长率 = \sqrt[3]{\frac{1\ 331\ 万元}{1\ 000\ 万元}} - 1 = 10\%$$

由此,我们就可以确定该案例中的复合年度增长率为 10%。

用百分比来计算增长率是增长分析中的一个重要内容,但当用百分比计算增长率时,如果不根据商店数目的变化、营销人员的变化、产品以及新市场扩张等因素加以调节的话,用百分比计算的增长率就可能会误导营销人员。对此营销人员必须加以注意。通过对同店增长率等相关计量的科学解读并据此对相关计算加以调节,营销人员就可以对企业在相同资源条件下的经营效果进行正确的判断。这些调节往往可能有一些信息疏漏,例如在计算期内有些部门提供的信息不够充分。营销人员必须将对各项调节后的数据与整体的增长分析同步进行考虑。

4.3 自我吞并率与公平份额截取

4.3.1 自我吞并率

自我吞并率是指由于新产品的开发导入市场而使得本企业既有产品销售量减少的现象。自我吞并率的计算通常用百分比表示,其计算公式为

$$自我吞并率 = \frac{既有产品销售减少量}{新产品销售量} \times 100\% \tag{4-16}$$

自我吞并率是评估新产品战略的一项重要指标。而可预期截取份额则是指营销人员所预计或预期的既有产品销售量由于新产品的引入而带来的减少额。

自我吞并或产品侵蚀是我们并不陌生的商业形态之一。通常某个企业因其产品占有较高市场份额而面临一种两难选择。其一是企业希望通过现有产品而做到利润最大化,集中经营企业现有的优势可以确保在短期内的绝对成功。其二就是企业或企业的竞争对手发现了一个新的获利机会,即发现某一新产品可以更好地满足某一特定顾客群体的需要,然而,如果企业开发推介这个新产品则会自我吞并现有产品的销售量,换言之,就是说这个新产品将会弱化企业现有的经营很成功的产品销售。但是,如果企业不去开发推介该新产品而企业的竞争对手先行开发

并推广了该新产品，那么企业的竞争对手就会从本企业抢走顾客和销售量。

通常，当一个新的消费群体出现的时候，成功往往属于那些在市场上先行一步的企业。事实上，如何把握时机是一个非常重要的因素，如果新产品开发上市过早，现有生产线则会损失太多；如果开发上市太晚，则会不仅丧失了新产品的获利机会，而且现有产品的销售也会遭受损失。因此，自我吞并是一种市场现象：企业某一新产品的销售量增长是由于牺牲企业现有其他产品的销售量而形成的。

例如，某公司有个产品在前一个时段销售了 10 单位，公司计划开发推出一个新产品，预计能销售 5 单位。新产品的开发推出会影响现有产品的销售，估计自我吞并率为 40%。因此新产品的销售中有 2 单位是由于牺牲现有产品而获得的（5 单位 × 40% = 2 单位）。扣除自我吞并，公司在下一时段的销售量为 8 单位现有产品加上 5 单位新产品。

任何企业在认真考虑开发推介新产品时必须面对潜在的自我吞并问题。如果能够对潜在的自我吞并问题加以提前估计和分析，就会对新产品推出后企业的整体经营利润变化做出正确的判断，从而对企业的未来经营管理产生积极的作用。如果操作恰当，这种估算和分析可以让企业管理者对在新产品推出后，企业的整体经营利润同预期相比将会增长还是减少做出准确的判断，并据此做出战略决策，决定是否推出新产品，如果推出应当在什么时候、什么条件下推出。

例如，某商家在一个小海滩旅游点独家销售雨伞，该商家上个月的财务情况是：雨伞售价 20 元/把，单位可变成本 10 元/把，单位贡献值 10 元/把，每月销售量 100 把，每月总毛利 1 000 元。该商家计划下个月推出一款新式雨伞，该雨伞防护面积更多、重量更轻。预计新雨伞推出后的财务情况是：新雨伞售价 30 元/把，新雨伞单位可变成本 15 元/把，新雨伞单位贡献值 15 元/把，新雨伞每月销售量 50 把，新雨伞每月总毛利 750 元。

如果没有自我吞并，该商家预期的每月总毛利是 1 750 元（1 000 元 + 750 元）。然而，该商家估计由于新雨伞的销售会使普通雨伞销售量减少 60%。在考虑到自我吞并因素后，商家估计新的财务情况是：新雨伞销售量 50 把，自我吞并率 60%，普通雨伞销售量损失 30 把（50 把 × 60%），普通雨伞新销售量为 70 把（100 把 − 30 把），普通雨伞新的总毛利为 700 元（70 把 × 10 元/把），新雨伞的总毛利为 750 元（50 把 × 15 元/把），商家的总毛利为 1 450 元。

该商家根据上述分析得出结论，推出新雨伞后，销售量会从 100 把上升到 120 把，月毛利从 1 000 元上升到 1 450 元。在销售量中有 30 把新雨伞是靠牺牲普通雨伞销售量而获得的，每把增加毛利 5 元，同时商家比上个月多销售了 20 把雨伞，每把获得 15 元的毛利。

在这个案例中，该商家能够用边际利润较高的新雨伞吞并边际利润较低的普通雨伞，因此其总体月收入上升了。然而，有时候，也可能碰到新产品边际毛利低于既有产品的情况，在这种情况下自我吞并将使企业的总体利润下降。

我们还可以用一种变通的方法，即加权毛利贡献率来计算自我吞并量。依然以上述商家为例，加权的边际毛利应当是每把新雨伞的边际毛利减去自我吞并的部分。因为每把新雨伞的直接边际毛利为 15 元，而每把普通雨伞的边际毛利为 10 元，自我吞并估计为 60%，因此新雨伞的加权边际毛利为 9 元/把（15 元/把 − 10 元/把 × 60%）。商家预期能够销售 50 把新雨伞，据此可以推算出商家月毛利因销售新雨伞而增长 450 元（50 把 × 9 元/把）。可见，用这种加权的边际毛利方法计算出来的毛利总量的增长量与前述方法所得出的增长量是一致的。

如果在推出新产品时涉及一些为销售新雨伞而必须支出的营销费用，即固定成本的话，那么利用平均每把新雨伞 9 元的加权边际毛利，就可以计算需要销售多少把新雨伞才能平衡掉那笔固定成本。例如，商家为了推销新雨伞花费了 360 元做广告牌，这样商家就必须至少卖掉 40 把（360 元÷9 元/把）新雨伞才能平衡掉所花费的成本，那么这 40 把新雨伞的销售量就成为商家新产品销售盈亏的平衡点。如果新产品的边际毛利比它所吞并的既有产品的边际毛利低，而且假定自我吞并率又足够高的话，那么该新产品的加权边际毛利就有可能是负数。在这种情况下企业的盈利就会随着新产品的销售量上升而降低。

自我吞并指的是一种特殊的商业形态，就是本企业的某一产品或某些产品销售量被同企业的另外一个产品所侵蚀。而当本企业某产品的销售量将其他企业的产品销售量侵蚀后，就不能称作自我吞并，虽然许多销售经理会在不经意的情况下错误地说出他们的新产品自我吞并了竞争对手的产品销售量。虽然这种情况不能算作自我吞并，但新产品推出后对竞争对手产品销售量的侵蚀，是营销人员在推出新产品时所必须考虑的一个因素。关于推出新产品后对竞争对手现有产品销售量的影响，我们可以用公平份额截取这一概念来进行估计。

4.3.2 公平份额截取

公平份额截取是指在计量营销中用来估算新产品推出后，其销售值（既可以用销售额也可以用销售量来计算）与现有同类产品的销售值之间的直接比例。例如，有三家厂商在某小城市的年轻人时尚服装市场上竞争。表 4-5 记载了三家厂商上年度的销售额和市场份额。

表 4-5　上年度三家厂商时尚服装市场销售额与市场份额

公　司	销售额（万元）	市场份额（%）
A	50	50
B	30	30
C	20	20
总计	100	100

预期有家新公司 D 在来年会参与该小城市年轻人时尚市场竞争，其年销售额估计为 30 万元，其中约有 2/3 为从现有三家竞争厂商的销售额瓜分而来，我们以公平份额截取为依据，估算下一年度各个公司的销售额会是多少？

如果新公司 D 的预计销售额中的 2/3，也就是说 30 万元×2/3＝20 万元是从现有三家厂商的销售额中瓜分而得，那么依据公平份额截取的假设，这 20 万元以现有三家厂商所分别占有的市场份额为准可以大致推算如下：20 万元销售额中，50% 瓜分自 A 公司（20 万元×50%＝10 万元），30% 瓜分自 B 公司（20 万元×30%＝6 万元），20% 瓜分自 C 公司（20 万元×20%＝4 万元）。用表 4-6 来估算列出下一年度四家厂商的销售额和市场份额。

表 4-6　下一年度四家厂商销售额和市场份额估算

公　司	销售额（万元）	市场份额（%）
A	40	36.36
B	24	21.82
C	16	14.55
D	30	27.27
总计	110	100

需要注意的是，新公司的进入使得市场扩展了 10 万元，这个数目正好等于新公司的销售额中不是从现有三家厂商销售额中瓜分而来的销售额。同时也需要注意，在公平份额截取的原则下，原有的三家厂商其相对市场份额并没有发生变化。比如 A 公司的市场份额依然为原有三家厂商总市场份额的 50%〔40 万元÷(40 万元 + 24 万元 + 16 万元)〕，与新厂家进入前的市场份额相等。

自我吞并率取决于新产品在特性、价格、促销方式以及分销渠道等方面与既有产品的不同。新旧产品在营销战略方面的相似程度越高，其自我吞并率也就可能会越高。

任何企业在推出一个新产品且该新产品对企业既有产品形成挑战之时，自我吞并问题总是一个必须认真对待的问题。特别是当新产品的边际毛利率不如既有产品的边际毛利率高时，新产品的推出很可能会使得企业的利润率下降。在这种情况下，新产品的加权贡献毛利率通常可能是负的。然而，尽管有时候自我吞并率很高，并且有时候新产品的纯利润贡献率为负值，如果企业管理者认为既有的产品线已经或正在失去竞争优势，那么选择推出该新产品对企业的长期发展而言无疑是明智的战略决策。

例如，某家专门生产奶粉的厂商有计划推出一种新的改进了的配方奶粉，新配方奶粉含有一些其现有产品所不具备的特性。由于生产成本高，新产品的毛利比较低，每单位只有 8 元，而现有产品每单位的边际毛利则是 10 元。营销人员对市场情况进行了仔细分析，认为新产品对其现有产品的自我吞并率在第 1 年大约为 90%。假如公司打算在第 1 年销售 300 单位的新产品，依据现有市场情况，公司是否应该推出这款新配方奶粉？

让我们来计算分析一下，销售 300 单位新产品会给公司带来 300 单位×8 元/单位 = 2 400 元的毛利，但是由于新产品上市，现有产品会被侵蚀掉 300 单位×90% = 270 单位的销售量，由此会减少 270 单位×10 元/单位 = 2 700 元的毛利。因此公司的毛利会由于新产品的推出而减少 300 元。请注意，新产品加权边际毛利是 –1 元。这个简单分析告诉我们，公司不该推出这款新配方奶粉。

公司决策层对未来 4 年的市场情况进行了分析后认为，即使不推出新产品，现有产品的销售量依然会下降，到第 4 年可能会从现在的 1 000 单位降低到 700 单位。与此同时，随着新产品的销售增长，对现有产品的吞并率会逐步降低，预计到第 4 年新产品的销售量会增加到 600 单位，对原有产品的吞并率也会降低到 60%，也就是说，到第 4 年原有产品的销售量会降低到 340 单位（见表 4-7）。

表 4-7　未来 4 年新旧产品销售预测

	第 1 年	第 2 年	第 3 年	第 4 年	总　　计
无新产品情况下原产品销售量	1 000	900	800	700	3 400
新产品销售量	300	400	500	600	1 800
自我吞并率	90%	80%	70%	60%	—
有新产品情况下原产品销售量	730	580	450	340	2 100

在无新产品的情况下，未来 4 年中原产品对公司的毛利总贡献为 3 400 单位×10 元/单位 = 34 000 元，在有新产品的情况下，未来 4 年中新产品和原产品共对公司的毛利总贡献为 1 800 单位×8 元/单位 + 2 100 单位×10 元/单位 = 35 400 元。所以，虽然在新产品推出后公司第 1 年的毛利会降低，但由于新产品的销售增长和其对现有产品吞并率的逐步降低，未来 4 年中公司的毛利会上升。因此，公司决策层决定还是按原定计划推出新产品。

本章小结

本章介绍了有关市场销售额和增长率的计量内容和方法，重点讨论了如何根据人口基数、试用率以及重复购买率这三个计量指标，来估算在一段时间内某产品的市场渗透。本章还讨论并阐述了计量增长的两种方法：其一为年度增长率，这种方法的计量过程就是将前一年的数据作为基数，用百分比来计算下一年度的变化；其二为复合年度增长率，用来计算较长一个时期的增长率，这是目前较为广泛接受的计量平均增长的方法。本章还介绍并讨论了同店增长率的概念，因为按百分比来描述增长，是增长分析中的一个重要内容，但用百分比来表述增长时，如果不根据同店增长率等因素加以调节的话，用百分比来表述的增长可能就会产生一定的误导。自我吞并是本章重点讨论的另外一个营销计量概念，它指的是由于新产品的开发引入而使得本企业既有产品销售量减少的现象。通常用百分比来计算自我吞并率，即将本企业既有产品销售量由于新产品的开发引入而减少的数量除以新产品的销售量。与自我吞并率紧密相关的一个计量内容就是可预期截取份额，它指的是所预计或预期的既有产品销售量由于新产品的推介而带来的侵蚀额。有关市场销售额和增长率的计量及其相关的计量内容，在具体的营销实践中具有非常重要的意义。

测试题

1. 产品试用率用以反映产品初次试用者人数占目标市场人数的比例。（对/错）
2. 市场渗透既可用绝对值表示也可用相对值表示。（对/错）
3. 因为消费者的认知率不同，所以对初次计算的试用率需要调整。（对/错）
4. 计量消费者的重复购买指标既可用绝对值反映也可用相对值反映。（对/错）
5. 据营销专家研究，大约30%的做出肯定要购买选择的消费者最终会购买。（对/错）
6. 消费者的试用总量与重复购买量之和称为（　　）。
   A. 试销总量　　　　　B. 试销总额　　　　　C. 市场总量　　　　　D. 市场总额
7. 由于新产品开发导入市场而使得本企业既有产品销售量减少的现象称为（　　）。
   A. 自我吞并率　　　　B. 自我吞并　　　　　C. 公平份额截取　　　D. 份额截取
8. 消费者可能通过进一步减少种类，并从一个更小的品牌组内进行购买选择，这个品牌组被称为（　　）。
   A. 激活域　　　　　　B. 意识域　　　　　　C. 诱发集合　　　　　D. 品牌集合
9. 营销人员在进行分析时，将那些不曾营业或新建的商店排除，以便分析结果更有可比性，这样的计量指标称为（　　）。
   A. 自我吞并率　　　　　　　　　　　　　　B. 同店增长率
   C. 公平份额　　　　　　　　　　　　　　　D. 公平份额截取
10. 要计算某一个时期内的年度增长率，这样的计量指标称为（　　）。
    A. 年度增长率　　　　　　　　　　　　　B. 复合年度增长率
    C. 平均增长率　　　　　　　　　　　　　D. 复合平均增长率

练习题

1. A、B 两个公司第 1~5 年的销售额数据见表 4-8。

   （1）分别计算 A、B 公司的年度增长率和复合年度增长率。

   （2）用 Excel 分别画出两个企业的销售趋势图（带平滑线和数据标记的散点图，添加线性趋势线，趋势线显示公式和 R^2），并估算第 6 年两个公司的销售额。

表 4-8　A、B 公司年度销售额对比表　　　　　　　　　　（单位：万元）

公　司	第 1 年	第 2 年	第 3 年	第 4 年	第 5 年
A	35 000	32 500	27 500	18 000	11 000
B	9 500	23 500	45 000	79 000	110 000

2. 某地西服市场主要有甲乙两家公司，丙公司想进入该区域的西服市场，预计丙公司的销售额为 300 万元，其中的 50% 来自瓜分甲乙两家公司的销售额。甲乙两家公司上年度的市场销售额与市场份额见表 4-9。

表 4-9　甲、乙公司上一年度销售额与市场份额

公　司	销售额（万元）	市场份额（%）
甲	600	60
乙	400	40
总计	1 000	100

根据上述数据分析计算：
(1) 丙公司各自瓜分甲、乙公司的销售额。
(2) 丙公司对市场扩展的销售额。
(3) 下一年度甲、乙公司各自的销售额。
(4) 下一年度甲、乙、丙三家公司总的销售额。
(5) 下一年度甲、乙、丙三家公司各自的市场份额。
(6) 按公平份额截取概念，说明甲、乙公司产品销售和市场份额被丙公司产品挤对的情况。

第 5 章
品牌资产和组合管理

本章目录

5.1 品牌资产的估计
5.2 组合分析和消费者偏好
5.3 运用组合分析进行市场细分和销售量预测

学习目标

1. 理解有关品牌资产的评估模型
2. 掌握如何用组合分析方法来分析消费者偏好
3. 理解消费者关于可弥补与不可弥补的选择偏好
4. 掌握组合分析在销售量预测等方面的应用方法

5.1 品牌资产的估计

5.1.1 品牌资产的相关理论

从企业经营的战略角度来说，品牌资产是非常重要的，但品牌资产又是很难量化的。许多营销学专家都试图研究开发出有效手段对品牌资产进行分析，但迄今为止在营销学界尚未有任何一种能够被普遍接受认可的理论和方法。本节，我们侧重讨论一些在分析品牌资产时常用的方法，主要目的在于研究和探索如何确定一个品牌的价值问题。品牌的价值应该如何计算？这就引出三个概念，即品牌价值、品牌资产以及品牌权益。正如许多中文词汇一样，价值原本是一个极为广泛的概念，或具体或抽象，或情感或经济，其中的模糊便由此而生。保罗·泰柏勒（Paul Temporal）在《高级品牌管理》（Advanced Brand Management）一书中将品牌价值界定为品牌的财务表现，而将品牌资产界定为反映客户品牌认知的描述性表达。戴维·阿克（David Aaker）在其《管理品牌资产》一书中将品牌权益定义为：与品牌、品牌名称和标志相联系的，能够增加或减少企业所销售产品或提供服务的价值和（或者）顾客价值的一系列品牌权益与负债。而凯文·莱恩·凯勒（Kevin Lane Keller）提出基于顾客的品牌权益创建理论，认为品牌资产是基于顾客（个人消费者或机构购买者）对品牌的认知，以及由这个认知所产生的对企业的品牌营销所做出的差异性反应，这种差异性反应是相对于无品牌产品而言的。

目前有关品牌的定义有很多，其中比较权威的是美国市场营销协会对品牌的定义，即品牌是一种名称、名词、标记或设计，或者它们的组合运用，其目的是借以辨认某个销售者或某群销售者的产品或服务,并使之同竞争对手的产品或服务区别开来。品牌的价值通过消费者对上述有关品牌要素的认识而实现,而消费者通过广告、包装以及其他方式的营销传播而认识品牌,因此品牌也可以被看作厂商与消费者的关系焦点。随着时间的推移,品牌也会包含一种保证或承诺,即对其所象征代表的产品质量、耐用性、适用性等价值要素向消费者所做出的保证和承诺,这种保证或承诺自然会影响消费者在同类竞争产品中做出选择。当消费者对某一品牌产生了信任并发现了其内在的相关性后,即使与该品牌相关的产品价格较高,他们在选择产品时也会偏向那些与该品牌相关的产品而不会选择那些与之竞争的产品。当一个品牌的承诺超越了某一特定的产品时,其所有者便会借助该品牌的优势进入一个新的市场。

基于上述理由,我们不难发现品牌具有一定的价值,并将其称为品牌资产。然而,品牌的价值却难以估计。从企业的角度来看,当一家企业并购另外一家企业时,企业管理者会对被收购企业的无形资产进行分析研究,因为被收购企业的无形资产是确定收购价格的主要参考内容之一,无形资产也可以反映收购的品牌价值。由于无形资产代表着一个企业的超值部分,即超出其实实在在的物化了的可计量资产的那部分价值,或者说是非物质化的资产,企业的品牌往往是企业非物质化资产最重要的组成部分,因此我们可以说,无形资产是用来衡量品牌资产组合最有效的指标。当然,在并购一个企业的过程中,被购买企业非物质化的资产很少是由品牌单独构成的,除了品牌之外,无形资产还常常包括知识产权等其他非物质化的资产。对企业非物化资产价值的评估,与我们对企业的估价一样(如对销售额、股价的评估),深受经济周期、投资者资金是否充裕等多方面因素影响,因此,复杂交织的品牌价值很难从这些因素中分离出来。

从消费者的角度看,品牌的价值也许体现在他为购买一个品牌产品所愿意支付的价格,当然他所支付的这个价格远比他购买同类的无品牌的产品价格要高⊖。在分析和评估品牌价值时,企业管理者会尽全力将这种因有无品牌而消费者愿意支付的产品差价考虑进去。然而,实际情况要比我们所想象的复杂得多,这不仅仅因为不同的人对品牌的认知有差别,而且他们所依据的评价品牌的标准,以及他们的评价结果都不相同,此外,他们的评价结果对其购买行为的影响力度也不尽相同。

从理论上讲,企业管理者会全面地综合考虑,在所有相关的购买人群中,愿意支付的归于某品牌的产品溢价,以评估品牌价值。但即便如此,也还是没有将品牌的全部价值计算在内。再者,品牌价值并非仅仅包括消费者为其购买的每一个单位产品所愿意支付的溢价,而且也包括强势品牌所能产生的持续增加的价值。一个成功的品牌可以将所对应的产品或服务需求曲线向外(或向右)推移(见图5-1),其结果是不仅产品(服务)的提供者的售价提高(价格定在 P' 而不是定在 P),而且销售量也会增加(从 Q 提高到 Q')。在这个例子中,品牌资产的价值就体现在有品牌产品或服务的销售总收入($Q'P'$)与无品牌产品或服务的销售总收入

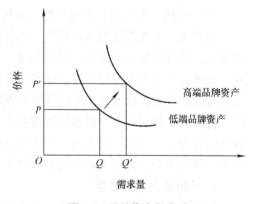

图 5-1 品牌资产的变动

⊖ AILAWADI K, LEHMANN D, NESLIN S. Revenue Premium as an Outcome Measure of Brand Equity [J]. Journal of Marketing, 2003, 67 (4): 1-17.

（QP）之间的差额。这里我们以销售收入为例进行了分析，事实上研究利润及利润贴现值对分析品牌价值更有意义。

当然，在具体实践当中，需求曲线是很难估计的，事实上没有哪个企业的管理者会去估计需求曲线。由于品牌是企业非常关键的资产，因此企业界和理论学者们研究总结出不同的方法来分析估计品牌的价值。比如，戴维·阿克（David Aaker）追踪研究了品牌的十个属性特征来确定其力度。比尔·莫兰（Bill Moran）研究出一套品牌资产的指数，该指数可以通过产品的有效市场份额、相对价格以及顾客保留情况等方面进行计算。库素穆·埃拉瓦迪（Kusum Ailawadi）及其同事发展了比尔·莫兰的指数模型，他们建议一个品牌的真正价值可以通过用莫兰指数乘以其所竞争的市场全部货币价值量进行计算。扬·罗必凯（Young&Rubicam，Y&R）广告公司开发出品牌资产评估模型，以差异度、相关度、尊重度和认知度为基础，对品牌的力度进行计量。

关于品牌资产的价值确定问题，我们可以用一种更为理论化的概念来表述：分别估计同一企业包含其品牌的价值与不包含其品牌的价值，从两者的差额中就能大致估计出品牌资产的价值了。

5.1.2 品牌资产的估计模型和方法

1. 品牌资产十要素模型

美国加州大学伯克利分校营销学教授戴维·阿克于1991年提出了品牌资产五维模型，他将品牌资产定义为与品牌相关的一系列资产与负债，主要由以下五个方面构成：品牌忠诚、品牌认知、感知质量、品牌联想、市场行为。这些要素能增加或减少产品或服务给企业及其顾客带来的价值。后来，他又将这五个方面的要素细分为十项具体评估指标，称作十个要素或十个属性特征，具体如下：

（1）品牌忠诚度评估：差异性、满意度（忠诚度）。
（2）品牌认知评估：品牌知名度。
（3）感知质量评估：顾客感知质量、品牌领导力（流行度）。
（4）品牌联想评估：顾客感知价值、品牌个性、企业形象。
（5）市场行为评估：市场份额、市场价格与分销区域。

品牌资产十要素模型为品牌资产评估提供了一个比较全面和详细的思路。其评估因素以顾客为主，同时也加入了市场业绩的要素。该模型既可以用于连续性研究，也可以用于专项研究。品牌资产十要素模型所有指标都比较敏感，可以用来预测品牌资产的变化。同时阿克也指出品牌资产十要素模型是一个联合性的模型，在分析不同的行业时可以考虑选用不同的分析维度。他认为，我们对十个属性特征或者十个要素的分析考察应当不偏不倚，既不能加权也不宜将其组合为一个参数，因为他认为任何加权分析都具有任意性，而且随着品牌和品种的不同而变化。阿克强调，营销人员必须分别对十个要素或属性特征进行追踪研究和分析。

2. 品牌资产指数模型

品牌资产指数是由曾经担任营销执行官的比尔·莫兰提出来的。莫兰认为品牌资产是由与产品相关的三个要素决定的，这三个要素分别为：有效市场份额、相对价格以及持久率。其计算公式为

$$品牌资产指数 = 有效市场份额 \times 相对价格 \times 持久率 \tag{5-1}$$

其中，有效市场份额是一个加权平均数，它代表着某品牌在所有分类市场的份额总数，而其相应的权重为该品牌在每个细分市场上的销售量占总销售量的百分比。例如，某个品牌在分类市场 A 的销售量占其总销售量的 70%，其在分类市场 A 的份额为 50%，在分类市场 B 的销售量占其总销售量的 30%，其在分类市场 B 的份额为 20%，因此该品牌的有效市场份额为 41%（70%×50%+30%×20%）。

相对价格是一个比例，代表某品牌的商品售价除以同市场类似的可比商品的平均价格。例如，某品牌名下的商品单价为 2.5 元，而与之竞争的产品单价为 2 元，则该品牌的相对价格为 1.25（2.5 元/2 元），这个相对价格反映了品牌产品的优质价格。相反，假如品牌产品单价为 1.5 元，而与之竞争的产品单价为 2 元，则该品牌的相对价格为 0.75（1.5 元/2 元），这个相对价格反映了该品牌产品的价格不具备溢价属性特征，或者说具有市场降价属性特征。需要注意的是，这个相对价格不同于将品牌产品价格除以市场的平均价格。同后者相比，相对价格在计量过程中较少受到品牌企业或其竞争对手的市场份额影响。

持久率是有关顾客忠诚度或者保有率的计量，主要用来计算品牌产品现有顾客中在未来一年时间内，仍将会继续购买本品牌产品的百分比。

举例说明：以利是以利公司生产的一种保健饮料，它的两个主要市场分别是美国的东部城市和西部城市。以利产品在西部市场的份额为 30%，占以利公司市场销售量的 60%；而在东部市场，以利产品的市场份额达到了 50%，占以利公司市场销售量的 40%。市场上该类保健饮料的平均单价为 2 元，而以利产品的单价为 2.5 元，显然以利产品享有溢价地位。公司营销部门的顾客调查资料显示，约有一半在今年购买以利产品的顾客会在下一年继续购买，由此可知公司顾客的保有率为 50%。根据这些信息可以分别算出以利产品的有效市场份额、相对价格，然后计算其品牌资产指数。

$$有效市场份额 = (30\% \times 60\%) + (50\% \times 40\%) = 18\% + 20\% = 38\%$$

$$相对价格 = \frac{2.5\,元}{2\,元} = 1.25$$

$$品牌资产指数 = 38\% \times 1.25 \times 50\% = 0.2375$$

毫无疑问，市场营销人员希望找到品牌资产指数三个要素之间的关系。例如，当品牌商品的价格上涨后，虽然相对价格会上升，但是有效市场份额及顾客持久率则会下跌。那么价格变化的结果对品牌资产指数的影响是正面的还是负面的呢？只需将价格变化前后的品牌资产指数加以对比，就一目了然了。这里需要注意的是，有效市场份额和相对价格这两个要素与需求曲线紧密相关，或者说是依据需求曲线而得来的。在构建品牌资产指数模型时，莫兰通过以时间为序的年复一年的顾客持久率，将有效市场份额和相对价格这两个要素组合起来考虑。

埃拉瓦迪等建议，如果将莫兰品牌资产指数乘以该品牌产品所在的市场价值货币总额，其结果将会对品牌资产价值做出更为准确的判断。埃拉瓦迪强调说，对于一个品牌的资产，通过对其产品销售的总收入进行分析，比单纯用其单位销售价格进行分析会更加全面、准确。而且销售总收入是由销售量和单价共同决定的，因此反映了从一个需求曲线到另外一个需求曲线的转移，而不是在同一需求曲线上的移动。

3. 品牌资产评估模型

扬·罗必凯公司是一家市场营销广告公关公司，该公司从 20 世纪 90 年代初起组织了大规模的品牌调研活动。在多次数据采集的实证研究的基础上，该公司提出了品牌资产评估模型。

该模型主要分为品牌强度和品牌高度两个维度，用来诊断一个品牌的力度和价值。运用该评估工具，营销人员必须针对顾客进行四个方面的调查：①品牌差异度，即品牌在市场上的独属性特征及差异性程度；②品牌相关度，即品牌与顾客相关联的程度、品牌个性与顾客适合的程度；③品牌尊重度，即品牌在顾客心目中受尊敬的程度、感知质量以及受欢迎程度；④品牌认知度，即顾客对品牌内涵及价值的认知和理解的深度。

在顾客评估的基础上，该模型建立了两个因子：①品牌强度，它等于品牌差异度与相关度的乘积；②品牌高度，它等于品牌尊重度与品牌认知度的乘积。模型构成的品牌力矩阵，可用于判别品牌所处的发展阶段。扬·罗必凯公司认为，品牌差异度、品牌相关度、品牌尊重度和品牌认知度这四个指标揭示了品牌力度和市场活力背后的重要因素。例如，强势品牌在各个指标上都得高分；成长品牌在品牌差异度和相关度两个指标方面得分要比在品牌尊重度和品牌认知度两个指标方面的得分高；而衰退品牌则恰恰相反，在品牌尊重度和品牌认知度两个指标方面的得分，比在差异度和相关度两个指标方面得分要高（见图 5-2）。

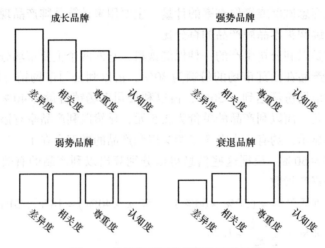

图 5-2　品牌资产评估模型的四种品牌

品牌资产评估模型是一个十分有效的工具，它突出强调了从品牌力度的角度对品牌资产进行评估，有利于品牌资产的诊断和品牌战略的管理。营销理论界一般认为该模型相对简单，而且可以覆盖的品牌范围及产品种类范围比较广，它有别于传统的认知-记忆模型，使得品牌资产评估更加具体化。但是该模型不能解释品牌选择和品牌忠诚的机制，而且专家学者也从不同的角度对其背后的概念进行了阐述。很多市场营销专家依据这些概念，独立进行研究并据此将自己的品牌与竞争对手的品牌加以比较。例如，飞利浦电器公司的里昂·拉姆塞勒（Leon Ramsellar）曾经用四个关键的指标来估计品牌资产，并提出了一些问题，用来检验和衡量这些指标：①独属性，针对该指标提出的问题：该产品能否为消费者带来一些新的东西？②相关性，针对该指标提出的问题：该产品与消费者的需求是否相关？③吸引性，针对该指标提出的问题：消费者需要该产品吗？④信誉性，针对该指标提出的问题：消费者相信该产品吗？

很显然，拉姆塞勒的四个要素同扬·罗必凯公司的品牌资产评估模型中的四个要素不尽相同，但前两个要素还是很相近的。

品牌资产评估模型是对品牌认知的描述性表达。由于它是从品牌与顾客关系的角度进行考察，所以又常常被称作顾客关系评估法。品牌资产谋求的是品牌与顾客之间关系的定性化描述，为品牌决策提供支持；而作为对品牌成就的定量化衡量，品牌价值则是致力于将所有财务以及非财务因素数字化。这也正是定量化管理思想的一个体现。

4. Interbrand 品牌价值评估模型

典型的品牌价值评估方法有两大类：财务评估法与市场表现评估法。

市场表现评估法在财务评估法的基础上，引入了非财务因素，如市场领先度、国际化能力等。Interbrand 的品牌价值评估模型（Brand Valuation Model）就是基于这样的方法。Interbrand 认为，与其他资产的价值一样，品牌的价值也应该是品牌未来收益的折现。品牌价值等于品牌收益乘以品牌强度。它先确定品牌收益和现金流，然后根据品牌强度来确定折现率。Interbrand 先后提出了两套计算品牌强度的方法：七因子加权联合法和四因子加权联合法。品牌强度七因子包括市场领先、稳定性、市场特征（行业增长能力、进入障碍等）、国际化能力、发展趋势（与消费者的相关性）、品牌支持、法律保障。品牌强度四因子则是指比重（同类产品中的市场占有率）、广度（市场分布）、深度（顾客忠诚度）、长度（产品延伸程度）。

在评估一个品牌的价值时，Interbrand 会首先审阅企业的财务报告，分析市场活力以及品牌在增加企业收入方面所扮演的角色，然后从收入中剔除由企业的有形资产（如资本、产品、包装等）所做的贡献，剩余的部分便是品牌的贡献了；然后对企业未来的收入进行预测，并依据品牌的力度和风险对品牌的未来收入贡献进行折现计算。该公司每年都用其品牌价值评估模型对世界前 100 强品牌进行排位和分析。

5. BrandZ 品牌价值评估模型

BrandZ 品牌价值评估模型由明略行咨询公司（Millward Brown Optimor）提出。BrandZ 评价品牌的方法类似于财务分析师和会计师评价企业的方法，可以称为"经济用途"法，即 BrandZ 计算的是未来收入的现值，预测未来销售额和利润增长的比例。但分析师计算的是整个企业，而 BrandZ 仅对该品牌所产生的销售额和利润部分感兴趣。BrandZ 品牌评估方法包括三个主要步骤：①确定和分配品牌的无形收入；②确定品牌的贡献；③将未来收益折回净现值，并用品牌风险因素进行折算。其品牌价值计算公式为

$$V = BE \times BM \times BC \tag{5-2}$$

式中，V 为品牌价值；BE 为品牌收益，指将企业净收益分解到产品品牌上的收益；BM 为品牌乘数，它由品牌动力、市场价值、增长潜力等指标聚合而成；BC 为品牌贡献，它是反映品牌收益中真正归因品牌因素（非促销等其他因素）的比例，体现消费者选择中的品牌态度（品牌偏好、品牌忠诚等）。

6. 多周期超额收益法模型

多周期超额收益法模型是国内品牌价值评价的一个模型，它是考虑品牌在未来经济生命周期内带来的现金流量，用适当的折现率转换为现值来测算品牌价值。多周期超额收益法模型是依据 ISO 10668 以及全国品牌价值及价值测算标准化技术委员会组织制定的。相关国家标准包括《品牌价值 术语》（GB/T 29185—2012）、《品牌价值 要素》（GB/T 29186—2012）、《品牌评价 品牌价值评价要求》（GB/T 29187—2012）和《品牌评价 多周期超额收益法》（GB/T 29188—2012）。其计算公式为

$$V = \sum_{t=1}^{T} \frac{F_t}{(1+R)^t} + \frac{F_{T+1}}{(R-g)} \frac{1}{(1+R)^T} \tag{5-3}$$

式中，V 为品牌价值；F_t 为 t 年度品牌产生的现金流；F_{T+1} 为 $T+1$ 年度品牌产生的现金流；T

为品牌持续稳定扩大期，依据行业特性，一般为 3~5 年；R 为品牌价值折现率；g 为永续增长率，可以使用本行业长期预期通货膨胀率。

5.1.3 相关指标与概念

在学习研究品牌资产时还需要注意一些与其相关的指标和概念，如品牌标志、品牌个性、品牌定位、品牌形象、产品差异化等。

1. 品牌标志

品牌标志体现了市场营销人员对理想品牌的认识和看法。所谓理想品牌，是企业在目标市场所希望达到的品牌效应，即企业的品牌战略目的。所有物化的、情感的、视觉的和语言的信息传递，包括品牌名称、品牌图案、品牌印记等所有相关的市场营销广告与宣传，都应当为实现这一目标而努力。但是品牌标志不是一个能够量化的概念。

2. 品牌个性

品牌个性是特定品牌拥有的一系列人格特质，即品牌所呈现出的人格品质。它是品牌识别的重要组成部分，可以使没有生命的产品或服务人性化。品牌个性能带来强大而独特的品牌联想、丰富的品牌内涵。一个品牌有没有个性，对品牌的生命来说很重要。没有品牌个性的品牌其生命往往是短暂的。因为没有人格化，所以品牌无法与消费者建立感情，形成偏好。因为没有稳定的内在属性特征和行为特征，消费者无法认识和认定品牌的个性，自然也无法与消费者自己的个性进行比较并确认是否一致。

为了避免购物的社会性认同风险，消费者通常不会去选择没有个性的品牌。差异性同样必要，没有差异性就意味着没有独特的销售主张，如果所有品牌完全相似，那么被选中的概率是 $1/N$，其中 N 是相似品牌的个数。这样品牌即使不失败，也绝对不能算成功。品牌个性的价值不仅表现在建立与消费者的认同上，而且它本身也能够为产品增加附加价值。品牌个性附加价值在于品牌的表达能力。大量的市场分析和消费者研究显示，消费者的消费不只是满足基本的生活需要，越来越多的消费是为了满足社会性、展示性的需要。

3. 品牌定位与品牌形象

品牌定位与品牌形象这两个概念实际上是消费者在与某品牌的竞争对手相比较后，对某品牌的实际看法。品牌定位是在综合分析目标市场与竞争情况的前提下，建立一个符合原始产品的独特品牌形象，并对品牌的整体形象进行设计、传播，从而在目标消费者心中占据一个独具价值地位的过程或行动。其着眼点是目标消费者的心理感受，通过对品牌整体形象进行设计，依据目标消费者的特征，设计产品属性特征并传播品牌价值，从而在目标消费者心中形成该品牌的独特位置。品牌定位是企业在市场定位和产品定位的基础上对特定的品牌在文化导向及个性差异上的商业性决策，它是建立一个与目标市场有关的品牌形象的过程和结果。

良好的品牌定位是品牌经营成功的前提，为企业占领市场、拓展市场起到导航作用。如若不能有效地对品牌进行定位，以树立独特的消费者认同的品牌个性与形象，必然会使产品淹没在众多产品质量、性能及服务雷同的商品中。品牌定位是品牌传播的客观基础，品牌传播依赖于品牌定位，没有品牌整体形象的预先设计（即品牌定位），品牌传播就难免盲从而缺乏一致性。总之，经过多种品牌运营手段的整合运用，品牌定位所确定的品牌整体形象就会驻留在消费者心中，这是品牌经营的直接结果，也是品牌经营的直接目的。如果没有正确的品牌定位，无论其产品质量再高，性能再好，无论怎样使尽促销手段，也不会取得成功。因此对于市场营销人员来说，市场竞争实际上就是品牌定位之争，品牌定位的成功与否是决定企业竞争能否制胜的关键。

品牌定位的成功只是企业打造品牌的第一步，是企业选定了通向成功的方向，对于一个有意于经营品牌的企业而言，能否创造一个吸引潜在消费者的品牌形象是制胜的关键。品牌形象是人们对品牌名称所引起的所有感情与美感的特征，是指消费者基于能接触到的品牌信息，经过自己的选择与加工，在大脑中形成的有关品牌的印象总和。品牌形象和品牌实力一起构成品牌资产形成的基石，是品牌资产的基础，也是企业整体形象的根本。当然，品牌形象取决于品牌的实力，因此仅有良好的形象而没有雄厚的实力，是无法树立起良好的品牌形象的。

此外，品牌形象反过来又表现着品牌实力，仅有雄厚的实力而没有良好的形象同样不能构造出品牌资产，品牌实力与品牌形象两者密切结合才能满足消费者物质和心理的需求，创造出一流的企业形象。品牌形象按其表现形成，可分为内在形象和外在形象。所谓内在形象，主要包括产品形象及文化形象；外在形象包括品牌标志系统形象与品牌在市场和消费者中表现的信誉。最后，需要指出的是，品牌形象与品牌标志既有区别，又有联系。二者的区别在于，品牌标志是品牌战略者希望人们如何看待品牌，而品牌形象是现实中的人们如何看待品牌的；二者的联系在于，品牌标志是品牌形象形成的来源和依据，而品牌形象在某种程度上是执行品牌标志的结果。

4. 产品差异化

产品差异化是市场营销学中的一个常用术语，也是一个被广泛认可的概念。产品差异化是指企业在其提供给消费者的产品上，通过各种方法造成足以引发消费者偏好的特殊性，使消费者能够把它同其他竞争性企业提供的同类产品有效地区别开来，从而达到使企业在市场竞争中占据有利地位的目的。产品差异化是创造产品个性、引起消费者偏好、取得竞争优势的重要战略。产品的物理属性特征、消费者的主观判断、企业的促销活动及地理位置是产品差异化形成的主要原因。在激烈的市场竞争中，企业可以通过不断的产品创新、及时的促销宣传、良好的销售服务、良好的公众形象、有利的地理位置、全方位的营销组合来实施产品差异化战略。但需要注意的是，产品差异化的概念是非常难以量化的，除了产品价格之外，其他的差异化属性，如产品的性能、设计、销售策略等，都是难以量化的。换言之，产品差异化除了价格、重量等属性特征可以被量化分析外，其余的大多数属性特征都不能够量化分析，所以难以纳入计量营销的范畴。

5.2 组合分析和消费者偏好

5.2.1 组合效用与组合分析

1. 组合效用

组合效用（Conjoint Utilities）是指消费者在对某一具有多重属性特征的产品消费之后，所得到的效用总和。我们可以用组合效用来估计消费者对产品的某一属性特征应该属于哪一水平的偏好，同时也可以用组合效用来深入了解顾客对不同产品特征的价值定位以及对某类产品进行选择的总体偏好。这种方法虽然主要用于对个体消费者行为的分析，但也可以用来对某一细化的市场进行分析。以冷冻意大利饼市场为例，我们可以用组合效用来确定消费者在多大程度上关注味道的价值（这是意大利饼的一种属性特征），再来对比消费者愿意为添加优质奶酪

(这是意大利饼的又一种属性特征)而额外支付多少。

进行组合效用分析的前提是，消费者可以依据其偏好对产品的一组属性特征给予轻重排序，在不同产品间进行选择并做出总的选择。因此，在进行组合效用分析时，营销人员不是直接询问消费者需要什么和为什么，相反，他们会在仔细地了解产品的属性特征后，将这些属性特征分为不同的类别，然后询问消费者在选择同类产品时对这些类别的轻重排序，最终对消费者的偏好做出判断。

我们可以建立一个模型以比较产品的不同属性特征，并根据消费者的反馈来确定哪些属性特征对他们来说最重要，或者哪些属性特征最能吸引他们的注意力。因此，我们也可以说组合效用分析是一种常用的技术，用来估计某产品或服务的哪些属性特征对目标市场的消费者最重要。具体来说，我们常常用组合效用分析来帮助进行以下几个方面的工作：产品设计、确定广告内容和广告设计、定价、市场细分和市场预测。简单来说，消费者在购买产品或服务时，是通过综合权衡不同产品或服务的属性特征水平来做出决定的。

2. 组合分析

组合分析（Conjoint Analysis，又译为"联合分析"或"结合分析"）是一种将某产品不同属性特征因素综合在一起考虑的分析方法，它以消费者对产品不同属性特征的关注程度并依据这种关注程度而做出选择决定为基础，对消费者的偏好加以估计。组合分析实际上就是对组合效用的综合分析。组合分析的基本思路是通过估计每一个具体属性特征的相对重要性，以及每一个具体属性特征水平的部分效用值，来计算消费者的总体偏好。而且，组合分析方法还可以帮助营销人员了解消费者的内在价值体系，从而使得营销人员能够更深入地研究市场营销学的核心问题，即为什么消费者选择某一个产品或服务而不是其他产品或服务。个体消费者的偏好可以被看作其对各属性特征偏好的总和，用各属性特征给个体带来的部分效用值作为权重。其计算公式为

$$\begin{aligned}组合效用值 =\ &属性特征1对个体的部分效用值+\\&属性特征2对个体的部分效用值+\cdots+\\&属性特征n对个体的部分效用值\end{aligned} \quad (5\text{-}4)$$

举例说明：任何手机都有两个属性特征，即价格与尺寸，通过组合分析，我们可以对这两个属性特征有更深入的理解，具体数据见表5-1。

表5-1 某品牌手机的部分效用值

属性特征	序列	部分效用值
价格	600元	0.9
	1 200元	0.1
	2 000元	-1
尺寸	小	0.7
	中	-0.1
	大	-0.6

由表5-2可知，一款价格为600元的小型号手机对消费者的组合效用值为1.6，是该项试验的最高值。一款价格为2 000元的小型号手机对消费者的组合效用值为-0.3，说明较高的价格抵消了消费者对小型号的渴望。大型号且价格最贵的手机是消费者最不喜欢的一款产品，

对消费者的组合效用值为 -1.6。

表 5-2 某品牌手机的组合效用值

价格属性	尺寸属性	组合效用值
600 元	小	0.9 + 0.7 = 1.6
	中	0.9 + (-0.1) = 0.8
	大	0.9 + (-0.6) = 0.3
1 200 元	小	0.1 + 0.7 = 0.8
	中	0.1 + (-0.1) = 0
	大	0.1 + (-0.6) = -0.5
2 000 元	小	-1 + 0.7 = -0.3
	中	-1 + (-0.1) = -1.1
	大	-1 + (-0.6) = -1.6

在此基础上通过进一步分析可知，对该消费者而言，他可能更倾向于价格为 1 200 元的中型号款式的手机（组合效用值 =0），而不是价格为 2 000 元的小型号手机（组合效用值 = -0.3）。营销人员可以根据这样的信息进行分析，以便在价格与产品设计方面进行取舍。

通过进一步分析我们还发现，针对本试验考察分析的两个属性特征的效用差距而言，从这个特定的消费者角度看，价格是比产品设计更为重要的一个属性特征。关于价格所形成的部分效用值分布在 -1~0.9，也就是说间距为 1.9。而手机产品尺寸的大小所形成的部分效用值分布从 -0.6~0.7，也就是说间距为 1.3。

5.2.2 可弥补与不可弥补的消费者选择

组合效用的概念在分析产品的缺陷或不足是否能够被弥补方面也有一定的作用。不可弥补因素作为一个弱点是无法被其他优势所掩盖的。组合效用分析消费者真正的需要是什么，以及当价格作为一个属性特征被考虑进去之后，他们在购买一个产品时到底愿意花费多少。市场营销人员发现，在推出新产品时进行这种分析，将有助于加深理解消费者究竟注重产品的哪些属性特征。在整个运营过程中通过组合效用分析，营销人员可以将精力集中在消费者更加关注的产品属性特征方面。

所谓可弥补性决定程序，就是消费者在做出选择时，认为某方面或某几方面的强项可以抵消某方面或某些方面的弱项或不足。相反，不可弥补性决定程序则是这样的：如果一个产品或服务在某方面或某些方面有不足或毛病，那么这种毛病或不足是无法弥补的，即便该产品在其他方面有许多优点或强项。例如在前述手机例子当中，有些消费者就会认为当手机的尺寸超过一定的大小后，无论价格如何，该产品都不会对其有吸引力。

又如，许多消费者根据远近来挑选食品商店以购买食物，任何商店在距离住家和工作单位一定距离范围内都可能成为候选对象，但是如果超越了那个距离范围，所有的商店都不会被考虑。遗憾的是没有哪家超出这个范围的商店能够做任何事情来改变这一现实，哪怕它贴出大幅度降价的广告、提供多么实用的购买组合优惠，或者制作出非常吸引人的招牌、提供非常新鲜的食品等，都无济于事。一家距离消费者生活工作的地方有几百公里之远的食品店，无论如何也不可能吸引消费者长途跋涉去那里购买食品。

虽然这个食品店的例子有点极端，但通过这个例子我们可以清楚地认识到这样一个问题，当消费者以不可弥补为原则做出选择时，营销人员必须确定什么是消费者不可能置换的属性特征，并在此基础上加强自己的产品或服务在这些方面的属性特征，以便本企业的产品或服务在总体性的选择上对消费者有更大的影响力。逐项排除法就是一种以不可弥补为原则的决策选择方式。所谓逐项排除，就是消费者在面对一系列选择的情况下，以是否能满足期望为依据，按产品或服务的属性特征对他们的重要程度，将那些不能满足他们期望的产品或服务逐一淘汰。例如，在选择食品店时，消费者的选择可能遵循这样的步骤：

- 哪些食品店距离我家在5km之内？
- 哪些食品店直到20：00才关门？
- 哪些食品店销售我最喜欢的辣椒酱？
- 哪些食品店销售鲜花？

这种逐一排除的选择不断反复进行直到剩下最后一个可供选择的商店，那么这家商店就是消费者最终要选择的商家了。研究消费者的选择决策过程，在理想的情况下，营销人员应该能有效地接触到消费者个人层面上的信息，例如：

- 对每个消费者来说，决策是在可弥补还是不可弥补的基础上做出的？
- 在做出选择时有关产品或服务的属性特征重要程度顺序是怎样的？
- 针对每项属性特征的选择标准是什么？
- 如果选择以可弥补为基础，则每项属性特征的比重是多少？

然而，在大多数情况下，营销人员可能只能接触到已经发生过的行为，并以这些信息资料为依据对上述各项内容进行推测分析。

在缺少有关消费者个人与某市场详细资料的情况下，运用组合分析法就不失为一个有效的方法，来获取消费者做出选择的决策过程信息，当然营销人员要通过抽样来获取所需要的信息。在组合分析中，我们假定消费者是以可弥补为原则进行选择决策的，且假定效用是可累计的，在这个假设的前提下，如果在某个方面的一项选择比较弱的话，可以至少用另外一方面的某项比较强的选择来弥补。例如，不销售辣椒酱的食品店却有鲜花销售。组合分析也可以分析不可弥补模式，我们可以给某产品或服务的某一属性特征，在不同的水平层次上赋予非线性的权重，如关于食品店距离的权重，可以这样来假定，见表5-3。

表5-3　某消费者关于食品店距离的权重

距　　离	权　　重
在1km之内	0.9
1～5km	0.8
5～10km	－0.8
10km之外	－0.9

在这个例子里，那些距离在5km以上的食品商店，实际上是无法弥补由于距离的遥远而造成的效用损失的，因此，距离便成为一个不可弥补的因素。营销人员通过研究消费者的决策过程，无疑会增加对那些能满足消费者期望的产品属性特征在更深层次上的认识。例如通过研究，营销人员能够确认哪些属性特征是可弥补的，哪些是不可弥补的。营销人员如果能深刻认识消费者对产品或服务不同属性特征的价值判断，就可以更为有效地配置资源，生产出适销对路的好产品或服务。

当应用弥补与不可弥补模式进行分析时，营销人员必须面对一些潜在的复杂问题。消费者通常可能并不知道哪些属性特征是可弥补的，哪些是不可弥补的；再者，他们也并不一定能马上就他们的选择决策过程进行解释，因此营销人员最好通过对消费者的具体决策过程进行推断，或者通过对不同的选择进行评估，对消费者的决策进行研究和分析，而不是直接对消费者的决策过程进行描述。但是，营销人员通过组合分析是有可能发现不可弥补因素的。如果消费者对产品或服务的某一个属性特征的价值评估差异很大且实际上无法用其他属性来填补的话，那么这个属性特征就是不可弥补属性特征。

举例说明： 假定某消费者更喜欢光顾距离他家比较近的乐福食品店，尽管乐福食品店的价格比汪汪超市的要高。另外一家食品店家家小超市虽然就在该消费者家的小区内，但由于家家小超市不销售该消费者喜欢的甜面酱，所以他也不去光顾。从这一段文字中我们至少可以发现，该消费者选择食品店时考虑三个因素：①食品店与他家的距离远近；②价格高低；③食品店是否销售他喜欢的甜面酱。在该消费者的选择决策过程中，距离和价格是可弥补的因素，而食品店是否销售他所喜欢的甜面酱，则是一个不可弥补的因素。如果一个食品店不销售他喜欢的甜面酱，就不能吸引他光顾，哪怕其在价格和距离方面得分很高。

组合分析虽然最初不是为市场营销研究而设计的，但这种分析法在提出后不久就被引入市场营销领域，用于分析产品或服务的多重特性如何影响消费者在购买决策过程中所存在的问题。如前所述，组合分析主要用于评估不同属性对消费者的相对重要性，以及不同属性特征水平给消费者带来的效用。组合分析始于消费者对产品的总体偏好判断，以期望值、购买意向、偏好和排序等方法对此进行计量。组合分析所需要的信息，主要从消费者对不同属性特征及其水平组成的产品的总体评价中获取。营销人员在进行组合分析之前，最好能够鉴别出产品或服务中不同属性特征对消费者的重要程度。通常，可以用焦点小组访谈法来帮助营销人员实现这个目标。在属性特征以及水平层次确定好之后，组合分析的一个典型方法就是使用部分因子正交设计法，也就是在全部可能的属性特征组合中进行抽样分析，这样就减少了受访者必须面对的选择项，而且由于是正交设计，属性特征之间是独立的，试验结果无须不平衡地加权重于任何一个属性特征。

我们能够有许多方法来获取数据资料，但最直接了当的方法就是将不同的选择呈现给受访者，然后让他们根据自己的偏好做出选择排序。这些偏好序列就是我们做回归分析时的因变量，而属性特征的水平层次则成为自变量。组合效用构成中的权重则用来反映受访者最佳的偏好选择排序。通常有些属性特征可能会同时影响消费者的选择，例如，一辆又快又安全的跑车对消费者的价值，就很可能比只快或只安全给消费者带来的价值之和要高。这种属性特征的关系在简单的组合分析模型中并未得到反映，除非我们刻意加上一个由这种关系所形成的分析单位。

组合分析用于个人层面上的偏好分析是比较理想的，因为属性特征对不同的消费者来说具有不同的意义。营销人员可以设计出一种模式，来分析一个样本中的个体消费者。对同一细分市场的消费者来说，他们可能具有相同或相类似的偏好权重。我们可以这样来类比，组合分析实际上就是对消费者当前时刻的购买意愿的快速写照，我们不可能也没有必要将这个快速写照用来说明消费者未来的购买意愿。

确定并运用正确的属性特征，对于任何一项组合分析来讲都是至关重要的。消费者只可能会在营销人员给出的选择框架范围内来回答他们的偏好。如果正确的属性特征没有被包括在研究设计当中，即使研究结果可以用来确定那些被包括进来的属性特征的相对重要性，并且从技术上也可以根据这样的调查研究数据和结果进行市场细分，这种分析研究的结果对于建立有用的市场细分模型而言也是无效的。例如，在对消费者就汽车的颜色和车型设计进行组合分析时，我们完全有可能对消费者就这两个属性特征进行划分，但是，当消费者特别在意发动机大小时，那么无论我们对颜色和车型设计两个属性特征研究得多么好，市场划分多么精确，都将是没有意义的。

5.3 运用组合分析进行市场细分和销售量预测

5.3.1 组合分析与市场细分

了解消费者的意愿是企业营销取得成效的保证。市场细分，或者说将具有相同特质的消费者组合成群体，可以帮助管理层认识消费群体模式，并在一个较大的市场范围内识别出对自己有吸引力的对象。有了这样的认识和识别，管理层就可以确定本企业的细分目标市场，并针对所选定的细分市场进行资源配给提供并分销恰当的产品或服务。组合分析方法在这个过程中无疑具有重要的功能和意义。

组合分析假定分析的对象，如品牌、产品、服务、商店等，是由一系列的基本属性特征，如质量、方便程度、价格以及某产品的专有属性特征（如汽车发动机大小、车厢设计等）所组成的。消费者的选择决策过程是在理性地考虑了这些特征后才进行的。

市场细分可以让营销人员依据消费者所展现出来的在消费偏好方面，以及在对产品或服务特定属性特征方面权重比较一致的特质，将他们划分为不同的群体，相互区别。应用市场细分的方法，企业可以确定自己的目标群体并制定出有效的市场策略来吸引属于某细化市场的群体成员。在市场细分之后，企业就可以根据不同细化的市场规模、增长情况、购买率以及多样化等特性的吸引力，同时也要考虑到与竞争对手相比自己的竞争实力，来确定哪些细分市场为自己的目标，并进行资源配给，提供适销对路的产品或服务。

为了完成以组合分析为基础的市场细分，营销人员必须首先确定效用值，当然这种效用值必须是在个体消费者的层面上。下一步就是将消费者依据特质相同性而区隔开来，从而形成不同的细分市场。这个过程通常是通过一种我们称之为群分析的方法而进行的。群分析法就是通过计算消费者之间的差距，并以同群体内差距最小化与群体之间差距最大化为原则，将消费者分为不同的群体。群分析的基础就是计算出个人之间的距离，也就是方差的总和，并依照等级方式将这些个人配对。这个配对的过程将群体内部的差距最小化，并将一个大的人口群体划分为便于管理的数个相对小的群体。

举例说明：某公司有三位消费者：小赵、小王和小李。为了更有效地进行市场营销管理，公司希望将同质消费者组合成群体。为此公司进行了一项组合分析，以产品的可靠或非常可靠、快或非常快的属性特征为对象，分别算出三位消费者的效用值，见表5-4。然后再考虑分析每个消费者的组合效用值，以便发现在他们之间谁与谁有更为相似的需要。在组合分析的基础上再进行群分析，根据部分效用值计算距离。

表5-4 消费者效用值

消费者	非常可靠	可靠	非常快	快
小赵	0.4	0.3	0.6	0.2
小王	0.9	0.1	0.2	0.7
小李	0.3	0.3	0.5	0.2

现在让我们来分析一下这三位消费者之间效用值的差异性。以非常可靠这一属性特征为例，小赵的效用值为 0.4，而小王的效用值为 0.9，其差异为 0.5，我们将这个差异值平方得出小赵与小王在非常可靠这个属性特征上的距离为 0.25。用这种方法我们可以分别算出该公司三位消费者配对后的距离，见表 5-5。

表 5-5 消费者组合效用值距离

配对距离	非常可靠	可靠	非常快	快	合　　计
小赵与小王	$=(0.4-0.9)^2$ $=0.25$	$=(0.3-0.1)^2$ $=0.04$	$=(0.6-0.2)^2$ $=0.16$	$=(0.2-0.7)^2$ $=0.25$	$=0.25+0.04+0.16+0.25$ $=0.7$
小赵与小李	$=(0.4-0.3)^2$ $=0.01$	$=(0.3-0.3)^2$ $=0.0$	$=(0.6-0.5)^2$ $=0.01$	$=(0.2-0.2)^2$ $=0.0$	$=0.01+0.0+0.01+0.0$ $=0.02$
小王与小李	$=(0.9-0.3)^2$ $=0.36$	$=(0.1-0.3)^2$ $=0.04$	$=(0.2-0.5)^2$ $=0.09$	$=(0.7-0.2)^2$ $=0.25$	$=0.36+0.04+0.09+0.25$ $=0.74$

根据表 5-5 的数据，小赵与小李看起来具有很大的相似性，因为他们的距离，即方差总和只有 0.02，因此他们可被认为属于同一群体。相反，小王由于其偏好与小赵和小李的距离，即方差总和较大，因此小王就不能被认为可以与小赵和小李成为同一个群体。当然，通常市场细分是以大量的消费者信息为基础进行的，这里只是给读者介绍一下进行群分析时的步骤和计算过程。

在前面的章节中我们已经讨论过，消费者的效用值不是固定的，细分市场及其成员会随着时间的推移和情景的变化而改变。一个消费者可能属于私人飞行旅游群体，价格对私人飞行旅游者来说可能是很重要的一个因素，而该消费者也可能属于商务旅游群体，方便对商务旅游者来说则可能是很重要的一个因素。这类消费者的组合效用总会根据购买时的具体情况而异。通常我们在确定到底需要几个群体做分析上是比较任意的，我们还较缺乏好的统计方法来确定合适的群体数目，因此也就没有什么特别的规则需要遵守。对营销人员来说，比较理想的细化市场数目应当满足以下两个条件：

（1）每个细分市场应当只包含一个比较整齐划一的群体，在该群体内部个人之间对有关属性特征的效用值应当只有较小的差异。

（2）细分市场之间各个群体的差异应当比较明显，不同的群体之间有关属性特征的效用值的差异应当比较大。

5.3.2 组合效用与销售量预测

通过产品或服务的组合效用分析，可以预测不同产品或服务可能占有的市场份额，以及可能实现的销售量。根据消费者面对一套可供选择的产品或服务所做出的选择及其总效用，营销人员可以推测出某一特定产品或服务的市场份额。实际上掌握并熟练应用组合分析的方法，并预测某一产品或服务的市场份额及其销售量，是营销人员必备的本领之一。

组合分析方法是用来估计某一产品或服务的效用的工具。这些效用的组合通常是相加而成的，体现了消费者对该产品或服务的预期欢迎程度得分。这些得分可以被用来对产品或服务排名。然而，当营销人员对该产品的市场份额进行预测时，需要更多的信息。一般来说，在一组可供选择的产品或服务中，与那些排名较低的产品或服务相比，消费者通常会优先选择那些排名较高的产品或服务。对这些将某产品或服务排为第一的消费者人数加以统计，营销人员就可以计算出该产品或服务的消费者份额了。

要完成对销售量的推测，营销人员就必须进行完整的组合分析。而这种完整的组合分析必须考虑到所有消费者进行选择决策时所必须依据的特定条件，因此正确地定义市场对营销人员得出一个有意义的结论而言，无疑是十分重要的。而要正确地定义市场，就必须识别出市场上所存在的一切可能的选择。

计算出对每一个候选对象（产品或服务）的首先选择百分比，会提供给营销人员一个偏好份额，即那些准备推迟购买直到他们能够找到自己的首选者占全部消费者的百分比。要将这种偏好份额延伸为市场份额，营销人员还必须估算出三个方面的内容：①购买人数；②平均每个消费者的购买量；③分销水平或者说每项选择的可落实性。其计算公式为

$$预测销售量 = 偏好份额 \times 购买人数 \times 平均每个消费者的购买量 \times 分销水平 \qquad (5-5)$$

在这个过程中，最大的潜在偏差可能就是将一些很有意义的属性特征排除在组合分析之外了。此外，消费者的人际关系效应也有可能对组合分析产生影响。在某些情况下，消费者并非仅仅根据产品或服务的属性特征做出决策，他们也会考虑该产品或服务在市场上被接受的水平状况。这种消费者的人际关系效应以及排除这种效应的重要性，在技术含量较高的产业尤为突出。

本章小结

本章讨论了有关品牌资产计量的概念和方法，同时也讨论了有关效用的计量内容和方法。有关品牌的定义很多，但比较权威的是美国市场营销协会对品牌的定义。营销企业界和理论学者们研究总结出不同的方法来分析品牌的价值。此外，本章还重点讨论了有关组合效用、组合效用分析以及组合分析的概念和方法，讨论了就消费者对产品、服务或企业某些特定方面的偏好进行计量的方法。

测试题

1. 从品牌经营的角度来说，品牌资产是非常重要的，也容易计量。（对/错）
2. 品牌资产也就是品牌所具有的价值。（对/错）
3. 在品牌资产评估模型中，里昂·拉姆塞勒提出的要素与扬·罗必凯公司提出的四个要素相近。（对/错）
4. 产品差异化的大多数属性特征均可以进行计量分析。（对/错）
5. 消费者通常知道哪些产品（服务）的属性特征是可弥补的，哪些是不可弥补的。（对/错）
6. 从品牌力度的角度对品牌资产进行评估的模型称为（　　）。
   A. 品牌资产十要素模型　　B. 品牌资产指数模型　　C. 品牌资产评估模型
   D. 多周期超额收益法模型　　E. 品牌价值评估模型
7. 如消费者对产品的某一个属性特征的价值评估差异很大，且实际上无法用其他特点来填补的话，属于这种属性特征的因素是（　　）。
   A. 不可弥补因素　　B. 可弥补因素　　C. 综合因素
   D. 单一因素　　E. 组合因素
8. 品牌价值的两类评估方法包括（　　）。
   A. 品牌资产指数评估法　　B. 加权联合法　　C. 财务评估法
   D. 市场表现评估法　　E. 价值评估法

9. 反映特定品牌拥有的一系列人格特质的概念，称为（ ）。
A. 品牌标志　　　　B. 品牌个性　　　　C. 品牌定位　　　　D. 品牌形象
E. 品牌差异

10. 代表着某品牌在所有分类市场的份额总数，而其相应的权重为该品牌在每个细分市场上的销售量占总销售量的百分比，这个指标称为（ ）。
A. 品牌资产指数　　B. 有效市场份额　　C. 平均市场份额　　D. 加权市场份额

练习题

1. 根据 Interbrand 发布的最佳中国品牌价值排行榜数据，按 Excel 公式计算最佳中国品牌价值排行榜企业数量及品牌价值占比，再使用 Excel 绘制如下插图：
(1) 最佳中国品牌价值排行榜企业数量占比图。
(2) 最佳中国品牌价值排行榜品牌价值占比图。
(3) 最佳中国品牌企业数量和品牌价值占比图。

2. 根据 BrandZ 最具价值中国品牌 100 强数据，按行业计算 2016—2018 年企业数量及品牌价值占比，并使用 Excel 绘制各年趋势图：
(1) 企业数量占比图（横坐标为行业，纵坐标主轴为占比，次轴为占比累计）。
(2) 品牌价值占比图（横坐标为行业，纵坐标主轴为占比，次轴为占比累计）。
(3) 企业数量和品牌价值占比图（横坐标为行业，纵坐标为占比）。

3. 表 5-6 为消费者对某品牌手机不同价格和尺寸的效用值。

表 5-6　某品牌手机不同属性的效用值

属性特征	序　列	部分效用值
价格	1 000 元	0.9
	2 000 元	0.1
	3 000 元	-1
尺寸	小	0.7
	中	-0.1
	大	-0.6

要求：
(1) 列表计算各组合的效用值。
(2) 分析消费者更倾向于何种手机和属性。

4. 某公司营销人员经调查分析，确定在校大学生购买笔记本电脑的属性和水平（等级），见表 5-7。

表 5-7　在校大学生购买笔记本电脑的主要属性和水平（等级）

属　性	水　平（等级）		
品　牌	著　名	知　名	一　般
价格	低价 （3 000 元以下）	中等 （3 000~6 000 元）	高价 （6 000 元以上）
配置	高档	中档	入门
重量	<2kg（超薄）	2~3kg（较轻）	3kg 以上（较重）

要求：
(1) 选择合适的属性和等级，运用正交设计法确定有代表性的产品组合方案。

(2) 选择至少 7 个在校大学生进行调查。调查表应说明采用的方法（排序法或打分法）和含义，以方便受访者填表。

(3) 运用组合分析法进行分析，在 Word 文档中列出分析过程和主要计算结果，并描述消费者的产品属性偏好，提出公司的营销策略建议。

5. 中秋节临近，XW 饼店准备推出应节月饼，该店服务当地约 8 000 户家庭。经理制作的组合分析表格见表 5-8。假设平均每户家庭会从该店购买 1.5 盒月饼。分销的水平是 80%，那些准备推迟购买直到他们能够找到自己的首选者的消费者占全部消费者的 2%。

表 5-8　XW 饼店分析表格

属 性 特 征	序　　列	部分效用值
款式	双黄莲蓉	0.8
	单黄莲蓉	0.6
	五仁	0.4
价格	80 元	0.7
	120 元	0.5

要求：

(1) 计算各组合的效用值，说明消费者对哪一种比较偏好。

(2) 推测一下不同款式和档次的月饼销售量。

6. 针对在校大学生使用手机的情况，确定手机的属性（不少于 4 项）及其水平等级（不少于 3 个），然后完成下列工作：

(1) 选择合适的属性和等级，运用正交设计法确定有代表性的产品组合方案。

(2) 选择至少 7 个在校大学生进行调查。调查表应说明采用的方法（排序法或打分法）和含义，以方便受访者填表。

(3) 运用组合分析法进行分析，在 Word 文档中列出分析过程和主要计算结果，并描述消费者的产品属性偏好，提出手机产品开发的策略建议。

第 6 章

顾客利润与价值

本章目录
- 6.1 顾客数量
- 6.2 顾客利润
- 6.3 顾客终身价值

学习目标
1. 掌握顾客数量的相关概念及计量方法
2. 掌握顾客盈利能力、顾客获取与保留成本的概念及计量方法
3. 理解顾客终身价值的意义和计算方法

6.1 顾客数量

6.1.1 相关概念

许多营销人员并不十分关注个体顾客的量化指标。为了管理好与顾客的关系，企业必须能够准确地计算自己的顾客数量。计算顾客数量的一致性也许比制定一个准确的定义更重要，当然这并不是说准确的定义对于正确的估算是没有意义的。我们将顾客定义为从该企业购买产品的个人或企业。如果不考虑每个顾客的交易数量，或用金额表述的那些交易价值，则共有三个计量内容可用于计算顾客数量及跟踪顾客活动。

（1）顾客拥有量：指在某一特定时间内在某企业购买产品的顾客总和。

（2）顾客消费时间间隔：指顾客从最近一次购买到现在的时间跨度。

（3）顾客保留率：某企业在风险时期保留的顾客数量与顾客总数的比率。

我们学习研究这三项计量内容的目的在于监测并分析企业在吸引和保留顾客方面的表现。营销人员必须特别注意在有合约的条件下顾客的定义和计算，与非合约条件下顾客的定义和计算，是完全不相同的。在签有合约的条件下，我们有必要讨论当前合约中顾客的数量，以及合约到期后可能保留的顾客百分比。在非合约条件下，讨论当前顾客数量，而不计算特定顾客最近消费数量的意义就小很多。

在合约条件下，当前时间点企业有多少顾客是比较容易计算的。例如，澳大利亚沃达丰（Vodafone Australia）公司是一个全球移动电话公司，在 2005 年第四季度结束时的报告中有 260 万个直接顾客。在合约条件下计算顾客数量的一个复杂点在于如何处理涵盖两个或多个个

体的合同。对于一个包括五台电话但仅有一个账单的家庭，顾客数是算为 1 位还是 5 位？在一个与某企业签订的合同中包括基础费用以及 1 000 台使用中的电话费用，这家企业是应该算为 1 位顾客还是 1 000 位顾客？对以上问题的答案，取决于个体用户是向沃达丰公司支付费用，还是向他们自己所在的公司支付费用，或者是什么都不支付。在诸如此类的情况下，企业必须明确自己对顾客（客户、会员）的定义标准，并始终如一地坚持实施这个标准。

在合约条件下计算顾客数量的一个难点在于对包含两个或更多个体合约的顾客数量的计算。USAA 是一个国际保险及多元化金融服务组织，向美国军事社区及他们的家庭提供保险和金融服务。USAA 将每个顾客都视为一个成员，包括一个独一无二的会员号。这让 USAA 在任何时间都能确切地知道他们所拥有的顾客数量。例如，在 2004 年年底 USAA 所拥有的顾客数量超过了 500 万，而且他们中的大部分人都使用了多种会员服务。

金融服务公司通常按业务的不同而分别设置顾客账户。例如，美国国家农业保险公司（State Farm Insurance）在其 2003 年的年度报告中，在饼形图中罗列了总数为 7 390 万的保险单账户，并且分别显示了汽车、房屋、人身等保险种类的比例。显然 7 390 万是保单数量而非顾客数量。大概是因为有些顾客在购买国家农业保险公司汽车保险的同时，也购买了房屋和人身保险服务。美国国家农业保险公司知道他们所有保单持有者的姓名和住址，计算他们服务了多少个体顾客是完全可行的。但美国国家农业保险公司计算的是保单数量而非顾客数量，这个事实暗示该公司对于销售量的重视程度高于对管理顾客关系的重视程度。

再以一个天然气公司为例，某天然气公司双倍计算了顾客数量，他们将顾客定义为"在任何一个账单期间，使用通过某个天然气表计量的天然气用户，算作一个顾客。而某一实体在不同的地点使用天然气，通过不同天然气表计量的，被视作不同的顾客。"对于这个天然气公司，顾客与天然气表是同义词。如果我们的工作是安装和服务天然气仪表，这也许是一个可行的好方式。如果我们的工作是营销天然气，那这就不是那么好的方法了。

在非合约条件下，企业计算顾客数量的能力取决于个体顾客是否能够被识别。如果顾客不能被识别，企业只能计算顾客访问数量或交易数量。例如，沃尔玛不能识别在其商店购物的顾客，因此它的顾客数量只能通过在一天、一周或一年内，以交易数量来表述。这些"交易"统计数，近似于在体育赛事旋转门处和网站门户访问处的访问数量。在某种程度上讲，这也是在计算人数，但是当总结赛事的观众时，他们就不再是计算单个的个体人了，而是以人次来计算。所以 1993 年出席观看亚特兰大勇士队比赛各个场次的总人次是 3 884 720，但是，观看一次或多次勇士队比赛的单个人数却要少很多。

在非合约并且顾客可被识别的条件下，如直接邮寄、频繁颁发购物卡的零售商、仓储会员店、购买租赁汽车和需登记的旅馆等，其复杂之处在于，顾客的购买行为是不定时发生的。虽然《纽约时报》知道当前顾客的具体数量，但是对于像 Bean 这样的产品目录公司来说，讨论当前的顾客数量没有太大的意义。虽然 Bean 公司会知道每天收到的订单数和每月邮寄目录的数量，但是不可能知道当前顾客的数量，因为很难对当前的顾客下一个准确的定义。

相反，在非合约条件下，企业应该计算在特定时间内进行购买的顾客，即最近消费，以距离顾客最近一次购买产品的时间为基础。最近消费在一年以内或更短的顾客，意思是在上一年内曾经购买过产品的顾客。在非合约条件下，具有可被识别顾客的企业，会根据不同最近消费来计算顾客数量。

例如，美国著名拍卖及购物网站 eBay 报告说，在 2005 年第一季度有 6 050 万个活跃用户。

活跃用户被定义为在之前的 12 个月中在 eBay 平台上投标、购买或搜寻产品的顾客数量。同时，报告说在一年前同期有 4 510 万个活跃用户。

这里，eBay 计算的是"活跃用户数量"而不是"顾客数量"，并且运用最近消费的概念来追踪活跃用户跨时间段的顾客数量。活跃用户的数量在一年中从 4 510 万增长到 6 050 万。这表明 eBay 活跃用户数量增长的部分原因，是顾客开发的作用结果。eBay 衡量保留现存顾客关系的一种方式，是计算一年前 4 510 万活跃客户在过去 12 个月仍然活跃的百分比。这个比率量度同反映在随后时期保持活跃的用户比例的顾客保留率相类似。

在有合约的情况下，顾客保留问题主要分析哪些顾客是被保留的，哪些不是。顾客要么继续购买，要么不再购买。顾客关闭账户前，都会在其所选用的银行保有一个支票户头，因此就是活跃用户。顾客租房会支付租金，直到他们搬出前都是现有住户。这些都是典型的顾客保留实例，在这些例子中顾客要么被保留了下来，要么就是永久流失了。在所有这些情况中，企业都必须密切关注顾客保留率。

如前所述，顾客保留率是被保留的顾客数量和处于不被保留的顾客数量的比率。如果订阅《财富》杂志的 40 000 个顾客将要在 7 月到期，并且出版商说服了其中 26 000 个顾客重新订阅，我们应该说出版商保留了 65% 的订阅用户。

与顾客保留率相对应的是顾客流失率。《财富》杂志原有的 40 000 个订阅顾客有 14 000 个不再订阅了，因此顾客流失率是 35%。

请注意顾客保留率的定义是一个被保留的顾客数量和有风险（即不被保留）顾客数量的比率。这个定义的主要特征是，顾客必须有离开的风险才能算作一个被成功保留的顾客。这意味着《财富》杂志在 7 月新取得的订阅顾客不被纳入被保留的顾客中，同样，在随后的月份里将要结束订阅的大量顾客，也不被纳入其考虑之中。此外，我们还需要指出，按"顾客时间"而不是按"日历时间"来计量顾客保留率更有意义。与其询问公司 2018 年的顾客保留率是多少，不如询问在四年的时间里有多少比例的顾客活跃了三年更有意义。

在一段时间最后的顾客总数量和在同一段时间开始时的顾客数量的比率，并不是我们这里所说的顾客保留率。某时段期间的顾客保留率并不影响末期顾客总数与初期顾客总数的比率，但是顾客开发结果却会影响这个比率。贯穿整个时段所保留的顾客数量与初期顾客总数的百分比更接近顾客保留率，如果在时段开始时，所有的顾客都有在此时段期间离开的风险，那么这个百分比就是真正的顾客保留率。

6.1.2 计算顾客数量的建议

1. 恰当地定义顾客

营销人员通常倾向于用简单的方法统计顾客，因而往往会得到错误的答案。这是因为他们倾向于忽视定义顾客这个基本和非常重要的步骤。由于错误的定义，统计也就不会准确。银行着眼于"居民"，这是因为它们以"关系"为核心，而关系被定义为指向一个共有账户地址销售产品或服务的数量。银行倾向于强调产品或服务的销售量，不论居民可能包含拥有所有账户的一个交易主，其配偶很可能在其他的银行交易，而且其孩子没有银行业务。在这种情况下，以居民为单位统计就毫无意义。在这里至少有三个"顾客"：交易主（大客户）、配偶（几乎是一个非客户）以及孩子（肯定不是客户）。

零售商计算交易量或"票据"（即收银机收据），这可能包括了向母亲、父亲以及孩子，还有其亲戚和邻居的全部销售，或者可能是配偶一方在特定情况下为另一方而购买，在这种情况下，其配偶是真正的顾客，而另一方则是一个跑腿的而已。因此，我们可以得出结论，准确定义顾客几乎总是很困难的，因为它需要对企业战略和顾客行为有一个明确的了解。

2. 并非所有的"顾客"都一样

如果不能理解顾客间的差异，那么单纯地吸引和保留"顾客"，是不能完全达到衡量管理行为目标的。假设去年，一个主要的软件公司 Zapp 购买了一套软件。另一个公司 Tancat 购买了 100 套。它们都是"顾客"吗？当然不是。Tancat 几乎肯定是一个顾客，而且有必要进行挽留，并且向其推销公司的其他产品。Zapp 公司很可能只是评估该产品，目的是能够站在先进软件概念的前沿，并且有复制它的可能。一个可供选择的策略是跟进 Zapp 这次的购买，观察到底发生了什么。如果我们了解了他们购买的动机，而且我们能利用他们这次购买奠定一个合作的基础，那么 Zapp 公司就有可能会成为一个大"客户"。

在统计任何数量之前，我们必须将潜在的和当前的产品或服务用户，根据策略的需要而细分成不同组别。就应当采取什么策略的问题上，有些当前的购买者，如 Zapp，实际上是潜在的购买者。我们必须计算购买者数量，以及用同一定义归纳的未来购买者。

3. "顾客"在哪里

大客户通常在其各个用户地点分别进行购买。美洲银行是顾客，还是它的每个分行是顾客？如果花旗银行集中购买然后再发配给其分行，我们怎么能把它视为一个顾客，而将美洲银行看作上百个顾客？

4. 谁是"顾客"

许多"顾客"并不是那些和我们的销售人员下订单的人。真正的顾客是深藏于购买者团体中，需要花费很大努力来识别的人。账户的名称是美国通用电气公司，但真正的顾客可能是一个不知名的设备设计工程师；福特公司的购买者也许会通过分布在全国的几个人来确定订单。在这种情况下，通用电气公司和福特公司并非顾客，只是为了记账方便而已。因此，问题的实质是我们要计算什么？

更常见的是由多人组成的团购，购买决定是几个人共同制定的。不同的人在不同的时间和不同的产品上扮演不同的角色。大公司拥有销售团队致力于向那些购买组织销售产品。虽然他们可能被看作单一的顾客，但是他们购买决策的动态性比个人的购买决策来说更复杂。例如，向青少年销售服装的某零售商至少有两个顾客：妈妈和服装穿用者。我们是将一个还是他们两个都算为顾客？营销人员可能想将两者都视为顾客，来决定如何设计和安置广告。但商店也许将他们两者视为一个单一顾客，或者选择青少年作为营销目标。

关键的问题在于，顾客的定义基本上依赖于计算目的。我们可能会因为不同的目的，而用不同的方法计算同样的"顾客"。因此，在营销界并没有全球统一的顾客定义。

6.2 顾客利润

6.2.1 顾客盈利能力

顾客利润是企业在一定时间内从目标顾客和目标顾客群中获得的利润。计算顾客盈利能力，对我们理解哪个顾客与企业的关系比其他顾客与企业的关系更好来说，是一个关键的步骤。通常，企业可能会发现有些顾客关系没有盈利能力。企业如果没有这些顾客关系可能在盈利方面会更好，或更有利可图。另外，企业也应该识别出最有盈利潜力的顾客，并且做好准备，采取行动来确保这些最具盈利能力关系的持续性。这样做的目的在于识别个体或群体顾客的盈利能力。

企业通常通过整体来考虑其绩效。在企业内部一句经常说的话是："我们这一年不错，利润超过了去年。"当提及顾客时，通常会用平均值来描述，例如"每个顾客为我们创造的利润达到 500 元。"虽然这些可以是有价值的计算方法，但是却通常掩盖了一个重要的事实：并非所有的顾客都是一样的。更为重要的是，一些顾客是没有利润的。简而言之，与其衡量"平均顾客"，不如找出每个顾客对企业的最少贡献是多少。

我们将顾客盈利能力定义为在一个特定时间内，销售收入与顾客关系相关联的成本之间的差值。企业的整体盈利能力可以通过分别对待不同的顾客来提高。大体上，可以将顾客分为以下三个等级：

（1）最高级顾客——奖励。企业最有价值的顾客是那些企业最想保留的。与其他人相比，他们应该得到企业更多的关注。如果企业失去了这些顾客，企业的利润损失得最多。这些顾客有可能是让企业付出最多的，并且很可能对价格不敏感。

（2）第二等级顾客——发展。处于中间等级的顾客，企业可得到中等到低等的利润，发展该顾客群是为了企业增长。这些顾客也许会被发展成为最高级顾客。

（3）第三等级顾客——放弃。服务这些顾客会给企业带来损失。如果企业很难将他们提升为更高等级的顾客，企业应该考虑向他们收取比他们当前所支付的更高的服务费用。如果企业能事先识别出这群顾客，在最初就不要获取他们会是最好的做法。

建立一个可以在个体水平上分析顾客获利能力的数据库，这可以成为企业的一个比较优势。如果企业能发现顾客的盈利能力，就有可能保护企业最好的顾客，并且有可能从竞争者那里争取最具盈利能力的顾客。找出每个顾客的服务成本和在该时期内从每个顾客那里获得的收入。通过计算得到从每个顾客那里获得的利润，并且基于利润将顾客分类。虽然如此，拥有众多顾客的大公司会发现，即使拥有最高级的数据库，这也将成为一个严峻的挑战。利用数据库进行分析，有必要抛弃计算个别顾客利润的概念，而选用有价值的顾客群体来分析。

当企业分出顾客利润（或顾客群体利润）的列表后，可以在坐标图上标示出累计总利润的百分比与累计总顾客数量的百分比。假定顾客是按从高利润到低利润分类的，表现结果的图通常看起来像鲸鱼的头。盈利能力在最开始会急剧增加或缩小。记住，企业的顾客被从最高到最低按盈利能力分类。因此顾客利润会从正到负，而当有负利润的顾客出现时，图中曲线就会到达其最高点，高于 100%。如果企业继续服务负利润的顾客，累计利润就会降低，而且降低的比例会越来越高。最终曲线总是在所有顾客占总利润的 100% 时结束。

罗伯特·卡普兰（Robert Kaplan）是基于活动成本核算和平衡计分卡的开发人员之一，他喜欢将这些曲线归为"鲸鱼曲线"。根据卡普兰的经验，鲸鱼曲线通常显示：20% 最具盈利能力的顾客有时可以产生 150%~300% 的总利润，因此导致了曲线像一个鲸鱼在水平面上运动。

举例说明： 一个零售商有一组顾客以盈利能力被分为十个十分位数（见表 6-1 和图 6-1）。十分位数是顾客数量的 1/10，所以 0~10% 是最具盈利能力的 10% 顾客。在这里我们有个清晰的验证，如果该零售商不再服务那些最不具盈利能力的 20% 顾客，将会有更多的盈利（多出 2 800 万元）。

表 6-1 顾客盈利能力十分位

顾客十等分	盈利（百万元）	占利润百分比（%）
0~10%	100	60
10%~20%	50	30
20%~30%	25	15
30%~40%	10	6
40%~50%	5	3
50%~60%	3	2
60%~70%	2	1
70%~80%	0	0
80%~90%	-8	-5
90%~100%	-20	-12

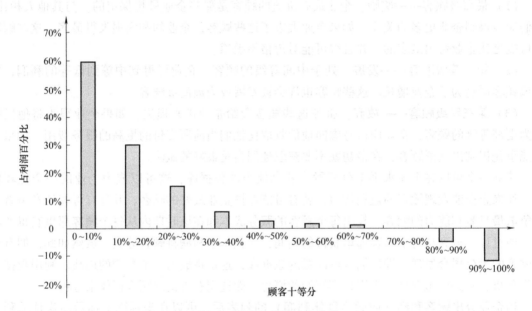

图 6-1 顾客盈利能力十分位

表 6-2 表达了顾客十分位的累计利润信息，而图 6-2 以累计形式显示了同样的顾客信息。绘制于十分位数的累计利润，开始像一个急剧上升的鲸鱼的脊背，达到了最高点总盈利能力超过 100%，并且从此处后逐渐减少（见图 6-2）。

表 6-2 顾客十分位的累计利润

顾客十等分	累计盈利（百万元）	累计利润百分比（%）
0~10%	100	60
10%~20%	150	90
20%~30%	175	105
30%~40%	185	111
40%~50%	190	114
50%~60%	193	116

(续)

顾客十等分	累计盈利（百万元）	累计利润百分比（%）
60%~70%	195	117
70%~80%	195	117
80%~90%	187	112
90%~100%	167	100

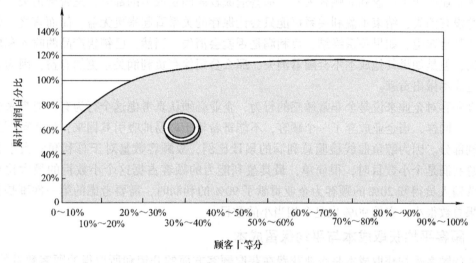

图 6-2　鲸鱼曲线

衡量顾客的盈利能力需要详细的信息。将收入平均分摊到每个顾客头上通常是比较容易做到的；然而要将成本平均分摊到每个顾客头上却通常比较难。很明显，商品的销售成本可以按每个顾客购买的商品数量而加以分摊，但分摊更为间接的成本，可能需要使用基于活动的成本核算系统进行估算。最终，可能会有些类别的成本无法具体分摊到顾客头上。如果是这样，最好的处理方法就是将这些成本视为企业成本，这样一来对顾客利润值的总累计就会比企业的总利润高。

当考虑顾客利润时，营销人员必须谨记许多事情会随着时间的变化而改变。去年具有盈利能力的顾客在今年有可能不再带来盈利。因为鲸鱼曲线反映的是过去的表现，营销人员在用它为未来做决定时，必须特别小心谨慎。例如，假设营销人员知道了事情将会向好的方向发展，就需继续维持与过去无盈利的顾客的关系。例如，银行通常向学生提供优惠计划，以赢得业务。在短期，这也许会显示低顾客利润或负顾客利润，但从长期来看，未来的利润可以抵消当前的损失。这就涉及顾客终身价值的问题。顾客终身价值是一个前瞻性的计量，旨在解释每个顾客关系的未来盈利能力，对此我们将在后面加以讨论。

当获取顾客信息以决定服务哪些顾客时，考虑企业运营的合法环境是很重要的。在这个方面不同国家的做法很不相同，有些国家也许会有反歧视法，以及在某些产业有特殊的情况。例如，公共事业有时被强迫服务所有的顾客。同样也要记住，侵入式地采集顾客特殊数据，会损害与顾客的关系。有些顾客可能因为被收集额外的数据而停止使用企业的产品或服务。对于食品公司，了解顾客中的哪些人正在节食是很重要的。但是公司的管理者在问卷调查上增加这个问题前需要仔细考虑。

有时候会有合理的财务理由去继续服务那些不具盈利能力的顾客。例如，有些企业依赖于网络效应。以美国邮政服务为例，能向全国邮递是它的一大优势。停止向偏远地区邮递表面上看来有利可图，但是如果真的发生了，对所有顾客而言这项服务就变得不那么有价值了。简而言之，有时不具盈利能力的顾客关系对于企业保持具备盈利能力的顾客是很必要的。

同样，那些固定成本较高，并在构建顾客利润时可以将其分摊给顾客的企业，必须认真研究，如果企业终止了不盈利的顾客关系，那些造成较高固定成本的部分，是否会消失。如果那些成本并没有消失，结束不盈利关系可能只会让保存的关系看起来更无益。简而言之，营销人员必须清楚地知道，如果关系终结，负利润是否就会消失。当然，已销售产品的收入和成本肯定会消失，但是如果其他成本不会随着消失，那么公司保存负利润关系更加有益，因为它可为弥补固定成本做出贡献。

放弃顾客对企业来说是个非常敏感的行为，企业必须认真考虑这个行为有可能带来的公共关系后果。同样，当企业放弃了一个顾客，不能寄希望于轻易地吸引其回来，让其重新进入企业的盈利部分。因为鲸鱼曲线检验总利润的累计比例，故顾客数量对于总利润的大小非常敏感。当总利润是个小数目时，很简单，最具盈利能力的顾客占据这个小数目的最大比例。因此，当营销人员得知20%的顾客为企业贡献了90%的利润时，需要考虑的第一件事是利润总额。如果总数很小，它的90%也是个相当小的数目。

6.2.2 顾客平均获取成本与平均保留成本

企业的顾客平均获取成本是企业花费在获取顾客方面的开销和所取得的顾客数量的比率。顾客平均保留成本是企业花费在顾客保留方面的开销和那些被成功保留者的数量的比率。我们用这两个计量内容来帮助企业监测两类重要的营销费用的有效性，目的在于确定企业的顾客获取成本和顾客保留成本。在确定企业最优化的获取成本和顾客保留成本之前，必须首先评估企业在这方面的成本开支现状。要回答的问题包括：在当前的成本水平下，企业取得新顾客的平均成本是多少，以及保留现存顾客的成本是多少？获取一个新顾客的成本是保留一个现存顾客的五倍吗？

$$顾客平均获取成本 = \frac{获取顾客的成本}{获取的顾客数量} \qquad (6\text{-}1)$$

顾客平均保留成本表示顾客保留开销与现存顾客的比值，具体的计算公式为

$$顾客平均保留成本 = \frac{保留顾客的成本}{保留的顾客数量} \qquad (6\text{-}2)$$

举例说明：在过去的一年间，某区域性控制害虫服务公司花费了140万元取得了64 800名新顾客。154 890名顾客在年初就存在，尽管在一年中公司花费了50万元旨在保留154 890名顾客，而实际上只有87 957名顾客在年底时依然保留着。在这一案例中平均获取成本的计算是相对直接的，公司花费了140万元的总成本获取了64 800名新顾客，平均获取成本为21.60元（1 400 000元/64 800）。顾客平均保留成本的计算也是直接的。花费了50万元的总成本，保留了87 957名顾客，顾客年平均保留成本是5.68元（500 000元/87 957）。因此，获得一个新顾客的成本大约是保留一个现存顾客的4倍。

对于任何给定的时间段，企业需要知道花费在顾客获取上的总成本以及该成本所带来的新顾客数量。考虑到顾客的保留，企业需要衡量在保留现存顾客期间花费的总成本，以及在该时

段最后成功保留的顾客数量。需要注意的是，针对该期间新获取的顾客成本是不包括在这个数据中的。同样，保留顾客数量仅针对那些在时间段开始就存在的顾客。因此，顾客平均保留成本与考虑中的时间长度有关。如果该时间段是一年，顾客平均保留成本将会是顾客年平均保留成本。

顾客平均获取成本的计算与解释，比顾客平均保留成本要简单。这是因为，通常我们能够把获取成本及其所形成的新顾客数量分离开来，然后用一个简单的除法运算就得到了获取一个新顾客的平均成本。这个计算潜在的合理假设是：如果没有为获取而开销，那么新顾客就无法取得。

当计算顾客平均保留成本时，情况就没这么简单了。主要是因为顾客保留率取决于考虑的时间段。年保留率与月保留率不同。很显然，保留一个顾客的一个月成本要比一年的成本小。因此，顾客平均保留成本需要一个特定的与顾客保留相关的时间段来确定。另一个原因是，即使企业在保留顾客上不花费任何费用，有些顾客还是会被保留下来的。由此，将顾客保留成本与所保留的顾客数量的比率叫作顾客平均保留成本会有些误导。也正因为如此，我们不能直接跳到以下结论：如果没有顾客保留成本，就没有被保留的顾客。同样，我们也不可以假设：如果一个企业根据顾客平均保留成本，增加保留顾客的预算，那么它就可以保留更多的顾客。由此可知，顾客平均保留成本的数字，对于制定顾客保留预算的决定没什么帮助。

我们还需要注意企业将成本划分为获取顾客和保留顾客类别的能力。很清楚，有的成本可以使企业获取顾客和保留顾客的绩效都提高。例如，一般的品牌广告可以使获取顾客和保留顾客的成本都降低。与其将所有的成本分配为获取顾客或是保留顾客，我们建议不如完全接受一个既不属于获取顾客也不属于保留顾客的单独类别，不妨将其称作获取与保留顾客成本。

6.3 顾客终身价值

6.3.1 相关概念

1. 顾客终身价值的含义及意义

顾客终身价值是顾客关系以货币数额表示的价值，是基于对未来从顾客关系中预测的现金流量的当前价值。

顾客终身价值是个重要的概念，它将企业的关注点从短期利润转变为长期的顾客关系方面。顾客终身价值也是个重要的数量，因为它表示了获取新顾客可支付的最高限额。正如唐·派泊斯（Don Peppers）和玛沙·罗杰斯（Martha Rogers）所喜欢说的那样，"有些顾客比另一些更有用"。在上一节中我们看到了一个形象的验证，检验了各个顾客关系的盈利能力。正如我们所注意的，顾客利润是在特定时间内收入和顾客关系相关的成本的差值。顾客利润和顾客终身价值的主要区别是：顾客利润计量的是过去，而顾客终身价值考虑的是未来。同样，顾客终身价值对于帮助管理人员做出决策更有意义，但却更难以量化。量化顾客利润取决于详细的汇报和对之前行为结果的总结，然而量化顾客终身价值却包括了对未来行为的预测。

顾客价值归因于顾客关系的未来现金流的现值。现值的概念在有关财务方面的课程中有过介绍。这里，只要认为现值就是未来现金流总和的折扣价值即可。我们用折扣后（即乘以一个仔细选择的且小于1的数字）的未来现金流来解释资金的时间价值。资金的时间价值从另一个角度说明了为什么每个人都希望早一点被支付工资而不是延迟一点，而每个借款人都希望晚些还款而不是提早还款。对于个人来说，越早得到兑现，就可以越早支付信用卡余额以避免支付利息，对企业来讲也是同理。确切的折扣系数取决于所选择的折扣率，以及得到每个现金流所需要的期限。以每年折扣率10%为例，10年后得到的现金要比5年后得到的现金折扣要多。

顾客终身价值的概念不仅仅是将价值的概念应用到归于顾客关系的现金流方面。因为任何未来现金流的现值都是现在一次性付清的价值，所以顾客终身价值能够表示现在顾客关系的总体价值。更简单地说，顾客终身价值是顾客关系对于企业的货币价值。它是企业为获取顾客关系而愿意付出的最高限额，也是企业愿意为避免损失顾客关系而支付的最高限额。如果企业视顾客关系为其资产，那么顾客终身价值反映的是该资产的货币价值。

2. 群体孵化法

一种预测未来顾客现金流价值的方法是大胆假设前期获得的顾客与当期获得的顾客相比不好也不坏（基于顾客终身价值角度）。然后我们回过来收集几乎同时期获得的顾客数据，并且仔细重建他们在几个固定时期内的现金流。接下来是把每个顾客的现金流折算到其获取的时间，以计算样本顾客的终身价值，然后将所有的样本顾客终身价值取平均值，以得到每个新获取顾客的预估终身价值。我们将这个方法称为"群体孵化法"（Cohort and Incubate Approach）。同样，也可以从顾客群中计算当前价值的总现金流，并且除以顾客数量以得到该群体的平均顾客终身价值。如果顾客关系价值保持不变，那么样本群体的平均顾客终身价值就是新近获取的顾客终身价值的估计值。

例如，博格尔（Berger）、威博格（Weinberg）和汉纳（Hanna）在1993年跟踪了某游艇航线获取的所有顾客。该群体中的6 094名顾客从1993年起被追踪调查了五年。这些顾客的现金流在当时的总净现值为27 916 614美元。这些现金流包括游艇的收入（在五年间6 094名顾客乘游艇巡游8 660次）、游艇的可变成本和推销成本。这群顾客五年的净现值以每个顾客为基础表示为27 916 614美元/6 094，即平均每个顾客为4 581美元。这是这群顾客五年的平均顾客终身价值。

在此之前分析游艇航线时，管理者从不会花费3 314美元来获取一个顾客。现在，了解了顾客终身价值（含义和实际数字结果）后，我们可以进行广告（导致每个获得的顾客成本是三四千美元），尤其是我们之前估计的顾客终身价值数据还是保守估计的（因为在计算顾客终身价值时没有包括任何五年后的剩余业务）。

群体孵化法在顾客关系相对恒定（随着时间缓慢变化）时很有效。当顾客关系的价值缓慢变化时，我们可以使用过去关系的价值作为新关系价值的预测因子。在顾客关系大幅变化的条件下，企业通常用一个简单的模型来预测那些关系。这里所说的模型主要包括如何展示顾客关系的假设。如果模型足够简单，我们甚至有可能找到一个现值与未来值之间的等式。这使顾客终身价值的计算更加简单，只需将数字放在顾客终身价值等式中替代符号。

接下来，我们将解释什么可能是最简单的未来顾客现金流模型，以及那些现金流的当前价值等式。虽然它并不是未来顾客现金流的唯一等式，但却是最经常使用的。

3. 顾客终身价值模型

顾客现金流模型将企业的顾客关系当作漏斗来对待。每个阶段，企业会有部分（1减去顾客保留率）顾客离开。

顾客终身价值模型仅有三个参数：①每期的恒定利润（在扣除包括顾客保留的可变成本后的贡献价值）；②每期的恒定顾客保留率；③每期的折扣率，即每期的贴现率。另外，模型假设顾客一旦没有被保留，就表示失去。最后，模型还假设初始利润会在第一期期末取得（与顾客保留率一样）。该模型的另一个假设是企业在计算未来现金流的现值时，是无限期的，虽然实际上没有企业可以是无限期的。

顾客终身价值的计算公式是将每期利润乘以一个因子，即顾客关系在期望长度内的现值。具体计算公式为

$$顾客终身价值 = 利润 \times \frac{顾客保留率}{1 + 折扣率 - 顾客保留率} \tag{6-3}$$

在这个模型的假设下，顾客终身价值是利润的倍数。乘积因子是顾客关系期望长度（期限）的现值。当顾客保留率为0时，顾客全部流失，那么乘积因子将会是0。当顾客保留率为1时，顾客没有流失，企业将无限期地获得利润。无限期利润的现值变成了利润除以折扣率。对介于0~1之间的顾客保留率，可以从顾客终身价值公式中得出恰当的乘积因子。

举例说明： 一个互联网服务提供商（ISP）每月收费为19.95元。可变成本为每月每个账户1.5元。每年的营销支出为6元，每月顾客流失率为0.5%。在每月折扣率为1%的情况下，顾客终身价值是多少？

$$每月顾客的贡献利润 = (19.95 元 - 1.5 元 - 6 元/12) = 17.95 元$$

$$每月的顾客保留率 = 1 - 0.5\% = 99.5\%$$

$$每月的折扣率 = 1\%$$

$$顾客终身价值 = 17.95 元 \times \frac{99.5\%}{1 + 1\% - 99.5\%} = 1\,191 元$$

顾客保留率是顾客价值的驱动因素。该因素非常微小的变化可以导致顾客终身价值很大的差异。因此，这个参数的准确性对于计量结果来说有着重要意义。假定顾客保留率在顾客关系的整个过程中是恒定的。而顾客经过了试用、转换以及忠诚阶段后，顾客保留率实际上会增加。在这种情况下，这里解释的模型就可能过于简单。如果企业希望评估在一系列不同的顾客保留率情况下的顾客终身价值，电子表格模型也许会更有效。

折扣率也是终身价值计算的一个敏感因素，和顾客保留率一样，细微的变化也会引起顾客终身价值很大的差异。因此，折扣率需谨慎选择。

在模型中，假定顾客的贡献利润是恒定不变的。如果顾客的贡献利润随着顾客关系的寿命而增加，那么这个简单的模型就不适用了。我们应当避免将顾客终身价值的公式用于那些不活跃但却无法确定关系是否结束的顾客。例如，在从事产品目录销售的企业中，顾客中只有很小比例的人从给定的任何目录中进行购买。不要将在一段给定时间内活跃的顾客（相对目录的拥有者而言）和模型中的顾客保留率混淆。如果顾客总是在一段沉寂后重新和企业进行商业活动，那么这里所讨论的顾客终身价值公式是不适用的。

4. 包括初始利润的顾客终身价值

对模型内部的时效性假设是上述混淆的来源。模型中首次现金流是在第一期末以和顾客保留率相等的概率获得的。因此，在计算下一期的数值时上一期结束时所获利润，应该当作本期的初始利润。如果包括一定的初始利润，那么新的顾客终身价值就等于旧的顾客终身价值加上初始利润。此外，如果初始利润和以后的利润相等，那么就会至少有两个公式可以计算包括初

始利润的顾客终身价值，即

$$包括初始利润的顾客终身价值 = 利润 + 利润 \times \frac{顾客保留率}{1 + 折扣率 - 顾客保留率} \quad (6\text{-}4)$$

或

$$包括初始利润的顾客终身价值 = 利润 \times \frac{1 + 折扣率}{1 + 折扣率 - 顾客保留率} \quad (6\text{-}5)$$

式（6-5）似乎与式（6-4）一样，只不过用"1 + 折扣率"替换了顾客保留率。需要注意的是：新的顾客终身价值公式和原始的顾客终身价值公式适用于相同的情况，区别仅仅在于对初始利润的看法不同。这个新的顾客终身价值公式包括初始利润，而原始的顾客终身价值公式不包括。

5. 无限期的假设

在一些行业和企业，通常只计算4~5年的顾客终身价值，而不是使用前面公式中的无限期价值。当然，在短期内，顾客保留率越少受到科技或竞争策略变化的影响，就越有可能继续保持不变。对于管理者来说，问题是使用无限期和有限期（例如五年期）的价值是否会有不同呢？答案是肯定会有所不同，有时甚至可能会造成很大的不同，因为五年期的价值可能会低于无限期价值的70%。表6-3计算了在第一个五年的顾客终身价值与无限期的终身顾客价值的百分比。如果顾客保留率高于80%且折扣率低于20%，那么这两个方法的差别是很大的。因此，运用有限时间范围的额外复杂性是显然的，这完全取决于企业所感知到的战略风险有多大。

表6-3 有限期与无限期顾客终身价值在前五年的比率

折扣率	顾客保留率					
	40%	50%	60%	70%	80%	90%
2%	99%	97%	93%	85%	70%	47%
4%	99%	97%	94%	86%	73%	51%
6%	99%	98%	94%	87%	76%	56%
8%	99%	98%	95%	89%	78%	60%
10%	99%	98%	95%	90%	80%	63%
12%	99%	98%	96%	90%	81%	66%
14%	99%	98%	96%	91%	83%	69%
16%	100%	99%	96%	92%	84%	72%
18%	100%	99%	97%	93%	86%	74%
20%	100%	99%	97%	93%	87%	76%

6.3.2 潜在顾客终身价值与顾客价值

潜在顾客终身价值是企业期望从潜在顾客那里得到的价值，等于由潜在顾客所期望得到的价值减去使其成为现实顾客的成本。潜在顾客的期望价值等于潜在顾客中会购买的比例乘以企业从最初购买所获得的平均利润与新获取顾客的终身价值的总和。

只要潜在顾客终身价值是正值，企业就应该继续为获取新顾客而实施支出计划，并计量新获取顾客的终身价值。计算顾客终身价值的主要用途之一，是为发展潜在顾客的决策提供信息。潜在顾客是那些企业会愿意花费资金而使他们成为现实顾客的消费者。这个获取支出不仅要与它直接产生的利润贡献相比，也要与新近获取的顾客关系（顾客终身价值）以及预期的未来资金流相比。只有对新近获取的顾客关系有一个全面的价值了解，企业才能做出一个有根据的且有利可图的预期决定。潜在顾客终身价值的计算公式为

$$潜在顾客终身价值 = 获取率 \times (初始利润 + 顾客终身价值) - 获取支出 \quad (6\text{-}6)$$

如果潜在顾客终身价值是正数，那么获取支出就是一个明智的投资。如果潜在顾客终身价值为负数，那么就不应该进行获取顾客的行为。潜在顾客终身价值数字通常很小。虽然顾客终身价值经常是数以百元计，但是潜在顾客终身价值可能只有几分钱。潜在顾客终身价值只适用于有希望成为顾客的人而不是现实顾客。大量小的但预期价值为正数的潜在顾客可以为企业带来可观的价值。

举例说明：某服务公司计划在广告方面花费60 000元，以实现受众为75 000的目标。如果服务公司预期广告可以说服1.2%的读者利用宣传品的优势（由于价格很低，以至于公司初始利润只有10元），并且所获取顾客的终身价值是100元。该广告在经济上是否有吸引力？

这里，每个潜在顾客的获取支出是0.80元，预期获取率是1.2%，初始利润是10元。这75 000名受众中每个潜在顾客的终身价值为

$$潜在顾客终身价值 = 1.2\% \times (10\,元 + 100\,元) - 0.80\,元 = 0.52\,元$$

潜在顾客终身价值是0.52元。预期顾客的总期望价值为75 000 × 0.52元 = 39 000元。因此，计划的获取支出在经济上是具有吸引力的。如果对于1.2%的顾客获取率不确定，那么我们可能会问获取率是多少的时候在经济上才能是成功的。对此，营销人员可以通过Excel表格的目标寻求函数得到潜在顾客终身价值为0时的获取率。或者可以通过迭代，用0元代替潜在顾客终身价值，得到收支平衡时的获取率，即

$$收支平衡获取率 = \frac{获取支出}{初始利润 + 顾客终身价值}$$

$$= \frac{0.8\,元}{10\,元 + 100\,元} = 0.727\%$$

结果说明，获取率必须超过0.727%才能在活动中取得成功。除了新近获取顾客的顾客终身价值，企业还需要知道计划好的获取支出数额（平均每个潜在顾客的支出）、期望成功率（期望可以成为顾客的潜在顾客比例）以及企业在从新获取顾客的初次购买中所获得的初始利润。之所以要考虑初始利润，是因为顾客终身价值只解释了企业与顾客关系的未来资金流。顾客终身价值并不包括初始资金流，并且必须分别给予计算。同时，营销人员还必须注意初始利润必须能够弥补首期的顾客保留费用。也许计算潜在顾客终身价值的最大挑战是估算顾客终身价值。其他术语，包括获取支出、获取率以及初始利润等，都指的是不久的将来的流量和结果，然而顾客终身价值需要长期的预测。

另一个值得一提的是关于获取顾客的支出决策，无论潜在顾客终身价值是否为正数，这个决策都依赖于一个假设，即如果企业不支出的话就不会获得顾客。换言之，这里所讨论的方法对企业为获取顾客而花费的支出给予了完全正面的评价。如果企业有几个旨在获取顾客的项目同时进行，那么放弃其中一个可能会导致其他几个获取率的增加。像这样的情况（一个项目会侵蚀另一个的情况）需要进行更加复杂的分析。

企业必须很仔细地搜寻获取新顾客的最经济的方式。如果有可替换的获取潜在顾客的方

法，企业必须小心谨慎，不能仅满足于第一个提供正面计划的潜在顾客终身价值。考虑到有限数量的潜在顾客，应该采用提供最高预期的潜在顾客终身价值。除了上述讨论的方法之外，还有其他方法可对给定潜在顾客成果的经济可能性进行计算。虽然其他方法与这里所讲的方法是等效的，但是当考虑到包含"顾客终身价值"时它们又有所不同。

有些计算方法会包含初始利润以及部分"顾客终身价值"。其他计算方法会既包括初始利润，也包括每个顾客的预期获取成本，将其作为部分"顾客终身价值"。我们仍以某服务公司为例来解释这两种方法。该服务公司计划在广告方面花费60 000元实现75 000的受众目标。如果服务公司预期广告可以说服1.2%的读者利用宣传品的优势（价格很低，以至于公司初始利润仅有10元），并且获取顾客的顾客终身价值是100元，该广告在经济角度讲是否有吸引力？如果包括"顾客终身价值"中的初始利润，我们会得到

$$包含初始利润的顾客终身价值 = 初始利润 + 顾客终身价值$$
$$= 10元 + 100元 = 110元$$

$$潜在顾客终身价值 = 获取率 \times 包含初始利润的顾客终身价值 - 获取支出$$
$$= 1.2\% \times 110元 - 0.80元 = 0.52元$$

这与之前计算出来的结果一样，不过在计算中包含了初始利润。这个方法以每个获得的顾客为基础，运用包含初始利润和分摊的获取支出来计算顾客终身价值。具体思路如下：一个新顾客的预期价值是10元加上100元的未来销售，总计110元。获取顾客的预期支出是活动总支出除以新顾客的预期数量。这个平均获取成本为

$$平均获取成本 = \frac{60\,000元}{1.2\% \times 75\,000} = 66.67元$$

一个新顾客的预期价值与每个顾客的预期获取成本的净值是43.33元（110元 – 66.67元）。因为这个"净"顾客终身价值是正的，所以这个活动从经济的角度看是具有吸引力的。有些人甚至会将这个43.33元标注为新顾客的"顾客终身价值"。

注意到43.33元乘以900名预期新顾客得到的价值等于39 000元，这与前面的例子中计算得到的总净价值一样，即0.52元的潜在顾客终身价值乘以75 000名潜在顾客。所以，这两种计算方式是等同的。

本章小结

本章首先讨论了用于计算企业顾客数量及跟踪顾客活动的三个计量内容，即顾客拥有量、顾客消费时间间隔和顾客保留率。接着讨论了在有合约条件下与非合约条件下，计算顾客数量的有关细节和技术问题。

本章还讨论了有关计算顾客盈利能力的相关问题，探讨了如何通过分别对待不同的顾客，来提高企业整体盈利能力的问题。我们应该认识到，建立一个能够分析顾客在个别阶段盈利能力的数据库，可以形成企业的一个比较优势。而且如果企业能发现顾客的盈利能力，就有可能保留企业最好的顾客，并且有可能从竞争者那里争取最具盈利能力的顾客。衡量顾客的盈利能力需要详细的信息。

本章还探讨了顾客终身价值的有关问题。顾客终身价值是以货币数额表示的顾客关系价值，是对未来从顾客关系中预测的现金流量的当前价值。顾客终身价值是计量营销学一个重要的概念，它鼓励企业将焦点从短期利润转变为建立长期的健康顾客关系。顾客利润和顾客终身

价值的主要区别是：顾客利润计量的是过去，而顾客终身价值考虑的是未来。潜在顾客终身价值是期望从潜在顾客那里得到的价值，可由潜在顾客所期望得到的价值减去所花费的成本得到，其中所花费的成本是获取率乘以初始利润与顾客终身价值之和。

测试题

1. 顾客的平均保留成本与时间长度有关。（对/错）
2. 企业的顾客终身价值是企业愿意为避免损失顾客关系而支付的最高上限。（对/错）
3. 企业要盈利的主要任务就在于识别并保留高忠诚度、高价值的顾客。（对/错）
4. 潜在顾客终身价值是对有望成为企业现实顾客的消费者的预期值。（对/错）
5. 顾客利润计量的是过去，而顾客终身价值考虑的是未来。（对/错）
6. 企业整体盈利能力可通过区别对待不同的顾客来提高，对于价格不敏感、应予奖励的顾客是（　　）。
   A. 最高级顾客　　　　B. 第二等级顾客　　　　C. 第三等级顾客　　　　D. 超值顾客
7. 计算顾客数量及跟踪顾客活动的三项计量内容除了顾客保留率外还有（　　）。
   A. 顾客拥有量　　　　B. 顾客消费时间间隔　　C. 顾客新会员数　　　　D. 顾客老会员数
   E. 顾客购买频率
8. 企业在获取顾客方面的支出和所获取的顾客数量的比例称为（　　）。
   A. 顾客平均保留成本　B. 顾客平均获取成本　　C. 顾客终身价值　　　　D. 顾客费用率
9. 每个顾客在未来可能为企业带来的收益总和，称为（　　）。
   A. 顾客终身价值　　　B. 顾客利润　　　　　　C. 顾客价值　　　　　　D. 顾客总收益
10. 企业区分不同的顾客很重要，为此，企业需要（　　）。
    A. 恰当地定义顾客　　B. 理解顾客间的差异　　C. 知道顾客在哪里　　　D. 知道谁是顾客

练习题

1. 一个零售商有一组顾客以盈利能力被分为十个十分位数，见表6-4。

表6-4　顾客盈利能力十等分

顾客十等分	盈利（万元）
0~10%	10 000
10%~20%	5 000
20%~30%	2 500
30%~40%	1 000
40%~50%	500
50%~60%	300
60%~70%	200
70%~80%	0
80%~90%	-800
90%~100%	-2 000

（1）计算每类顾客占利润百分比、累计盈利（百万元）和累计利润百分比。
（2）绘制顾客盈利能力十分位示意图和鲸鱼曲线。
（3）简述分析结论。

2. MLK 公司每年相关数据见表 6-5。

表 6-5 MLK 公司每年相关数据

年份	年销售收入（万美元）	月人均消费（美元）	顾客流失率（%）	每名顾客年营销支出（美元）	每月服务可变成本（美元）	每月折扣率（%）
2014	220 000	58.68	0.5	12	8	1
2015	225 000	62.12	0.5	12	8	1
2016	240 000	63.78	0.5	12	8	1
2017	260 000	59.99	0.5	12	8	1
2018	250 000	60.36	0.5	12	8	1

公司主管要求完成如下任务（使用 Excel 软件）：

(1) 估算公司的顾客终身价值等指标。

(2) 绘制历年销售收入变化图和历年顾客数量变化图（面积图）。

(3) 绘制获取顾客与保留顾客关系图和销售收入与顾客保留率的关系图（含趋势线）。

(4) 绘制顾客保留率与顾客终身价值的关系图和贡献利润与顾客终身价值的关系图，说明顾客终身价值与顾客保留率和贡献利润的关系。

3. 某杂志发行主管对新客户制定的年订阅费低于正常价格，为 35.90 元；假设第一年的客户有 40% 在第二年流失了，而还有 60% 的客户以更高的正常价格 75.90 元继续订阅，继而又有 65% 的客户在下一年接着订阅，再下一年为 70%，以此类推，假设可变成本（邮费、征订费和扣除广告收入印刷费）为每年 30 元。假设第一年有 1 000 名客户，贴现率为 15%，依照预测的成本和流失率，计算客户群的终身价值。

4. 某提供会员服务的企业，有近一年约 1 200 个会员客户的收银数据（参见本教材配套数据文件）包括：购物记录 ID、客户编号、收银时间、销售金额和销售类型（正常；赠送；退货）。由于企业想针对不同类别的不活跃客户进行激活促销，同时为回馈重点客户，也计划推出一系列优惠活动，希望保留这些客户，维持其活跃度。营销主管提出利用该数据进行客户分类和价值分析。

请通过分析，回答下列问题：

(1) 哪一类客户是最优质的客户？

(2) 哪一类客户是具有高流失风险的优质客户？

(3) 哪一类客户是需要进行提升销售（Upsell）的客户？

(4) 哪一类客户是公司的高成本客户（不赚钱客户）？

第 7 章

销售人员和渠道管理

本章目录

7.1 销售地域、销售目标与效率
7.2 薪酬与销售渠道
7.3 分销配置计量
7.4 供应链与盈利

学习目标

1. 理解销售地域划分、销售目标与效率的方法
2. 理解销售队伍规划、拜访规划和销售分担区域规划的方法
3. 掌握销售人员薪酬与渠道分析的原理和方法
4. 理解分销配置的计量方法
5. 理解供应链及其盈利能力的计量方法

7.1 销售地域、销售目标与效率

7.1.1 销售地域

销售地域指的是顾客群所在的地理区域,通常特指个别销售人员或销售团队所负责的地理区域。我们可以在地理位置、销售潜力、历史沿革等因素的基础上,或者从不同因素的组合角度,来定义销售地域。企业应当尽力平衡划分销售地域,以降低成本并增加销售量。

有很多方法可以用来分析销售地域问题,最普遍和常用的方法是基于地域的潜力或大小来进行分析和比较。如果地域间有很大的不同或不平衡,那么某销售人员在其地域内的工作量可能会太多或太少,导致对顾客的服务不足或过剩。

当销售人员将其地域范围扩展得过大时,结果可能是对顾客提供的服务不足。这会导致企业的业务遭到损失,因为负担过重的销售人员,会在不同的方面提供或参与次优水平的活动。他们不会尽全力去寻找潜在客户,并且在当前已有的顾客身上也不会花费足够的时间,而这些顾客在面临着服务不足的情况下,有可能找其他可代替的厂商去开展业务。相反,过度服务也可能提高成本费用,并由此间接地降低销售量。更何况,在有些销售地域的过度服务,可能导致在其他地域的服务不足。

销售地域的不平衡会在销售人员中引起销售潜力不公平分配的问题。这可能导致扭曲的薪

酬并使有才能的销售人员离开企业,所以应寻求更公平的分配和薪酬机制。因此,在销售地域中获取一个恰当的平衡,是在顾客、销售人员和企业整体间保持满意度的一个重要因素。

企业在界定或重新界定销售地域时,应当努力做到:平衡工作量,平衡销售潜力,发展紧凑的销售地域,在重新设计时减少干扰情形的出现。这些目标对不同的利益相关者,如表7-1所显示的那样,具有不同的影响。

表7-1 平衡销售地域的影响

利益相关者	目标	平衡工作量	平衡销售潜力	发展紧凑的销售地域	减少干扰
顾客	反应	×		×	
	关系				×
销售人员	获利机会		×		
	合理的工作量	×		×	
	减少不确定性				×
	短期控制			×	
企业	销售结果	×	×		×
	有效控制	×			
	激励	×	×	×	×
	差旅费控制			×	

注:表中"×"表示具有效果。

在设计新销售地域时,销售管理者应该评估销售队伍中所有销售人员的工作量。某销售地域的工作量可以用以下公式计算

$$\text{工作量} = \text{当前客户数量} \times \text{服务一个现有客户的平均时间} + \text{潜在客户数量} \times \text{试图将潜在客户转变为现实客户的平均时间} \tag{7-1}$$

而某地域的销售潜力可以用以下公式计算

$$\text{销售潜力} = \text{可能的客户数量} \times \text{购买力} \tag{7-2}$$

购买力是以货币量数值来表示的购买能力,是基于像平均收入水平、地域的企业数量及其平均销售额、地域的人口状况等因素计算出来的。购买力指数基于不同的产业或行业而不同。

举例说明: 某复印机制造商在其中之一的销售地域所识别出的预期客户中,有6个小型企业、8个中型企业和2个大型企业。根据历史资料,这些企业过去年购买复印机所花费的金额分别为5 000元、7 000元和10 000元。因此这个地域的销售潜力为

$$\text{销售潜力} = 6 \times 5\,000\text{元} + 8 \times 7\,000\text{元} + 2 \times 10\,000\text{元} = 100\,600\text{元}$$

除了工作量和销售潜力,比较销售地域需要第三个重要的计量,即销售地域的大小,或更确切地说,就是销售人员花在业务出差方面的时间的多少。从实践的角度来看,这个业务出差时间比地域大小更有用,因为它是能更准确地代表或者暗示业务量大小的因素,这就是销售人员接触顾客或潜在顾客所需的时间。

既然管理者的工作目标是在销售队伍之间平衡工作量和销售潜力,那么计算综合性的量化指标,如销售潜力和路程时间,对于进行销售地域之间的比较是很有益处的。

当然,销售潜力可以用很多方式表示。在这些不同的方式中,最基础的是人口数量,也就是某销售地域的潜在客户数量。在之前复印机制造商的例子中,其所关心的某销售地域的企业

数量,就是其潜在的客户数量。

在估计某销售地域的规模时,可以使用简单的地理面积覆盖计算方式。但是,平均业务出差时间也许很重要。当然,这取决于道路的质量、交通密度或企业间的距离等,我们可以发现相同的销售地域可能需要非常不同的业务出差时间。在评估诸如此类的不同时,销售人员从一处到另一处所需时间的记录资料是非常有用的参考。我们也可以用特定的计算机软件程序来对此进行计算和处理。

重新界定销售地域是个非常复杂的过程。为了更好地重新界定销售地域,除了之前提到的计量内容,销售人员如何打破与顾客关系的僵局和销售人员对销售所有权的感受等也是必须考虑的因素。

7.1.2 设定销售目标

设定销售目标的目的在于激励销售人员并且为评估和奖励他们的业绩设立标准。然而,目标设置得过高或过低,都可能产生负面影响。在常用的目标设置方法中,许多都包含对过往销售记录和地域销售潜力进行综合权衡的结果。这就保证了如果所有的销售人员都达到了各自的目标,那么企业整体的销售目标就能得以实现。

在设定目标时,经营管理人员应当努力鼓励销售人员,并帮助他们,以带来最大可能的销售量,但是不可将目标设定得太高。适当的目标水平可以激励所有的销售人员,并奖励他们中的大多数。在设定计划销售目标时,有特定的准则是重要的。杰克·威尔纳(Jack D. Wilner)在其《成功销售管理的七大秘诀》(Seven Secrets to Successful Sales Management)一书里所推荐的 SMART 战略中,指出目标应该是确切的(Specific)、可衡量的(Measurable)、可实现的(Attainable)、现实的(Realistic),并且有时限的(Time-bound)。

目标必须是确切的,目标应该针对每一个部门、每一个销售地域和每一个销售人员。目标应该清晰并且可以使用于每个人,这样销售人员就不用在整体目标中来找出他们自己的目标。

目标必须是可衡量的,能用正确的数字来表示,例如:"销售的货币量"或"增长的百分比",这使销售人员可以认定准确的目标并追踪进程。模糊的目标,如"更多"的销售量或"增加"的销售量,是没有效力的,因为这种模糊概念使衡量进程变得很困难。

可实现的目标是指在可能的范围内它们可以被管理者和销售人员形象化且被理解。

现实的目标是指设定的目标足够高,以激励销售人员,但是不能太高,否则在没开始前销售人员就放弃了。

有时限的目标是指目标必须在准确的时间框架内。这就为销售人员施加了压力,促使他们尽早实现销售目标,并规定衡量绩效结果的最终时间。

有许多的方法用来通过对销售人员间的调配而对企业的销售进行预测。这些方法的设计,旨在制定公平的、可实现的且与历史销售结果相一致的目标。这些目标以个体销售人员的销售总量为内容进行表述。我们将所有这些方法加以综合,融于下列公式中,其中的"区域"是由多个销售人员的个体销售地域组成的。

基于前一年的销售而形成的销售目标或销售额分配,具体的计算公式为

$$\text{销售目标} = \text{销售人员上年销售额在该区域所占份额} \times \text{该区域下年目标销售额} \qquad (7\text{-}3)$$

基于销售区域的销售潜力值而形成的销售目标,计算公式为

$$\text{销售目标} = \text{销售人员销售潜力在该区域所占份额} \times \text{该区域下年目标销售额} \qquad (7\text{-}4)$$

基于上年销售额、销售潜力和该区域下年预计销售增加额而形成的销售目标，计算公式为

$$销售目标 = 销售人员上年销售额 + 销售人员销售潜力在该区域所占份额 \times \\ 该区域下年目标销售额增加值 \quad (7\text{-}5)$$

销售目标也可以用综合加权的方法设定，在这个方法中，管理部门对上年销售人员销售额所占份额和每个销售区域的销售潜力所占份额进行权重分配，然后用这些权重来计算销售人员相关销售分配的加权份额，最后按销售分配的加权份额和该区域下年目标销售额来计算销售目标。其具体的计算公式为

$$销售分配的加权份额 = 销售人员上年销售额在该区域所占份额 \times 指定的权重 + 销售 \\ 人员销售潜力在该区域所占份额 \times (1 - 指定的权重) \quad (7\text{-}6)$$

$$销售目标 = 销售分配的加权份额 \times 该区域下年目标销售额 \quad (7\text{-}7)$$

举例说明： 某个销售人员在上年的销售中取得了 1 620 万元的业绩，占其所在区域销售额的 18%。该销售人员所负责的销售地域在区域内保有 12% 的销售潜力。如果销售人员的主管要求在新的一年里，区域的销售目标是 10 000 万元，即在上年的结果上整体增加 1 000 万元，那么该销售人员的个人销售目标可以用几种方法来计算，这些方法因为对历史销售结果与销售潜力值的不同偏重而有所不同。这里有四种方法：

（1）基于上年销售额的销售目标计算结果为

$$销售目标 = 18\% \times 10\ 000\ 万元 = 1\ 800\ 万元$$

（2）基于销售潜力值的销售目标计算结果为

$$销售目标 = 12\% \times 10\ 000\ 万元 = 1\ 200\ 万元$$

（3）基于上年销售额、销售潜力值和该区域下年预计销售增加额而形成的销售目标计算结果为

$$销售目标 = 1\ 620\ 万元 + 12\% \times 1\ 000\ 万元 = 1\ 740\ 万元$$

（4）基于销售分配的加权份额（前一年的销售额和销售潜力权重分别为 50%）的销售目标计算结果为

$$销售分配的加权份额 = 18\% \times 50\% + 12\% \times 50\% = 15\%$$

$$销售目标 = 15\% \times 10\ 000\ 万元 = 1\ 500\ 万元$$

销售目标通常通过自上而下和自下而上相结合的方法来设定。在大多数情况下，最高的管理部门在企业的整体水平上设置目标，然后销售管理人员将整体目标分配给不同的销售人员。

最高管理部门通常用多种不同的计量（包括产品前一年的销售量、相关市场前一年的销售总量、竞争对手前一年的销售量，以及企业当前的市场份额）来预测销售量。在得到企业销售预测之后，销售管理者会验证这些目标是否合理，并进行必要的调整。然后管理者至少部分地基于个人在前一年的业绩情况，将设计的销售量分配给区域中的销售人员。这个计算中最重要的数据是每个销售人员的历史销售量的比例及其销售区域的销售潜力。

为了确保实现合理的实际业绩并接近计划目标，在一年中重新评估销售目标是很重要的。如果在这个检查点发现多于 90% 或少于 50% 的销售人员能如期实现自己的目标，那么我们建议管理层改变目标。这可以避免销售人员因为他们的目标马上就会实现而过早地松懈，或因为他们的目标难以实现而放弃努力。在设定目标时，一个可能的经验法则是：计划一个成功率为 75% 的目标。这可以确保足够的销售人员能实现目标，并且目标又有足够的挑战性。

7.1.3 销售人员效率衡量

通过分析销售人员的业绩,管理者可以通过调整销售计划来完善即将展开的销售活动。从销售的开始直到结束,除了年度总销售额之外,有许多方法可以用来衡量销售人员的业绩,以及销售队伍整体的业绩。管理目标就是准确地衡量一个销售团队和各个销售人员的业绩。当分析一个销售人员的业绩时,可以比较很多计量内容。这些计量与其总销售量相比,可以显示更多的有关销售人员信息。根据有关研究文献,这里列出以下几个有关比例,以便从不同的方面来评估销售人员的工作效率:

$$销售额与客户合同比率 = \frac{销售额}{与客户的合同数(电话数)} \quad (7\text{-}8)$$

$$销售额与潜在客户比率 = \frac{销售额}{潜在的客户数} \quad (7\text{-}9)$$

$$销售额与有效客户比率 = \frac{销售额}{有效的客户数} \quad (7\text{-}10)$$

$$销售额与购买力比率 = \frac{销售额}{购买力} \quad (7\text{-}11)$$

$$销售费用与销售额比率 = \frac{销售费用}{销售额} \quad (7\text{-}12)$$

这些比率对于比较不同销售区域的销售人员,以及用于检验一段时间业务的进展趋势,都是非常有效的。这些比率可以显示通常会被总销售结果掩盖的问题,特别是在那些区域大小、潜在客户数量或购买力差别较大的销售区域。

此外,这些比率还为我们提供了洞察销售业绩背后因素的利器。例如,如果某个销售人员销售额与客户合同比率低,那么这有可能暗示着需要对这个销售人员在如何与客户进行有效沟通方面进行训练。或者,它也可能暗示了该销售人员缺乏相关技能。如果每个潜在客户的购买量或平均购买力很低,那么销售人员可能没有尽全力去拓展新客户。这些计量内容显示了很多关于预测以及潜在客户开发流程方面的信息,因为它们是基于各个销售人员的整体销售地域,包括潜在的以及现存的客户而计量得出的。针对每个有效客户的销售额计量内容为我们提供了一个在最大化现存客户价值的条件下,对销售人员效率方面进行分析的有用指标。

虽然最大限度地利用每个客户的电话很重要,但是一个销售人员不可能仅通过一个电话就实现自己的目标。为了完成销售目标,销售人员必须经过一定的努力。这可通过图7-1来表示。

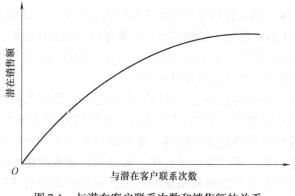

图7-1　与潜在客户联系次数和销售额的关系

虽然通过花费更多时间和精力在一个客户身上可以提高效率，但是在特定的情况下，与同一个客户过多联系，销售人员反而会遭受收益递减的尴尬。最终，由增加的沟通时间和次数而产生的平均增值业务所带来的价值会比沟通的成本要小。

如果一个销售人员的销售费用与销售额比率大体上比其他销售人员都高，那么这个销售人员对其支出的控制能力一定很低。低控制力的例子包括不必要的会见、过量印发产品小册子或举办了过多的宴请。如果某个销售人员拥有较差的相关销售结账技巧，销售支出与销售额的比例可能会很高。如果一个销售人员的费用支出与其他人员的相差无几，但是其销售额很低，那么可能表示其在某潜在客户身上花费大量支出后，并没能实现销售行为。

一个更具挑战性的销售人员业绩计量内容，涉及客户服务。客户服务难以衡量的原因在于，除了重复率和投诉数量，没有实际的数字可以用来表示它。这些有关计量中的任何一个都是有效的，但是对于那些没有重复购买、流失或抱怨投诉的客户，销售主管该如何评价为他们提供的服务？一个可能的方式是开展问卷调查，利用具体项目的量表来帮助客户量化他们的消费观点。当完成足够的调查后，管理人员就可以计算不同服务计量的评价分数。通过比较这些销售数字，管理者可以在客户服务和销售额之间建立关联，并且对销售人员的业绩进行评分。

举例说明：将客户的消费观点转化为一个可测量的计量内容，企业也许可以设置如下问题：

在收到产品后，请圈出您认为的销售人员的服务水平：

　　　　1　2　3　4　5　6　7　8　9　10
　　　非常差　　　　　　满意　　　　　　非常好

计算一个销售人员的效率并不困难，但是它确实需要追踪几个很重要的数据。幸运的是，这些数字在销售行业通常都会有完整的记录。最重要的统计信息是每次销售的金额以及该次销售所产生的贡献价值。如果某销售人员被命令重视某特定产品系列，那么追踪那些产品是否被销售了也很重要。额外的有用信息包括与客户沟通数量的量度（包括与客户面对面和电话会议的沟通）、有效客户的总数和销售区域的总客户数量。当然，后两者在计算某销售区域的购买力时也是必需的。

在业绩评价中最大的问题是只依赖于一个或两个计量项目的做法。这可能是很危险的，因为个体销售人员在某量度上的业绩可能是反常的。例如，每个电话可产生 30 000 元销售额的销售人员可能比每个电话产生 50 000 元销售额的销售人员更有价值（如果前者在每个潜在客户可以产生更多的销售额的话）。一个销售人员在某小销售地域可以带来低的总贡献价值但是高的购买力，如果是这样，那么我们建议增加该销售人员的销售地域的范围。另一个销售人员也许会在每个有效客户上显示出很大的销售额。如果他仅是通过消除购买力弱的客户而不是增加销售额来达到这个现状，那么这不足以成为他获得奖励的理由。在评估销售人员时，建议管理人员尽可能多地考虑各种可测量或可计量的内容。

虽然之前描述的客户服务调查是基于简单直接的定义，管理人员可能会发现很难收集足够的数据，或足够的有代表性的数据来测量评估。这可能是因为客户填写调查的时候会犹豫，或因为他们只在遇到了某些问题的时候，才会填写调查表。一个小的样本或普遍是负面回应的调查会扭曲调查结果。不过即便是这样，衡量顾客满意度依然是很重要的，因为只有使顾客满意才能确保销售人员不会强调错误的问题，或忽视那些对于顾客终身价值有实质性影响的问题。

7.1.4 销售分担区域与销售队伍规划

1. 销售分担区域规划

对于销售区域的规划设计，悉尼·W. 赫斯（Sidney W. Hess）和斯图尔特·A. 塞缪尔森（Stuart A. Samuels）提出了 GEOLINE 模型。该模型对区域划分的基本原理是将所有的标准地理区域（如邮编区、行政区）在划分到每个销售区域后，该销售区域的形状能使行程最少，这有利于物流配送并使销售管理成本最小。加里·L. 莉莲（Gary L. Lilien）将这一点称为紧凑性目标。除了紧凑性目标外，销售区域设计应该能够使每个销售区域内部销售活动比较均衡，使每个销售区域都能达到比较接近的销售潜力。因此，将若干标准地理区域划分给若干经销商的话，由于潜在销售潜力都是一致的，所有的经销商会感到更公平，更乐于接受这样的规划。

销售区域规划模型在实施之前，需要确定销售区域中心的起始位置，并衡量每个标准地理区域到各个销售区域的距离。

以 C_{ij} 表示将第 j 个地理区域分配给销售分担区域 i 时对目标函数的贡献，可以简化表示为销售区域中心 i 到第 j 个标准地理区域中心距离的平方和。

以 a_j 为第 j 个标准地理区域的活动衡量指标（最高为 100）。

以 X_{ij} 表示第 j 个标准地理区域分配到第 i 个市场区域的概率。

以 I 表示销售区域中心数。

以 J 表示地理区域数。

得到的销售区域规划模型的目标函数为 $\min \sum \sum C_{ij} X_{ij} a_j$。

该目标函数是从一个区域销售中心到该区域的所有标准地理区域的加权算术平方和，这里的权值取决于对该标准地理区域内销售活动的衡量结果。销售活动的衡量指标是一般性的潜量（如一个标准地理区域中的消费者购买力）或工作量（如每年拜访次数），也可以是特定的潜量（如餐馆数量）或工作量（如拜访特定对象的次数）。

该模型的约束条件如下：

工作量和销售潜力之间需要平衡，即

$$\sum X_{ij} a_j = \frac{1}{I} \sum a_j \quad (i = 1, 2, \cdots, I) \tag{7-13}$$

地理区域全部被分配，不会出现某一个标准地理区域没有被分配的情况，即

$$\sum X_{ij} = 1 \quad (j = 1, 2, \cdots, J) \tag{7-14}$$

概率非负，即

$$X_{ij} \geq 0 \quad (i = 1, 2, \cdots, I; j = 1, 2, \cdots, J) \tag{7-15}$$

通过规划求解，就可以得到 X_{ij} 的值。对于某个 j 地理区域来说，X_{ij} 所对应的最大值即说明了 j 地理区域应并入的那个 i 销售区域。如 $X_{12} = 0.2$，$X_{22} = 0.3$，$X_{32} = 0.5$，则标准地理区域 2 将被并入销售区域 3。

2. 销售队伍规划

销售队伍直接影响着企业产品的销售业绩和市场拓展，许多企业不惜花费巨资去打造一支优秀的销售团队。国外的一项调查报告显示，一般广告费用占企业销售总额的 1%~3%，而人员销售费用却占到了 8%~15%。由此可见，人员销售也是一项比较昂贵的营销手段。因此，企业应当根据实际情况控制销售队伍的规模，优化运作流程，以使销售队伍绩效最大化。

销售队伍规划设计的方法很多，如工作量分解法、销售百分比法和市场反应法等。

（1）工作量分解法。工作量分解法就是将每一个销售人员的潜在销售额与企业的预期市场需求份额进行对比，然后将工作量进行分解，从而得出销售队伍规模大小。这个方法因为简单明了而为不少企业采用，但是不太适合大型企业销售队伍的规划和设计。

（2）销售百分比法。销售百分比法就是通过已有销售收入中销售人员成本的比率来预测未来销售队伍的规模。其中关于比率的计算方式不尽相同，一般可以根据已有销售额和销售费用的百分比确定，也可以通过行业或竞争对手的销量人员比来确定。具体如何选择应根据企业的实际情况来定。销售百分比法比较适合成熟期的产品与行业。

（3）市场反应法。市场反应法即 Syntex 模型法，采用市场反应模型来确定销售队伍的规模和解决分配问题。Syntex 模型法反映了每个销售量来源及与销售人员之间的关系，即在企业资源的约束下如何将销售人员分配给每个销售来源因素以达到企业利润最大化。销售来源因素是指与企业产品潜在销售量有关的各种变量。

Syntex 模型法的第一步为确定当分配给销售来源因素 i 的总销售工作量为 X_i 时，销售来源因素 i 能够产生的销售额 $r_i(X_i)$。销售额的计算公式为

$$r_i(X_i) = b_i + (a_i - b_i)\frac{X_i^{c_i}}{d_i + X_i^{c_i}} \quad (i = 1, 2, \cdots, I) \tag{7-16}$$

式中，i 为第 i 个销售来源因素；X_i 为分配给销售来源因素 i 的总销售工作量；$r_i(X_i)$ 为当分配给销售来源因素 i 的总销售工作量为 X_i 时，销售来源因素 i 所能产生的销售额；a_i 为当分配给 i 销售来源因素的销售工作量为无穷大时，i 销售来源因素所能产生的最大销售额；b_i 为当分配给 i 销售来源因素的销售工作量为 0 时，i 销售来源因素所能产生的最小销售额；c_i 为确定 $r_i(X_i)$ 形状的参数；d_i 为竞争力指数，说明本企业销售工作量对销售额的影响。

Syntex 模型法的第二步为确定在预算期内分配给销售来源因素 i（总数为 L）的最佳总销售工作量 X_i。

目标函数为利润最大化，即

$$\max Z = \sum_{i=1}^{L} r_i(X_i) S_i g_i - CF \tag{7-17}$$

约束条件：销售队伍规模约束，即

$$\sum_{i=1}^{L} X_i e_i = F \tag{7-18}$$

式中，X_i 为在预算期内分配给销售来源因素 i 的总销售工作量（可用访问次数衡量）；Z 为企业利润；$r_i(X_i)$ 为当分配给销售来源因素 i 的总销售工作量为 X_i 时，销售来源因素 i 所能产生的销售额；S_i 为销售来源因素 i 在战略计划中预计产生的销售额；g_i 为销售来源因素 i 的销售额每增加 1 单位金额所产生的利润；C 为每个销售人员的总成本；F 为销售队伍规模；e_i 为分配给销售来源因素 i 的平均每次访问的销售人员数量；L 表示销售来源因素总数。

从经济学边际效应递减理论不难得知，销售队伍规模并非越大越好，当增加销售人员所带来的机会成本为正值时，企业就应当扩大销售队伍规模。在最佳销售队伍规模上，边际利润为 0。

另一种销售队伍规模与销售额的关系模型是销售力量市场反应函数模型，如图 7-2 所示。销售额与销售队伍规模之间存在 S 形曲线，即由于边际效应递减的规律，当销售队伍规模达到

一定值时，销售额增长幅度越来越小，直至保持在一定水平上，这就是最大市场销售额；即使企业销售人员不做任何努力，也会存在最小销售额。

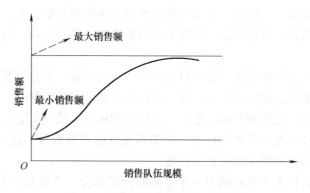

图 7-2 销售力量市场反应函数模型

3. 销售拜访规划

伦纳德·M. 劳迪什（Leonard M. Lodish）曾提出 CALLPLAN 模型，针对企业销售人员在一段时间内对潜在客户和现有客户的拜访次数，科学地制订客户拜访规划。有关调研显示，美国联合航空公司运用 CALLPLAN 模型曾经使其销售量提高了 8%。

与 Syntex 模型一样，CALLPLAN 模型也是一个经典的市场反应模型。企业销售人员的销售拜访次数与销售额的关系可以用公式表示为

$$r_i(X_i) = b_i + (a_i - b_i)\frac{X_i^{c_i}}{d_i + X_i^{c_i}} \quad (i = 1, 2, \cdots, I) \tag{7-19}$$

式中，X_i 为在一段时间内第 i 个客户的被访问次数；$r_i(X_i)$ 为预期销售额，即第 i 个客户的预期销售额；a_i 为在最大销售访问水平下，第 i 个客户所能产生的最大销售额；b_i 为在不做销售访问的情况下，第 i 个客户所能产生的最小销售额；c_i 为确定 $r_i(X_i)$ 形状的参数；d_i 为竞争力指数。

确定最佳拜访水平，建立利润最大化目标函数，即

$$\max Z = \sum_{i=1}^{I} g_i r_i(X_i) - e \sum_{j=1}^{J} n_j c_j \tag{7-20}$$

约束条件为

$$\sum_{i=1}^{I} X_i t_i + \sum_{j=1}^{J} n_j u_j \leqslant T \quad (X_1, X_2, \cdots, X_I \text{ 均为整数值}) \tag{7-21}$$

式中，g_i 为第 i 个客户的利润贡献；e 为市场反应周期（如计划时间段为一个月，反应期为 1 年，则 $e = 12$）；n_j 为到 j 地拜访的次数；c_j 为到 j 地拜访的可变成本；t_i 为销售人员拜访第 i 个客户所花的时间；u_j 为到达 j 地途中所花的时间；T 为销售人员的总工作时间，即访谈时间和途中所花时间的总和。

7.2 薪酬与销售渠道

7.2.1 销售人员薪酬

销售业绩在很大程度上决定着企业的生存，无论是金融企业还是资源型企业，都必须在销

售方面努力。销售是企业产品的出口,也是把企业的内在价值变成社会价值的一个手段和通道。企业销售能力的差别,实际上最终取决于销售人员激励体系,没有好的销售人员薪酬制度就没有强劲的企业竞争能力。销售人员薪酬体系通过多重作用机制,对企业的生存、扩张都有着极为重要的意义。从这个角度来说,销售人员的薪酬制度是否合理,与企业的运作及其利润收益具有很强的相关性。

学习和研究销售人员薪酬制度问题的目的在于,决定工资、奖金以及佣金的分配,并以此为手段,促使销售人员的销售额最大化。在为销售人员制订薪酬计划时,管理者面临四个重要的考虑因素:工资等级、工资和奖励的组合、业绩的衡量和业绩与奖金的关系。

工资等级是企业计划在一年中支付给一个销售人员的货币数量。这可以被视为一个范围,因为工资总额会随着奖金或佣金的变化而变化。

工资和奖励的组合代表了总薪酬中一个重要的分配部分。工资是具有保证性的一定金额。奖励可以有多种形式,包括奖金或佣金。奖金会鼓励一个销售人员为达到某销售目标而努力并得到一笔款项。佣金也是一种奖励,但却是通过每次销售并且依据销售额而获得的。为了发放奖励,准确地衡量销售人员在每次销售中的角色或者说作用是很重要的。销售额的高低与销售人员的个人努力因果联系水平越高,运用奖励系统也就越容易。

我们可以用不同的计量方法来衡量一个销售人员的业绩。通过以下计量内容,管理者可以评估销售人员过去、现在或未来的业绩情况:

- 过去:衡量销售人员在过去一年销售的增长百分比。
- 现在:基于现有结果将销售人员分级。
- 将来:衡量每个销售人员达成销售目标的百分比。

销售管理人员可以选择不同的组织层次来关注奖励计划。例如,奖金的支付既可以根据企业的总销售结果发放,也可以按部门或产品的业绩发放。在衡量业绩和制订薪酬计划时,管理者应当以企业的销售目标为依据来确定对销售人员的奖励额度。此外,管理者还应该明确定义衡量每个销售人员业绩的时间段。

管理者喜欢在设计薪酬体系时拥有较多的自主权。关键是首先确定销售预计值和每个销售人员的薪酬区间。在这些因素确定之后,可以有许多方法用来激励个体销售人员。

在多种奖励体系中,销售人员的薪酬结构可以表示为

$$薪酬 = 工资 + 奖金1 + 奖金2 \qquad (7-22)$$

在这个体系中,个人年度销售目标达到大约一半时就可以获得奖金1;当全部目标实现时,就可以获得奖金2。

在佣金体系中,销售人员的薪酬可以表示为

$$薪酬 = 工资 + 销售额 \times 佣金率 \qquad (7-23)$$

理论上讲,在一个100%的佣金体系中,工资可以被设置为最低0元。然而,政府管理部门对此设置了限制。管理者必须保证他们选择的薪酬结构遵守《中华人民共和国劳动法》。管理者也可以通过奖励特定销售水平或者通过提高某销售水平的佣金率,将资金和佣金组合起来综合考虑薪酬结构。

举例说明: 某公司规定销售额在1 000 000元以内的佣金率为2%,超过该点部分的佣金率为3%。假定小王的基本工资是每年20 000元,如果她在本财务年度的销售额为1 200 000元,那么她的总薪酬可以这样来计算:

$$总薪酬 = 20\ 000\ 元 + 2\% \times 1\ 000\ 000\ 元 + 3\% \times 200\ 000\ 元$$
$$= 46\ 000\ 元$$

当销售佣金率确立之后,管理者也许想重新评估销售人员的规模。基于对未来一年的销售预测,某企业或者有空缺来雇用更多的销售人员,或者需要减小销售人员的规模。根据一个给定的计划销售量,管理者可以确定一个企业达到收支平衡时所需要的员工数量,即

$$收支平衡时员工数量 = \frac{销售额 \times (利润率 - 佣金率)}{工资 + 支出 + 奖金} \tag{7-24}$$

通常用于奖励计划的计量内容包括总销售额、总贡献价值、市场份额、顾客保留率和顾客投诉数量。因为这种计划用于奖励达到销售目标的销售人员,所以可以在年初(或其他时间段)的时候制定这些目标。继续追踪这些计量内容,可以帮助销售人员和企业为年终的薪酬计划做准备。

时间选择是激励计划中的重要因素。企业必须定期收集资料,这样管理者和销售人员都可以知道他们与建立的目标之间的距离。计划所涵盖的时间范围是一个很重要的考虑因素。如果一个企业尝试通过每周奖励来激励员工,那么其薪酬计划会变得昂贵且费时;相反,如果该计划涵盖的时间太长,那么有可能与企业的预测和目标不匹配,这可能导致支付给销售人员的奖励过多或过少。为了防止这些缺陷,管理者可以制订一个长期和短期激励相结合的计划。可以把奖励和简单的、短期的计量(如每周的顾客沟通次数以及其他的因素),与一个更复杂的、长期的目标(如一年内取得的市场份额)结合起来。

奖励计划中可能产生的更复杂的问题,是销售人员的奖励分配问题。这在很多方面都可能成为问题,包括销售中的团队合作。在这种情况下,决定哪个队员该获得什么奖励是很难的。因此,管理者也许会发现,当团队达到目标时对每个队员的奖励都相同是最好的办法。

此外,需要注意的是,当一个奖励计划生效后,它可能会奖励"错误的"销售人员。为了避免这个问题,在采用任何新的体系时,建议销售管理者,将该计划应用在前一年的结果上,看其效果如何。一个"好的"计划通常会奖励那些管理者所知道的最好的销售人员。

7.2.2 销售人员追踪:渠道分析

渠道分析用于追踪与销售成果过程相关的所有当前和潜在顾客,旨在预测短期销售额和评估销售人员的工作量。更确切地说,预测即将到来的销售额,对评估工作量进行分配。创建一个销售渠道或销售漏斗,是一种预测短期销售额以及密切关注销售人员活动的便利方法。这个概念可以用图形表示,它背后的数据则以电子数据形式存储在数据库或电子表格中。

销售漏斗用来形容销售人员虽然能够接触到大量的潜在顾客,但实际上最终只有一部分顾客会进行购买。随着销售人员沿着与顾客互动的不同阶段推进,许多潜在顾客被过滤掉了。在每个阶段的最后,只有很少的潜在顾客会被保留下来。通过对每个阶段潜在顾客的数量进行追踪,管理人员可以平衡销售队伍的工作量,并对销售状况做出准确的预测。

这个分析与以前章节中讨论过的影响力等级相类似。然而影响力等级关注于广告或大众传媒的影响,销售漏斗则是用于追踪个体顾客(通常按照姓名)和销售人员的成果。

为了定义销售漏斗或销售渠道,可以通过画图来显示销售过程的不同阶段(见图7-3)。在某一年的任何一点,销售渠道的所有阶段都有可能包括一定数量的顾客。如图7-3所示,虽然可能有大量的潜在顾客,但是进行购买的顾客可能只是其中的一部分。

(1) 引起兴趣。这个阶段包含了通过诸如贸易展览、直接信件和广告而使消费者对某产

品形成认知。在引起兴趣的过程中，销售人员可以识别出潜在顾客。换言之，销售人员可以确定目标来增加潜在顾客数量。潜在顾客的两个主要类别是冷性潜在顾客和热性潜在顾客。

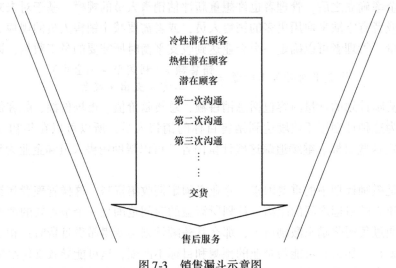

图 7-3　销售漏斗示意图

冷性潜在顾客是指并没有表现出明确兴趣的潜在顾客。这些顾客可以通过邮寄名单、电话本、业务名单等来确定。

热性潜在顾客是指有响应的被期待的潜在顾客。例如，这些潜在的顾客可能关注了网站或索要了产品信息。

（2）售前。这个阶段包括从冷性、热性潜在顾客中确定预期顾客。销售人员通过与这些潜在顾客的最初接触来进行识别，在沟通中销售人员解释产品特征和优点，并回应顾客提出的疑问。这种前期的沟通和接触所期待的结果不是销售，而是识别出企业未来的现实顾客，并为安排下一次可能的沟通和接触做铺垫。

预期顾客是指被视为一个可能购买的潜在顾客，他具备购买能力且有购买意愿。

（3）购买。在确定了预期顾客并且他答应可以被再约见后，销售人员致力于与他们的第二次和第三次面谈。在这一阶段，传统意义上的"销售"即将发生。销售人员会致力于劝说、商议或投标。如果商定了一次交易，销售人员可以通过书面的提议、合同或订单来结束交易。

（4）售后。它是指在顾客购买之后，仍然有大量的工作要做，主要包括产品或服务的交付、安装（如果需要），款项的收取和可能的培训。这之后还有继续为顾客服务的义务。

当销售人员对销售漏斗中所表述的不同阶段有了清晰的认识后，就可以更准确地追踪他们的顾客和账户。他们可以利用一个数据库或电子表格来进行电子追踪。如果一个销售渠道的表格可以在平台上共享，那么任何销售人员都可以定期地更新相关数据。这也可以让销售管理者观察团队在任何时间点的进程。

管理者可以利用储存在销售漏斗里的信息，为未来的销售做准备，这是一种渠道分析形式。当一个企业面临存货问题时，或当销售目标没有达到时，从这里会得出至关重要的信息。通过历史平均值，销售人员或营销管理者可以利用销售漏斗中的数据来改善销售情况。这可以通过手动操作完成，也可以利用特殊的软件完成。销售漏斗的一个基本假设是：任何一个阶段的失败都会导致预期顾客从漏斗中消失。以下的例子解释了这个销售漏斗的预测是如何应用的。销售漏斗表格见表 7-2。

表 7-2 销售漏斗表格示例

销售人员	引起兴趣		售前		购买	售后	
	冷性潜在顾客（人）	热性潜在顾客（人）	预期顾客（人）	第一、二次面谈（人）	第二、三次面谈（人）	送货（人）	售后服务（人）
张三	56	30	19	8	8	7	25
李四	79	51	33	16	4	14	35

利用之前的销售漏斗，某公司的销售管理者打算预测接下来 5 个月需要完成的销售量（顾客数量）。为了达到目标，该管理者应用了一些历史平均数据：

五个月中 2% 的冷性潜在顾客转变为购买力量。
四个月中 14% 的热性潜在顾客转变为购买力量。
三个月中 25% 的预期顾客进行了购买。
两个月中 36% 的接受了售前洽谈的顾客进行了购买。
一个月中 53% 的接受了购买洽谈的顾客进行了购买。
依据这些数据，可以计算出即将到来的顾客数量：

即将到来的顾客数量 = (56 人 + 79 人) × 2% + (30 人 + 51 人) × 14% + (19 人 + 33 人) × 25% + (5 人 + 16 人) × 36% + (8 人 + 4 人) × 53% = 41 人

请注意，这个例子只适用于一个产品。通常，一个企业会需要多个销售漏斗来计算多种产品或多个产品系列的销售量。此外，一次销售也可能包含单一的或上千的产品。在后者情况下，运用"平均销售额/顾客数量"来预测是比较恰当的。

为了准确地构建销售漏斗，销售人员必须保持对所有当前和潜在顾客的记录，了解销售过程中每一个顾客的状态。每个销售人员必须分享这些信息，随后这些信息可以被聚合在一个综合的销售人员活动数据库中。通过这些数据，包括从历史结果中得来的假设，企业可以预测未来的销售量。例如，如果 25% 的热性潜在顾客在两个月内转换成了购买者，并且当前有 200 个热性潜在顾客出现在销售漏斗中，管理者可估计他们中的 50 人可以在两个月内转换为购买者。

在有些情况下，销售漏斗的运用会带来预期过多的缺陷。如果一个顾客增加的贡献低于获取这个顾客所花费的成本，那么对该顾客的预期就会导致消极的结果。建议营销人员运用顾客生命周期来确定适当的范围和预期。增加购买前的销售漏斗计量可能会得不偿失，除非这个环节在销售渠道中也会体现出效果的改善。

销售循环中的困难还可能出现在这样的环节：销售人员根据一个潜在顾客的意愿和购买力就可以判断其可能成为现实顾客，为了进一步证实这个判断，销售人员必须同时证实这个顾客具有购买的决策权。为此，销售人员应该花费必要的时间去弄清楚所接触的潜在顾客可以不需要其他人的同意就能做出购买决策。

7.3 分销配置计量

分销配置计量实际上是对经销商销售的产品的可获得性给予量化，通常以所有潜在销售终端所占的百分比来表述，一般根据销售终端的类目销售额份额或所有商品的销售额份额来对其赋予一定的权重。对于通过经销商进行销售的产品而言，分销计划指标显示了某一品牌所占的市场渠道的百分比。对营销管理者来说,平衡一个企业在"推动"(建立和维护与中间商和分销商的关系)以及"拉动"(产生顾客需求)之间的努力,是一个持续的战略性考虑。

从广义上讲,营销管理者面临两大主要挑战:第一个也是被广泛认同的挑战是,确保顾客或最终用户需要企业的产品,这通常被定义为拉动营销;第二个挑战并不那么被广泛认同,但是通常与第一个重要程度相当,这就是确保顾客有购买机会的推动营销。

营销人员开发了许多计量项目,可以用来判断分销系统是否有助于创造购买机会及其配置的有效性。在这些计量项目中,最基本的内容是对产品可获得性的计量。可获得性计量被用于量化可取得某产品的销售终端数量,这些销售终端所服务的相关市场的比例大小,以及该产品在销售终端的总销售额在其所有产品销售额中所占的比重。

有三种常用的方法用来计量销售覆盖情况:①分销配置率;②全部商品数量配置率;③产品类目数量配置率,通常也被称为加权分销。

7.3.1 分销配置率

分销配置率是基于销售某产品的销售终端数量来计算的,这些销售终端应保有至少一个某产品的库存单位。分销配置率被定义为储存某特定品牌的商店与相关市场内全部商店的百分比。分销配置率的主要应用在于理解有多少终端(实际地点)储存了某产品或某品牌。这为计量供货系统和服务这些销售终端的成本提供了参考。

分销配置率的计算公式为

$$\text{分销配置率} = \frac{\text{销售某产品的终端数量}}{\text{销售相关产品的所有终端数量}} \tag{7-25}$$

举例说明:李苗的业务是向礼品商店出售相册。在她的销售地域有60个同类的商店。为了达到充分的分销覆盖范围,李苗认为她必须至少渗透到60%的商店。然而,在初步建立与每个商店的关系时,李苗必须至少提供1个价值为4 000元的存货给商店以待销售。为了达到她分销目标,李苗需要进行多少存货投入?

为了达到她60%的分销目标,李苗必须在36个(60%×60个)商店中进行产品销售。因此,她必须在存货上至少花费144 000元(36个×4 000元/个)。

7.3.2 全部商品数量配置

全部商品数量配置是以商店销售总量为权重的关于供货能力或配置能力的计量指标,它可以用货币单位价值或百分比来表示。前者称为全部商品数量配置额,后者称为全部商品数量配置率。

用货币单位价值表述的全部商品数量配置额的计算公式为

$$\text{全部商品数量配置额} = \text{销售某品牌的商店的所有商品总销售额} \tag{7-26}$$

用百分比表述的全部商品数量配置率的计算公式为

$$\text{全部商品数量配置率} = \frac{\text{销售某品牌的商店的所有商品总销售额}}{\text{所有商店的总销售额}} \tag{7-27}$$

举例说明:母亲牌玉米饼公司的营销人员,想知道他们销售网络的全部商品数量配置值(见表7-3)。商店1~3销售该公司玉米饼产品,但是商店4不销售。因此这个分销系统的全部商品数量是用商店1、2和3的总销售额除以所有商店的总销售额(不仅仅是玉米饼这一产品类目的销售额)。

表 7-3 玉米饼销售情况

商店	总销售额（元）	玉米饼销售额（元）	母亲牌玉米饼库存（箱）	牧师牌玉米饼库存（箱）
商店 1	100 000	1 000	12～24	12～24
商店 2	75 000	500	12	24
商店 3	50 000	300	12～24	0
商店 4	40 000	400	0	12～24

$$全部商品数量配置率 = \frac{销售母亲牌玉米饼的商店的所有商品总销售额}{所有商店的总销售额}$$

$$= \frac{100\,000\,元 + 75\,000\,元 + 50\,000\,元}{100\,000\,元 + 75\,000\,元 + 50\,000\,元 + 40\,000\,元} = 84.9\%$$

与分销配置率相比，全部商品数量配置计量的主要用途是方便那些储存某品牌商品的商店衡量顾客流量。全部商品数量配置，实质上是在所有经销商并非处于同一水平销售额这一事实的基础上，对分销配置率的调整。例如，在一个只有两个小商店、一个大型超市和一个零售亭构成的市场中，分销配置率会视每个销售商家为相等权重，然而全部商品数量配置会更强调在大型超市上取得的价值。在无法取得详细数据来计算全部商品数量配置时，营销人员有时会用商店的占地面积粗略地作为总销售量的权重。

全部商品数量配置的缺陷在于，不能直接提供每个商店在相关市场中推销和竞争程度的信息。一个商店可以在普通商业活动上表现很好，但可能对我们所关注的某特定商品品类的销售量很小。

7.3.3　产品类目数量配置

产品类目数量配置是对全部商品数量配置的改进，可用来检验商店销售的相关产品品类的份额，这里的商店指的是那些已经获得某特定产品供货的商店。产品类目数量配置计量能够帮助营销人员了解一个产品所取得的销售渠道是不是那些顾客搜寻相关产品常去的终端，而不是简单地拥有高客流量却并不出售企业所关注的产品的商店。

继续前述两个小商店、一个大型超市和一个零售亭的例子，虽然全部商品数量配置可能会使一个巧克力的营销人员，在高流量的大型超市中寻求产品分销渠道，但令人惊奇的是，产品类目数量配置会显示，零售亭在零食销售方面产生的销售量是最大的。因此在建立产品分销渠道时，营销管理者会被建议将零售亭作为其最好的选择。

产品类目数量配置实际上就是：至少储存特定品牌一个库存单位的商店的销售量与该区域全部商店销售量的比值。可以用百分比或货币价值来表示，其计算公式分别为

$$产品类目数量配置率 = \frac{销售某品牌的商店的该类目产品总销售额}{所有商店的该类目产品总销售额} \tag{7-28}$$

$$产品类目数量配置额 = 销售某品牌的商店的该类目产品总销售额 \tag{7-29}$$

当可获得详细的销售数据资料时，产品类目数量配置可以作为类目内某品牌市场份额的重要指标。如果销售数据不可获得，营销人员可以通过商店相关产品类目的面积来粗略测算产品类目数量配置率，将其作为分析该类目在一个特定商店或某类型的商店产品配置的重要指标。

举例说明：母亲牌玉米饼公司的营销人员想知道，其产品在渗透到那些顾客购买玉米饼常去的商店中的效率如何。利用之前例子中的数据：商店 1、2 和 3 存有母亲牌玉米饼，商店 4 没有。母亲牌玉米饼的产品类目数量配置率可以通过商店 1～3 中玉米饼总销售额除以整个市

场中的玉米饼销售额来计算。

$$产品类目数量配置率 = \frac{销售母亲牌玉米饼的商店的该类目产品总销售额}{销售玉米饼的所有商店的该类目产品总销售额}$$

$$= \frac{1\,000\,元 + 500\,元 + 300\,元}{1\,000\,元 + 500\,元 + 300\,元 + 400\,元} = 81.8\%$$

1. 总配置

总配置是指单个计算的关于一个品牌的所有库存单位的全部商品数量配置或产品类目数量配置的总和。它与简单的全部商品数量配置或产品类目数量配置不同,这两个计量基于全部商店至少有一库存单位某品牌的全部商品或产品类目的销售量,而总配置反映了拥有该品牌商店的库存单位数量。

2. 类目业绩比率

类目业绩比率是指某经销商在给定产品类目的相关业绩与其在所有产品类目中的业绩的比值。

通过比较产品类目数量配置和全部商品数量配置,类目业绩比率使我们对一个品牌的分销网络销售某类目产品的效率有了更深刻的认识。我们所关注的品牌当然包括在这个类目中,而我们所说的效率是与所有成员相互竞争的销售网络的平均效率相比。类目业绩比率的计算公式为

$$类目业绩比率 = \frac{产品类目数量配置率}{全部商品数量配置率} \tag{7-30}$$

如果一个分销网络的类目业绩比率大于1,那么相对于整个市场来说,这些终端所组成的销售网络在销售我们所关注的类目产品方面是更加有效的。

举例说明: 如前面提到的,母亲牌玉米饼分销网络的产品类目数量配置率是81.8%,它的全部商品数量配置率是84.9%。因此,它的类目业绩比率是96.3%。这说明该公司虽然成功获得了在玉米饼市场上最大商店的分销渠道,但是相对于整个市场来说,这些商店中玉米饼产品的销售额稍低于所有商品销售额的平均值。换言之,相对于这个市场上所有的商店来说,那些销售母亲牌产品的终端在玉米饼这一产品类目上的关注度略显薄弱。

在许多市场中,有诸如像尼尔森这样的数据提供商,它们专门收集关于市场配置的信息。在其他市场中,企业必须收集自己的数据,可以从销售人员报告和运输发票开始。对于某些产品,特别是体积小、价值高的产品,通常计算拥有该给定产品销售商家的数量相对容易;对于体积大、成本低的产品,确定储存该产品的销售商家数量则比较困难,并且需要一些假设条件。以出售某特定软饮料的销售商家数量为例,为了得到准确的数字,营销人员需要计算包括自动售货机和小摊贩以及普通的杂货店的数据。

销售商家的总数量通常是大约的数字,我们可以通过量化销售空间(以平方米衡量)的方法,并且将这个衡量应用在该销售空间面积的平均销售量上。在缺少特定产品类目销售数据的情况下,衡量全部商品数量配置以取得近似的产品类目数量配置值是很有用的。例如,营销人员也许知道药房与大型超市相比,其整体销售量不如大型超市,但对某种药物的销售量更多。在这种情况下,他们也许会增加药房相对于超市在相关分销范围评估的权重。

7.3.4 相关的计量指标和概念

(1)展位。它是指在堆满商品的货架上,从正面可以看到的某个商品的单个包装。

（2）货架占有率。它是量化某品牌在货架展示中的突出程度计量，即给定品牌的展位数与总的展位数之比。其计算公式为

$$货架占有率 = \frac{某品牌的展位数}{总的展位数} \tag{7-31}$$

（3）商店与品牌量度。它体现营销人员参考商店销售链给出的全部商品数量配置。这既可以是一个金额数值，即在相关区域市场销售链中全部品类的总销售额，也可以是百分比数值，即销售额在所有商店中的份额。某品牌的全部商品数量配置，是储存该品牌的销售链与商店全部商品数量配置的总和。因此，如果一个品牌被一个市场中的两个销售链储存，并且这些销售链各自有40%和30%的全部商品数量配置，那么该品牌分销网络的全部商品数量配置是30% + 40% = 70%。

营销人员也会参考销售链中某特定类目的市场份额，这与参考销售链的产品类目数量是等同的。而某品牌的产品类目数量配置，表示了销售链中储存该品牌的产品类目数量配置的总和。

（4）库存。库存是指储存的实际货物水平。通常在不同的渠道阶段测量。一个零售商的货物也许正从供应商订购而来、在仓库中、正在转移到商店中、在商店后备货仓中，以及可能在商店货架上。

（5）配置幅度。这个数字可以通过库存单位量的数量来量度。通常一个企业会有大量的库存单位而且配置幅度广，特别是对于那些销售中最受欢迎的产品而言。

（6）商店特别打理。它是指在给定时间段内进行促销的商店所占的比重。可以通过产品或全部商品数量配置来量度。

（7）全部商品数量配置展示。由于展示商品的地点不同，全部商品数量配置计量的值也可能因此不同。如果商品并非展示在一个能被销售的位置，那么这会降低产品的分销配置率。

（8）全部商品数量配置促销。营销人员用该指标衡量那些商品正在促销的全部商品数量配置。这是确定商品对促销的依赖度最简单而且有效的方法。

7.4 供应链与盈利

7.4.1 供应链计量

物流跟踪的目的在于检测企业在管理产品配置和物流过程中的有效性，以确保企业最大限度地满足顾客需求。如果正确的货物并没有及时或者没有按照顾客所需的数量运送到适当的销售场所，那么许多潜在销售机会就会流失。在这方面要做到万无一失是比较困难的，而当以下情况发生时，确保供应满足需求就更难了：①企业销售多种存货单位的产品；②在产品分销过程中，有很多不同水平的供应商、仓库和商店参与进来；③产品品种频繁变换；④供应渠道为顾客提供友好的退货政策。

在供应链领域，通过应用核心的计量指标并与历史标准和准则比较，营销人员可以确定其分销渠道分布，以确定在作为顾客供应链方面的表现如何。通过监测物流系统，管理者可以探究以下问题：企业的销售量损失是由于向一个在正在促销的商店运送了错误的产品而造成的吗？企业是否被迫支付在仓库或商店中滞留过久的过期产品的处理费用？

1. 缺货率

这是用来量化零售商店数量的计量，这些商店是指那些预计可向顾客提供某产品但实际上

没有提供的商店。缺货率通常表示为一个百分比，具体的计算公式为

$$缺货率 = \frac{列有品牌或产品但无现货可供出售的终端数}{列有品牌或产品的终端总数} \tag{7-32}$$

在供应链中，"列有商品"通常是指供应商已经"授权"分销的品牌或商品。因为不同的原因，货单上有产品并不确保在货架上有产品。当地管理者也许不同意分销，或者某产品已被分配供货到该地但却卖完了。营销人员必须注意缺货率是基于分销数量、全部商品数量、产品类目数量，还是某供应链的分销商店的百分比。存货率等于1减去缺货率。3%的缺货率相当于97%的存货率。

2. 产品类目数量配置净缺货

它是指某给定商品分销网络的产品类目数量配置中所需调整的缺货情况。这个缺货计量可用产品类目数量配置率乘以一个可认识到缺货状况的因素。这个因素等于1减去缺货率。其计算公式为

$$产品类目数量净缺货率 = 产品类目数量配置率 \times (1 - 缺货率) \tag{7-33}$$

3. 准时交货率

在营销物流学中，有许多关于服务水平的量度，其中一个就是能否准时交货。这个计量记录在承诺的时间内顾客收到订货的比例。其计算公式为

$$准时交货率 = \frac{承诺时间内交货的数量}{承诺时间内应交货的数量} \tag{7-34}$$

4. 库存

库存就像缺货率和服务水平一样，这个计量内容应该被追踪。例如，在监测库存时，一个成衣零售商不仅需要知道商品的品牌，还需要知道商品的大小。例如，仅仅知道商店中有30双小山羊皮的登山靴是不够的，特别是当这些靴子都是同一型号而大部分顾客都不合适穿的时候。

通过追踪库存，营销人员可以确定在物流过程的不同阶段，如在仓库、转移到商店途中或是在零售处的货物比例。这个信息的重要程度取决于公司的资源管理策略。例如，有些企业会寻求将大部分的存货放在仓库中，特别是当其有很有效率的运输系统，可以极快地将货物运到商店的情况下。

5. 存货周转次数

存货在一年中周转的次数可以根据与商品相关的收入以及保存货物的水平来计算，也就是用分销网络中的商品销售收入除以该商品的平均库存。该计算结果表明商品存货在流通过程中的流动速度，计算结果的数值越大，流动的速度就越快。存货周转次数的计算可以针对企业、品牌或库存单位，并且也可以在分销链条中的任何阶段来计算，但是它们通常与每个客户的关联比较大。需要注意的是：在计算存货周转次数时，销售额和存货的货币价值必须以成本价或批发价为基础，或以零售价、转售价为基础，但是这两个基础不能混用。存货周转次数的计算公式为

$$存货周转次数 = \frac{年度产品收入}{平均存货价值} \tag{7-35}$$

6. 存货周转天数

存货周转天数表明在某一特定时间内，现有存货可供销售的天数。从一个稍微不同的角度

来看，这个数字指出了为了避免缺货的预计时间。存货周转天数的计算公式为

$$存货周转天数 = \frac{365}{存货周转次数} \tag{7-36}$$

这个计量内容同样解释了存货在销售过程中的流动速度。较高的存货周转次数相应地具有较少的存货周转天数，企业可通过在存货投入方面的有效运作，来增加获利能力。

举例说明：一个成衣零售商，在年初的1月1日有价值60万元的袜子存货，在年底的12月31日有80万元的袜子存货。这一年的袜子总销售收入是350万元。为了估算一年的平均袜子存货，管理者会利用开始和结束的平均存货价值，来计算存货周转。

$$平均存货价值 = \frac{60 万元 + 80 万元}{2} = 70 万元$$

$$存货周转次数 = \frac{350 万元}{70 万元} = 5 次$$

如果存货周转次数是每年5次，那么存货周转天数为

$$存货周转天数 = \frac{365 天}{5} = 73 天$$

有些企业和供应链保有复杂的库存追踪系统，但也有些企业必须基于相当不完善的数据来评估物流计量。更多的生产商在购买调查数据时也会遇到困难，因为采集这类信息的商家们开始限制对其数据获取的可能机会，并且有开出高价的趋势。通常，仅有的可获得的数据来源于不完整的商店审计，或由销售人员填写的报告，而通常销售人员的工作量都是超负荷的。营销人员希望有以下可靠的计量：

1）对于每个主要顾客而言，在每个分销环节的库存单位的数量和价值。
2）由供应商和商店衡量的以库存单位表示的缺货率。
3）准时交货并且数量正确的顾客订单比例。
4）追踪系统中的存货数量与实际存货不符的数据（这个计量可用来帮助衡量损耗或丢失造成的损失）。

当考虑到存货的货币价值时，在计算公式中应用可比的数字很重要。在这个方面，不一致和混淆的典型例子是：一个企业可能会将零售货架上的货物价值算入商店的成本，而这可能包括了大约全部的直接成本；或者，企业可能以零售价格计算那些为特殊目的而储存在仓库中的产品价值，这个结果也可能与调整后的会计结算值不同。

当评估库存时，管理者必须为那些不能被单独追踪的产品建立一个成本核算系统。这样的系统包括：①先进先出，第一个收到的存货要第一个被销售；②后进先出，最后一个收到的存货第一个被销售。

选择先进先出或后进先出的统计方法，会对通货膨胀期间的经营有很大影响。在通货膨胀期间，先进先出法会降低所销售产品的成本，因为这是以未发生通货膨胀时的可获得价格为基础的。同时它会视存货价值在其最高水平上，换言之就是最近的价格。后进先出的财务影响恰恰相反。在某些产业或行业，存货管理是一项核心技术。例如，在成衣产业或行业中，零售商必须确保自己的存货不被上一季的流行时尚淘汰；在高科技行业，科技的快速发展会使产品在仅仅上市几个月后就很难出售了。

在物流管理中，企业必须清楚，构建奖励结构可能会导致未达到最优标准。例如，应该切记不要仅仅因为最小化缺货，而对一个库存管理人员进行奖励，否则便很有可能刺激过度购

买，也就是不考虑持有库存成本。在这个方面，管理者必须确保奖励系统足够完善，不去奖励那些不良行为。

企业必须对于存货管理中的目标现实一些。在多数企业中，使全部产品在任何时间都有货的唯一方法是增加存货量。这可能会产生大量的仓库成本。在购买存货上的花费，可能会占用企业大量的资本，并且这会导致需要大量无法弥补的花费来处理过期的产品。有效的物流和存货管理要在持有存货成本和由缺货导致的销售机会流失之间寻求正确的平衡点。

7.4.2 相关的计量和概念

1. 延期或补偿促销商品

该类计量内容评估无促销商品现货对一个商店促销该商品的影响。一个典型的例子是，商店会保存这样的记录：因为销售完了正在促销的商品，商店会提供给顾客可替代的商品。延期或补偿促销商品可以表示为售出非促销商品的百分比，更确切地说，表示为被列入促销收入但却没有被列为促销商品的销售收入比例。

2. 错运

这个计量内容衡量未能准时或未能以正确数量送达顾客手中的货物数量。

3. 扣除

这个计量内容衡量由于不正确或不完整运输、货物损坏、退货或其他因素而造成的从客户发票中扣除的价值。通常，区分扣除的不同原因很有意义。

4. 过时率

这对于很多零售商，特别对那些涉及时尚和科技产品的零售商而言，是至关重要的一项计量内容。它通常表示为过时产品的货币价值或者由过时产品组成的货物价值占总货物价值的比例。如果过时率很高，那么该企业很有可能持有大量需打折销售的产品。

5. 缩水

这通常是丢失的委婉说法。它表述了这样一种现象：存货的实际价值比记录的存货价值低。其原因在于无法解释的数量减少。通常以存货的实际价值占记录价值的比例来表示。

6. 渠道销售量

它是指拥有足够存货可供销售的供应零售商和批发商所需的销售量。

7. 消费者购货率

消费者购货率是指消费者从零售商和批发商处进行的购买比率，这与零售商或批发商从供应商处的购买相对应。当消费者购货率比供应商/生产商的销售率高时，存货水平就会下降。

8. 货物转移或商品转移

这是指商品被销售到一个顾客之后又被卖给另一个顾客。例如，在促销价格下，一个药品零售商购买了过多的维生素产品，它就可能会将多余的数量运送到其他的商店去销售。

7.4.3 盈利能力计量方法

在营销实践中，营销人员常常需要对个别产品和品类的效益及其盈利能力进行评估。零售产品和品类的盈利能力计量方法，通常与其他衡量盈利能力的计量方法类似，如用产品单位利润百分比来表示。然而，针对零售商和经销商则需要进行一些改进。例如，降价可以用折扣率和原始价格的比率来计算；存货投资的毛利率可以用利润除以存货成本来计算，并表示为比例或百分比；产品直接盈利额是考虑了其他诸如存储、维持和供应商折让等成本对利润进行修正而计算出来的。

营销人员通过监测降价，可以加深对库存单位盈利能力的理解，这通常是非常重要的。存货投资的毛利率是确定销售率是否与存货水平相匹配的重要计量。产品直接盈利额理论上是一个很重要的量度，但却并不常用，而且通常会被其他方式的计量所替代（如基于活动的成本）。

零售商和经销商在选择何种产品来销售，以及停止销售哪种产品以便为新产品腾出空间等问题时，有很多不同的选择。通过衡量产品的库存单位盈利能力，管理人员可以找到产品最优化决策的思路。盈利能力计量在定价、产品展示和促销活动中是非常重要和有用的。

影响或反映零售盈利能力的数据包括降价、存货投资的毛利率以及产品直接盈利额。

1. 降价

降价并不总是适用于流动很慢的货物。然而，超过预算的降价通常可视为产品分类、定价或促销失误的信号。降价通常表示为常规价格的百分比。作为一个独立的计量内容，降价有时候很难解释得清楚。降价这个计量内容量化了商店对库存单位价格的减少。通常以每单位或者库存单位的总和来表达，按照货币值或原始价格的百分比来计算。其相关的计算公式为

$$降价额 = 库存单位的原始价格 - 销售的实际价格 \quad (7\text{-}37)$$

$$降价率 = \frac{降价额}{库存单位的原始价格} \quad (7\text{-}38)$$

2. 存货投资的毛利率

存货投资的毛利率是将投资回报率这个概念应用于库存，通常库存被视为零售商最重要的资本元素。这个计量内容量化了产品与它们可获得的存货投资相关的盈利能力。存货投资的毛利率用销售产品的毛利润除以相关库存的成本来计算。具体的计算公式为

$$存货投资的毛利率 = \frac{产品销售的毛利润}{按成本计算的平均存货价值} \quad (7\text{-}39)$$

3. 产品直接盈利额

产品直接盈利额的处理与作业成本法类似，在作业成本法下，一系列成本被赋予权重，通过成本驱动因素分配到具体的产品中。在测量产品直接盈利额时，将诸如存储、处理、厂商折让、担保和其他财务因素纳入，来计算具体产品销售中的利润。

产品直接盈利额是以一个简单的定义为基础的，但是它可能很难在实践中衡量。产品直接盈利额的计算由几个阶段组成：首先是确定关注的商品的毛利；然后考虑其他与产品相关的收入，如从供应商那里得到的促销折扣；最后对这个毛利数字进行修正，并用修正后的毛利减去分配的直接产品成本。

产品直接成本是将产品提供给顾客而产生的成本，通常包括仓库直接成本、运输直接成本和商店直接成本。其计算公式为

$$产品直接成本 = 仓库直接成本 + 运输直接成本 + 商店直接成本 \quad (7\text{-}40)$$

产品直接盈利额可以表示为从调整后的毛利润中减去产品直接成本。如前所述，产品直接盈利额的含义很简单。然而，在计算或预估相关成本时可能会产生困难。通常，计算个别库存单位的直接成本，需要一个详尽的基于活动的成本核算系统。因为获得相关数据比较困难，产品直接盈利额的计算不太受重视。其计算公式为

$$产品直接盈利额 = 毛利润 - 产品直接成本 \quad (7\text{-}41)$$

然而为了精准评估个别库存单位的真正盈利能力，营销人员还需要考虑其他计量内容，如

收货、储存和整理等不同的成本因素。对不同的商品，其成本因素之间的差异是很显著的。例如在杂货店中，仓库内和货架上冷冻食物的成本很高，即销售每单位冷冻食物的成本比仓库内和货架上罐装类产品的成本高。

举例说明： 前述提到的成衣零售商想进一步探索袜子产品线的盈利能力。为了达成目标，他们汇集了以下信息：当年该零售商的袜子总销量收入是350万元，袜子产品的毛利率为10%，因此，当年该零售商的袜子毛利润为35万元。袜子有货位津贴，基本上是生产商支付给零售商的货架空间费用，总数为每年5万元。零售商的仓库商品总值为每年1000万元。袜子占用了0.5%的仓库空间。估计与袜子相关的商店和分销成本总额为8万元。根据以上信息，零售商计算并调整了袜子产品线的毛利润。

$$调整后的毛利润 = 毛利润 + 额外利润$$
$$= 35\text{万元} + 5\text{万元} = 40\text{万元}$$

然后零售商计算出袜子产品线的产品直接成本，即

$$产品直接成本 = 商店和分销成本 + 仓库成本$$
$$= 8\text{万元} + (0.5\% \times 1000\text{万元}) = 13\text{万元}$$

以此为基础，零售商计算出袜子产品线的产品直接盈利能力。

$$产品直接盈利额 = 毛利润 - 直接产品成本$$
$$= 40\text{万元} - 13\text{万元} = 27\text{万元}$$

在对存货投资的毛利率的计算中，确定持有的按成本计算的库存价值是很重要的。理想的做法是将此作为一个时期的平均值。通常用最初和最终阶段持有的平均库存量来当作替代值，一般情况下这是（但也并不总是）一个可接受的近似值。为了进行存货投资的毛利率计算，计算毛利润是必要的。

评估产品直接盈利能力主要考虑之一是一个企业准确获取大量分析数据的能力。产品直接盈利额的计算需要对仓库、分销、直接商店和其他与产品相关的成本的估算。为了采集这些信息，有可能需要收集全部分销成本，并且根据成本驱动因素进行分析。

持有的存货以及因此产生的成本会随着时间的变化而变化。虽然常常会通过取一时期的开始和结束的平均库存数量，但并非总是如此。季节性的因素也可能会干扰这些数据的收集。另外，企业在一年当中比它在年初或年末会持有实质上更多或更少的存货。这可能会对产品直接盈利额的计算造成主要影响。

产品直接盈利额也需要一个辅助的与产品销售相关的收入来量度。产品直接盈利额是一个很重要的概念，它试图解释零售商在将产品转移给顾客时产生的一系列成本。唯一的缺陷在于这个计量的复杂性，因此很少有零售商能实际运用它。然而，许多企业通过类似于活动导向的软件程序不断尝试实现它的潜在意义。

最后，还需要注意这样一个相关的计量内容，即"购物篮"利润，该计量表示零售交易的整体利润，可能会包括大量的不同产品。这个集合的交易被命名为某顾客购买的一"篮子"产品。企业盈利能力中的一个主要因素是除了主要产品外，它销售辅助产品的能力。在某些企业，更多的利润是通过附属产品而不是核心产品取得的。在电影院销售的饮料和零食就是一个典型的例子。按照这一思想，营销人员必须理解企业中每个产品的作用，它是一个可产生顾客流量的产品，还是增加每个顾客"购物篮"大小的产品，又或是最大化其自身利润的产品。

本章小结

本章讨论了销售地域的界定和管理问题，指出企业在界定或重新界定销售地域时，应当努力做到平衡工作量，平衡销售潜力，发展小型紧密的销售地域。市场营销管理人员要尽力平衡销售人员的工作量和销售潜力。

本章还讨论了建立销售目标的重要性，指出在设定目标时，经营管理人员应当努力鼓励并帮助销售人员拓展能够带来最大可能的销售量。目标必须是清晰的、可衡量的。通过分析销售人员的业绩，管理者可以通过改变销售计划来完善计划中的销售活动。企业销售能力的差别，实际上最终取决于销售人员激励体系的设计，没有好的销售人员薪酬制度就没有强劲的企业竞争能力。

本章还探讨了渠道分析的作用和意义。渠道分析用于追踪与销售成果过程相关的所有当前和潜在顾客，这种分析旨在预测短期销售额和评估销售人员的工作量。通过追踪每一阶段的潜在顾客数量，销售管理人员可以平衡团队中的工作量，并且做出准确的销售预测。分销配置计量是对通过经销商销售的产品的可获得性给予量化，通常以所有潜在销售终端所占的百分比来表述。学习和研究分销配置计量的目的在于衡量一个企业将产品销售给顾客的能力。

最后，本章还讨论了供应链中的有关计量问题以及盈利能力的计量方法，既要有效地做好物流管理，又要做好库存管理，管理人员需要在这两者之间做好平衡。在营销实践中，对个别产品和类目的效益及其盈利能力进行评估，也是营销管理人员的基本功之一。

测试题

1. 销售人员花在业务出差方面的时间多少可以作为销售地域的计量指标。（对/错）
2. 渠道分析用于追踪与销售成果过程有关的所有当前和潜在顾客。（对/错）
3. 货架占有率是某品牌的货架展位数与货架全部展位数之比。（对/错）
4. 全部商品数量配置率的主要用途是便于那些储存某品牌商品的商店衡量顾客流量。（对/错）
5. 产品类目数量配置率用来检验商店出售的相关产品品类的份额。（对/错）
6. 出售某品牌的商家品类总销售额与所有商家该品类总销售额之比称为（　　）。
   A. 产品类别数量配置率　　　　　　　　B. 全部商品数量配置率
   C. 分销配置率　　　　　　　　　　　　D. 供货分布率
7. 所制定的营销目标除了具有可实现性和确切性之外，还应具有（　　）特征。
   A. 可衡量性　　　　B. 现实且有时限性　　　　C. 实效性
   D. 时效性　　　　　E. 激励性
8. 按销售漏斗原理，营销人员可识别出的潜在顾客类别包括（　　）。
   A. 忠诚顾客　　　　B. 非忠诚顾客　　　　C. 潜在顾客
   D. 冷性潜在顾客　　E. 热性潜在顾客
9. 在可能的范围内它们可以被管理者和销售人员形象化且被理解，这是指销售目标是（　　）。
   A. 确切的　　　　　B. 可衡量的　　　　　C. 可实现的
   D. 现实的　　　　　E. 有时限性的
10. 销售某品牌的销售商家总销售额与所有商家的总销售额之比，称为（　　）。
    A. 分销配置率　　　　　　　　　　　　B. 分销配置比率
    C. 全部商品数量配置率　　　　　　　　D. 全部商品数量配置额

练习题

1. A 公司按行政区域将目标市场划分为 11 个标准地理区域,现公司计划将这 11 个区域分配给 2 个销售,分担区域统管。有关数据见表 7-4 和表 7-5（D_j 表示地理区域；S_j 表示销售区域）。市场潜量（潜在市场指数）反映各地理区域的市场活动潜力（最高为 100）。要求运用 Excel 工具制定 A 公司销售分担区域规划方案。

表 7-4　各地理区域到两个销售区域的距离　　　　　　　（单位：km）

S_j \ D_j	D_1	D_2	D_3	D_4	D_5	D_6	D_7	D_8	D_9	D_{10}	D_{11}
S_1	4	3.5	4.5	2	2.3	3.8	0	2.2	2	2.5	4.2
S_2	3.8	2	1	3.2	1	0.8	3.3	2.5	5.2	5	5

表 7-5　各地理区域的市场潜量（满分为 100）　　　　　（单位：分）

D_1	D_2	D_3	D_4	D_5	D_6	D_7	D_8	D_9	D_{10}	D_{11}
45	60	50	70	60	50	80	90	60	40	35

2. FT 公司是一家耐火材料制造商,主要生产 A 和 B 两种产品。由于公司产品的目标市场主要是钢铁企业,因此公司主要采取人员销售的方法进行营销活动。公司计划使用销售人员 1 500 名。营销主管要求合理确定 A 产品和 B 产品各自需要的营销人员数量。营销人员通过对以往销售工作量（访问次数）与销售额进行测算,得到表 7-6。请制定 A 产品和 B 产品最佳营销人员安排方案,说明 A 产品和 B 产品各分配多少销售人员。

表 7-6　A 产品和 B 产品销售队伍规划基础数据

	A 产品	B 产品
最大销售额（a_i）（元）	9 200	9 500
最小销售额（b_i）（元）	5 500	5 600
竞争对手销售工作量（d_i）（次）	700	500
平均一次访问的销售人员数量（e_i）（人）	6	5
每增加单位销售额所产生的利润（g_i）（元）	45	35
计划内预测销售额（S_i）（元）	7 800	8 000
每个销售人员的总成本（C）（元）	600	
计划销售队伍规模（F）（人）	1 500	

3. 为了与顾客保持长期良好关系,FT 公司管理层决定定期拜访现有顾客,了解产品使用情况,一来能使顾客感受到重视,提高对本公司的信任度与满意度；二来顾客的反馈意见也能促使公司不断改善自身产品与服务。为此,要求营销部门针对重庆、武汉、北京和上海四地总共 6 家大客户,确定最佳销售拜访规划,在 7—12 月 6 个月内进行。市场营销部门经过调研确定的基本参数见表 7-7。请为公司制定销售拜访规划,确定各地顾客的最佳销售拜访次数。

表 7-7　FT 公司销售拜访规划基本参数

	重 庆		武 汉		北 京	上 海
	顾客 1	顾客 2	顾客 3	顾客 4	顾客 5	顾客 6
最大销售额（a_i）（万元）	1 300	900	1 800	2 000	1 500	2 100
最小销售额（b_i）（万元）	500	450	900	1 000	1 000	1 500
竞争力水平（d_i）	2	1	2	3	1	2
到 j 地的次数（n_j）（次）	5		5		2	3

(续)

	重庆		武汉		北京	上海
	顾客1	顾客2	顾客3	顾客4	顾客5	顾客6
到达 j 地途中所花的时间（u_j）/天	1		1		2	2
到 j 地所产生的可变成本（c_j）（万元）	250		220		300	290
访问时间（t_i）/天	3	2	3	3	6	5
顾客利润贡献（g_i）（万元）	45	30	35	40	55	50
预期销售额参数（c_i）	1	1	1	1	1	1
销售人员总时间（T）/天	31					
市场反应周期数（e）/月	6					

第 8 章

价 格 策 略

本章目录

8.1 价格溢价
8.2 保留价格和物有所值百分比
8.3 需求价格弹性
8.4 最优价格
8.5 剩余价格弹性与囚徒困境定价

学习目标

1. 掌握计算价格溢价的常见方法
2. 理解保留价格和物有所值百分比的基本概念
3. 理解需求价格弹性的定义及计算方法
4. 理解最优价格与需求函数的基本原理
5. 理解剩余价格弹性与囚徒困境定价方法

8.1 价格溢价

有关价格战略和策略的全面评估并不属于本书的讨论范围,然而,在价格选择分析方面确实有一些关键的计量和定义。在市场竞争条件下如何评估产品价格,是营销人员所面临的一个挑战。虽然有不同的基准价格可以用来比较各品牌产品的价格,但是管理者们都试图衡量市场上的"平均价格"。通过比较品牌产品价格和市场平均价格,管理者们可以得到有关制定价格的富有价值的信息,特别是如果在数量和市场份额变化的情况下审视这类信息,对企业来说就更有意义了。事实上,价格溢价(也被称作相对价格)是一个在营销人员和高级管理者间被普遍应用的计量内容。一项在多个国家所做的调查显示,有60%以上的企业会公开报告其品牌产品的相对价格。

价格溢价或相对价格是指某产品的销售价格超出(或不足)其基准价格的百分比。营销人员需要监测价格溢价,将其作为早期定价策略的指示器。价格溢价的变化也可以作为产品库存短缺或过剩的标志,或者供求关系中其他变化的标志。更确切地说,价格溢价就是某特定品牌产品的销售价格超出(或不足)某近似产品或一篮子产品的基准价格的百分比。

在计算价格溢价时,管理者必须首先设定一个基准价格。一般来说,某品牌商品的价格也是计算基准价格的一个要素,并且所有的基准价格都是以同等数量来表示的(如每升的价格)。这些作为基准的价格至少分为以下四种:①某一个特定竞争对手或多个竞争对手的价格;②平均支付价格,即该品类中单位销售量的加权平均价格;③平均要价,即该品类的简单平均价格(非加权);④平均显示价格,即该品类中显示的加权平均价格。

1. 某个特定竞争对手的价格

价格溢价最简单的计算方法就是将某品牌产品的价格与其直接竞争对手的价格进行比较,可以用价格溢价率表示。其计算公式为

$$价格溢价率 = \frac{产品售价 - 竞争对手售价}{竞争对手售价} \tag{8-1}$$

举例说明:甲公司的决策者注意到,在市场上A品牌矿泉水的售价是2.0元/L,但是,甲公司的主要竞争对手乙公司销售的B品牌矿泉水(A产品的近似产品)的售价是1.9元/L。则

$$A品牌矿泉水价格溢价率 = \frac{2.0元/L - 1.9元/L}{1.9元/L} = 5.3\%$$

当评估一个品牌产品和多个竞争对手的价格溢价时,管理者可以用从竞争对手中选出的其中一部分计算出平均价格,将其作为基准价格。

2. 平均支付价格

另一个有用的基准是顾客支付于给定品类品牌的平均价格。这个平均价格至少可以用两种方法计算:①该品类中按市场份额计算的加权平均价格;②品类总销售收入和品类总销售数量的比率。这里,市场的平均支付价格包括本品牌的产品价格。基于平均支付价格的价格溢价率计算公式为

$$价格溢价率 = \frac{产品售价 - 平均支付价格}{平均支付价格} \tag{8-2}$$

同时还应注意到,单位份额的变化也会影响平均支付价格。如果一个低价品牌占据了高份额,平均支付价格会下降。这会导致该企业的价格溢价率升高,即使它的绝对价格并没有变化。同样,如果一个品牌的价格达到了溢价水平,这个溢价会随着其市场份额的增加而降低。原因是,随着溢价而增加的市场份额,会导致其市场中的整体平均支付价格升高。反过来,这也会降低品牌和市场平均价格间的差别。

举例说明:某地矿泉水市场总额为10 000元,甲公司想比较其品牌价格和在市场中相似产品的平均支付价格。甲公司自己的矿泉水售价为2.0元/L,并且拥有20%的市场份额。其高端竞争对手乙公司产品的售价为2.1元/L,并且占有10%的市场份额。丙公司以1.9元/L的价格出售,且占有20%的市场份额。最后,廉价的丁公司产品售价为1.2元/L,控制了50%的市场。

按方法一计算的平均支付价格为

$$平均支付价格 = 20\% \times 2.0元/L + 10\% \times 2.1元/L + 20\% \times 1.9元/L + 50\% \times 1.2元/L = 1.59元/L$$

$$甲公司产品价格溢价率 = \frac{2.0元/L - 1.59元/L}{1.59元/L} = 25.8\%$$

按方法二计算平均支付价格时先要计算市场总销售量,具体计算过程为

$$市场总销售量 = 10\,000元 \times \left(\frac{20\%}{2.0元/L} + \frac{10\%}{2.1元/L} + \frac{20\%}{1.9元/L} + \frac{50\%}{1.2元/L} \right)$$

$$= 1\,000L + 476L + 1053L + 4167L = 6\,696L$$

$$\text{平均支付价格} = \frac{10\ 000\ 元}{6\ 696L} = 1.493\ 元/L$$

$$\text{甲公司产品价格溢价率} = \frac{2.0\ 元/L - 1.493\ 元/L}{1.493\ 元/L} = 33.96\%$$

当以平均支付价格为基准来计算溢价时，管理人员可以用品牌的销售收入市场份额（以货币价值表示）除以它的销售数量市场份额。如果销售收入市场份额和销售数量市场份额相等，那么就没有溢价。如果销售收入市场份额大于销售数量市场份额，那么价格溢价率就会大于0；相反，价格溢价率就会小于0。其计算公式为

$$\text{价格溢价率} = \frac{\text{销售收入市场份额} - \text{销售量市场份额}}{\text{销售量市场份额}} \tag{8-3}$$

例如，假定上述某地矿泉水市场总额为 10 000 元，且已知甲公司的产品售价为 2.0 元/L，销售收入份额为 20%，乙公司的产品售价为 2.1 元/L，销售收入份额为 10%，丙公司的产品售价为 1.9 元/L，销售收入份额为 20%，丁公司的产品售价为 1.2 元/L，销售收入份额为 50%。据此按销售量计算，甲公司的销售量为 1 000L，销售量份额为 14.93%；乙公司的销售量为 476L，销售量份额为 7.11%；丙公司的产品销售量为 1 053L，销售量份额为 15.73%；丁公司的产品销售量为 4 167L，销售量份额为 62.23%。那么

$$\text{甲公司的价格溢价率} = \frac{20\% - 14.93\%}{14.93\%} = 33.96\%$$

$$\text{乙公司的价格溢价率} = \frac{10\% - 7.11\%}{7.11\%} = 40.65\%$$

$$\text{丙公司的价格溢价率} = \frac{20\% - 15.73\%}{15.73\%} = 27.15\%$$

$$\text{丁公司的价格溢价率} = \frac{50\% - 62.23\%}{62.23\%} = -19.65\%$$

显然，在上述矿泉水市场中，只有丁公司的产品价格低于市场平均支付价格，其余都高于市场平均支付价格。

3. 平均要价

平均支付价格的计算需要知道每个竞争对手的销售量或市场份额。而一个更简易的基准价格是平均要价，即该品类品牌的简单的、非加权的算术平均价格。这个基准价格只需要知道不同品牌产品的价格即可，因此，通过这个基准价格计算的价格溢价不受单位销售额变化的影响。因为这个原因，这个基准价格的目的稍微有些不同。该基准价格帮助理解在不考虑顾客对于这些价格的反应情况下，与其竞争对手设定的价格相比，某一品牌定价的方法。同时该基准在计算时对所有竞争对手一视同仁。在计算平均要价时，所有竞争对手的权重是相同的。

例如，利用之前的数据，甲公司矿泉水品类的平均要价为

$$\text{矿泉水品类的平均要价} = \frac{2.0\ 元/L + 2.1\ 元/L + 1.9\ 元/L + 1.2\ 元/L}{4} = 1.8\ 元/L$$

将平均要价作为基准价格，甲公司可以计算矿泉水的价格溢价率为

$$\text{价格溢价率} = \frac{2.0\ 元/L - 1.8\ 元/L}{1.8\ 元/L} = 11.1\%$$

4. 平均显示价格

平均显示价格是指介于平均支付价格和平均要价之间的基准价格。市场管理者要想获得品

牌分布在规模和强度方面的差别,也许会权衡每个品牌的价格比例和品牌分布的数值量度。通常的分布强度量度包括数值分布、全部产品数量分布和产品类别数量分布。其计算公式为

$$\text{平均显示价格} = \frac{\sum_{i=1}^{n}(\text{产品}i\text{售价} \times \text{产品}i\text{销售商店权重})}{\sum_{i=1}^{n}\text{产品}i\text{销售商店权重}} \tag{8-4}$$

例如,甲公司用数值分布来计算平均显示价格。甲公司的品牌矿泉水定价为2.0元/L,并且在1 000家销售瓶装水的商店中占有500家;乙公司的定价为2.1元/L,有200家商店销售;丙公司的定价为1.9元/L,有400家商店销售;丁公司的定价为1.2元/L,有900家商店销售。

在数值分布的基础上计算相关的权重,由于商店总数为1 000家,所以甲公司的权重为500家/1 000家=50%;乙公司的权重为200家/1 000家=20%;丙公司的权重为400家/1 000家=40%;丁公司的权重为900家/1000家=90%。因此,平均显示价格的总权重为200%,则平均显示价格为

$$\text{平均显示价格} = \frac{2.0\text{元/L} \times 50\% + 2.1\text{元/L} \times 20\% + 1.9\text{元/L} \times 40\% + 1.2\text{元/L} \times 90\%}{200\%} = 1.63\text{元/L}$$

$$\text{价格溢价率} = \frac{2.0\text{元/L} - 1.63\text{元/L}}{1.63\text{元/L}} = 22.7\%$$

管理者会发现,选取几个主要竞争对手并且聚焦于对它们的分析和比较很容易,但通常获取小竞争对手的实际数据是比较困难的。管理者在诠释价格溢价时要格外小心。不同的基准价格用于衡量不同的溢价,必须根据具体情况诠释。因此,在计算价格溢价时,需要注意以下几个实际问题:

(1) 有人也许会问价格溢价是否能为负值?答案是"是"。虽然它通常被表示为只有正值,但是价格溢价可以为负值。如果某品牌的溢价不是正值,那么其竞争对手的溢价就会为正值。因此,除了在所有价格都相等的特殊情况下,管理者也许会希望用正溢价。如果某给定的品牌价格是市场中的最低价,那么管理者也许会说其竞争对手拥有一个特定的价格溢价。

(2) 应该由零售商、厂商还是分销商来定价?在理解市场动态的不同阶段时,这三者都是有用的。当商品有不同的渠道利润时,它们的溢价会因考虑的渠道不同而不同。当谈论起溢价时,建议管理者最好确定该溢价适用于哪个层次。

(3) 不同阶段的价格可以通过毛利、净折扣、佣金或赠券来计算。特别是涉及分销商或零售商时,各厂商的售出价格(零售商的购买价格)很有可能会有很大差别,这主要取决于他们是否因折扣和津贴而调整价格。

这里,提请读者注意"理论价格溢价"这个概念。它表示会使潜在顾客无视两个竞争产品的价格差,是"价格溢价"的另一种应用。值得注意的是,这种应用越来越普遍。理论价格表示一个价格点,在该点上顾客可能不会在意品牌商品和非品牌商品,或两种不同的品牌。我们将其称为"理论"价格溢价的原因在于不能保证市场上观察到的溢价会有相应的价值。

8.2 保留价格和物有所值百分比

保留价格是指一个顾客花费在某一产品上的价值,即顾客为购买某产品而愿意支付的最高

价格。因此，当高于该价格时顾客将不会再购买该产品。

物有所值百分比表示认为某产品在特定的价格是"物有所值"的顾客的比例。也就是说，这部分顾客真正购买到的产品价格低于或等于他们的保留价格。

这两个计量项目在营销人员评估定价和顾客价值时都很有用。特别是当其他数据不可得时，保留价格为评估产品的需求功效提供了基础。保留价格还为营销人员提供了定价界限方面的见解。当不可能或不方便向顾客询问他们的保留价格时，物有所值百分比是这个计量项目的代替指标。

举例说明：假定某市场由11个具有不同保留价格的个体组成，给定的保留价格分别为30元、40元、50元、60元、70元、80元、90元、100元、110元、120元和130元。该产品的厂商正在寻求定价。如果针对不同顾客提供不同的价位，那么效果会更好。然而针对不同顾客的特定价格是不切实际的。

生产产品的单位可变成本是60元。根据这些保留价格，厂商要销售11单位的产品，售价必须为30元，或者更少；要销售10单位的产品，售价高于30元，但必须低于或等于40元；等等。如果售价高于130元，那么就销售不出去任何产品了。为方便起见，假定顾客以保留价格购买产品。这个假设坚持保留价格是个人愿意支付的最高价格。表8-1显示了价格与产品销售量之间的关系，以及每个可能价格对企业做出的总贡献价值，总贡献价值等于价格减去单位可变成本再乘以销售量。

表8-1 价格与产品销售量之间的关系

价格（元/单位）	物有所值百分比（%）	销售量（单位）	总贡献价值（元）
20	100	11	-440
30	100	11	-330
40	90.91	10	-200
50	81.82	9	-90
60	72.73	8	0
70	63.64	7	70
80	54.55	6	120
90	45.45	5	150
100	36.36	4	160
110	27.27	3	150
120	18.18	2	120
130	9.09	1	70
140	0	0	0
150	0	0	0

反映某几个价格的预期销售量的表格通常被叫作需求表格，如果用曲线表示就是需求曲线。这个例子显示了使需求曲线概念化的一种方法，就是累计个体的保留价格。虽然实际衡量个体的保留价格是很困难的，但是这里的关键在于解释运用保留价格来决策定价问题。在这个例子中，最优价格，即总贡献价值达到最大的价格是100元，因此产品定价为100元，厂商预期可销售4单位产品，利润贡献则为40元，总贡献价值为160元。

上面这个例子也解释了消费者剩余的概念。若定价为100元，在厂商出售的4单位产品中有3单位产品的价格低于保留价格，则保留价格为110元的消费者享受到了10元的剩余价值，保留价格为120元的消费者享受到的剩余价值为20元，最后，拥有最高保留价格130元的消费者享受到的剩余价值为30元。从厂商的角度考虑，总消费者剩余60元表示了增加贡献值的机会，可以找到某种方法获取这个尚未取得的总消费者剩余60元的价值。获取保留价格并非一项简单的任务。有以下两种方法可以用来获取这个计量的信息：

（1）第二价位拍卖。在第二价位拍卖中，出价最高的人获得产品，但是仅仅需支付第二高的竞拍价位。拍卖理论显示，在诸如此类的拍卖中竞拍已知价值的产品时，个体都有以自身保留价格竞标的倾向。特定的调查技术设计可用于模拟这个过程。其中一项技术是，顾客会被要求为某产品标价，且会知道这些价格会用于抽奖。如果中奖的价格低于被标注的价格，那么这个顾客就有机会用这个中奖价格来购买该产品。

（2）组合分析。在这种分析技术中，营销人员可以对顾客关于通过权衡意愿获得的任何一系列属性的价值评价有更加深入的了解。

然而，诸如此类的测试通常比较难建立，并且在许多情况下是不切实际的。因此，作为一个备用方法，营销人员可以衡量物有所值百分比。他们不是寻求每个顾客的保留价格，而是通过询问顾客，了解顾客认为在这些价格条件下产品是否"物有所值"。

通过保留价格累计而得到的需求量–价格关系表的形式可以是多种多样的。当保留价格的分布均衡时，也就是说当保留价格以相等的价格间隔排列时，正如前述例子所描述的那样，需求表格就会呈现出线性（见图8-1）。换言之，就是价格的每一点增量都会使销售量下降相同的数量。到目前为止，线性函数是表示需求最普遍的方法，这里提供的函数描述将其视为与保留价格的分布有关。

仅用两点便可以确定一条直线。同样，只需两个参数便可以写出图8-1中直线的方程式。通常，该方程式可以表示为

$$Y = mX + b \tag{8-5}$$

式中，Y为需求量；X为价格；m为直线的斜率；b为需求量轴上的截距。

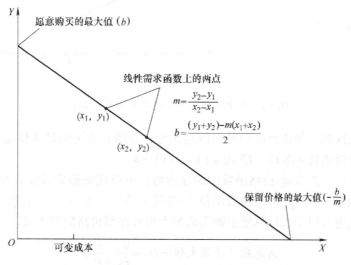

图8-1 愿意购买的最大值和保留价格的最大值

然而，一条直线也可以被定义为经过坐标轴上的两点的直线。在线性需求情况下，这两个

点具有管理方面的意义。

需求量轴的截距可被视为顾客愿意购买的最大值。这是某产品潜在顾客的总数量。而企业只有在定价为零时才能满足所有的顾客。假设每个潜在顾客购买1单位产品，愿意购买的最大值（购买意愿的最大值）即为当价格为零时的需求量。

价格轴的截距可被视为保留价格的最大值。保留价格的最大值是在所有愿意购买的价格中，略高于最高保留价格的数字。如果某企业对产品的定价等于或高于保留价格的最大值，那么将没有任何顾客会购买该产品。

保留价格的最大值是指需求量等于零时的最低价格。愿意购买的最大值则是当产品价格为零时，顾客会"购买"的数量。这是用于测量线性需求函数的人为概念。

在以愿意购买的最大值和保留价格的最大值定义的线性需求曲线中，需求量与价格之间的关系可以表示为

$$需求量 = 愿意购买的最大值 \times \left(1 - \frac{价格}{保留价格的最大值}\right) \tag{8-6}$$

例如，艾琳知道对软饮料的需求与其价格呈线性关系。她可以在单价为零时出售10单位软饮料；当单价到达5元时，需求量降到零（见图8-2）。如果单价为3元，那么艾琳可以出售多少单位软饮料？

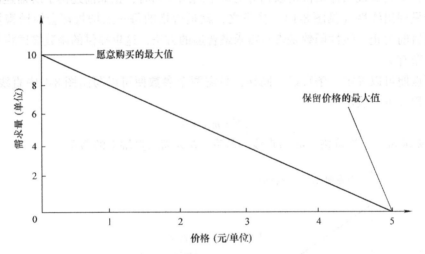

图8-2 简单线性需求（需求量-价格）函数

对于艾琳的软饮料，保留价格的最大值是5元，且愿意购买的最大值是10单位。当价格为3元时，艾琳可以销售4单位，即 $10 \times (1 - 3/5) = 4$。

当需求呈线性时，需求量-价格函数中的任意两点可以用来确定保留价格的最大值和愿意购买的最大值。如果 (P_1, Q_1) 表示需求量-价格线上的第一个点、(P_2, Q_2) 表示第二个点，那么以下两个等式也可以用来计算愿意购买的最大值和保留价格的最大值。

$$愿意购买的最大值 = Q_1 - \frac{Q_2 - Q_1}{P_2 - P_1} P_1 \tag{8-7}$$

$$保留价格的最大值 = P_1 - \frac{P_2 - P_1}{Q_2 - Q_1} Q_1 \tag{8-8}$$

举例说明：前面曾提到过，某公司一个以单价为90元/可销售5单位产品，单价为110元可

销售 3 单位产品。如果需求是线性的，那么愿意购买的最大值和保留价格的最大值各是多少？

$$愿意购买的最大值 = 5\,单位 - \frac{3\,单位 - 5\,单位}{110\,元/单位 - 90\,元/单位} \times 90\,元/单位 = 14\,单位$$

$$保留价格的最大值 = 90\,元/单位 - \frac{110\,元/单位 - 90\,元/单位}{3\,单位 - 5\,单位} \times 5\,单位 = 140\,元/单位$$

需求量与价格的函数关系为

$$Q = 14 \times \left(1 - \frac{P}{140}\right)$$

在这个例子中，市场由 11 个潜在购买者组成，他们的保留价格分别为 30 元、40 元、50 元、60 元、70 元、80 元、90 元、100 元、110 元、120 元和 130 元，当价格为 130 元时，公司出售 1 单位的产品。如果在之前的等式中定价为 130 元，计算结果就是需求量 1 单位了。假定这是真的，那么购买这个单位产品的顾客保留价格的最大值，肯定是一个大于或等于 130 元的数字。

线性需求函数通常能得出有限价格范围内实际需求的合理近似值。例如在之前举例的 11 个潜在顾客的市场中，需求曲线在 30~130 元之间是线性的。然而，为了表示 30~130 元的线性函数等式，我们必须假定愿意购买的最大值为 14 单位，且保留价格的最大值为 140 元。当运用这个线性需求函数时，我们必须记住它只反映了价格在 30~130 元的需求量，如图 8-3 所示。

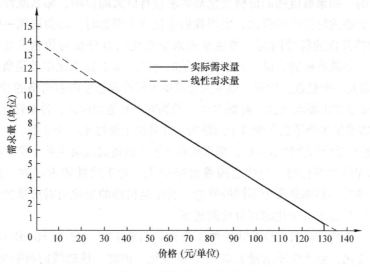

图 8-3　线性需求函数示例

8.3　需求价格弹性

8.3.1　弹性变化的需求函数

需求价格弹性（Price Elasticity of Demand）是经济学的一个重要概念，简称为价格弹性。它是指需求量对价格变动的反应程度，用需求量变化百分比除以价格变化百分比。研究需求价格弹性的目的在于了解市场对价格变化的反应。在计量营销学中，价格弹性是最常用的衡量市场对价格变化反应的计量，因为它是指导企业做出决策的关键依据，特别是在我国市场经济迅猛发展的形式下，如何应用需求价格弹性这个计量工具，准确把握市场规律，赢得市场主动权,对于营销管理人员来说是至关重要的。然而,很多营销人员在使用这个计量时却缺乏明确的理解。对价格弹性的透彻了解,可以帮助管理人员确定最优价格。

价格弹性这一重要的计量内容,可以用来说明供求与价格变动的依存关系,反映价格变动所引起的供求双方相应的变动率,即供给量和需求量对价格信息的敏感程度,又称供需价格弹性。本书中价格弹性主要是指需求量对价格的弹性,即在某一产品价格变动时,该产品需求量的相应变动。而价格弹性分析就是应用弹性原理,就产品需求量对价格变动的反应程度进行分析、计算、预测和决策。它计量的是需求数量对价格小幅度变化的反应,通常以百分比的形式来表示。产品本身的价格、消费者的收入、替代品价格以及消费者的爱好等因素都会影响对产品消费的需求。价格弹性是指在这些因素保持不变的情况下,该产品本身价格的变动引起的需求数量的变动。在需求有弹性的情况下,降价会引起购买量的相应增加,从而使消费者对这种产品的货币支出增加;反之,价格上升则会使消费者对这种产品的货币支出减少。

举例来说,在需求弹性等于1的情况下,降价不会引起消费者对这种产品的购买量的变动。如果预估价格弹性为1.5,那么在需求量上的变化比例是价格变化比例的1.5倍。如果价格弹性是负值,则暗示了当价格升高时,需求的数量会下降;反之亦然。如果提高了某产品的价格,期望需求量是不变,还是急速下降到底?在需求量不受价格变化影响的市场中,我们称需求量是非弹性的。如果被监测的价格变化对需求量有巨大的影响,那么就称需求量是有弹性的。大多数人都能够理解弹性的概念,但当我们量化这个概念时,却会遇到一些挑战。

(1) 关于价格弹性的符号问题。弹性是需求量变化的百分比与价格变化(小幅度变化)的百分比的比率。如果价格的升高导致了需求量的降低,那么这个比率就是负的。根据这个定义,可知弹性通常是一个负数。然而,很多人会简单地假设需求量随着价格的升高而降低,并且往往直接跳到希望能找出需求量会"降低多少"的答案。对他们而言,价格弹性就是用来回答由于价格的升高而需求量将会降低多少这个问题的,并且这个弹性是一个正数。对他们而言,如果价格弹性是2(通常说价格弹性是-2),那么价格上很小的提高就会导致2倍的需求量的减少。

(2) 当需求呈线性变化时,弹性会随着价格变化。对于线性需求函数,斜率是常数,但弹性不是常数。弹性与斜率是两个不同的概念。斜率是价格的变化与需求量变化之比;弹性是价格变化的百分比与需求量变化的百分比的比率。

如图8-4所示,考虑需求线性曲线上的3个点:$A(8,100)$、$B(9,80)$和$C(10,60)$。单位价格上每1元的变化,会产生需求量上20单位的变化。因此,该曲线的斜率是-20。价格从8

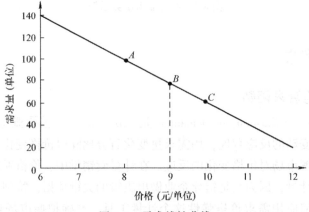

图8-4 需求线性曲线

元/单位上升到 9 元/单位（增长 12.5%），需求量从 100 单位降低到 80 单位（下降 20%），其百分比的比率是 -1.6（-20%/12.5%）；同样，随着价格从 8 元/单位升到 10 元/单位（增长 25%），需求量从 100 单位下降到 60 单位（下降 40%），其百分比的比率是 -1.6（-40%/25%）。所以，不论价格的变化幅度是多少，价格为 8 元/单位时需求量变化百分比与价格变化百分比的比率都是 -1.6。

然而，当价格从 9 元/单元增加到 10 元/单元（增长 11.11%）时，需求量从 80 单位降到 60 单位（下降 25%）。其百分比的比率是 -2.25（-25%/11.11%）；而当价格从 9 元/单位降低到 8 元/单位时，产生的弹性比率也是 -2.25。所以，不论价格向哪个方向变化，价格为 9 元/单位时的需求弹性都是 -2.25。

同理，当价格为 10 元/单位时，也可以计算出需求量变化百分比和价格变化百分比的比率是 -3.33。

对于线性需求曲线，弹性随价格变化。当价格增长时，弹性在大小上也会增加。因此，对于线性需求曲线，需求量的绝对单位变化量与价格的绝对变化量的比率（斜率）是常数，然而，需求量变化的百分比与价格变化的百分比的比率（弹性）不是常数。需求量随着价格的升高而变得更具有弹性，换言之，弹性为更大的（绝对值）负数。

对于一个线性需求曲线，需求价格弹性至少可以用三种方法计算。已知需求曲线上任意两点价格及需求量 (P_1, Q_1)、(P_2, Q_2)，用 m 表示曲线斜率，E_{dp} 表示需求价格弹性，具体的计算公式为

$$E_{dp} = \frac{(Q_2 - Q_1)/Q_1}{(P_2 - P_1)/P_1} \tag{8-9}$$

$$E_{dp} = \frac{(Q_2 - Q_1)}{(P_2 - P_1)_1} \frac{P_1}{Q_1} \tag{8-10}$$

$$E_{dp} = m \frac{P_1}{Q_1} \tag{8-11}$$

为了强调在线性需求曲线上弹性随着价格变化而变化这一概念，我们用"弹性"来表示弹性是关于价格的函数，而用"点弹性"来强调给定的弹性只适用于线性需求曲线上某个单独的点。同样，因为线性需求曲线的斜率表示需求量变化与给定价格变化的比率，所以线性需求曲线的价格弹性等于斜率乘以价格除以需求量，式（8-11）所表达的就是这个概念。

重新考虑之前例子的需求函数，我们观察到曲线的斜率反映了价格每上涨 1 元需求量降低 20 单位。换言之，斜率等于 -20。计算曲线上每点的价格与需求量的比值，并且用这个比值乘以斜率，就得出这一点的价格弹性（见表 8-2）。例如，在价格为 8 元/单位时，需求量是 100 单位。因此

$$E_{dp} = (-20) \times \frac{8}{100} = -1.6$$

表 8-2 用函数斜率计算点弹性

价格（元/单位）	需求量（单位）	价格/需求量	斜　率	需求价格弹性
8	100	0.08	-20	$-20 \times 0.08 = -1.6$
9	80	0.1125	-20	$-20 \times 0.1125 = -2.25$
10	60	0.167	-20	$-20 \times 0.167 = -3.34$

在线性需求量函数中，某点价格弹性可以用于预测需求量变化。

例如，哈维负责某品牌牙膏的营销。他知道该品牌遵循线性需求函数。在当前每单位 3 元的价格条件下，公司以 –2.5 的弹性销售 60 000 单位牙膏。现在有一个为了标准化各品牌利润的提案，将牙膏的价格提高到每单位 3.18 元，公司想知道，在这个价格水平下能销售多少单位牙膏？

计划的价格变化为 3.18 元，表示在当前 3 元基础上有 6% 的增长。因为弹性是 –2.5，所以该增长可能产生单位销量的降低幅度为 15%（2.5×6%）。据此可以计算出在当前销售量为 60 000 单位的基础上，下降 15% 后新的需求量为 60 000 单位 ×85% =51 000 单位。

8.3.2 弹性不变的需求函数

第二个评估需求量的常用函数是弹性不变函数。这时需求量与价格是呈曲线关系的。与线性需求函数不同，这个设定的情况是相反的：弹性是不变的，但是斜率在每一点都有变化。弹性不变需求曲线的假设是指在价格上的小幅变化会引起需求量上的同等（相同百分比的）变化，不论最初的价格是多少。换言之，需求量的变化比率除以价格的变化比率就是弹性，该弹性是常数。

从数学角度来看，在弹性不变需求函数中，斜率乘以价格再除以需求量等于曲线上所有点的常数（弹性）（见图8-5）。弹性不变函数也可以表示为

$$Q(P) = AP^{\text{ELAS}} \tag{8-12}$$

式中，ELAS 是需求价格弹性，通常它是一个负数；A 是一个比例因数，它表示在价格为 1 元/单位时能够售出的产品数量（假设 1 元/单位是产品的合理价格）。

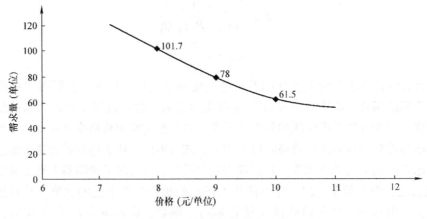

图 8-5　弹性不变的需求函数

例如，用比例因数 10 943、弹性不变为 –2.25 来绘制需求曲线。对于曲线上的每个点，价格上增长 1% 需求量减少 2.25%；然而这个 2.25 的比率，只适用于价格上小幅度的增长。这是因为每点的斜率都在变化。用 2.25 的比率来计算价格上有限的变化比例结果总是近似值。如图 8-5 所示，相对于 8 元/单位、9 元/单位和 10 元/单位的价格，得到的需求量的精确值分别为 101.7 单位、78 单位和 61.5 单位。

不变弹性与连续复利相类似。这些百分比的减少在一个不变的比率上组合，导致总体上与持续比率并不完全相等的百分比减少。由于这个原因，给定不变弹性需求曲线上的任意两点，

当需求为线性时,就不能再用有限的差别来计算弹性了。取而代之的是,必须用一个源于自然对数的更复杂的公式来计算,其计算公式为

$$\text{ELAS} = \frac{\lg(Q_2/Q_1)}{\lg(P_2/P_1)} \tag{8-13}$$

例如,从图8-5中的弹性不变需求曲线上任取两点,可以证明弹性是-2.25。当价格为8元/单位时,需求量是101.7单位,把这两个数字记为 P_1 和 Q_1。当价格为9元/单位时,需求量是78单位,把这两个数字记为 P_2 和 Q_2。将这些数字代入式(8-13)可以得到

$$\text{ELAS} = \frac{\lg(78/101.7)}{\lg(9/8)} = -2.25$$

假设 P_2 等于8元/单位、P_1 等于9元/单位,仍会得到相同的弹性。事实上,不管选取了曲线上哪两个点,且不考虑它们的先后顺序,弹性永远是-2.25。总之,弹性是市场对价格变化反应的标准量度。通常,用曲线的斜率乘以给定的价格与需求量的比率,可以得到需求函数(曲线)的"斜率百分比",即弹性,其计算公式为

$$弹性(p) = 斜率 \times \frac{P}{Q} \tag{8-14}$$

弹性也可视为需求量变化百分比与价格小幅变化百分比的比率。在线性需求函数中,斜率是常数,但是弹性随着价格的变化而变化。在这种情况下,营销人员可以用弹性来计算一个预计的价格变化可能导致的结果,但是必须使用相对于最初价格点来说合适的弹性值。原因是,在线性需求函数中,弹性在每点都不同,但是基于这些弹性值而得出的规划都是准确的。

在弹性不变的需求函数中,所有点的弹性都相等,基于这些弹性而做出的规划都是近似的。假设它们是准确估算的,则在价格变化的基础上用弹性不变需求函数本身进行的规划可以更准确。

价格弹性是在变化的数据基础上预估的。这些数据可从市场中观察到的实际销售量和价格变化的信息中获得:相关的顾客意愿研究,关于保留价格或者物有所值百分比的顾客调查,或者市场测试的结果。在获取弹性时,可在纸上简略描绘需求量-价格函数,通过线性或弹性不变等式估算,或使用更复杂的表达形式,包括市场中混合的其他变量,如广告或产品质量来估算。

为了确认这些步骤的有效性和实用性,管理者必须完全理解弹性的结果与顾客行为的关系。通过这种理解,管理人员可以确定自己的判断是否有意义,或是否需要进一步的确认。当这些步骤完成后,下一步就可以用其来决定价格了。

8.4 最优价格

8.4.1 最优价格的确定

在具体营销实践中,为了确定能产生最大可能贡献值的价格,营销人员必须认真学习和研究最优价格的选择与制定的方法和原则。"最优价格"可以有很多定义,一种比较简单易懂的定义就是减去可变成本后,能带来最大贡献值的价格就是最优价格,换言之,最优价格就是能够使产品利润最大化的价格。

如果制定的价格过低,就等于放弃了从可以支付更高价格的顾客那里获取的收入。此外,一个低价格会使顾客对产品的重视程度降低,或者说会使顾客降低保留价格。相反,如果制定

的价格过高，则很可能失去那些本来可以为企业带来利润的顾客。

对于线性需求而言，最优价格是最高保留价格和产品可变成本之和的中间值。因为在线性需求函数中，使产品总贡献值最大化的，通常是最高保留价格和产品可变成本之和的平均值。最高保留价格是线性需求函数在横轴的截距，可变成本是产品每单位的可变成本。最优价格的计算公式为

$$最优价格 = \frac{最高保留价格 + 可变成本}{2} \tag{8-15}$$

例如，杰米的公司销售可变成本为1元的产品，需求量与价格呈线性关系。如果产品单位价格是5元，杰米相信他不可能销售出任何产品。杰米相信在价格上每减少1元，就会带来1单位额外的销售量。给定产品的单位可变成本为1元，最高的保留价格是5元，并且需求函数是线性的。杰米料想：在价格为可变成本和最高保留价格的平均值的价格处，他会获得最大贡献值，即最优单位价格为3元[(5元+1元)/2]（见图8-6）。

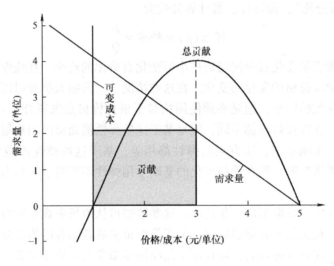

图 8-6　最优价格示意图

在线性需求函数中，管理者在决定某产品的最优价格时，并不需要知道某产品的需求数量。让我们用表格来验证杰米的销售量及其最优价格和贡献值的关系（见表8-3）。

表 8-3　销售量及其最优价格和贡献值的关系验证

价格（元/单位）	需求量（单位）	可变成本（元/单位）	单位贡献（元/单位）	总贡献（元）
0	5	1	−1	−5
1	4	1	0	0
2	3	1	1	3
3	2	1	2	4
4	1	1	3	3
5	0	1	4	0

之前的最优价格计算公式并不能显示在给定价格售出的产品数量，或所产生的贡献值。为了确定最优价格水平的贡献值，管理者可以应用下面的公式来计算

$$最优价格水平的贡献值 = \frac{愿意购买的最大值}{最高保留价格} \times (最优价格 - 可变成本)^2 \quad (8\text{-}16)$$

例如，杰米研发了一个新产品，该产品的需求量和价格也呈线性关系，愿意购买的最大值是 200 单位，并且最高保留价格是 10 元/单位，可变成本是 1 元/单位。杰米知道其最优价格是最高保留价格和可变成本的中间值，即为 5.50 元/单位[(1 元/单位 + 10 元/单位)/2]。运用最优贡献的量值公式，杰米可以计算出在最优价格条件下的贡献值

$$最优价格水平的贡献值 = \frac{200\ 单位}{10\ 元/单位} \times (5.5\ 元/单位 - 1\ 元/单位)^2 = 405\ 元$$

杰米构建了一个表格来支持他的计算（见表 8-4）。

表 8-4 最优价格水平的贡献值

价格（元/单位）	可变成本（元/单位）	需求量（单位）	单位贡献（元/单位）	总贡献（元）
6.00	1	80	5.00	400
5.50	1	90	4.50	405
5.00	1	100	4.00	400
4.00	1	120	3.00	360
3.00	1	140	2.00	280
2.00	1	160	1.00	160
1.00	1	180	0	0

上述公式适用于所有线性需求函数，不管斜率是多少。应用诸如此类的函数，基于两个变量（即每单位的可变成本和最高保留价格），就可以用来计算产品的最优价格。

例如，品牌 A、品牌 B 和品牌 C 每一个的单位可变成本都是 2 元，并呈线性需求函数（见表 8-5）。

表 8-5 最优价格计算公式适用于所有线性需求函数

价格（元/单位）	品牌 A 需求量（单位）	品牌 B 需求量（单位）	品牌 C 需求量（单位）
2	12	20	16
3	10	18	15
4	8	16	14
5	6	14	13
6	4	12	12
7	2	10	11
8	0	8	10
9	0	6	9
10	0	4	8
11	0	2	7
12	0	0	6

基于这些量，可以确定最高保留价格，即需求量为零时的最低价格。例如，对于品牌 C，我们知道其需求量呈线性，其中单位价格每增加 1 元需求量降低 1 单位。如果其单位价格为 12 元时需求量为 6 单位，那么单位 18 元就是没有人会购买该产品的最低价格，也就是最高保留价格。那么，也可以用同样的方法来确定品牌 A 和品牌 B 的最优价格（见表 8-6）。

表 8-6 线性需求函数中的最优价格确定

	品牌 A	品牌 B	品牌 C
最大保留价格（元/单位）	8	12	18
可变成本（元/单位）	2	2	2
最优价格（元/单位）	5	7	10

仔细阅读表 8-7，可以用以验证由此确定的最优价格是否会带来可达到的最大贡献值。

表 8-7 线性需求函数中的最优价格证明

价格（元/单位）	可变成本（元/单位）	单位贡献（元/单位）	品牌 A 需求量（单位）	品牌 A 总贡献（元）	品牌 B 需求量（单位）	品牌 B 总贡献（元）	品牌 C 需求量（单位）	品牌 C 总贡献（元）
2	2	0	12	0	20	0	16	0
3	2	1	10	10	19	18	15	15
4	2	2	8	16	16	32	14	28
5	2	3	6	18	14	42	13	39
6	2	4	4	16	12	48	12	48
7	2	5	2	10	10	50	11	55
8	2	6	0	0	8	48	10	60
9	2	7	0	0	6	42	9	63
10	2	8	0	0	4	32	8	64
11	2	9	0	0	2	18	7	63
12	2	10	0	0	0	0	6	60

因为斜率不影响最优价格，因此，拥有同样最高保留价格和可变成本的所有需求函数，其最优价格是相等的。

例如，某椅垫厂商运营三个不同的市场——市区、郊区和农村。这三个市场在规模上差别很大，城市的需求量比郊区和农村的大很多。然而，所有市场的可变成本都是 4 元/单位。最高保留价格是 20 元/单位。因此，不管市场规模的大小，三个市场的最优价格都为 12 元/单位（见图 8-7 和表 8-8）。

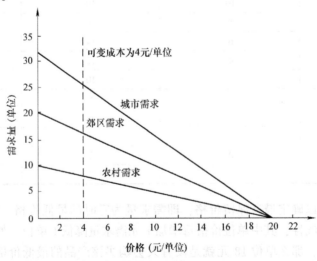

图 8-7 拥有相同最高保留价格和可变成本的线性需求函数

第8章 价格策略

表8-8 斜率不影响最优价格

最大保留价格（元/单位）	20
可变成本（元/单位）	4
最优价格（元/单位）	12

表8-9给出了不同价格的相关数据，从中不难发现，将价格定在12元时最为理想。在这个例子中，我们将市区、郊区和农村市场视为不同组群，假定它们拥有统一分布的保留价格。在每个市场中，保留价格统一在0和最高保留价格之间（包括最高保留价格）。各组群的唯一不同是每个市场中的人数。这个数据代表了愿意购买的最大值（购买意愿最大值）。正如可能预计的那样，各部分的人数并不影响最优价格，因为各群组中的保留价格的分布相同。换言之，由于三个市场有同样的保留价格分布，因此它们有相同的最优价格。

表8-9 斜率不同的线性需求函数

价格（元/单位）	单位贡献（元/单位）	郊区需求（单位）	农村需求（单位）	城市需求（单位）	郊区总贡献（元）	农村总贡献（元）	城市总贡献（元）
0	−4	20	10	32	−80	−40	−128
2	−2	18	9	29	−36	−18	−58
4	0	16	8	26	0	0	0
6	2	14	7	22	28	14	45
8	4	12	6	19	48	24	77
10	6	10	5	16	60	30	96
12	8	8	4	13	64	32	102
14	10	6	3	10	60	30	96
16	12	4	2	6	48	24	77
18	14	2	1	3	28	14	45
20	16	—	—	—	—	—	—

另一点需要考虑的是，如果这个例子中的厂商可以将每个人的保留价格提高1元，结果会如何。这样最优价格就会提高1元的50%，即增加0.50元。同样，可变成本的任何增长都会引起最优价格升高，升高的值为可变成本增高值的50%。

当需求呈线性时，可以用一个简单的公式来计算最优价格。无论需求函数的斜率是多少，毛利率和最优价格的弹性之间存在着简单的数量关系。在已知毛利率的情况下，最优价格就是当某产品的毛利率等于其需求弹性的负倒数时的价格。其计算公式为

$$\text{最优价格水平的毛利率} = -\frac{1}{\text{最优价格水平的弹性}} \tag{8-17}$$

这个毛利率与最优价格的关系被称作最优化条件。如果弹性是常数，那么可以用这个最优化条件来确定最优价格，也可以容易地得出弹性常数的负倒数，这个结果即为最优价格水平的毛利率。如果可变成本是已知的且为常数，那么就能确定最优价格。

例如，某货摊的管理者销售运动商品的复制品，她知道运动衫需求量的价格弹性是常数 −4。为了制定最优价格，她将其毛利率需求确定为需求弹性的负倒数。

$$最优价格水平的毛利率 = -\frac{1}{-4} = 25\%$$

如果每件运动衫的可变成本为 5 元，那么最优价格即为 5 元/(1 – 0.25) = 6.67 元。表 8-10 列出了几个价格弹性对应的毛利率。

表 8-10 样本弹性的最优利润

价格弹性	毛利率（%）
–1.5	67
–2	50
–3	33
–4	25

因此，如果某公司的毛利率为 50%，那么只有在它的价格弹性为 –2 时才是最优价格；相反，如果价格弹性为 –3，那么只有当其毛利率为 33% 时才是最优价格。

毛利率和价格弹性间的这个关系是管理者关注价格弹性的主要原因之一。价格弹性可能会难以衡量，但是利润却不难衡量。在下一节中，我们会更加详细地解释这一点。

在这个过程中，如果弹性随着价格变化而变化，营销人员可以用这个最优化条件来确定最优价格。这个条件也适用于线性需求函数。因为线性需求的最优价格函数相对来说简单，不过，营销人员却很少在这种情况下使用最优化条件。

在确定与线性和不变弹性需求函数相关的最优价格时，必须以固定成本保持不变的假设为前提。如果这个假设是无效的，那么营销人员最好使用表格模型。我们已经探索了与表格模型相关的细节问题，因为表格模型提供了分析利润和需求价格弹性关系的有效方法。

在日复一日的管理中，利润是很多经营管理分析的起始点，包括对价格的分析。成本加成定价就是这样的一个例子。其实，成本加成定价法在营销领域受到很多批评，它不仅被描述为内部导向的，而且被认为是天真的，因为它有可能会牺牲利润。然而，从另一个角度来讲，成本加成定价法也可以被视为保持利润的有效方法。因为如果管理者选择了恰当的利润率，即确定了与需求价格弹性相关的价格，在这种情况下如果需求弹性是常数的话，那么用定价来保持这个利润率可能就是最优选择。因此，成本加成定价法比普遍认为的其他方法更加具有以顾客为中心的特征。

8.4.2 价格剪裁

价格剪裁又叫作价格歧视，即针对不同顾客的需求和支付能力，给予不同的价格优惠或折扣。营销人员发明了很多价格歧视的工具，包括优惠券、退款和折扣等。这些设计都是用来拓展顾客规模的，因为顾客具有不同的价格敏感度。不论顾客何时对价格有不同的敏感度，精明的营销人员都会找到机会，通过价格裁剪来决定如何增加价值。

例如，某特殊太阳镜品牌的顾客由两部分人员组成：对价格不敏感（不太有弹性）的款式导向型顾客以及对价格很敏感的价值导向型顾客（见图 8-8a 和图 8-8b）。款式导向型顾客最高保留价格为 30 元，并且愿意购买的最大值为 10 副。价值导向型顾客最高保留价格为 10 元，且愿意购买的最大值为 40 副。

方案 A：两种需求市场统一价格。假设太阳镜生产商计划对两类顾客的要价相同。表 8-11 显示了几种价格的贡献值。其中，最优价格为 6.77 元/副，得到的总贡献值为 98.56 元。

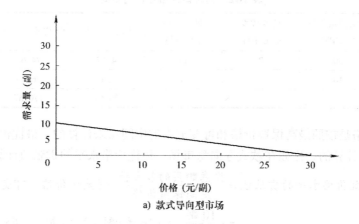

a) 款式导向型市场

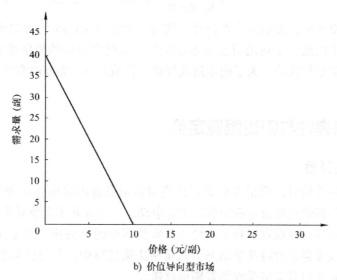

b) 价值导向型市场

图 8-8 某品牌太阳镜需求的两个细分市场

表 8-11 两种需求市场统一价格

价格（元/副）	价值导向型 顾客需求量（副）	款式导向型 顾客需求量（副）	总需求量（副）	总贡献（元）
5	20	8.33	28.33	85
6	16	8.00	24.00	96
6.77	12.92	7.74	20.66	98.56
7	12	7.67	19.67	98.33
8	8	7.33	15.33	92.00

方案 B：两种需求市场价格不同。如果生产商可以找到对每类顾客的定价都是他们各自最优价格的方法，就会增加总贡献值。在表 8-12 中，列出了最优价格、需求量以及如果每类顾客支付不同的最优价格所能得到的贡献值。

表 8-12　两种需求市场价格不同

市场类型	最大保留价格（元/副）	可变成本（元/副）	最优价格（元/副）	需求量（副）	销售收入（元）	贡献值（元）
款式导向型	30	2	16	4.67	74.67	65.33
价值导向型	10	2	6	16	96.00	64.00
总计				20.67	170.67	129.33

这些最优价格是按照最高保留价格和可变成本的中间点来计算的。最优价格水平的贡献值是依照式（8-16）计算的。比如在款式导向型市场，最优价格水平的贡献值计算过程为

$$最优价格水平的贡献值 = \frac{愿意购买的最大值}{最高保留价格} \times (最优价格 - 可变成本)^2$$

$$= \frac{10\text{ 副}}{30\text{ 元/副}} \times (16\text{ 元/副} - 2\text{ 元/副})^2 = 65.33\text{ 元}$$

因此，通过价格裁剪，太阳镜生产商可以使总贡献值从 98.56 元增加到 129.33 元，且保持需求量不变。当不同细分市场的可变成本不同时，如航空公司的经济舱和商务舱的服务成本，基本的计算仍然是相同的。为了确定最优价格，营销人员只需要改变可变成本，然后根据公式计算即可。

8.5　剩余价格弹性与囚徒困境定价

8.5.1　剩余价格弹性

当计划调整产品价格时，营销人员必须认真对待消费者的价格弹性和潜在竞争对手的反应。剩余价格弹性的概念在定价过程中引入了竞争动态。它合并了竞争对手反应和交叉弹性的概念，并用一种简单的弹性观点解释了为什么日常生活中的价格并不设定在最优价格水平上。营销人员会有意识或无意识地将竞争动态引入价格决策过程中。参与的竞争对手的反应越大，剩余价格弹性与该企业自身价格弹性的差别也就越大。

通常，在日常生活中，价格弹性并非完全与前文讨论的相一致。例如，管理者也许会发现自己所估计的这个关键计量并不等于利润率的负倒数。这是否意味着他们设定的价格并非最优价格？其实，更有可能的是他们将竞争因素引入了价格决策中。管理者并不是将弹性用于估计当前市场情况，而是估计或凭直觉知道，在竞争对手回应了一个价格变化后的价格弹性会是多少。这里引入了一个新概念——剩余价格弹性，即在考虑了可能由于最初的价格变动引起的竞争者的价格升降后，顾客对于价格变化反应的需求弹性。剩余价格弹性的计算必须考虑竞争对手价格的任何增长或降低，而竞争对手价格的变动有可能是由本企业产品价格最初的变化引起的。剩余价格弹性是以下三方面因素作用的结果：

（1）自身价格弹性。这主要是指由于某企业的消费者对于价格变化的反应而产生的销售量的变化，也就是市场中的消费者对企业产品的价格变化如何反应。

（2）竞争对手反应弹性。这主要是指竞争对手对于某企业价格变化的反应。

（3）交叉价格弹性。这主要是指某企业的消费者对于该企业竞争对手价格变化的反应。

这些因素以及它们之间的相互作用可以用图 8-9 来解释。

自身价格弹性和剩余价格弹性在字面上的区别并不清晰。一些关于价格弹性的量化指标，

包括过去的竞争对手反应弹性，比剩余价格弹性具有更大的预示性。其他的主要反映了自身价格弹性并需要进一步的分析来确定销售额的最终结果，下列行为和反应可以给出解释：

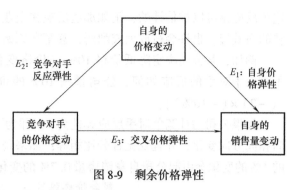

图8-9 剩余价格弹性

（1）企业改变价格并且观察销售额上的相应变化结果。另一种做法是，跟踪其他与销售额相关的量化指标，比如市场份额或优先选择的价格。

（2）竞争对手观察企业在价格上的变化和销售量的增长，或者它们自己在销售量上的减少。

（3）竞争对手决定是否改变自己的价格和在多大程度上改变价格。这些价格变化的市场影响取决于：①变化的方向和程度；②交叉价格弹性的大小，即竞争对手的价格对企业最初销售量变化的敏感度。因此，在追踪了对于自身价格变化的反应，且当竞争对手的价格变化在市场中起作用后，企业会观察销售量进一步的变化。如果某企业仅仅通过消费者对价格调整的最初反应来衡量价格弹性，那么就会错过一个很重要的潜在因素，即竞争对手反应及其对销售量的影响。只有垄断企业在定价时可以不考虑竞争对手的反应。其他企业也许会忽视或拒绝考虑竞争对手的反应，认为这些分析是投机买卖。但是这会导致目光短浅的风险，并且可能带来危险的结果。还有一些企业也许会信奉博弈论，并且寻求纳什均衡来预期最终的价格会是多少。（纳什均衡会形成一个平衡点，在这个点的市场中没有任何竞争对手有利润相关的动机来改变价格。）对此，我们会在下面提供一个简单的剩余价格弹性的框架。

综上所述，计算剩余价格弹性需要以下三个计量指标：

（1）自身价格弹性。即因企业最初价格变化而导致的销售量的变化，假设企业竞争对手的价格保持不变。

（2）竞争对手反应弹性。这体现为为了回应企业最初的价格变化，竞争对手制定的价格变化的程度和方向。例如，假定竞争对手的反应弹性为0.5，如果企业小幅降低产品价格，预计其竞争对手就会减少该降低百分比的一半的价格；如果竞争对手的反应弹性为 – 0.5，那么随着企业降低其价格，竞争对手会增加该降低百分比一半的价格，这种情况比较少见，但是很有可能发生。

（3）交叉价格弹性。这即因其竞争对手在价格方面的小幅变化而带来的企业最初销售量方向上的变化。如果交叉价格弹性是0.25，那么竞争对手价格的增长会引起该企业销售量增加该百分比的1/4。请注意，交叉价格弹性通常与自身价格弹性现象相反，如当竞争对手的价格增加时，企业的价格也会增加，而不是降低。

剩余价格弹性的计算公式为

$$剩余价格弹性 = 自身价格弹性 + 竞争对手反应弹性 \times 交叉价格弹性 \qquad (8\text{-}18)$$

企业销售量的变化百分比可以粗略地用自身价格弹性与剩余价格弹性的乘积来计算。剩余价格弹性产生的销量变化可用以下公式计算

$$剩余价格弹性产生的销售量变化 = 自身价格变化率 \times 剩余价格弹性 \qquad (8\text{-}19)$$

因此预测由价格变化而引起的任何销售量上的变化，需要考虑所有竞争对手的价格反应，

这个反应是可以被估计的，正如那些反映在企业原始价格销售量上的影响。对这些反应进行调整的净效应，也许会被放大或削弱，甚至在原始价格处估计的销售量变化是相反的。

例如，某公司决定降低价格10%（价格变化 = -10%）。预计它的自身价格弹性是 -2。不管竞争对手的反应如何，公司预测10%的价格降低会在销售量上产生大约20%的增长 [(-2)×(-10%)]。

如果公司估计竞争对手反应弹性为1，即为了回应该公司的举动，预计竞争对手的价格会向相同方向变化，并且变化百分比相等；如果公司预计交叉价格弹性是0.7，即竞争对手价格的1%的变化会引起公司自身销售量0.7%的变化。在这个基础上，可以计算出剩余价格弹性

$$剩余价格弹性 = -2 + 1 \times 0.7 = -1.3$$
$$销售量增加 = -10\% \times (-1.3) = 13\%$$

所以，预期竞争对手反应和交叉价格弹性将会使得公司原计划的销售量增长从20%降低到13%。

对于管理者来说，区分价格弹性中那些本质上无法对竞争对手反应产生影响的因素和那些已经包含了一些动态竞争的因素是很重要的。例如，在价格敏感的实验调查中，像调查、模拟实验市场以及组合分析，顾客也许置身于假设的定价环境中了。自身价格弹性和交叉价格弹性等可以从特定的价格组合中得到，但有效的测试是很难实现的。

历史数据的计量经济学分析，可用来评估销售量和在市场中某企业长期的价格（即年度或季度数据），包含竞争对手的变化和交叉价格弹性也许会更好。某企业在过去多多少少曾随机改变过价格，在其竞争对手对此有反应的情况下，由此产生的弹性估计可以衡量剩余价格弹性。尽管如此，从历史数据中衡量价格弹性调整的复杂性还是容易令人却步。

相反，短期的市场实验测试并不会带来对剩余价格弹性更好的预估。在短期内，竞争对手也许无法得知价格的变化，或者没有时间对此产生反应。因此，基于测试市场预计的弹性，更接近自身价格弹性。可能不太明显的是基于交易数据的量化分析，如销售额和短期价格促销。在这些研究中，价格在短期内下降，然后在更长的时期内上升，又下降，再上升，如此循环，即使竞争对手执行它们自身的价格促销。从这些方式中产生的预计价格弹性，有可能会被两个因素影响：①竞争对手的反应有可能不被纳入弹性预测的范围中，因为它们并没有时间对企业的定价行为进行反应；②由于消费者在价格优惠时会囤货，任何对于价格弹性的估计都会比长期观察的价格变化大。

8.5.2 囚徒困境定价方法

囚徒困境是博弈论中非零和博弈最有代表性的例子，它所反映的是个人最佳选择而并非团体最佳选择。虽然困境本身只属于模型性质，但现实中的价格竞争、环境保护等方面，也经常会出现类似情况。囚徒困境定价方法描述的是，以在市场竞争中所有人只依据自身利益的最大化为原则制定价格，从而导致了整体次优的结果。这个现象也会导致价格在高于预计的最优价格上维持稳定，这些比最优价格高的定价现象的出现，虽然有许多不同的方法，但实质上都是共谋的结果。当然，如果所有参与者都明白竞争动态的含义，而且同时也明白他们的竞争动机和竞争的经济学含义，那么在没有明显"勾结"的情况下也能获得这个价格。

囚徒困境现象得名于一个故事。某犯罪集团的两名成员被逮捕且被囚禁。每个囚徒都被单独监禁，没有任何方式可以与其他成员沟通。警察由于没有足够的证据在主要罪行上证明这两

个人有罪,因此计划以一个更小的罪名将两人判决入狱一年。然而,首先他们试图使其中至少一人认罪。他们同时为每个囚犯提供了一个浮士德式契约(Faustian Bargain):如果囚犯为他同伙的罪行做证,他便会被释放,而他的同伙会因主要罪行被判入狱三年;但是,如果两个囚犯都为对方的罪行做证,那么他们两个都会被判入狱两年。基于以上推断,每个囚犯都认为应该尽力证明他的同伙有罪,而不考虑对方如何做。

对这种困境选择和结果的总结如图 8-10 所示,该图是按照罪犯中第一个人的观点绘制的。第一个人的结果是正体字,其同伙的结果是斜体字。

继续以第一个人的角度分析,每个囚犯的理性思考如下:如果我的同伙坦白,我也坦白的话,那么我会被处以两年监禁;如果我不坦白,那么我会被处以三年监禁。另一方面,如果我的同伙拒绝坦白而我坦白,那么我会被无罪释放;如果我不坦白,那么我会被处以一年监禁。不论哪种情况,我最好都是坦白。但是这引起了一个进退两难的情况——如果我按照逻辑坦白,且我的同伙也这样做,结果是图 8-10 中左下方所显示的情况,两人都被处以两年监禁。图 8-11 用箭头来跟踪这些选择,其中深色的箭头表示第一个人,浅色的箭头表示其同伙。

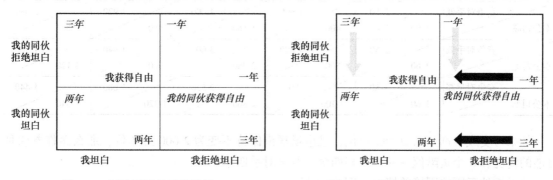

图 8-10 囚徒困境的四种结果　　　　　图 8-11 囚徒困境结果的优先选择

当然,该困境看起来跟着箭头坦白是最好的选择。但是,其实当两人都这么做后,他们的结局比两人都不坦白的结果要差很多。因为当两人都坦白时,他们都会被处以两年监禁;如果两人都拒绝坦白,他们会被处以稍短一点的一年监禁。

无可否认,领会囚徒困境的原理需要花费一些时间,并且需要更长的时间来领悟其含义。这个故事运用了强有力的比喻手法,它囊括了很多情况。在这些情况中,追求个人的最高利益导致了对每个人都不利的结果。

在定价时,有许多情况下企业和它的竞争对手们时常面临着囚徒困境。通常,一个企业认为降低价格会增加利润,不论竞争对手的定价策略是什么;同时,其竞争对手的想法也一样,即也通过降低价格的方法来盈利,而不管最初那个企业的举动是什么。如果企业和其竞争对手都降低价格(或如果所有参与者都以自身单方的利益为出发点),那么在许多情况下它们会以不利的结局告终。在这些情况下行业或产业所面临的挑战是保持价格的高水平,不管单个企业会因降低价格而获利这个事实。在给定的高价格和低价格之间进行选择,在满足以下情况时,企业会面临囚徒困境:

(1)以高和低的竞争价格销售时,在低价时的贡献值比较大。

(2)以初始变动价格的企业高和低的竞争价格销售时,竞争对手的贡献值在低价时比较大。

（3）对于初始变动价格的企业及其竞争对手而言，所有参与者设置为低价比它们设置为高价时，其贡献值低。

如表8-13所示，本公司有一个主要竞争对手：当前本公司的价格是2.90元/单位，竞争对手的价格为2.80元/单位，本公司拥有40%的市场份额，市场总规模为2 000万单位。如果本公司的价格降至2.60元/单位，预计本公司的份额会增长至55%，当然，除非竞争对手不降低价格。如果竞争对手也降价0.30元/单位为2.50元/单位，那么预计本公司的市场份额会保持在40%。另外，如果竞争对手降价，而本公司仍保持在2.90元/单位，那么预计竞争对手的市场份额会增至80%，而本公司的市场份额是20%。

表8-13 价格组合计划结果情况表

价格组合		价格（元/单位）	需求量（万单位）	销售额（万元）	可变成本（万元）	贡献值（万元）
本公司高	竞争对手高	2.80	1 200	3 360	1 440	1 920
		2.90	800	2 320	960	1 360
本公司高	竞争对手低	2.50	1 600	4 000	1 920	2 080
		2.90	400	1 160	480	680
本公司低	竞争对手低	2.50	1 200	3 000	1 440	1 560
		2.60	800	2 080	960	1 120
本公司低	竞争对手高	2.80	900	2 520	1 080	1 440
		2.60	1 100	2 860	1 320	1 540

如果可变成本都是1.20元/单位，且市场规模保持不变为2 000万单位，那么面临着四种可能的情况和8个贡献值——本公司四个，竞争对手四个。

这是否处于囚徒困境的情况？图8-12显示了本公司和竞争对手的四种可能贡献情况。

让我们检验一下当前是否符合囚徒困境的情形：

（1）本公司在低价的时候，贡献值高（1 540万元>1 360万元，1 120万元>680万元），无论竞争对手的价格是多少，在低价时本公司都会挣更多的钱。

（2）无论本公司的价格是多少，竞争对手在低价时的贡献值也比较高（1 560万元>1 440万元，2 080万元>1 920万元）。同样，它们最好定低价。

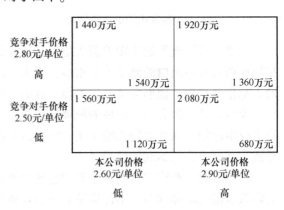

图8-12 四种可能贡献情况

（3）然而对于本公司和竞争对手，如果都定低价，贡献值要比定高价时要低（1 560万元<1 920万元，1 120万元<1 360万元）。

所以，上述情况符合囚徒困境的情形（见图8-13）。显然对于本公司来说，虽然倾向于降低价格，但是为了寻求市场份额的增加和1 540万元的贡献值，必须认识到，竞争对手有着相同的激励因素。它也有降价动机：获得市场份额和增加贡献值。但是如果它降价，本公司也很可能会降低价格；如果本公司降低价格，它也很有可能降价。而如果都降价，那么本公司只能赚取 1 120 万元的贡献值，比本公司现在的 1 360 万元低很多。

管理者应该注意，确定自身是否面临囚徒困境的情况，必须预测自己和竞争对手的高价和低价组合的四种贡献值。这个预测也许需要假设竞争对手的经济状况。如果竞争对手的经济状况和本公司计划的大不相同，它也许不会做出决定或不会面临模型中所赋予的动机。此外，即使所有的假设都是正确的，也有许多原因可以解释为什么囚徒困境的逻辑并不总是成立的理由。

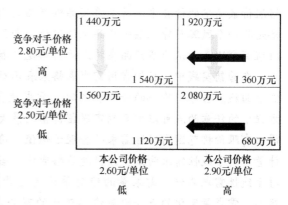

图 8-13　四种可能贡献情况的箭头示意图

（1）在做决定时，贡献值也许不是唯一标准。在上述例子中，我们将贡献值作为两个企业的目标。然而，市场份额也许对于一个或多个公司，比现时的、直接的贡献值效益要重要。无论企业的目标是什么，如果它是可以量化的，就可以把它放在表格中来更好地理解竞争状况。

（2）法律问题。用来限制竞争和保持高价格的活动涉及法律问题。在这里我们的目的是帮助管理者理解竞争定价中涉及的经济交易。管理者需要了解他们所处的法律环境，并据此来制订计划和开展经营活动。

（3）多个竞争对手。当有多个竞争对手存在时，定价就变得更加复杂了。有多个参与者的囚徒困境是对之前描述测试的理性延伸。作为一般原则，独立的竞争对手越多，保持高价的难度越大。

（4）单一博弈与重复博弈。在之前的故事中，两个囚犯决定是否在一个调查中坦白。从博弈论角度讲，他们只玩了一次游戏。实验证明，在囚徒困境的单一游戏中，可能的结果是两个囚徒都坦白。然而当多次进行游戏后，两个囚徒很可能都拒绝坦白了。因为定价是重复多次的过程，而根据这个证据看来，高价更有可能成为结果，因此，很多企业最后学会与其竞争对手和平相处。

（5）可能价格多于两个。我们检验了这样的情况：每个人都只有两个价格，即高价和低价。事实上有很多价格在被考虑中。在这种情况下，我们会将分析延伸到多个表格中，可以增加箭头来追踪选择。从这些更复杂的情景来看，有时可能会在表格中发现一些区域（通常在高价水平）适用于囚徒困境，另一些区域（通常在低价水平）则不适用；我们也会发现箭头所指向的表格中间特定的区域叫作平衡点。囚徒困境情况通常适用于所有高于平衡点的价格。

应用囚徒困境的概念，可以发现基于自身价格弹性计算的最优价格，可能会导致我们寻求自身单方面的利益。相反，当我们在计算中考虑到剩余价格弹性因素时，竞争对手的反应则成为价格策略的一个重要元素。如同囚徒困境所显示的那样，在较长时期内，企业并不总服务于其单方面的最高利益。

本章小结

本章讨论了定价策略的有关计量问题。价格溢价或相对价格是指某产品的销售价格超出（或不足）其基准价格的百分比。因此，在计算价格溢价时，必须首先设定一个基准价格。价格溢价最简单的计算方法就是将某品牌产品的价格与其直接竞争对手的价格进行比较。保留价格是指一个顾客花费在某一产品上的价值，即顾客为购买某产品而愿意支付的最高价格。物有所值百分比表示认为某产品在特定的价格是"物有所值"的顾客的比例。

在营销实践中，我们常用需求表格来表示对不同价格的预期销售量，如果用曲线表示就是需求曲线。当保留价格的分布相同时，需求就会呈现出线性。当需求呈线性时，销售量-价格方程中的任意两点可以用来确定保留价格的最大值和愿意购买的最大值。线性需求函数通常能得出有限价格范围内实际需求的合理近似值。价格弹性是用来衡量市场对价格变化反应的一种计量。对于线性需求曲线，弹性随价格变化。当价格增长时，弹性在大小上也会增加。因此，对于线性需求曲线，需求量的绝对单位变化量与价格的绝对变化量的比率（斜率）是常数，然而，需求量变化的百分比与价格变化的百分比的比率（弹性）不是常数。价格弹性是在变化的数据基础上预估的。最优价格就是能够使产品利润最大化的价格。如果价格过低，就等于放弃了从可以支付更高价格的顾客那里获取的收入；相反，如果价格过高，则很可能失去那些本来可以为企业带来利润的顾客。无论需求函数的斜率是什么值，毛利率和最优价格的弹性之间都存在着简单的数量关系。通常，我们将这个毛利率与最优价格的关系称作最优化条件。如果弹性是常数，那么可以用这个最优化条件来确定最优价格。在确定与线性和不变弹性需求函数相关的最优价格时，必须以固定成本保持不变的假设为前提。如果这个假设是无效的，那么营销人员最好使用表格模型。在计划调整产品价格时，必须认真对待顾客的价格弹性和潜在竞争对手的反应，以及由此而形成的剩余价格弹性。

此外，本章还讨论了囚徒困境的定价原理和方法。囚徒困境描述的是由于所有人对自身利益的追求，而导致整体次优的结果。这个现象也会导致价格在高于预计的最优价格上维持稳定。

测试题

1. 按市场总量均价计算的价格溢价与按销售量份额计算的价格溢价不同。（对/错）
2. 某产品的市场总额均价与该产品的市场总量均价相同。（对/错）
3. 当市场需求呈线性时价格弹性为常数。（对/错）
4. 价格溢价最简单的计算方法就是将某品牌产品的价格与竞争对手的价格进行比较。（对/错）
5. 在弹性不变的情况下，需求函数的斜率是常数。（对/错）
6. 顾客为购买某产品而愿意支付的最高价格称为（　　）。
   A. 价格溢价　　　　B. 价格折价　　　　C. 保留价格　　　　D. 最优价格
7. 市场上某产品品类总额或总量平均价格称为（　　）。
   A. 竞争对手价格　　B. 平均支付价格　　C. 平均要价　　　　D. 平均显示价格
8. 市场竞争中所有人只依据自身利益的最大化为原则而制定价格，从而导致整体次优的结果，这称为（　　）。
   A. 最大化原则定价　B. 囚徒困境定价　　C. 整体次优定价　　D. 剪裁定价
9. 在计算价格溢价时，基准价格的计量指标有（　　）。
   A. 市场简单均价　　B. 终端销售均价　　C. 竞争对手价格
   D. 市场总额均价　　E. 市场总量均价
10. 可用来获取保留价格的方法有（　　）。
    A. 组合分析　　　　B. 回归分析　　　　C. 最低价拍卖

D. 最高价拍卖　　　　　　E. 第二价位拍卖

练习题

1. 已知中国移动某公司有关年份的用户数据、动感地带各套餐的基本数据和动感地带中的娱乐套餐相关数据见表 8-14、表 8-15、表 8-16。

表 8-14　中国移动某公司的用户数据

年　份	用户数(户)	每月用户平均收入(ARPU)(元)	价格变动影响用户比率(%)
2013	14 160	102	30
2014	20 421	92	30
2015	24 660	90	30
2016	30 120	90	30
2017	38 660	85	30
2018	41 500	83	30

表 8-15　动感地带各套餐的基本数据

套　餐	每月基本资费（元）	短信条数（条）	每条短信资费（元/条）
学生套餐	20	200	0.1
娱乐套餐	20	300	0.1
时尚套餐	30	200	0.1
情侣套餐	30	300	0.1

表 8-16　动感地带中的娱乐套餐相关数据

套餐价格（元）	需求量（户）	可变成本（元）
19	2 830 294	18
20	2 639 250	18
21	2 461 100	18
22	2 282 951	18
23	2 104 801	18
24	1 926 652	18
25	1 748 503	18
26	1 570 353	18
27	1 392 204	18
28	1 214 055	18
29	1 035 905	18

（1）计算需求价格弹性系数，并绘制其需求价格弹性变化图，简述分析结果。
（2）估算动感地带中的娱乐套餐最优价格，简述分析结果。
（3）估算动感地带的保留价格。
（4）假设中国移动公司降价而中国联通公司维持原价，则中国移动公司获利 20 单位，中国联通公司损失 10 单位；中国移动公司和中国联通公司均维持原价，两者各获利 10 单位；中国移动公司维持原价而中国联通公司降价，则中国移动公司损失 10 单位，中国联通公司获利 15 单位；中国移动公司和中国联通公司均降价，则两者各损失 5 单位。列出中国移动公司与中国联通公司的价格战博弈数值，估算整体获利结果，给出双方可能的策略结论。

2. 凯菲公司生产的冰淇淋在某城市销售，主要的竞争对手有芭食公司和哈根公司，三家公司的售价和市场份额见表 8-17。

表 8-17　三家公司的产品售价和市场份额

公　司	售价（元/单位）	市场份额（%）
凯菲公司	10	50
芭食公司	12	20
哈根公司	14	30

（1）基于竞争对手价格、平均支付价格、平均要价等基准价格计算凯菲公司冰淇淋价格溢价比率，简述分析结果。

（2）已知凯菲公司人均消费为 40 元左右，在当地市场 32.5 亿元销售额下，需求量为 81 250 000 份。假设当凯菲公司的产品均价为 100 元时，将会没有消费者购买。根据上述数据计算相关参数，写出其需求价格弹性函数。

3. LAND 服装公司面临着冬季服装的市场需求量不确定性问题，管理层需要对每种产品的订货数量以及与其供应商签订的合同进行科学决策。

公司预期在冬季以 150 元的单价销售羊毛衫，每件进价为 50 元。市场分析人员预计市场需求服从均值 $\mu = 3\,000$、标准差 $\sigma = 1\,000$ 的正态分布。在冬季即将结束时，公司对未售出的商品进行打折销售。打折后的价格决定于降价后的市场需求曲线。分析人员预期降价销售的羊毛衫的市场需求量会服从均值 $\mu = 1000 - 5p$、标准差 $\sigma = (1\,000 - 5p)/3$ 的正态分布，其中 p 为打折后的价格。在打折销售结束后仍未出售的剩余羊毛衫将捐赠给慈善机构，捐赠给慈善机构的羊毛衫可为公司获得 25 元的免税收益，每件未售出的羊毛衫的库存和送往慈善机构的费用为 5 元，从而每件送往慈善机构的羊毛衫库存会产生残余价值 $s = 20$ 元。公司经理决定采取 25 元和 $150 - n/20$ 元的最大值作为打折销售商品的价格（其中 n 为冬季销售季结束后剩余羊毛衫的数量，即打折商品数量）。

要求运用 Excel 市场需求仿真模型，模拟公司订单、库存、市场需求以及利润等情况，具体模拟市场状况为 100 个，列出模拟 100 次时的平均利润、利润标准差、打折销售平均数和捐赠平均数。

第 9 章

促 销 策 略

本章目录

9.1 价格促销及评估
9.2 优惠券及相关因素评估
9.3 促销折扣
9.4 价格瀑布及价格剪裁

学习目标

1. 掌握促销及其组合的基本原理和计算方法
2. 理解优惠券、兑换率及其成本的概念和原理
3. 理解促销折扣的计算方法
4. 掌握价格瀑布及价格剪裁分析的理论与计算方法

9.1 价格促销及评估

9.1.1 价格促销

促销就是厂商向消费者传递有关本企业及其产品的各种信息,并给予适当的优惠,说服或吸引消费者购买其产品,以达到扩大销售量的目的。因此,促销实质上是一种沟通活动,即营销者(信息提供者或发送者)发出刺激消费的各种信息,包括产品特性、价格等,把信息传递到一个或更多的目标对象(即信息接收者,如听众、观众、读者、消费者或用户等),以影响其态度和行为。常用的促销手段有价格、广告、人员推销、网络营销、营业推广和公共关系等,企业可根据实际情况及市场、产品等因素,选择一种促销手段或多种促销手段的组合。在这里我们主要讨论价格促销问题。

价格促销主要分为两大类:①临时性降价;②价格体系持久性调整。具体来说,价格促销有以下几种常用手段和方法:

(1)降价特卖。这种方法就是在一定时间内,降低本企业经营的产品价格,以特别的价格来销售。降价特卖的一个特点就是阶段性。一旦达到促销目的,就恢复到原来的价格水平。降价特卖作为一种促销手段,通常在市场终端实行。但是,一旦制造商介入进来,就可能成为一种长久的促销策略。降价特卖的形式通常有"包装减价标贴""货架减价标签""特卖通告"等。此方法属于价格促销的第一类。

（2）现价折扣。这种方法就是在现行价格基础上打折销售。在零售行业中，这是一种最常见且行之有效的促销手段。它可以让消费者现场获得看得见的利益并心满意足，同时销售者也会获得满意的目标利润。因为现价折扣过程一般是讨价还价的过程。通过讨价还价，可以达到双方基本满意的目标。此方法也属于价格促销的第一类。

（3）大拍卖及大甩卖。产品大拍卖是将产品以低价拍卖的方式，以非正常的价格来销售；产品大甩卖也是以低于成本或非正常价格的方式来销售。大拍卖和大甩卖都是采用价格利益驱动战术。对许多厂商而言，大拍卖和大甩卖是一种清仓策略，通过大拍卖或大甩卖，能够集中吸引消费群体，刺激人们的购买欲望，从而在短期内消化掉积压产品。此方法属于价格促销的第一类。

（4）减价竞争。它是指削减现行价格，让利于市场，并获得竞争优势的销售。减价竞争与现价折扣不同。现价折扣属于战术性促销，而减价竞争则一般是战略性促销，它从范围上、数量上、规模上、期效上都比现价折扣大。减价竞争可以说是一种以新的价格参与市场竞争的战略，它是一种发动市场侵略性竞争的手段。但是在此提请读者注意，在营销实践中应该谨慎地使用这种手段，因为它往往会引来竞争对手的强力反击并触发价格战争，而价格战争的结果往往是两败俱伤。此方法归属于价格促销的第二类。

（5）低价经营。它是指产品以低于市场通行价格的水平来销售。低价经营属于一种销售战略，其整体价格水平在长期内均须低于其他经营者。而且，一开始，低价经营者的产品就应以优惠的价格面市。从长远上看，低价经营虽然是局部微利，但这一促销策略可以强有力地吸引消费群体，并达到整体获利丰厚的目的。此方法属于价格促销的第二类。

尽管价格促销的短期效益通常不太好，但是通过这两类促销，企业都能够以一种随时间推移而增加销售和利润的方式，寻求改变消费者和贸易客户的行为。销售和利润的增长有很多方式，提供价格促销的潜在目的也有很多种。此类活动可能着眼于影响最终使用者（消费者）、贸易客户（经销商和零售商）、竞争对手，甚至是企业本身销售人员的行为。尽管促销的目的通常是增加销售量，但是这些活动也可能影响成本。短期促销的具体目的包括以下几点：

1）获取新顾客，可能会促进产品的试用。
2）吸引那些比传统顾客对价格更敏感的新的或者不同的顾客群。
3）增加已有顾客的购买率，提升忠诚度。
4）增加新的交易关系（即分销）。
5）给交易带来新的库存单位。
6）增加货架空间。
7）通过鼓励企业的顾客储备存货，达到巩固竞争努力的结果。
8）引导顾客比以往更早（或更晚）订货，这种方式在换季时使用会有利于顺利完成销售量计划。

我们在别处讨论包括试用率和新产品的销售百分比在内的许多临时性目的的计量项目。在本章，我们重点关注能显示价格促销接受情况，以及促销对销售及利润影响的计量项目。评估临时性价格促销的最重要机制是把销售分为两类：基本销售和增量销售。基本销售是指在没有促销情况下企业期望达到的销售量（额）；而增量销售是指由促销引起的销售"提升"。通过把基本销售从增量销售中分离出来，管理者可以判断由暂时性价格下降引起的销售的增加能否弥补随之而来的价格及利润的减少。类似的方法也被用来决定优惠券和退款的利润。

尽管绝大多数价格促销的短期效益与它的销售增加有不同的衡量，但是更长时间以后，管理部门更加关注折扣销售百分比和产品折扣期间的时间百分比。在有些产业,清单价格已经变成仅作为讨论折扣的假想基准。平均折扣程度和价格瀑布有助于获取价格削减的深度,也有助于解释产品的价格如何在所有折扣之后达到它的实际价格(口袋价格)。提供给交易商的折扣和实际被接受的折扣经常会有很大的差异。而交易商享受的折扣和最终分享给顾客的折扣也可能有差异。实际执行价格百分比和价格瀑布用于分析这些动态变化的结构,因此也用来测量一个企业促销的影响。

9.1.2 基本销售与增量销售

对基本销售的估计可以帮助人们建立一个基准,用来估量因特定市场活动而增加的销售量(额)。同样,这个基本销售可以帮助人们把增加的销售量,从其他影响产生的效果中分离出来,如季节性促销或竞争促销。用于计算特定时期和用以产生增量销售的综合市场特定元素的公式为

$$全部销售额 = 基本销售额 + 增量销售额 \tag{9-1}$$

$$增量销售额 = 广告增量销售额 + 交易促销增量销售额 + \\ 消费者促销增量销售额 + 其他增量销售额 \tag{9-2}$$

$$促销提升率 = \frac{增量销售额}{基本销售额} \tag{9-3}$$

判断市场营销花费往往涉及对不断增加的当前项目活动的评估。然而,有些市场营销花费常常被认为应该是固定的,如市场职员和销售人员工资,而促进增加销售的努力却经常被忽略。我们的目的在于确定基本销售,并以此销售额为参照,评估市场营销活动所产生的增量销售和利润。

市场营销的一个常见问题,就是估计某一特定或某一系列的市场营销活动对销售量的提升力度。评估销售增量,需要搞清楚什么是基本销售量。基本销售量就是在不进行任何营销活动情况下的销售量。通常,人们用实验组或控制组来确定基本销售量。如果能够迅速、简单而又少花费地进行这样的实验,这个方法就将成为主导。为了替代控制组,市场营销人员常常根据历史销售资料来调整预期销售,并仔细注意控制季节性影响。用以控制其他变化的影响的回归模型,也常被用于对基本销售的估计。通常,不可控制的因素和可控制的因素都应该被包括在基本销售的回归模型中。当使用回归模型时,截距常常被认为是基本销售。

从理论上讲,计算增量销售就是用总销售减去基本销售。然而,计算基本销售却不那么简单。通过查阅历史数据,就可得到总销售。接着,分析者的任务便是将这些数据分成基本销售和增量销售两部分。通常情况下,一般采用回归分析方法。在这个过程中,会用到市场营销测试结果和其他的市场营销分析数据。

基本销售通常通过对历史数据的分析而得到。为了这一目的,公司通常都会研发一些数据模型,包括用以适应市场营销增长的变量、竞争活动、季节性影响等。这样一来,企业就可以用模型做出对基本销售的预先推测,然后基于此对增量销售进行估计。

增量销售不像基本销售,任一时期(如一年、一季度或者促销期间),增量销售额都可以通过总销售额减去基本销售额来计算。增量销售额与基本销售额的比率反映了一项营销计划所达到的提升量。增量销售额的费用可以用销售平均每增长1元的费用来表示,或者用每增加1销售单位的费用来表示。前者具体的计算公式为

$$增量销售的费用 = \frac{营销费用}{增量销售额} \tag{9-4}$$

例如，一个零售商期望在特定的一个月内，在没有广告的情况下卖出价值 24 000 元的灯泡。在 5 月，商店以 1 500 元的报纸广告成本，卖出了价值 30 000 元的灯泡，而没有额外的促销活动。店主计算出由广告产生的增量销售为

$$增量销售额 = 30\ 000\ 元 - 24\ 000\ 元 = 6\ 000\ 元$$

店主估算的增量销售额为 6 000 元，这代表着 25% 的促销提升率，计算过程为

$$促销提升率 = \frac{6\ 000\ 元}{24\ 000\ 元} = 25\%$$

增量促销的费用为每增加 1 元钱的营销费用，计算过程为

$$增量销售的费用 = \frac{1\ 500\ 元}{6\ 000\ 元} = 0.25$$

总销售可以被看作基本销售和促销提升率的函数。估计市场营销综合效益时，必须决定是用乘法的方式还是用加法的方式预测提升率。用加法预测市场营销综合效益的公式为

$$\begin{aligned}总销售额 = &基本销售额 + 基本销售额 \times 广告促销提升率 + 基本销售额 \times \\ &交易促销提升率 + 基本销售额 \times 消费者促销提升率 + \\ &基本销售额 \times 其他促销提升率\end{aligned} \tag{9-5}$$

这种加法的方式与总增量销售的概念一致。总增量销售等于各种市场营销混合因素造成的增量销售的总和。这与下面的公式是相同的：

$$\begin{aligned}总销售额 = &基本销售额 + 广告促销带来的增量销售额 + 交易促销带来的增量销售额 + \\ &消费者促销带来的增量销售额 + 其他促销带来的增量销售额\end{aligned} \tag{9-6}$$

与此相比，乘法公式是通过乘法的方式把各个市场营销综合效益加以综合，其计算过程为

$$\begin{aligned}总销售额 = &基本销售额 \times (1 + 广告促销提升率) \times (1 + 交易促销提升率) \times \\ &(1 + 消费者促销提升率) \times (1 + 其他促销提升率)\end{aligned} \tag{9-7}$$

从任何一个单独的因素角度来讨论增量销售额都是没有意义的。实际上企业往往会碰到不同的情况。

例如，A 公司收集了以往促销的数据，并估算了该公司通过不同市场营销元素达到的促销提升率。其中一个调查者认为用加法的方式能更好地找出这些影响因素；而另一个调查者认为用乘法的方式可能更好地揭示出多种混合因素增量销售的方法。产品经理收到了两份评估报告，从中得出两种方式营销费用的期望回报（见表 9-1）。

表 9-1 营销费用的期望回报

促销方式	费用（元）	加法方式			乘法方式		
		广告促销提升率（%）	交易促销提升率（%）	消费者促销提升率（%）	广告促销提升率（%）	交易促销提升率（%）	消费者促销提升率（%）
交易促销	0	0	0	0	0	0	0
广告促销	100 000	5.5	10	16.5	5	10	15
消费者促销	200 000	12	24	36	10	20	30

幸运的是，两种模型都估计出 900 000 元的基本销售。产品经理的费用计划如下：广告促销 100 000 元、交易促销 0 元和消费者促销 200 000 元。他用两个方法预测的销售结果如下：

加法的方式为

$$\text{预计总销售额} = 900\,000\,\text{元} + 900\,000\,\text{元} \times 5.5\% + 900\,000\,\text{元} \times 0 + 900\,000\,\text{元} \times 36\%$$
$$= 1\,273\,500\,\text{元}$$

乘法的方式为

$$\text{预计总销售额} = 900\,000\,\text{元} \times (1+5\%) \times (1+0) \times (1+30\%)$$
$$= 1\,228\,500\,\text{元}$$

注意：因为这些方式的算法不同，很多情况下会不可避免地得出不同的结果。乘法的方式指出了市场营销变量具体形式的联系，而加法的方式则不能体现这些联系。

如果历史销售被分为基本销售和增量销售，则确定已经实施的促销是否在研究阶段产生盈利，就相对简单了。进一步来看，市场营销活动是否产生了预计的盈利额，可以通过比较有无该活动时的预计盈利水平得到。促销盈利额的计算公式为

促销盈利额 = 有促销时的利润 − 估计的无促销时(即基本销售)的利润　　(9-8)

例如，市场营销部主管李先生和财务部主管王女士收到了商品展览后销售总量30 000单位的评估报告。因为促销涉及大量投资（100 000元），所以公司首席执行官要求得到因展览所增加销售的评估报告。因为这个展览活动是免费的，所以认为促销期间的单位贡献和其他时候一样，每单位为12元。这样，促销期间的总贡献就是360 000元（30 000单位×12元/单位）。减去产品展览所需要的固定增加成本，则该期间的利润预计为260 000元（360 000元 − 100 000元）。

李先生预计基本销售量一共是15 000单位。在此基础上，他计算出没有促销时的贡献值为180 000元（12元/单位×15 000单位）。这样，他预计这次展览产生的增加利润为80 000元（360 000元 − 180 000元 − 100 000元）。

而王女士则认为，她预计的无促销时销售量为25 000单位，从而得出的基本贡献为300 000元（12元/单位×25 000单位）。结果，她预计如果执行展览的话，增加的利润会从300 000元减少到260 000元。以她的观点，促销无法弥补增加的固定成本。王女士认为在这种促销方式下，公司会花费100 000元而仅仅带来60 000元（5 000单位×12元/单位）的增加贡献。

在这个例子中，基本销售的预测在这里是一个决定性因素。

例如，某生产商面临着一个关于是否进行新促销活动的艰难决定。公司的数据显示出产品销售在11月和12月有较大增长，但是公司经理不确定这是更高销售的持久趋势，还是无法持续的暂时性的成功（见图9-1）。

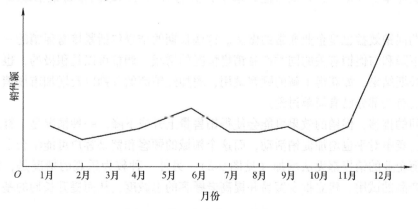

图9-1　某生产商产品月销售走势

公司的营销副总裁坚决支持促销活动建议。他认为增加量不会持续，而公司的历史基本销售（26 028 单位）应该被当作在没有促销的情况下公司可预计的销售水平。另外，营销副总裁还认为只需要考虑各个销售的可变成本，而无论做什么都会有固定成本。在此基础上，分析得出每单位相关成本应该是 25.76 元。

公司首席执行官雇用的顾问却有着不同的观点。在营销顾问看来，11—12 月的销售增加不是暂时性的而是市场营销在拓展，说明公司的品牌影响力也随之增加。所以，更合适的基本销售量预测应该是 48 960 单位。营销顾问还指出，从长远来看，没有成本是固定的。因此，为了分析，固定成本应该被分配到产品的成本中去，因为最终产品必须随着工厂租金的支付而有返还。在此基础上，每单位的全部成本 34.70 元应该被用作增量销售的成本（见表 9-2）。

表 9-2 基本销售与促销盈利对比

	营销顾问		营销副总裁	
	促　销	基本销售	促　销	基本销售
价格（元/单位）	41.60	48.00	41.60	48.00
成本（元/单位）	34.70	34.70	25.76	25.76
单位毛利（元/单位）	6.90	13.30	15.84	22.24
销售量（单位）	75 174	48 960	75 174	26 028
利润（元）	518 701	651 168	1 190 756	578 863
促销盈利额（元）	-132 467		611 893	

营销副总裁和营销顾问关于促销盈利情况做出了完全不同的推测，原因在于二者对基本销售结果的确定方法不同。同时，我们可以看到，取得对成本和利润的共识是很关键的。

找出一个企业预期的基本销售是一个复杂而又不准确的过程。从根本上说，基本销售是在没有显著的市场营销活动条件下所能够预计的销售水平。当诸如价格促销之类的市场营销活动进行一段时间后，增量销售和基本销售就很难被划分了。

在许多企业，统计现阶段销售业绩并与之前的数据比较是很常见的。结果这使得历史销售成绩被作为研究市场营销花费影响的基本标准。例如，零售商可以依据同类商店的销售情况评估自己的销售业绩（从而消除了专营店带来的或多或少的影响）。还可以与前几年的相同时段做比较，来避免季节性差异，并确保他们基于相似的活动时间来测量特别活动（比如销售活动）。

调整长期促销效益也是企业通常的做法。这些长期的结果包括紧接着促销的一定时期内的销售标准的下降和与促销有关的同类产品销售情况的增减。调整可以是积极的，也可以是消极的。其他的长期结果，如获得了新的顾客试用，增加经销商的分销以及增加市场消费量的情况等，在本章的有关部分已有简单讨论。

随着时间的推移，促销的效果可能会使得销售量上升或下降。一种情况是，针对一个公司的促销行为，竞争对手也增加促销活动，而这个领域的顾客和贸易客户可能学会了等待打折促销，因此任何企业的销售都无法增加（见图 9-2）。另外一种较为乐观的情况是，促销可以引发顾客对新产品的试用、建立批发贸易并提高老顾客的忠诚度，从而提升长期的基本销售水平（见图 9-3）。

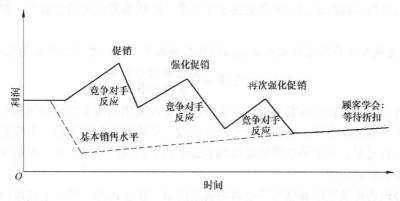

图 9-2　促销形成下降趋势效果

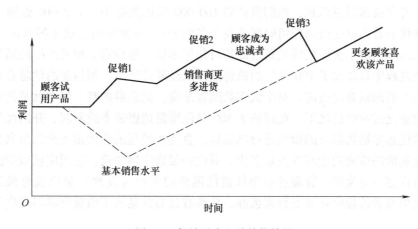

图 9-3　促销形成上升趋势效果

9.2　优惠券及相关因素评估

优惠券兑换率是指消费者使用（兑换）发放的优惠券的百分比。其计算公式为

$$优惠券兑换率 = \frac{兑换的优惠券数量}{发放的优惠券数量} \tag{9-9}$$

每次兑换成本测量了每次兑换优惠券的各种成本。优惠券的发放成本通常被当作固定成本。每次兑换成本的计算公式为

$$每次兑换成本 = 优惠券的面额 + 兑换费用 \tag{9-10}$$

优惠券可用来介绍新产品，并促使新顾客试用已有产品，从而促进长期消费。

优惠券和折扣几乎适用于本章所讨论的所有临时性目标。优惠券既可以提供给对价格敏感的顾客更低的价格，也可以作为一种广告形式，这使其成为一种双重目的的市场营销工具。优惠券的使用者可以在优惠券上看到品牌的名称。而对于一个普通消费者来说，与其看一个价格信息不令人满意的产品广告，不如关注优惠券上的品牌，并且考虑自己是否需要这个产品。

最终，优惠券和折扣成为零售商的主要促销手段。为了促进交易，零售商可能以发放优惠券的方式来促销。为了促销产品并让消费者了解产品价值，零售商也经常宣传打折后的产品价格。

可以用发送及打印优惠券的成本和兑换成本等来计算优惠券促销的总成本。相关的计算公式为

$$优惠券总成本 = 每次兑换成本 \times 兑换的优惠券数量 + 优惠券的打印及发放成本 \qquad (9\text{-}11)$$

$$优惠券的销售率 = \frac{优惠券的销售额}{实际销售额} \qquad (9\text{-}12)$$

为了确定优惠券和折扣的盈利情况,企业管理者要求使用那些类似于评估基本销售和增量销售的方法,这些方法在本章的前面部分已经讨论过。兑换率本身并不是一个判断成功与否的好标准。在某些情况下,即使是较低的兑换率也是可以盈利的。相反,在一些情况下,较高的兑换率也可能是非常有害的。

例如,张经理负责某地区商品包装公司的营销活动。该公司的产品在小范围内有着零售和批发的明显优势。公司现决定举行一个发放优惠券的活动,张经理希望评判该活动能否取得成功。她的助手看完数据后意识到,他们发放的 100 000 张优惠券中,有 5 000 张被用来购买产品。当算出这代表着比以往公司任何时候都高很多的 5% 的兑换率时,助手很兴奋。

然而,张经理判定这次促销活动是否成功时却很谨慎。她检查了相关产品的销售情况并且意识到在促销过程中只增加了 100 单位的销售量。张经理总结出,相当多的优惠券是被那些本来就打算购买产品的顾客使用的。对于大多数顾客来说,优惠券的唯一影响就是把产品的价格降低到他们愿意支付的价格之下。在评估了 100 单位增量销售带来的利润,并以此与优惠券成本及绝大多数优惠券销售损失的价值进行比较后,直到张经理最终做出完全的盈利分析前,她都无法确定这次活动造成的全部损失是多少。对此她很确定地知道,公司应该减少促销活动。

为了计算优惠券兑换率,管理者必须知道优惠券的发行(发放)量以及兑换量。企业一般雇用发放机构或者传媒公司来发行优惠券,兑换数目通常是从工商管理部门提供的发票中得出的。

此外,还要注意邮寄退款折扣方式这个相关计量和概念,事实上,退款是一种大票优惠券。这种优惠券的使用过程很简单:顾客支付产品的全额货款,使零售商达到一个特定的价格点,然后顾客使用退款凭据,从商家那里拿回一定的钱款。

通过使用退款,营销人员得到了顾客的信息,这些信息对重新上市和产品控制都是有益的。邮寄退款折扣对于那些对价格非常敏感的顾客而言,通过退款的方式有效地降低了产品的价格。对于退款来说,"未兑换率",有时候也被称为破损量,是指没有被顾客兑换的退款比例;而破损率则是没有兑换退款的百分比。

例如,一家手机公司在一个月内出售了 40 000 部手机。在每一次交易中,顾客可获得 30 美元的退款。其中,30 000 部手机的退款被成功地索取了。该产品退款兑换率可以通过被索取的退款数(30 000 部)除以销售数(40 000 部)计算得出

$$退款兑换率 = \frac{退款数}{销售数} = \frac{30\ 000\ 部}{40\ 000\ 部} = 75\%$$

管理者常常回避分销优惠券的成本,然而,因为促销依赖于充分的分销,武断地忽略分销成本是失策的。促进增量销售所需的全部成本,可以作为评估优惠券有效性的较好的标准,这样就可以确定优惠券发放的吸引力随优惠券分销降低的临界点。

在评估一个优惠券或者退款项目时,企业还应当考虑提供给顾客的全部权益水平。零售商通常会在优惠券的基础上再进行折扣来促销,以增加优惠券的价值。这使得零售商可以分辨出

价格敏感型顾客,并给他们提供更多的优惠。当然,通过给顾客更多的优惠无疑可以提高优惠券的兑换率。

9.3 促销折扣

市场营销人员常常需要估计促销是否促进了销售。通常,生产商会给其分销商和零售商一定的折扣(也叫作"交易折扣"),来鼓励他们针对顾客所进行的促销活动并以此作为回报。促销吸引力的程度可以通过折扣销售比率体现出来。与此相似,促销折扣执行率可以体现过多的交易或者错误的交易。

促销折扣执行率是指生产商提供给分销商和零售商的促销价值中,分销商和零售商提供给顾客的折扣所占的百分比。"中间商"是许多产业中各种渠道的一部分。在企业最终面对顾客之前,它们会面对一层、两层、三层甚至是四层的"转销商"。例如,一个啤酒生产商可能先将啤酒卖给一个出口商,出口商再卖给进口商,进口商再卖给当地的经销商,经销商再卖给零售商。如果其中任何一环不考虑别人的标价而任意设置自己的利润,那么最终价格可能比商家期望的更高。这种各自连续的程序被称为双重边缘化。

折扣销售比率是指包含某种形式的临时交易折扣的销售额所占的百分比。请注意,这通常不包括标准折扣,比如预付或者合作广告津贴(利息)等。折扣销售比率的计算公式为

$$折扣销售比率 = \frac{包含临时折扣的销售额}{总销售额} \tag{9-13}$$

促销折扣代表了通过销售渠道得到的促销折扣的全部价值。相关的计算公式为

$$促销折扣 = 包含临时折扣的销售额 \times 平均折扣率 \tag{9-14}$$

$$平均折扣率 = \frac{单位折扣}{单位标价} \tag{9-15}$$

促销折扣执行率的计算公式为

$$促销折扣执行率 = \frac{分销商和零售商提供给顾客的促销折扣价值}{生产商提供给分销商和零售商的促销折扣价值} \tag{9-16}$$

生产商常常为了争夺零售商、分销商和其他转销商而互相竞争。为了达到这一目的,它们对自己的产品加以特别展示,增加产品的花样,并且探寻增加转销商销售部门注意的方法。值得注意的是,在它们努力推动销售渠道发展时,生产商还为交易提供折扣和津贴。了解提供给交易的折扣量和折扣率,以及转销给顾客的折扣在其中所占的比例,对营销人员而言是非常重要的。有时候当转销商的利润很少时,生产商的折扣会用来增加利润。市场领先者经常担心交易利润太小以至于不能支持交易;别的生产商可能担心零售利润太大,使得他们把大量的折扣转给了顾客。在讨论这些计量时,应该注意这些变量之间的关系。

转销商可能认为整条生产线的最优化比任何产品的利益最大化更重要。如果一个转销商储备多种竞争性产品线,找出一个既适用于自身又适用于其供货商的方案,通常是比较困难的。生产商力争激发转销商比较积极地销售其生产的产品,比如鼓励专营权,或基于类目销售的增长份额的返款,或通过奖励销售增长的活动来增加销售。

转销商为了更好地利用生产商的价格鼓励政策,必须调整商业惯例。在这方面,市场营销人员必须对不可预知结果的法则格外小心。例如,已经知道转销商存在如下行为:

(1) 购买相较于它们可以卖或者想卖的更多产品来获得数量折扣的资格。过多的产品可

以卖（转移）给别的零售商，或者储存起来用作未来销售，甚至销毁或者为了信誉而返还给生产商。

（2）常常选择在会计期间的末期进行购买来获得回扣和补贴。对于生产商来说，这会导致生产商的"块状"销售模式，使预测变得困难，增加了过时产品被退回的风险，提高了产品成本。

在一些情况下，一个特别强大的渠道领导者可以将其价格规则强加给整个渠道。然而在绝大多数情况下，分销链中的每个"链接"都只能调节自己的价格。例如，一个生产商可能为批发商制定合适的价格鼓励政策；相应地，批发商也可能为零售商制定价格鼓励政策。

在许多国家的不同产业中，供应商为转销商制定销售价格是违法的。生产商不能为批发商制定销售价格，批发商也不能为零售商制定零售价格。因此，产业链成员之间必须寻求间接影响零售价格的方法。

9.4 价格瀑布及价格剪裁

9.4.1 价格瀑布

市场营销人员需要经常评估产品的实际价格，并与清单价格做比较。通常，企业为了签下合同及维持销售量，往往会给顾客打折、优惠及其他好处，因此顾客最终支付给厂家的价格就会低于原来的标价。我们把扣除全部折扣及其他优惠后真正剩下的价格定义为"落袋价格"。而价格瀑布就是一种描述价格从发布的清单数额到顾客支付数额（即落袋价格）的变化过程的方法。每降低一次价格就意味着一个价位的回落。

例如，某公司的一个产品其清单价格（或者说标价）为100元，公司给经销商10元的折扣，再给5元的现金支付折扣，此外还支付3元的年度退款和2元的合作广告费用，最终顾客支付价格（或者公司的落袋价格）就只剩下80元了。可以用价格瀑布来描述这个价格变化过程：

清单价格
   100元
  经销商折扣
     90元
   现金支付折扣
      85元
    年度退款
       82元
     合作广告费用
        80元
      顾客支付价格

在这个体系中，顾客支付的平均价格取决于产品的清单价格、享受的折扣大小以及顾客使用折扣的比例。通过分析价格瀑布，市场营销人员可以确定产品的价格是从何处滑落的。这在允许销售渠道为了确保顾客而降价的交易中显得格外重要。价格瀑布可以集中确定这些折扣能否在交易中发挥作用。

营销人员发现,确定产品正确的清单价格通常是比较困难的。这对价格制定而言无疑是不好的一方面。而好的一方面是,实际上几乎没有顾客支付的是清单价格。有关调研表明,事实上,产品的实际价格,即真正由顾客支付的价格,经常会滑落在清单价格的53%~94%。

有关价格的概念如下:

(1) 落袋价格是指扣除所有折扣和津贴之后,顾客为产品实际支付的价格。

(2) 清单价格是指扣除所有折扣和津贴之前,一件商品或者服务的价格。

(3) 发票价格是指产品发票上表明的价格。这个价格通常会指明一些实际折扣和津贴,如厂家给予经销商的折扣、竞争折扣、大批量折扣等,但并不包括其他方面的折扣,如特殊目的折扣及合作广告折扣等。通常发票价格会因此而低于清单价格但是高于实际价格。

(4) 价格瀑布是指在销售的不同阶段中,扣除折扣和津贴之后,顾客实际支付的价格减少量。因为几乎没有顾客会完全利用所有的折扣,在分析价格瀑布的时候,商家不仅要考虑每个折扣的数量,还要考虑各自销售所占的比例。价格瀑布比率的计算公式为

$$价格瀑布比率 = \frac{实际价格}{清单价格} \tag{9-17}$$

因为顾客使用折扣的情况不一样,实际价格可以在一个与清单价格有关的很大的区间内变动。

要想评估出一个产品的价格瀑布比率,必须标出顾客在瀑布各个阶段支付的价格,以此来表明在各个使用到折扣和津贴的过程中潜在的折扣和津贴。例如,通常在商业折扣之后考虑给经纪人的佣金。

实际价格是指在分销各个阶段中产品的实际支付价格,可以通过清单价格减去折扣再乘以各自的可能性计算得出。当所有的折扣都被考虑到时,通过这个计算过程就可以得到产品的实际价格。其计算公式为

$$实际价格 = 清单价格 - 折扣A \times 折扣A的购买比例 - 折扣B \times 折扣B的购买比例 \tag{9-18}$$

举例说明:王经理在销售产品过程中,推出两种不同的折扣和津贴:第一种是当订单超过100单位时,给予12%的折扣。这在公司50%的贸易中都适用,并且体现在公司的发票系统中。第二种是给合作广告5%的津贴,这个津贴并没有在发票系统中体现。调查之后,王经理发现80%的顾客利用了广告津贴。产品清单价格为50元。

公司产品的发票价格计算过程为

$$发票价格 = 清单价格 - 折扣 \times 折扣下的购买比例$$
$$= 50元/单位 - (50元/单位 \times 12\%) \times 50\% = 47元/单位$$

而实际价格为发票价格减去合作广告津贴的平均量,计算过程如下:

$$实际价格 = 50元/单位 - (50元/单位 \times 12\%) \times 50\% - (50元/单位 \times 5\%) \times 80\% = 45元/单位$$

$$价格瀑布比率 = \frac{45元/单位}{50元/单位} = 90\%$$

为了分析折扣和津贴以及价格瀑布效应的影响,市场营销人员需要熟知各自产品的总收入和单项的全部销售情况,这不仅包括记账系统里的折扣和津贴,还包括发票中没有体现出来的折扣和津贴。

绘制价格瀑布的最大挑战,是获取销售过程中所有不同阶段有关产品的具体数据。这在小

规模的商业体系中显得尤为困难，因为很多折扣没有在发票中记录，所以这不可能记录在企业关于各自产品的经济系统之中。更复杂的是，并非所有的折扣都是基于清单价格的，如现金折扣通常就基于净发票价格。

理论上的折扣在经济系统中却没有被完全记录，这个问题影响着如何计算价格瀑布。为了达到目的，营销人员不仅需要知道每个折扣量，而且还需要了解每次销售给顾客利用折扣的百分比。

通常的交易会从清单价格中提供折扣量，绝大多数的折扣有鼓励顾客消费的功能。例如，贸易折扣可以鼓励分销商和其他转销商多购买，生产商迅速开出发票，并且在促销阶段或者销售顺利期间下订单。长此以往，这些折扣会有翻倍的趋势，因为生产商发现抬高清单价格更容易，它们就会增加额外的折扣而不是减少已有的折扣。折扣方面容易遇到的问题如下：

（1）因为记录每件产品的折扣很困难，企业通常会做总计。因为这个原因，营销人员可能会看到全部的折扣，但是把这些折扣与具体产品一一对应却有些困难。有些折扣是在购买的全部量中提供的，这就加大了这个问题的难度，同时也增加了评估产品盈利情况的挑战性。

（2）一旦给出折扣，就很难收回。把折扣从顾客的手中拿回来很难。结果，在竞争性压力迫使企业收回折扣时，由于惯性还会保留一些特殊折扣。

（3）如果发票不能记录折扣，则管理部门在决策时通常就会失去关于折扣的信息。

根据专业价格机构的建议，在考虑一个产品的价格时，很有必要参考过去的发票价格。在此，营销人员应注意以下几个相关计量和概念：

（1）扣减。有些折扣实际上是为了弥补顾客的扣减，这主要是因为船运中产品损耗、错运延运，或者在某些情况下，如产品销售不如预期，需要进行调整。扣减可能无法以一种能分析的形式被记录下来，但却成为一个经常讨论的话题。

（2）每日最低价。它是指每个时期都提供相同价格水平的策略。对于零售商来说，每日最低价购买与每日最低价销售之间有差别。比如，一些供应商为零售商提供固定销售价格，但是会与零售商商议在哪个时期内给予展示折扣和其他的零售促销。

（3）高/低定价策略。这个定价策略与每日最低价的策略截然相反。在高/低定价策略中，零售商制定的价格往往会高于其竞争对手的每日最低价，然后使用广告进行经常性的降价促销。传统上零售商仅仅在季末降价销售时尚产品，而杂货店和药店也只有在供货方提供优惠价格或存货过多时才会降价销售。现在，许多零售商则必须对日益加剧的市场竞争和顾客对价值的关注做出反应，因此便经常采用降价的方式进行促销。事实证明，这是一种非常有效的方法。杂货店和药店的供货方也通过增加"处理期"获得更高收益。在处理期内，制造商则对零售商购买的产品提供特惠价格，一些零售商几乎所有的产品都仅在处理期内进货。高/低价格策略和其他短暂折扣的目的之一，就是实现经济意义上的价格歧视。

鉴于每日最低价策略与高/低定价策略是截然相反的两种价格策略，在此对两者进行比较。同高/低定价策略相比，每日最低价策略具有下列优势：

（1）减少价格战。高/低定价策略的主要特点在于能够抓住多数顾客的消费心理，因为许多顾客往往只在降价时才购买商品。成功运用每日最低价策略，会使零售商避免与竞争对手进行激烈的价格战。而且一旦顾客意识到价格是合理的，他们就会更多、更经常地购买。

（2）减少广告。每日最低价策略下的稳定价格策略，减少了零售商必须进行大量促销所需要的广告支出，从而使得零售商将注意力更多地放在塑造企业形象上。

（3）提高对顾客的服务水平。每日最低价策略不会因降价的刺激而产生新的突发消费群，从而使零售商可以花更多的时间在稳定的顾客身上，多为顾客着想，提高企业的整体服务水平。

（4）提高边际利润。采用每日最低价策略，价格一般较低，但销售量也比较稳定；在高/低定价策略中，只有在低价时，销售量才会猛增。所以总体来说，每日最低价策略会提高商家的边际利润。

当然，并非所有的零售商都适用每日最低价的价格策略，对大多数零售商而言，每日最低价是比较难以保持的。采用每日最低价策略，零售商的产品价格与其竞争对手的价格必须是具有可比性的。相对每日最低价策略而言，高/低定价策略具有以下优点：

（1）同一种产品在多重市场上具有吸引力。例如时尚产品，当其第一次进入市场时，零售商定价最高，对价格不太敏感的领导市场潮流的消费者，以及那些难于得到满足的顾客而言往往会在产品刚进入市场时就购买；随着时间的推移和价格的降低，更多的顾客进入市场，最后是擅长于讨价还价的顾客进入购买市场。

（2）刺激消费。在降价过程中常常出现一种"仅此一天，过期不候"的氛围，降价使得购买者蜂拥而至，这无疑刺激了消费。

（3）可以促进产品流通。所有的产品几乎都能被卖掉，关键在于价格是否足够吸引顾客。虽然经常降价使零售商利润受损，但也可以尽快把产品销售出去，加快产品流通速度。

（4）强调质量或服务。初始的高位价格会给顾客传递一个有关该产品的价值信息，在产品继续销售的过程中，顾客会继续用其原来的价格作为其价值度量。而每日最低价策略可能由于价格较低，往往会被顾客认为质量或服务不尽如人意。

当然，两种定价策略并非格格不入，零售价格的确定方法也并非一成不变。例如在智利，一些较早实行每日最低价的零售商，现在也开始进行经常性的促销活动，而主要使用高/低定价策略的零售商，也为努力稳定其价格而使用每日最低价策略。又如目前美国国内第五大传统连锁百货公司 Dillard，其业绩辉煌成长的一个主要原因，就在于第一个使用了每日最低价策略。Dillard 成功地运用每日最低价策略，超越了其他一些百货公司。一个重要原因是它将其产品目录换成了美观的产品定价目录。从这份定价目录上，顾客可以了解到产品质量的竞争力、产品价格与广告中的价格的差别，以及一些有百货公司特色的促销形式。可见，每日最低价策略和质量促销是 Dillard 公司获得成功的两个因素。此外，Dillard 公司还善于将价格策略与促销措施协调起来，并注重提高产品质量，改善购物环境。

9.4.2 价格剪裁

当企业面临不同的可细化的市场时，而且这些不同市场的顾客支付意愿或价格弹性的区别又很明显时，单一要价意味着企业"把钱放在桌子上"，也就是无法获取全部的消费价值。

价格剪裁盈利的三个条件是：①细分的市场必须有不同的价格弹性（购买欲），同时营销人员必须有不同的服务成本（比如船运），增加额大到可以补偿差额；②细分市场必须是可分离的，即不同要价不会导致顾客在细分的市场之间转移；③从价格剪裁中获得的增量利润超过为相同的产品或服务实施多种价格的成本。

价格剪裁是价格歧视的一种委婉说法。然而，价格剪裁有着合法的含义，营销人员必须理解这一点并很谨慎地使用它。

当面临着由具有不同需求斜率的可识别的细分市场组成的全部需求曲线时，营销人员可以为各个识别出来的细分市场制定最优价格，这与基于总体需求的相同价格截然不同。这通常可通过如下条件完成：

（1）时间。例如，地铁站或者电影院会在高峰期提高价格；在开始就以高价格发布产品，这是所谓的撇脂定价策略。

（2）地理。例如国际市场上的划分，如不同地区 DVD 的价格不同。

（3）可忍受的歧视。识别出可接受的分段形式，如学生与老年公民与一般公众的价格差异。

价格差异会导致灰色市场，即将产品从低价格市场引进到高价格市场。半合法市场在一些时尚产品和药物产品市场比较常见。

需要注意的一个问题是规章制度，绝大多数国家有适用于价格歧视的规章制度。作为一个营销人员，应该了解这些规章制度。比如在美国，最重要的规定是《罗宾逊-派特曼法案》。这个法案主要是为了控制可能伤害竞争的价格差异。

本章小结

本章重点讨论了与促销相关的计量问题，强调平均折扣程度计量方法和价格瀑布分析方法，对于理解价格削减的深度和解释产品的价格在所有折扣之后的实际价格具有十分重要的意义。以基本销售为基准，以估量因特定市场活动而产生的销售增量。这个基本销售帮助营销人员把增加的销售从其他影响产生的效果中分离出来。基本销售通常通过对历史数据的分析而得到。为此，企业通常都会通过一些数据模型，包括影响市场销售增长的变量、竞争活动、季节性变动等。此外，在营销实践中，通常生产商会给其经销商和零售商一定的折扣，以鼓励他们针对消费者所进行的促销活动并以此作为回报。如果交易中的消费者或顾客觉得促销吸引力不足，则会由交易中的折扣销售比率体现出来。促销折扣执行率是指生产商提供给分销商和零售商的促销价值中，分销商和零售商提供给顾客的折扣所占的百分比。作为营销人员，需要经常评估产品的实际价格，并与清单价格做比较。价格瀑布就是这样一种描述价格从标价到顾客支付数额（落袋价格）变化过程的方法。通过分析价格瀑布，营销人员可以确定产品的价格是从何处滑落的。这在允许销售渠道为了确保顾客而降价的交易中显得格外重要。

测试题

1. 价格剪裁是价格歧视的委婉说法。（对/错）
2. 如果消费者觉得促销吸引力不足，则会由折扣销售比率体现出来。（对/错）
3. 优惠券既可以提供给对价格敏感的顾客更低的价格，也可以作为一种广告形式。（对/错）
4. 折扣销售比率通常不包括标准折扣，比如预付或者合作广告津贴等。（对/错）
5. 价格瀑布比率是顾客实际支付的产品单价与产品扣除所有折扣和津贴之前的价格之比。（对/错）
6. 基本销售与增量销售两个概念的区别在于（　　）。
   A. 销售额的大小　　　　B. 销售量的大小　　　　C. 有无促销　　　　D. 有无广告
7. 针对不同顾客的需求和支付能力给予不同的价格优惠，这样的概念可称为（　　）。
   A. 价格剪裁　　　　B. 落袋价格　　　　C. 价格歧视　　　　D. 转嫁价格
   E. 优惠价格
8. 价格促销的主要类别有（　　）。

A. 临时性降价　　　　B. 持久性调价　　　　C. 促销折扣
D. 基本销售　　　　　E. 增量销售

9. 评估临时性价格促销的最重要机制是把销售分为以下种类（　　）。
A. 基本销售　　　　　B. 增量销售　　　　　C. 优惠销售
D. 降价销售　　　　　E. 折扣销售

10. 生产商提供给分销商和零售商的促销价值中，分销商和零售商提供给顾客的折扣所占的百分比，称为（　　）。
A. 促销比率　　　　　B. 促销折扣执行率　　C. 优惠销售比率
D. 促销提升率　　　　E. 平均折扣比率

练习题

1. 某净水器产品系列的出厂价为 120 元/件，其流通要经过地区经销商和零售商两个环节，生产商供应给经销商的价格为 160 元/件，经销商供应给零售商的价格为 180 元/件。经销商给零售商提供了一个促销价格，为 150 元/件（每件产品优惠 30 元）。零售价格为 227 元/件。为了使该产品能够在市场上得到更好的销售量，零售商在"五一"期间进行了一次促销活动，每买一件产品凭借商场会员卡可以得到 9 折的优惠，即每件产品只需要 204.3 元（227×90%）。这次的促销活动非常成功，使得该零售商在一个销售期内达到了 102 000 元的销售额，而这个月的总销售额为 180 000 元。计算折扣销售比率、促销折扣金额和促销折扣执行率。

2. FT 公司管理层决定利用促销来克服市场需求季节性变动对其核心产品的影响，选择使用广告牌、电台广播、产品宣传册和电视广告四种常规促销工具为产品进行广告宣传，要求营销部门提出最佳促销组合方案。营销部门根据产品季节性周期制定了该产品未来 6 期的计划广告受众数量以及促销相关数据，见表 9-3 和表 9-4。

表 9-3　FT 公司产品未来 6 期受众数量预测表

时间	1 期	2 期	3 期	4 期	5 期	6 期
广告受众数量预测值（百人）	48 000	52 000	58 000	62 000	46 000	42 000

表 9-4　FT 公司促销相关数据

媒体	每次费用（百元）	每次受众（百人）	促销工具使用限制
广告牌	3 000	10 000	1～3 处
电视广告	8 000	6 000	2～4 次/天
电台广播	4 000	2 000	1～7 次/天
产品宣传册	5 000	1 000	1 万～4 万册

请确定公司最佳促销组合方案，说明每期每种促销工具使用数量。假如电台广播促销工具使用限制由 1～7 次/天改为 3～7 次/天，促销费用会有什么变化？

第 10 章

广告与网络媒体

本章目录

10.1 广告收视率、千人成本与净到达率
10.2 广告预算模型
10.3 广告反应频率函数、有效频次及广告占有率
10.4 网络与多媒体广告效果及其计量

学习目标

1. 理解和掌握广告收视率、千人成本与净到达率的计量方法
2. 理解和掌握广告预算模型的应用
3. 理解反应频率函数、有效频次及广告占有率的计量方法
4. 理解网络与多媒体广告效果及其计算方法

10.1 广告收视率、千人成本与净到达率

10.1.1 从印象数到目标对象收视率

在当今的社会中,广告是推销产品不可或缺的利器之一。一个成熟的营销经理必须懂得并善于利用广告来实现自己的营销计划。但如何策划广告并准确地衡量广告成功与否,则是一个非常复杂的系统问题。这里主要侧重讨论关于广告效益的评估问题。一般来说,评价广告成功与否具有三项评价内容:①是否突出了广告主体;②是否让观众留下深刻印象,并具有创新性;③是否简洁明了,能够被不同文化背景的受众所理解。作为营销人员,必须学习和掌握衡量广告受众情况的各种计量内容和方法。

首先讨论印象数、曝光数和接触频次。这三个概念实际上是指同一个计量内容:对任一媒体"插入"一个广告或活动的观众进行估计,也就是说印象数 = 接触频次 = 曝光数。在本章的讨论中,我们会在不同的情况下分别应用这些术语。世界上每一个在展示的广告都有基于观众数量的固定计划曝光数。例如,在巴黎中心的香榭丽舍大道广告牌上的广告,基于参观者和当地居民的流量,能够得出一个预测的印象数。某一广告在多种情况下可以到达一定数量的人口,或者提供特定数量的印象数或接触频次。而印象数或接触频次用来预测广告到达的人口的数量,也就是预测每个人有机会看到广告的次数。

估计接触频次的方法会因为媒体不同而不同。例如,在杂志中,接触频次并不等于平均发

行量，因为一份杂志也许会被多个人阅读。在广播媒体中，假设量化的观众是由那些可以听见或看见广告的个体组成的。在印刷媒体和户外媒体中，接触频次的范围也许可从粗略地一瞥延伸到仔细地观看。让我们想象一下，如果我们正走在一条繁忙的街道上，有多少广告牌上的广告可以吸引我们的眼球？也许我们并没意识到这一点，但其实我们正在为几个广告的印象做贡献，无论我们是忽视还是怀着强烈的兴趣研究这些广告。

收视率也就是媒体的到达率，表示为指定人口的百分比。营销人员将印象数量化为所到达的观众百分比，而不是到达的绝对人口数量。在这里必须注意区别到达率（曝光于某特定广告的单独个体的数量）和频次（诸如此类的个体曝光的平均次数）这两个概念，这对后面的讨论是很重要的。

当某活动涉及几种类型的媒体时，营销人员也许需要调整衡量接触频次的方法，以便保持连续性并且考虑不同媒体间的可比性。如前所述，印象数、接触频次和曝光数三个概念用来估算某特定广告送达的潜在受众数量。具体而言，估计印象数就是估计到达数量和平均频次的过程，归总从所有不同广告的印象数得出一个总的印象数。印象数的计算公式为

$$印象数 = 到达数量 \times 平均频次 \quad (10\text{-}1)$$

可以运用该公式来计算受众有机会接触广告的平均频次。将某广告或活动到达个体印象的平均数量定义为平均频次。其计算公式为

$$平均频次 = \frac{印象数}{到达数量} \quad (10\text{-}2)$$

同样，某广告的到达数量即能看到广告的人口数，可以用以下公式来计算

$$到达数量 = \frac{印象数}{平均频次} \quad (10\text{-}3)$$

到达率是指到达数量占总人口的百分比。这里，要区别关于这个计量内容的两个概念——到达数量和到达率。

某个可传递广告信息的特定媒体的到达率通常可以用收视率来表示。收视率为该某特定媒体所到达的个体人数除以确定的一个人口总数，并且以"点数"来标示，代表结果的百分比。因此，某收视点为2的电视节目可到达2%的某个确定的人口数量。可以合计传递某广告或活动信息的所有媒体的收视率，从而得出某广告或活动的综合量度，称其为总收视点（Gross Rating Points，GRPs）。换言之，总收视点就是对通过不同媒体传递的某广告或活动信息所达到的观众所有收视点的总和。

例如，某总收视率为150%的电视节目，使广告曝光于30%的人口，其平均频次为每人有5个印象数（150% = 30% × 5）。如果该电视节目运用了15个分别"插入"的广告，为数不多的个人可能会曝光多达15次，而在30%的到达人口中更多的个人可能只会有1～2次的接触。

总收视点（GRPs）是通过多种媒体得到的曝光总数。因此，将总收视率定义为印象数与人口数量的比，并且总值可能会大于100%。这个计量内容涉及所指定的人口，而不是人口数的绝对值。目标对象收视点（Target Rating Points，TRPs）是指某媒体向某特定目标观众传送的总收视点，总收视率通常用于较大范围的人口，而目标对象收视率则表示一个局限的目标受众，可能考虑的是一个特定的人口部分，比如年龄在15～19岁的年轻人，而总收视率可能是基于总电视观众人口。总收视率与印象数和接触频次相关。目标对象收视率表达了同样的概念，但针对更小范围的目标观众。总收视率的计算公式为

$$总收视率 = 到达率 \times 平均频次 \qquad (10\text{-}4)$$

或

$$总收视率 = \frac{印象数}{目标群体数量} \qquad (10\text{-}5)$$

例如，某公司在市场上放置了 10 个插入广告，该市场的人口数为 5 人，得到的印象数如表 10-1 所示，其中"1"表示一个接触频次，"0"则意味着某个人没有机会看到某特定的广告。

表 10-1 某广告印象数统计

插入广告	A	B	C	D	E	印 象 数	收视率（印象数/目标群体数量）
1	1	1	0	0	1	3	60%
2	1	1	0	0	1	3	60%
3	1	1	0	1	0	3	60%
4	1	1	0	1	0	3	60%
5	1	1	0	1	0	3	60%
6	1	0	0	1	0	2	40%
7	1	0	0	1	0	2	40%
8	1	0	0	0	0	1	20%
9	1	0	0	0	0	1	20%
10	1	0	0	0	0	1	20%
总数	10	5	0	5	2	22	440%

在这次活动中，全部人口的总印象数为 22，其中，插入广告 1 在 5 个成员中产生了 3 个广告印象，到达了 60% 的人口数量，收视率为 60%；插入广告 6 产生了 2 个广告印象，到达了 40% 的人口，收视率为 40%。这个活动的总收视率可以用各个插入广告的收视率之和来计算

$$总收视率 = 插入广告 1 收视率 + 插入广告 2 收视率 + \cdots + 插入广告 10 收视率$$
$$= 60\% + 60\% + 60\% + 60\% + 60\% + 40\% + 40\% + 20\% + 20\% + 20\% = 440\%$$

此外，总收视率可以用总印象数除以目标群体数量来计算，即

$$总收视率 = \frac{总印象数}{目标群体数量} = \frac{22}{5} = 440\%$$

或者用到达率和平均频次来计算，即

$$总收视率 = 到达率 \times 平均频次 = \frac{4}{5} \times \frac{22}{4} = 80\% \times 5.5 = 440\%$$

相反，目标对象收视率是指某广告或活动在一个大范围人口中目标个体所得到的总收视率。让我们假设目标群体由个体 A、B 和 C 组成。个体 A 在活动中得到了 10 次曝光；个体 B 得到了 5 次曝光；个体 C 得到了 0 次曝光。因此，这个活动到达了 2/3 或 66.67% 的目标个体。在这些到达的个体中，它的平均频次是 15/2 或 7.5。以此为基础，可以通过下列任意一种方法来计算目标对象收视率

$$目标对象收视率 = 到达率 \times 平均频次 = 66.67\% \times 7.5 = 500\%$$

或

$$目标对象收视率 = \frac{印象数}{目标群体数量} = \frac{15}{3} = 500\%$$

预测某媒体受众多少的数据，对于媒体卖方来说通常是可以得到的。一般的方法就是将不同媒体的数据相结合来估计净到达数量和频次。对于这些步骤的解释，有兴趣的读者可以查阅

有关公司专门追踪收视率的有关信息,如查阅尼尔森网站(www.nielsen.com)来了解更多更详细的信息。

此外,两种不同的媒体计划可以付出相同的成本并获得相同的印象数,但其到达数量和平均频次却有所不同。换言之,一个计划可以到达更多的受众,但是传递广告信息的次数则较少;另一计划可抵达小范围的受众,但是对于其中每个受众的曝光数则更多。举例如表10-2所示。

表10-2 到达数量和频次的解释

计 划	到达数量	平均频次	印 象 数
A	250 000	4	1 000 000
B	333 333	3	1 000 000

平均频次是指接受过至少一次某广告或活动的受众曝光的平均次数。为了对比所有媒体,甚至媒体类别之间的印象数,我们必须做出这样一个总的假设,不同类的媒体所产生的印象数存在着某种相似性。但无论如何,营销人员都应该一如既往地对不同媒体所产生的印象数的质量进行比较。

让我们再来思考下面的例子:假设在某车流量大的高速公路和某地铁广告牌上的广告可以产生相同的印象数。地铁广告的受众因受制约而无法离开;而高速公路上的受众通常都在驾驶,并且专注于道路。这个例子所显示的是,高速公路和地铁广告牌上的广告,在印象数的质量方面有所不同。为了解释这些不同,媒体策划者们将不同的权重应用于不同的媒体上。当直接反馈数据可获得时,可以用这些数据来评估通过不同媒体得到的印象数的相关效果与效率。然而,这个权重的判断也可能带来一些问题。例如,一个管理者可能会主观地认为电视广告产生的印象效率是杂志印刷广告产生的印象效率的两倍。

同样,营销人员发现将指定的受众分组,并分别统计不同组别的到达数量和频次数据,对研究分析广告的有效性是非常有意义的。营销人员对于分组的加权有可能不同,这有助于评价一个广告是否到达了它所定义的目标顾客群体。这对评估广告是否到达指定顾客群体是很有帮助的。[⊖]

当计算印象数时,营销人员通常会遇到人员重复问题,某些人可能通过多于一种媒体看到广告。本书的有关部分讨论了如何解释这样的重复,以及如何估计被曝光于多种媒体的人口数的比例。

10.1.2 千人印象成本

千人印象成本(Cost per Thousand Impressions,CPM),也被称作千次印象成本或千次成本,是指在广告媒体计划中,载体每到达1 000人次的受众数量所需要花费的成本,以货币单位表示。千人印象成本可用于评估广告投放的经济效益,适用于不同市场广告投放成本效益的比较。这个计量内容是用广告的成本除以产生的印象数来计算的。

千人印象成本在比较不同广告机会或媒体的相关效率方面,以及在评估活动整体成本方面是一个非常重要的计量内容。计算千人印象成本的目的在于比较在单一媒体及不同媒体中广告

⊖ F P W. Getting the Biggest Bang for Your Marketing Bucket [R] // Marketing Science Institute. Measuring and Allocating Marcom Budgets: Seven Experts Points of View. Cambridge, MA: Marketing Science Institute Monograph.

或其他营销活动的成本。一个传统的广告活动也许会尝试通过不同媒体来触及位于不同地域的潜在顾客群体。对千人印象成本的计量，使营销人员能够比较不同媒体的效果，既可以在计划阶段进行，也可以在回顾过去的活动期间进行。

如前所述，营销人员通过用广告活动的成本除以由活动每个部分产生的印象数（或接触频次）来计算千人印象成本。因为印象数通常都是大小相当的，所以营销人员习惯用千人印象成本表示该行业的标准数值。为了计算千人印象成本，首先，营销人员会陈述某媒体活动的结果（总印象），以千计数。其次，他们用相对的媒体成本除以这个结果。其计算公式为

$$千人印象成本 = \frac{广告成本}{每千人印象数} = \frac{广告成本}{印象数/1\,000} \tag{10-6}$$

例如，某广告活动花费成本 4 000 元，产生了 120 000 个广告印象。以此为基础，可计算出该广告的千人印象成本为

$$千人印象成本 = \frac{4\,000\,元}{120\,000/1\,000} = 33.33\,元$$

在一个广告活动中，购买媒体的总成本包括代理费用或创造性材料产品以及媒体占用空间或时间的成本。营销人员必须同时对预期产生的印象数量或在活动中某合适水平而产生的数量有一个估计。如下文将要讨论的，网络营销人员通常可以更容易地接触到这些数据。

计算千人印象成本仅仅是分析的开始，并非所有广告印象的价值都是相同的。因此，具有好的商业判断力的营销人员应该对某些印象的来源付出比其他来源更多的关注。在计算千人印象成本时，营销人员还需要考虑自己获取广告活动所有成本数据的能力。总成本通常包括：支付给代理商制作广告材料的费用，支付给媒体机构的费用，以及内部工资和相关的广告监督活动的花费。

一个相关的计量内容和概念为每收视点成本（Cost per Point，CPP），它特指相对于送达的收视点的某广告活动成本。在某种意义上它类似于千人印象成本，但每收视点成本衡量的是某广告活动收视点的成本，通过广告成本除以收视点来计算。

10.1.3 到达率、净到达率和频次

市场营销管理人员常常需要将总印象数从广告到达的人口数量和那些个体被曝光于广告的平均频次两方面来计量。为此，我们必须清楚地定义和规范到达率、净到达率和频次。到达率与净到达率都是为了量化给定人口中获取至少一次广告曝光的个体数量或百分比。频次则衡量每个个体观看广告的平均次数。

净到达率和频次是描述广告活动的重要概念。一个高净到达率、低流动频次的活动，可能在嘈杂的广告活动中被埋没。而一个低净到达率、高频次的活动，则可能会向一些观众高度曝光，而完全丢失另外一些受众。对到达率和频次进行计量，可以帮助管理人员调整广告媒体计划，以更好地适应其营销策略。

为了区别到达率和频次，先回忆一下前文中所介绍的知识。当多种渠道的广告印象结合在一起时，其结果通常被称作"总印象"或"综合印象"。当用人口数量的百分比来表示总印象时，这个量度指的就是总收视率。例如，假设某媒体到达了 12% 的人口，那么这个媒体就会得到一个 12% 的单一到达率。如果某公司在诸如这样的 10 个媒体做广告，那么该公司就会获得 120% 的总收视率。

假设我们知道 10 个广告的总到达率为 40%，并且平均频次为 3，那么总收视率可以这样

计算

$$总收视率 = 40\% \times 3 = 120\%$$

举例说明：某商业广告在三个时间段各播放一次。尼尔森公司（Nielsen）跟踪调查了那些有机会可以观看到广告的家庭后发现：这个商业广告播放的市场仅有 5 个家庭——A、B、C、D 和 E。在时间段 1 和时间段 2 都有 60% 的收视率，因为 60% 的家庭观看了它们；而在时间段 3 只有 20% 的收视率。那么总收视率为

$$总收视率 = \frac{印象数}{目标群体数量} = \frac{7}{5} = 140\%$$

家庭 A、B、C 和 E 观看了这个商业广告，但是家庭 D 没有（见表 10-3）。因此，它产生的到达率为 80%。在到达的 4 个家庭中，商业广告总共被观看 7 次。因此，平均频次可以计算为 7/4 = 1.75。在这个基础上，可以计算总收视率为

$$总收视率 = 到达率 \times 平均频次 = \frac{4}{5} \times \frac{7}{4} = 140\%$$

表 10-3 某商业广告收视率统计

时 间 段	能 见 家 庭	不能见家庭	时间段收视率
1	A、B、E	C、D	60%
2	A、B、C	D、E	60%
3	A	B、C、D、E	20%
总收视率			140%

除非具体说明，总的受众数的简单测量（比如总收视率或印象数）在那些较多受众、较少接触次数的活动中没有区别。换言之，这些量化指标在到达率与频次之间并未进行区分。

到达率表示为曝光于某广告的人数或人口数量的百分比。换言之，到达率可以表示为个体的数量或者为观看广告的人口数量的百分比。到达率不论描述为总到达率还是简单的到达率，都是指没有复制的受众个体，这些个体至少观看过一次讨论中的广告。

频次可以用总印象数除以到达数量来计算，等于至少观看一次某广告的个体的平均被曝光次数。频次只在观看过某广告的受众中计算。

平均频次是指到达个体的平均印象数量。在到达率和频次方面的媒体计划不同，但是仍可能产生相同数量的总印象数。

总到达率这个术语常常用来强调不同广告设置的到达率，它并非所有个体的到达率之和。有时候人们会将"总"这个词去掉，因此该计量内容也可被称作到达率。

举例说明：让我们回到之前关于 10 个插入广告的例子。如果市场拥有人口数量为 5 人，我们可以通过表 10-1 的数据来计算广告的到达率和频次。正如之前所说，在表 10-1 中，"1"表示 1 次接触，"0"意味着某个个体并没有看到某特定插入广告。到达数量等于至少观看了一次广告的人数。4/5 的人（A、B、D 和 E）至少观看了一次广告。因此，到达数量为 4。平均频次为

$$平均频次 = \frac{印象数}{到达数量} = \frac{22}{4} = 5.5$$

当广告活动中涉及多种媒体时，营销人员需要了解和掌握关于这些媒体重复部分的信息，以及预测到达率和频次的计算方法。接下来的两个例子对于证明这个概念很有帮助。重复部分

可以用维恩图（Venn Diagram）来表示，如图10-1所示。

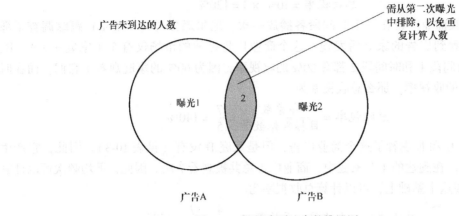

图10-1 阐述净到达率的维恩图

举例说明：为了解释重叠或重复效果，下面来看两个例子。《国际航空》杂志为某广告提供850 000次印象，而《每月商业飞行》杂志提供了1 000 000次广告印象。

例1：同时在两本杂志中刊登广告的营销人员不能期待得到1 850 000名读者。假设10%的《国际航空》读者同时也阅读《每月商业飞行》。在这个基础上，净到达的读者人数为1 765 000人（850 000人×90%+1 000 000人）。在这些读者中，85 000人接受了两次广告曝光（10%《国际航空》的读者），剩余的90%读者只接受了一次曝光。不同媒体的重叠部分称为外部重叠。

例2：营销人员通常在同一媒体中应用多个插入点（例如同一本杂志7月期和8月期）来取得曝光频次。即使两个月的预期观众群体大小相同，也并非所有人都会每个月阅读杂志的。假设营销人员在《国际航空》的两个不同月份刊登了广告，并且7月的读者中只有70%的人也阅读了8月的杂志。在这个基础上，净到达率并不仅仅是850 000人（《国际航空》每期的发行数量），因为两期阅读的群体并不完全一样。同样，净到达率并不是2×850 000即1 700 000人，因为阅读这两期的群体也不完全相同。相反，净到达数量为1 105 000人（850 000人+（850 000人×30%）。

原因是8月的读者中30%的人并没有阅读7月的杂志，因此没有观看7月杂志广告的机会。这些读者（并且只有这些读者）代表了8月增加的读者，因此是增加的到达数量。其余70%的8月的杂志读者接受了两次广告曝光。他们代表了内部重叠或重复的部分。

这里，我们侧重于讨论广告到达率和频次的重要性，因为印象数计量内容通常是这些计量内容中最容易计算的。印象数可根据广告活动中涉及的媒体产生的数据计算。为了确定净到达率和频次，营销人员必须知道或估计不同媒体的受众间或相同媒体不同次数间的重复部分。在缺少专有数据库和运算法则来准确估计到达率和频次的情况下计算这些计量内容，可能超出了一般营销人员的能力范围。专业的广告代理和媒体购买公司一般可以提供这些服务。

10.2 广告预算模型

10.2.1 影响广告预算的因素

广告从表现形式上来说是一种商业性的传播活动，对于企业来说，广告的本质是一种投资行为，而任何一种投资行为，只有在收益大于成本时才是可行的——这也是广告预算决策模型的标准之一，同时，企业还将兼顾产品、市场需求与竞争等多方面因素。

广告预算的最大困难在于其效果的衡量缺乏一个科学标准，并受到企业、产品、市场与竞争等各种因素的影响。

影响广告预算的因素既有企业内部的因素，也有企业外部的因素。企业内部的因素包括企业的广告目标、可用资金、媒体资源、营销能力、产品生命周期、市场份额等。企业外部的因素包括市场集中程度、竞争对手广告投入、媒体市场、中间商广告支持等。

10.2.2 广告预算的主要方法

1. 量力而行法

量力而行法是企业根据自身的经济实力与财务承受能力确定广告预算的大小。企业可以将各种不可避免的投资和开支除去后，根据剩余的资金水平确定广告预算。一般中小型企业主要采用这种方法。总体而言，量力而行法操作简便易行，一般也不会给企业带来什么财务风险，只是科学管理程度不高。

2. 销售百分比法

销售百分比法是根据企业目前或预期的销售额按一定百分比作为广告预算。这是一种企业常用的广告预算方法。

在采用销售百分比法计算的时候，企业可能采用上年销售额作为基数，也可能采用下年的预期销售额作为基数。以上年销售额作为基数，可以对上年经营绩效好的部门形成激励；以下年的预期销售额作为基数进行预算，会有一定的市场不确定性。

销售百分比法的优点是，广告支出是随着企业销售额的多少而增减变化的，企业可以有效地控制财务风险，而且将广告支出与销售业绩及利润联系在一起。如果行业内竞争对手都按大致相同的比例确定广告支出，则有利于保持市场广告竞争的稳定性。

同时，销售百分比法也有一些缺陷。首先，这种方法将销售额作为确定广告预算的依据，而不是广告预算的目标，将市场销售额与广告支出因果倒置了。其次，这种方法忽视了不同市场的需求和竞争状况以及企业的营销目标，一些销售额较低的区域，可能就是企业应该加大广告投入的区域；反而一些销售额较高的区域，只需要维持在一定水平就好。

3. 竞争对手参照法

竞争对手参照法是指企业在确定广告预算时，以竞争对手的广告预算为参照。当行业内企业都互相参照彼此的广告预算时，可能会有效防止恶性的"广告大战"，但是在使用竞争对手参照法时，还需要结合各个企业的自身资源、市场声誉、营销机会和市场目标来进行决策。

竞争对手参照法可以分为市场份额法和增减百分比法。

市场份额法是根据竞争对手和自身市场占有率来确定企业的广告预算。其计算公式为

$$广告预算 = \frac{竞争对手广告支出}{竞争对手所占市场份额} \times 本企业所占市场份额 \qquad (10\text{-}7)$$

增减百分比法是根据竞争对手广告费用的增减比例来确定企业的广告预算。其计算公式为

$$广告预算 = 企业上年度广告支出 \times (1 \pm 竞争对手广告费用增减率) \qquad (10\text{-}8)$$

增减百分比法的优点在于有很好的竞争导向，有利于企业巩固自身的市场地位，但是这种方法也有缺陷：一是竞争对手广告支出的数据不易获取；二是容易被竞争对手误导。

4. 目标任务法

目标任务法是以企业的市场营销目标为导向来确定广告预算，这种方法要求企业首先要确定一个明确的广告目标，然后，根据这一目标确定完成目标所需要的广告活动的规模和范围，再根据各种创意与媒体费用完成整体的广告预算。

目标任务法的关键是要制定出明确的广告目标，只有明确的广告目标及其市场范围与广告强度，才能在此基础上确定广告文案与媒体的投入。

10.2.3 ADBUGE 模型

广告额预算决策模型主要研究广告预算的大小和广告预算的分配，其基本模型较为复杂，主要缺陷在于企业没有足够的历史数据进行拟合，同时，随着营销环境的变化，一些历史数据也比较难以反映当前的广告效用。于是，利特尔（Little）设计的 ADBUGE 模型引入了主观判断进行广告预算决策演算，它虽然没有以历史数据为基础的预算决策模型精准，但是比直觉方法要好。

ADBUGE 模型基于四个基本假设：

（1）若广告预算削减到零，市场份额将减少，但是存在一个下限或最低点，到一个时期末，市场份额会从最初的水平下降到最低点。

（2）若广告预算大幅度增加，品牌的市场份额也会增加，但是存在一个上限或最高点，到一个时期末，市场份额会达到最高点。

（3）存在一个广告费费率使得市场份额始终维持在最初的水平。

（4）根据对市场份额的数据分析和主观判断，可以估计出一个时期末广告预算增加 50% 时的期末市场份额情况（见图 10-2）。

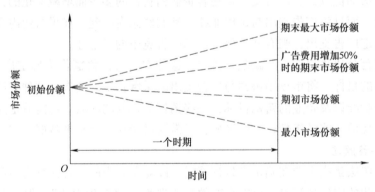

图 10-2　ADBUGE 模型的基本假设情况

以上假设可以用图 10-3 中市场份额对广告反应函数曲线中的四个点来表示，这就是 ADBUGE 函数，即

$$Y = b + (a - b)\frac{X^c}{d + X^c} \tag{10-9}$$

式中，X 为广告支出；Y 为市场份额或销售额；a 为期末最大市场份额；b 为最小市场份额；d 为市场份额对广告支出的影响；c 为幂指数（初始值一般为1）。广告效应系数 a、b、c、d 可以通过数据的非线性回归得到。广告预算增加 50% 所带来的市场份额的增加将在很大程度上决定广告效应系数的大小，最大值和最小值将市场份额的变动限制在一个有意义的范围内（见

图 10-3)。

需要注意的是，虽然图 10-3 中显示的是一条 S 形曲线，但是式（10-9）表示的不仅仅是一条 S 形的曲线。当 $c>1$ 时，曲线为 S 形曲线；当 $0<c<1$ 时，则是一条凹形曲线。

模型中的 X 不仅反映广告支出的金额，而且全面体现了广告对于市场份额的影响，加权广告的计算公式为

加权广告 = 文案效力$_t$ + 媒体效力$_t$ + 广告花费$_t$
(10-10)

可以首先设定文案效力和媒体效力的参照值为 1，然后通过主观判断估计出这两个指标的值。文案效力可用广告文案测试的方法来判断，媒体效力可用媒体成本、广告暴露频次等来判断。

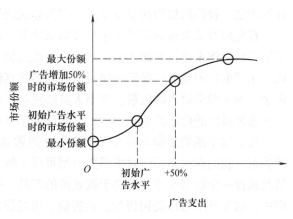

图 10-3 ADBUGE 模型广告反应函数曲线

还可以将 ADBUGE 模型进行动态扩展，加入时间的延迟效应。

为扩展模型的使用，补充两个假设：
（1）如果不做广告，则市场份额最终会下降到一个长期最低值（可能是 0）。
（2）一段时间内的市场份额衰退值是当前份额与长期最小份额之差的一个固定百分比。

ADBUGE 的扩展模型为

$$保留比例 = \frac{最小份额 - 长期最小份额}{初始份额 - 长期最小份额}$$

市场份额$_t$ = 长期最小份额 + 保留比例 × (市场份额$_{t-1}$ - 长期最小份额) + 市场份额$_{t-1}$

$$= b + (a-d)\frac{X^c}{d+X^c} \quad (10\text{-}11)$$

不过，ADBUGE 的扩展模型仍然没有考虑竞争因素和其他营销组合的影响。在 ADBUGE 扩展模型中，如果时间足够长，广告则可能使市场份额达到或超过 100%，这在现实中不大可能。

10.3 广告反应频率函数、有效频次及广告占有率

10.3.1 广告反应频率函数

反应频率函数可以帮助营销人员建立各种广告有效曝光形式模型。在此主要讨论关于广告反应的三种假设，即线性反应、学习曲线反应和临界反应。在线性反应模型中，假设人们对于一个广告的每次曝光的反应都是相同的。在学习曲线反应模型中，假定刚开始人们对广告的反应很慢，然后在一定时间内反应很快，直到反应到达一个特定点，在该点上他们对信息的反应开始变小。在临界反应模型中，假定人们对广告的反应最初很低，但在到达一个临界频次水平后，反应立刻上升到最大。

严格地说，我们并不将反应频率函数视为一个计量内容。然而，理解人们对广告曝光频次的反应如何，是媒体计划中的一个关键部分。反应模型直接决定了有效频次和有效到达数量的

计算方法。我们的目的在于建立关于广告频次效果的不同假设。

首先假设某公司制订了一个广告活动计划，并且假设该公司的管理人员非常自信他们选择了恰当的媒体来进行此次活动。然后，管理人员必须决定该广告需要播放几次。该公司希望能购买足够的广告播放时段来确保可以有效传达其信息，但是也不希望在非必要的印象数上浪费资金。为了做出恰当的决策，营销人员必须对广告频次价值做出假设。其中的一个主要考虑是广告重复播放的假定价值是多少？反应频率函数可以帮助我们得出结论。

反应频率函数是指预期的广告结果（通常表示为单位销售量或者货币收入）与广告频次的关系。我们有很多反应频率函数模型可用于指定的媒体计划之中。在这些模型中为特定广告活动选择一个恰当函数，取决于被宣传的产品、应用的媒体和营销人员的判断。在广告反应模型中，因变量 Y 可以是销售量、销售额、市场份额等，自变量 X 可以是广告投入、总收视率、广告到达率、曝光频次等。以下是三个常用的广告反应模型：

（1）线性反应。线性反应函数背后的假设是：每次广告曝光都是等价值的，不论在此之前已进行过多少次曝光。

（2）学习曲线反应。学习曲线模型的假设是：顾客对广告的反响遵循着一个渐进的过程——在广告播出的最初几次中，并没有给其预期的顾客留下印象；随着重复播放，该信息渗透了顾客并且随着人们对广告的吸收理解而变得更有效率。

（3）临界反应。临界反应模型的假设是：在曝光频次到达一定阶段前，该广告对顾客群没有影响；在该临界点上，广告信息会变得充分有效；超过该点，更多的广告就没有必要且浪费资金。

以上是评估广告频次的三种常用模型。任何可以准确描述广告活动效果的模型都是有效果和有意义的。然而，通常只有一个公式适用于某给定的条件。反应频率公式最好被用于量化增加频次的效果。为了证明上述描述的三种模型，将几个例子制成表格，如表 10-4 和 10-5 所示。

表 10-4 展示了假设的某特定广告或活动每次曝光增加的效果。通过分析在不同反应模型下的效果，可以确定何时以及如何做该广告才能发挥最好的效果。

表 10-4　广告效果举例

曝光频次	线性反应	学习曲线反应	临界反应
1	0.125	0.05	0
2	0.125	0.10	0
3	0.125	0.20	0
4	0.125	0.25	1
5	0.125	0.20	0
6	0.125	0.10	0
7	0.125	0.05	0
8	0.125	0.05	0

在线性反应模型中，在饱和点下的每次曝光都可以产生 1/8 或 12.5% 的整体效果。学习曲线反应模型要更复杂一些。在这个模型中，每次曝光增加值都会增长，直到第 4 次曝光后开始下降。在临界反应模型中，广告在第 4 次曝光之前都没有效果，然而在该点，可以立即实现100% 的广告效果。在该点之后，通过增加曝光取得的价值是零，而之后的曝光都是一种浪费。

表 10-5 中计算了这些广告曝光的累积效果，在这个例子中，广告可取得的最大效果

是100%。

表10-5 广告曝光的累积效果

曝光频次	线性反应（%）	学习曲线反应（%）	临界反应（%）
1	12.5	5	0
2	25	15	0
3	37.5	35	0
4	50	60	100
5	62.5	80	100
6	75	90	100
7	87.5	95	100
8	100	100	100

我们可以依据每个模型来绘制广告曝光的累积效果（见图10-4）。线性反应模型用一条简单的直线表示，临界反应模型在第4次曝光时的效果直接增长到100%；学习曲线反应模型的累积效果遵循S形曲线轨迹。

在线性反应频率函数中，广告的累积效果（直到饱和点）可视为某产品的曝光频次与每次曝光效果的乘积。线性反应频率函数的计算公式为

$$广告的累积效果 = 频次 \times 每次曝光的效果 \quad (10\text{-}12)$$

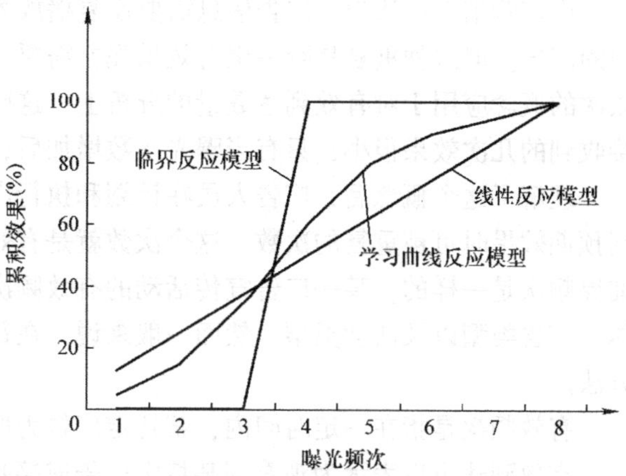

图10-4 广告效果示意

学习曲线反应频率函数可视为一个非线性曲线，它的形状取决于特定的广告活动情况，包括选择的广告媒体、目标受众和曝光频次。

临界反应频率函数可以表示为布尔的"如果"语句，如：

$$反应频率函数临界值 = 如果(频次 \geq 临界值, 1, 0)$$

此语句表示，如果频次≥临界值，则反应频率函数临界值=1；如果频次<临界值，则反应频率函数临界值=0。

换句话说，在一个临界反应函数中，如果频次大于或等于临界效果水平，广告活动就可达到100%的效果；如果频次小于临界值，就无法产生效果。

反应频率函数可被视为营销人员在计划某广告活动时的一个假定框架。在做出这些假定时，对营销人员最有价值的信息可以从活动成果的分析中得出。由过去数据验证的函数，在相关情况（如媒体、创意、价格和产品）没有大的变化时，准确性可能更高。

在比较上述三个模型时，线性反应函数可从依赖于一个简单假设中获益。但它也有可能不现实，因为难以想象每次广告曝光的效果都会是一样的。

学习曲线具有直观的吸引力。看起来这种模型好像比线性模型更好地理解了现实的复杂性。然而在这种模型下，定义并预测一次广告活动的效果是极具挑战性的。由此产生了三个问

题：曲线从何处开始上升？公式的斜率是多少？何时开始缩小？通过大量的调查，营销人员能够对这些问题做出预测。然而如果没有这些调查，人们总会有一个疑虑，即这个公式提供的信息的准确性是否可靠。

这里有两个相关的计量内容和概念：其一为磨合，它是指某给定广告或活动达到最低效果水平前所需的曝光频次；其二为消耗，它是指某给定广告或活动开始丧失效果或开始产生负面效果的频次。

10.3.2 有效到达数量和有效频次

有效到达数量的概念基于这样的假设：要取得可观效果的广告宣传活动，必须在特定时间段内获得一定的曝光数。有效到达可以用接收到广告信息的频次大于或等于有效频次的人口数量（有效到达数量）或受众的百分比（有效到达率）来表示，即有效到达数量是接收到某广告宣传活动最小有效曝光的人口数量。

许多营销人员认为，广告信息需要反复播放才能渗入受众群。因此，广告客户总是重复他们的广告。但这种重复是否一定有效果呢？需要人们认真考察，为此，营销人员有必要将有效频次的概念应用于对有效到达数量的分析上。这些概念有着一个相同的假设：广告最初被人们接收到的几次效果很小，只有当曝光次数增加后，该广告信息才开始影响受众。

理解了这个概念后，广告人员在计划和执行广告宣传活动时，必须确定一个广告信息未达到预期效果时可被重复的次数。这个次数就是有效频次，这个概念与前文中临界反应函数中的临界频次是一样的。某一广告宣传活动的有效频次取决于很多因素，包括市场环境、所用的媒体、广告类型以及活动类型。然而一般来说，在每个购买周期中三次曝光的方法是最常使用的方法。

有效频次是指在一定时间内，某特定广告为取得期望反应必须曝光于一个个体的数量。

有效到达可以表示为观看到某特定广告或接收到广告信息的频次大于或等于有效频次的观众数量或百分比。

举例说明：某互联网上播出的广告在渗入受众群前需要被观看3次。表10-6显示了其人口数量分布。

表10-6 观看广告的人口数量

观看次数（次）	人口数量（人）
0	140 000
1	102 000
2	64 000
3	23 000
≥4	11 000
合计	340 000

因为有效频次是3，所以只有那些观看次数不少于3次的受众才是有效的。因此，有效到达数量为34 000人(23 000人+11 000人)。就百分比而言，广告的有效到达率是10%(34 000人÷340 000人)。

互联网为这个领域的数据收集提供了重要的推动作用。考虑到服务于每个顾客的广告数量，网络广告活动虽然不能被视为完全准确，但是随着互联网在商界的迅猛发展，网络活动的数据比其他媒体的数据显得重要得多。在数据不能被电子追踪的领域，我们很难知道顾客到底观看了多少次广告。在这种情况下，营销人员的估计一般取决于已知的受众习惯和可用的公共资源，如收视率。

虽然市场测试和电视分流实验可以用来说明广告频次的效果，但营销人员在这个方面通常缺少全面、可靠的数据。在这种情况下，我们必须做出并维护一个有效广告宣传活动关于频次的假设。在那些历史数据可获得的领域，媒体计划也不应只依赖于过去的结果，因为每次的广告宣传活动都是不同的。

营销人员还必须谨记，有效频次试图量化顾客对广告的平均反应。在现实中，有些顾客比其他人需要更多的信息和曝光次数。

10.3.3 广告占有率

作为营销人员，通常要对某特定产品或品牌广告的相对水平进行评估，而广告占有率（Share of Voice）可以帮助人们量化某特定产品或品牌享有的广告存在。它特指某品牌产品广告的总收视点占该类产品广告的总收视点的比重。广告占有率与媒体投资比重（Share of Spending）相对应，媒体投资比重用于评估广告投资情况，而广告占有率则量化广告投放传播的效果，这两个指标可以作为制定广告投放策略的重要参考。广告占有率的计算公式为

$$广告占有率 = \frac{某品牌广告投入}{市场广告总投入} \tag{10-13}$$

就广告占有率而言，至少有两个方法可以衡量某品牌的广告：投入金额；印象数或总收视点。通过任何一种方法，广告占有率都可以用来在与其竞争对手相比的情况下对一个公司广告活动的效果进行评估。

10.4 网络与多媒体广告效果及其计量

10.4.1 印象数、网页浏览量和点击数

如前所述，印象数表示提供给人们看到广告的机会的数量，对其最好的衡量方法是运用相关技术判断给定的广告是否确实被受众观看了。但这种方法并不完美，因为许多记录的印象数并非来自实际的潜在顾客。因此，一些营销人员将这个量化指标称为接触频次。

为了达到营销的目的，需要区别不同的访问者分别访问了多少次广告。例如，两个来自不同国家的访问者也许会通过各自的语言来浏览网页，也可能没有接触到相同的广告。广告随着不同的访问者而改变的一个例子是广告横幅。认识到这一潜在的多样性，广告主应该记录和研究其广告展示给访问者的确切次数，而不是某个网页浏览的数量。基于这种认识，互联网广告者通常以印象数（有时也被称为广告印象数或广告浏览数）来进行分析。印象数代表访问者有机会观看到广告的次数。

将印象数的概念应用到互联网与多媒体广告上，提出了点击数、网页浏览量等指标。点击数表示网页或网站服务器接收到的点击数量，网页浏览量表示对于给定网页的接触频次。每个网页由一系列的主题和文件组成，包括文本、图片、视频和音频文件。这些在一定时期内被请求的文件总数，即为网页或网站服务器接收到的点击数。某一具体网页展示给访问者的次数就是网页浏览量。对于网站上服务于所有访问者的一个单独的广告，其印象数等于网页浏览量。如果某个网页含有多个广告，所有广告印象数的总和就会超过网页浏览量。

具体计算来说，一个网址的点击数是网页浏览量乘以组成每个网页的文件的数量而得到的一个函数。与对测量访问者活动感兴趣的营销人员相比，点击数可能与负责服务器运行的技术人员更相关。网页浏览量可以通过点击数除以网页上的文件数而简单计算得出。点击数和网页浏览量的计算公式为

$$点击数 = 网页浏览量 \times 网页文件数量 \quad (10\text{-}14)$$

$$网页浏览量 = \frac{点击数}{网页文件数量} \quad (10\text{-}15)$$

举例说明：某网站的点击数为 250 000 次，每次打开一个网页有 5 个文件，则网页浏览量为 = 250 000 次/5 = 50 000 次。如果该网站每个网页包含 3 个文件，产生 300 000 个网页浏览量，那么点击数即为 300 000 次 × 3 = 900 000 次。

在应用点击数和网页浏览量指标时，要注意它们各自的适用情况。

由于网页由许多小文件组成，对每一网页的浏览可能会产生多次点击，因此管理者需注意不要被较高的点击数误导。在电子商务的早期，管理者将注意力放在网站所接收的点击数上。点击数只反映了文件的请求数量，而点击数不仅是网页浏览量的函数，还与网站设计者组织那些网页的方法有关。随着互联网营销的不断成熟，出现了更好的衡量网站活动和流量的方法。目前，人们更普遍地应用网页浏览量这一指标，通过这一计量指标，能得出更接近于最终顾客数量的数据，在一定程度上避免可能因服务器的不正确处理请求、文件在顾客机器上打开失败或顾客终止了广告而产生的夸大计数的问题。

网页浏览量和印象数（网络或广告印象数）是网站服务器对网页和顾客在浏览时发出的请求的反应的测量，并在报告前过滤了机器活动和错误代码。对这些计量的记录尽可能接近顾客看到网页或广告的机会数。

如果已知网页浏览中包含广告的百分比，那么就可以从网页浏览量中得出广告印象数。例如，假定 10% 的页面浏览中包含一款为豪华型汽车所做的广告，那么该汽车广告的印象数就会与 10% 的页面浏览量相同。在只要求一种计数的情况下，这种类似的广告服务只要设置好面向所有顾客的网址即可，因此比较容易管理。

此外，上述计量指标量化了看到广告的机会，但并没有考虑实际看到的广告数量以及广告显示的质量。这些计量指标尤其没有考虑以下因素：

(1) 信息是否展示给特定的、相关的、已定义的受众。
(2) 呈现给目标受众的页面是否确实被浏览了。
(3) 浏览了页面的人在观看后是否能回忆起广告内容或广告所传递的信息。

尽管应用了印象数这一术语，这些计量指标并没有告诉管理者所发布的广告对潜在顾客是否有效果。营销人员也无法确定网页浏览对访问者而言有什么效果。通常，网页浏览结果可能会包括对相同访问者的重复展示。由于这个原因，对总印象数的计量有一个重要的假设，即接触频次可以通过不同场合传递给相同的访问者。

10.4.2 多媒体显示时间与互动率

1. 多媒体显示时间

通常营销人员需要确定其广告被观看的时间有多长，他们会运用多媒体显示时间等计量内容，来监测其广告可以吸引当前顾客多久的注意力。多媒体显示时间是一种很重要的追踪网络广告效果的方式。与广告牌、电视广告或传统的网络广告相比，多媒体主要是指那些能够让顾

客更活跃地参与的互动式媒体。

多媒体计量内容，或者称观众交互作用计量内容，原则上与其他广告计量内容相似。营销人员希望可以追踪广告在争取和维持潜在顾客注意力方面是否有效，因此需要追踪人们花在观看广告上的时间是多少。作为人们对广告内容关心程度的指标，多媒体显示时间是指人们参与多媒体的平均时间。

多媒体显示时间是以秒为单位计算的受众花费在多媒体广告上的平均时间。对此，营销人员需要知道人们花费在多媒体上的总时间，以及多媒体显示广告播放的总次数。多媒体平均显示时间的计算公式为

$$多媒体平均显示时间 = \frac{多媒体总显示时间}{多媒体被点击数} \tag{10-16}$$

例如，某公司在某网站所做的多媒体广告在一周时间内总显示时间为36 000s，在这期间共有600人次点击了该公司的多媒体广告，那么该公司广告的多媒体平均显示时间可计算为

$$多媒体平均显示时间 = \frac{36\ 000\text{s}}{600\ \text{次}} = 60\text{s}/\text{次}$$

正如以网络为基础的计量内容一样，对于营销人员来说，多媒体数据看起来似乎非常多。然而，有几种衡量方法，可以帮助营销人员将大量的数据转换为有用的计量内容。假设一则多媒体广告已经播放了5min，而观众可能会在播放的过程中暂时离开，那么营销人员把播放时间缩短至一个时间上限是一种明智的选择。观众真正关注网上某则广告的时间问题与营销人员考虑网下的传统广告是否受关注的问题相似。前者比后者有略微的优势，因为多媒体广告是由于观众的主动要求而开始的，而网下那些传统广告则不需要与观众进行互动。

多媒体显示时间这个计量，因为通常处理的是短期时间，可能受不同的事情影响。举一个简单的例子，假如有五个人观看多媒体1s，而另外一个人观看它55s，那么这六个人的平均多媒体显示时间是10s。如果有六个兴趣差不多的观众，每个人都观看了10s广告，那么就无法区分这两个事件，因为他们的平均时间是相同的。这种现象可能发生在任何平均播放时间的计算中。

营销人员应该清楚地理解数据是如何收集的，并且特别了解数据收集过程中的任何变化。收集方式和计量组成的变化也许是技术原因导致的，但是也会限制纵向比较的有效性。在解释这些计量时，营销人员起码要了解和解释衡量方法的变化。

2. 多媒体互动率

营销人员应用多媒体互动率来评估单一多媒体广告在产生顾客参与方面的效果。多媒体互动率是一个成功追踪网络广告的很重要的方法，它监测了观看者方面印象数产生的互动率，衡量和监测了广告中的积极参与者及其参与程度。

多媒体互动率可以追踪一个广告主的潜在顾客的积极程度。多媒体的一大优势是其观看者的互动能力。应用多媒体的营销人员可以对潜在顾客对广告的反应有更好的理解，因为这些互动作用是可计算的。他们可以监测潜在顾客仅仅是被动地观看屏幕上的广告，还是通过一些可追踪的行为来积极参与。互动的顾客会显示积极参与的证据，因此可能购买广告所推荐的产品。

多媒体互动率可以用互动的多媒体印象数量除以多媒体总印象数量来计算，它告知营销人员任何广告在使潜在顾客通过一些方式（如鼠标滚动、点击等待）参与其中的程度如何。例

如，一则多媒体广告已经播放了 100 次，而且其互动率为 15%，这就意味着所有关注该广告的人群中有 15% 的人通过各种方式参与了互动，而剩余的 85% 则没有对这则广告做出反应。多媒体互动率的计算公式为

$$多媒体互动率 = \frac{参与多媒体广告互动的总人数}{关注多媒体广告的总人数} \tag{10-17}$$

通常这个数据都是可得的，事实上，我们可以将这个计量内容本身视为标准报告中的一部分。在计算这个计量内容时，必须做的一个决定是怎样定义互动。这个概念可以取决于观看者可能采取的措施，反过来也可以取决于广告的形式。记录互动作用的限制通常很少。例如，只要访问者用鼠标在广告印象上花费多余 1s，就可以看作有互动作用；而移动鼠标到与广告不相关的其他页面位置，则当作没有互动。

如同做其他任何形式的广告一样，营销人员不应该忘记他们制作互动广告的目的，互动作用并不是最终目的。因此，如果高的互动率不能带来销售量，那么一个可以用各种计策来吸引从未购买过该产品的顾客的高互动率，也许并不比一个低互动率好。此外，读者还需注意以下两个相关计量内容：

（1）多媒体互动时间。这个计量内容表示了一个访问者花费在广告互动上的时间总和，是每个访问者访问单一页面的时间累积。例如在一个页面上，一个用户可能对两个多媒体各有 2min 的互动，因此总共有 4min 的互动时间。

（2）视频互动。视频计量内容与多媒体计量内容类似。事实上，根据对观众的服务方式，我们可以将视频看作多媒体。适用于类似的原则，营销人员应该追踪观众参与视频的时间（视频播放的时间）、观众对视频的反应（暂停、降低音量），以及与视频特定互动的总时间（显示了对视频的关注情况）。在整个访问群体中，可以总结出诸如此类的总体计量内容，例如，通过计算平均浏览量来了解该视频的播放时间。

10.4.3 点击率

点击率（Click through Rate，CTR）是指顾客点击数占某一广告的印象数的百分比，用来测试顾客对网站的最初反应，即使顾客点击一个链接，间接跳转到另一个网址的广告印象数比例。许多基于网络的交易活动应用点击率计量内容进行分析。虽然这一计量内容很重要，但它不应该成为市场分析的主要部分。除非顾客点击了"立即购买"按钮，点击率只能说明通往最终销售道路上的一小步。

营销人员希望得知网站访问者的反应。在当前技术下，完全量化访问者对网站的情绪反应和该网站对公司品牌的影响，还是比较困难的，但点击率相对而言是比较容易获得的。点击率衡量的是链接到另一个页面的访问者比例，这是广告经营者的最初目的。在另一个页面，人们可以购买或更多地了解一个商品或一项服务。

点击率的计算方法很简单，其计算公式为

$$点击率 = \frac{点击数}{印象数} \tag{10-18}$$

如果已知点击率和印象数，则可以通过它们的乘积来计算绝对点击数，具体计算公式为

$$点击数 = 点击率 \times 印象数 \tag{10-19}$$

举例说明：某网站的点击数为 1 000 次，它的印象数为 100 000 次，点击率为 1%（1 000 次 ÷100 000 次）。如果相同网站的点击率为 0.5%，那么它的点击数就是 500 次（100 000 次 ×

0.5%）。如果另一个网站的点击率为1%，且有200 000次的广告印象，那么点击数为2 000次（200 000次×1%）。

印象数是计算中的一个重要输入量。对于一个简单的网站，印象数通常与网页浏览量相同，访问者每次进入，其终端机屏幕上显示的细节都是类似的。而一个更为复杂的网站，不同的广告可以向不同的访问者播放。在这种情况下，印象数可能是网页浏览量的一部分。服务器可以容易地记录链接被点击的次数（见图10-5）。

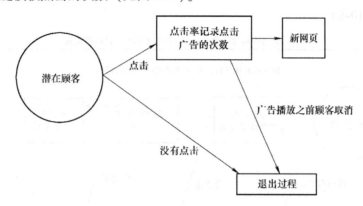

图10-5　点击记载及结果

首先，应记住点击率以百分数来表示。虽然高点击率可以帮助证实广告的吸引力，但企业也会对点击的总人数感兴趣。试想象某网站的点击率为80%，这看起来似乎是一个很成功的网站，但管理者最后发现，与目标群体的500人相比，仅有20人访问了网站，其中的16人只点击了链接。

此外也应谨记，点击率是一个非常弱的兴趣信号。点击广告的访问者在新页面加载完成前可能会转而观看其他网页。这有可能是因为他们不小心点击了广告，或是因为网页需要太长时间加载。这个问题在增加多媒体广告方面有重要意义，营销人员应该了解企业的顾客。运用大视频文件有可能增加在视频播放前放弃它的人数，特别是那些上网链接很慢的用户。

如果测量的是点击数（客户端机器向服务器发出的发送文件的请求），那么在点击率与由广告引起的像素计数返回的印象数之间可能会有许多间断点。这中间的问题是可以被解决的，但我们要搞清楚点击者是否有技术方面的原因，或点击者对广告有没有兴趣。

点击数指的是点击互动广告的次数，而不是点击了广告的人数。一个访问者可以点击广告多次，也可以只点击一次。只有最复杂的网站可以控制某特定广告对相同顾客的播放次数。这意味着大多数网站只能计算广告被点击的数量，不能计算点击广告的人数。最终，点击率必须根据相关基准来解释。标题广告的点击率通常很低并且会持续下降。相反，仅仅将访问者链接到另一个网站的点击率应该更高。关于访问者浏览各种页面而点击率随之变化的分析可以帮助营销人员确定访问者的最终访问页面，也有助于发现那些访问者几乎不再继续浏览的页面。

10.4.4　印象成本、点击成本和订单成本

在这一小节中，主要讨论衡量网络广告成本有效性的三项计量内容。任何一项计量内容都有益于评估网络营销成本，但取决于广告活动的路径和最终目标。

印象成本是指为潜在顾客提供一次看到广告的机会所花费的成本。

点击成本是指为得到一次广告点击所花费的成本。

订单成本是指取得一个订单的成本，也被称作购买成本。

点击成本比印象成本有一个优势，它能告诉人们一些关于广告有效性的信息。点击通常可以衡量观众的注意力和兴趣度。很少人点击的廉价广告的印象成本低，而点击成本高。如果广告的主要目标是产生点击率，那么应首选点击成本计量；如果广告的主要目标是产生销售量，那么就选择订单成本。一旦达到了一定数量的网络印象数，广告的质量和布局会影响点击率和点击成本（见图10-6）。

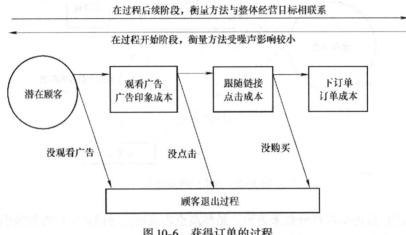

图10-6　获得订单的过程

以上三项计量内容的计算方法基本是相同的。用成本除以适当的数量，如印象数、点击数或订单数。印象成本可以通过广告成本和印象数计算得到。为了易于管理，印象成本通常被表示为每1 000印象的成本，即千人印象成本（CPM）。印象成本的计算公式为

$$印象成本 = \frac{广告成本}{印象数} \tag{10-20}$$

点击成本的计算公式为

$$点击成本 = \frac{广告成本}{点击数} \tag{10-21}$$

订单成本的计量内容取决于行业的规范，并且因退还产品和多种销售渠道而变得复杂。其基本公式为

$$订单成本 = \frac{广告成本}{订单数} \tag{10-22}$$

举例说明：某一网络零售商在网络广告上花费了24 000元，产生了1 200 000次印象，可导致20 000次点击，其中每10次点击中有1次能产生一次购买（一个订单）。则上述三项成本的计算结果为

$$印象成本 = \frac{24\ 000\ 元}{1\ 200\ 000\ 次} = 0.02\ 元/次$$

$$点击成本 = \frac{24\ 000\ 元}{20\ 000\ 次} = 1.2\ 元/次$$

$$订单成本 = \frac{24\ 000\ 元}{2\ 000\ 次} = 12\ 元/次$$

网络可以为我们提供更多的广告数据。因此，网络广告计量内容通常依赖于比较容易获得的数据，而不是从常规渠道得来的数据。此外，网络还可以提供更多关于顾客如何通过系统在购买过程的每个阶段做出行动的信息。对于运用网络媒体和线下媒体的广告人员来说，两个来源的广告和销售间关系的原因及其结果是很难区分的。网络标题广告可能对企业网上订单的获取是主因，但如果顾客同时也受到企业的线下广告的影响，那么标题广告对网下的销售业绩来说可能就不是主因了。

这里讨论的计算和数据通常运用于与广告机构商定报酬合同，企业可能倾向于在新获得的顾客基础上而不是在订单的基础上对媒体和广告代理商支付报酬。搜索引擎可以帮助确定网页上链接的布置情况，其中最重要的搜索引擎计量内容是点击成本，而且它通常是确定搜索引擎布置安排费用的基础。搜索引擎可以为分析广告宣传活动的效果提供大量数据。为了能从大型的网站获利，企业需要引导人们访问网站，而搜索引擎可以帮助企业创造流量。

虽然一个强有力的品牌可以帮助企业网站获取流量，但企业的线下广告也许并不能增加流量。为了产生额外的流量，企业通常转向搜索引擎。据估计，美国的企业每年花费在搜索营销方面的资金超出25亿美元，占年度总网络花费的36%。其他网络花费由以下几个类别组成：50%的广告印象、12%的标题广告和2%的邮件广告。[○]

网络营销花费是在搜索引擎和内容网站上放置广告的重要支出。通常，广告只是小的文字片段（就像报纸上的需求广告），做成未付费的或机器搜索结果的样子。只有当有人点击广告时，广告主才付费。有时，可能会为了在搜索结果网页上有更好的位置（比如排在搜索结果的首页）而支付更多的点击成本。付费搜索的一个重要的应用领域是关键词搜索。对此，广告主可以通过支付使不论用户输入何种关键词时都被展示。在这种情况下，广告主在每点击成本的基础上按点击数来付费。如果想要显示在搜索结果页面更好的位置，可在遵守相关法律法规的前提下采取付费搜索广告方式。然而，更为复杂的是，如果广告没有被点击，那么它的排位就会越来越低。

检测搜索引擎有效性的方法和评估其他网络广告的方法大致相同。搜索引擎营销中的一个重要概念是点击成本。点击成本被搜索引擎企业广泛地引用和使用。营销人员用点击成本来建立搜索引擎支付的预算。搜索引擎要设置"每点击最大成本"，这是一个上限，即广告主愿意为一个点击支付的最大数额。搜索引擎服务商通常会对链接的放置进行拍卖，只以稍高于次高投标价的价格进行收费。这意味着，广告主愿意支付的每点击最大成本可能会比他们最终所支付的每点击平均成本高得多。

营销人员在搜索引擎上的每日花费是指一天中花费在搜索引擎上的费用。为了控制花费，搜索引擎允许营销人员详细制定最高每日花费。当达到最高值时，广告就不再享受优先待遇。其计算公式为

$$搜索引擎每日花费 = 平均点击成本 \times 点击数 \qquad (10\text{-}23)$$

举例说明：某网络音乐零售商的网络营销主管决定设置每点击最大价格为0.10元/次。一周之后他发现搜索引擎供应商共收取他350元，每天1 000次点击。由此，它的平均点击成本可用广告成本除以点击数，即

[○] FARRIS P, et al. Marketing Metrics: The Definitive Guide to Measuring Marketing Performance [M]. 2nd ed. Hoboken, NJ: Pearson FT Press, 2010.

$$平均点击成本 = \frac{350 元}{7\,000 次} = 0.05 元/次$$

每日花费也可以用平均点击成本乘以点击数来计算,即

$$搜索引擎每日花费 = 0.05 元/次 \times 1\,000 次 = 50 元$$

搜索引擎通常用竞拍的方式确定价格,其最大优势是有一个相对有效率的市场;所有的用户都有权获得信息,并且会在同一个虚拟的地址上。购买者只需支付其所要求的位置的费用。

10.4.5 访问量、访问者和放弃率

访问量用来衡量网站被访问的次数,访问者数量则用来衡量产生这些访问量的人数。例如,当一个访问者在周二时浏览过网站并且在周三继续浏览,这会被记录为一个访问者的两次访问。放弃率通常是指购物车被放弃的百分比。在特定时期内使用的购物车的总数是放弃的数量与完成购买数量的和。这几个计量内容有助于营销人员理解网站的用户行为。

网站能够比较容易地追踪到访问者访问网页的数量。如前文所述,网页浏览人数计量内容很有用,但是不够完整。除了计算网站传送的网页浏览的数量,企业也希望计算个人访问网站的次数以及人们对这些网页的请求数量。

访问量是指向某企业服务器网页第一次提出访问请求的人数,也被称作会话量。第一次请求被记为一次访问。而来自同一个人的接下来的请求并不被视为访问量,除非发生在一个特定的时段之后(通常定为30min)。

访问者是指给定时间内向企业服务器提出网页访问请求的人,也被称作唯一访问者。除了访问量,企业也要追踪其网站的访问者。因为访问者可在特定时间内多次访问网站,访问量比访问者数量要多。访问者通常是指唯一访问者或唯一用户,只被计算一次。

为了更好地了解网站流量,企业致力于追踪访问量。一次访问可以由单一的网页浏览或多种网页流量组成。一个人可以多次访问一个网站,但构成一次访问的确切标准需要一个可被接受的间隔,即从进入页面到请求新页面的时间。用户和访问者的衡量方法需要确定一个标准的时间段,并且可被自动活动调节,以便为网站内容分类。对访问者、访问量和其他流量数据的评估通常通过删除已知的僵尸计算机 IP 地址、要求注册或应用面板数据来过滤。

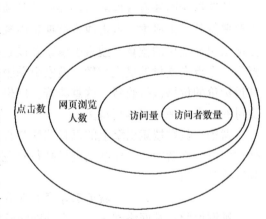

图 10-7 从点击数到访问者数量的关系

网页浏览人数和访问量是有关联的。从定义来看,一次访问是集合在一次会话中的一系列网页浏览量。所以网页浏览人数会超过访问量。我们将这些计量视为一系列同轴的椭圆,如图 10-7 所示。在这种情况下,访问者数量小于或等于访问量;访问量小于或等于网页浏览人数;网页浏览人数小于或等于点击数。

下面的一个关于受众进入网站浏览新闻的例子(见图 10-8),是另一种考察点击数、网页浏览人数、访问量和访问者数量的关系的方法。假设访问者在周一、周二和周五访问网站。在访问的时候,该访问者总共观看了 20 个网页。这些网页是由不同图片文件、文字文件和标题广告组成的。网页浏览人数和访问者数量的比例有时候是指访问的平均页面数量。营销人员追

踪这个平均值的目的，在于监测随着时间的变化平均访问时间是如何变化的。

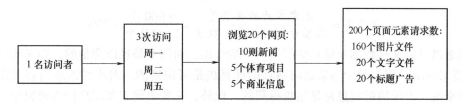

图 10-8　受众进入网站浏览新闻的例子

进一步探讨和追踪访问者访问途径的信息是不大可能的。这个途径被称作点击流，反映用户通过网络的途径，是用户访问多个网站时的一系列点击链接。追踪这个水平的信息可以帮助企业证实最具有吸引力和最不具吸引力的网页（见图10-9）。

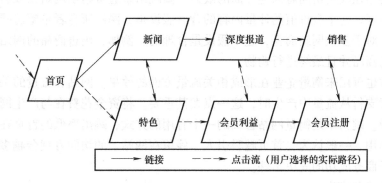

图 10-9　点击流记录

对点击流数据的分析可引导营销人员对顾客有更深刻的洞察。顾客购买前倾向于什么途径？是否有一种方法可使最流行的途径变得容易进入？不受欢迎的途径是否应被改变或消除？在浏览的最后是否会产生购买？浏览在何时停止？

值得注意的是，点击流部分与应用购物车点击相关。购物车是服务器的一种软件，可以让访问者选择他们最终希望购买的商品。虽然在实体店里，顾客很少放弃他们购物车里的商品，但是放弃虚拟购物车里的商品是很常见的。有经验的营销人员善于计算在特定时间内，有多少购物车里的商品被点击实现了最终购买，以及有多少购物车里的商品被点击后又被放弃了。放弃的购物车里的商品数与支付之前购物车里的商品总数的比例就是放弃率，也就是被放弃的购物车里的商品的比例。

确定访问者是回头客还是新用户，企业通常采用 Cookie 技术。Cookie 是指个人浏览含有可识别信息网站时下载到计算机里的文件。当个人返回网站时，网站服务器可以读取 Cookie 并且识别出用户曾经访问过的网站。更先进的网站运用 Cookie 来提供定制内容，以及利用 Cookie 来区分购物车。例如，Amazon、eBay 等网站都大量运用 Cookie 将网站访问者个性化。

Cookie 是网站将小文件储存在访问者计算机的硬盘上，目的在于未来的身份识别。

Cookie 可帮助服务器追踪访问者，但是这个数据不可能100%准确。

举例说明： 一个在线漫画零售商发现有 25 000 个顾客下载了其电子购物篮软件，但只有 20 000 个顾客实际购买了其商品。相关指标计算如下：

$$未完成的购买数量 = 打算购买数量 - 完成购买数量$$
$$= 25\,000 \text{ 个} - 20\,000 \text{ 个} = 5\,000 \text{ 个}$$
$$放弃率 = \frac{未完成的购买数量}{顾客开始时的购买数量} = \frac{5\,000 \text{ 个}}{25\,000 \text{ 个}} = 20\%$$

可以通过日志文件数据来估计访问量。一般来说，访问者是难以衡量的，如果访问者注册且/或接受 Cookie，那么至少用来访问站点的计算机是可识别的。对小网站或内容范围比较狭窄的网站来说，有价值的信息总是很难得到的。此外，在竞争调查和用户行为研究中，企业可以聘请专业咨询机构来开展。

10.4.6 跳出率

跳出率是一个用于衡量网站是否能有效持续地引起访问者兴趣的计量指标，以百分比表示，用来反映访问者在网站第一个网页就结束访问的比率。跳出率是网络营销中一个常用的计量内容，反映网站在吸引访问者兴趣方面的效力。高跳出率通常暗示网站在吸引访问者持续兴趣方面的效果不好。这个有价值的计量内容的背后假设是，网站所有者希望访问者浏览除首页外的更多页面。对于多数网站而言，这个假设是合理的。例如，出售商品的网站希望访问者能浏览其他页面的商品并且最终进行购物。

跳出率同样也可用来衡量企业在形成相关流量方面的效果。网站和流量的关联越大，跳出率越低。当搜索支付从流量中产生时，这一点尤其重要。将资金花费在与产生网站流量无关的方面是一种浪费。跳出率是衡量网站首页的一个有用的方式，跳出率低的首页在吸引流量方面发挥着一定的作用。一般认为，首页越吸引人，停留在网站上的访问者就会越多。因此，低跳出率通常是电子商务成功的先决条件。

跳出率的计算公式为

$$跳出率 = \frac{仅浏览网站单个页面的访问量}{网站的总访问量} \tag{10-24}$$

计算这个计量项目的数据通常来自网站所有者，是其普通报告的一部分。但在具体计算时，营销人员必须考虑到跳出率报告错误的可能性，这是一个难以忽视的计量因素。对该计量指标的计算，需要关于对何时结束浏览网站的准确定义。访问者离开网站的原因有许多，可能是访问者关闭了窗口、输入了新地址、点击了站外链接、点击了返回按钮或是超时。超时后，如果访问者返回网站，那么就开始了一次新的访问。在其他条件不变的情况下，等待时间较长（超时）通常会增大该网站的跳出率。

报告人员可能会用访问者数量代替访问量，营销人员应该清楚地认识到报告中的哪些数据是准确的。访问量比较容易追踪，因为当同一访问者返回浏览时，特别是到不同的首页，区别链接返回访问的访问者和原始访问者是很难的。这种访问量不是访问者数量，更有可能被用来计算跳出率。

跳出率可以按个别网页而不是整体的网站来定义并计算。每个页面的真正跳出率须顾及对网站问题更多的准确诊断。营销人员必须理解每页的跳出率对每个页面来说意味着什么。对于某些页面，如导航页面，可以预计其跳出率很高。这个计量项目的价值依赖于企业的目标。信息性网站通过频繁的短期互动，如查阅运动比赛得分，可以与访问者建立强有力的联系。如果多数访问者不浏览网站的其他网页，那么该网页的企业会很欣慰，就不必担心高跳出率。大多数企业通常希望低跳出率，并且会主动监测这个重要的计量内容。

10.4.7 关注者/追随者/支持者

关注者/追随者/支持者是一个很简单的计量内容，用来衡量加入到某企业社交网络中的个体数量。关注者的数量越多，表明人们对该网站越感兴趣。某个品牌所拥有的关注者越多，意味着它是一个以忠诚顾客为基础的强势品牌。这里所指的关注者包括追随者、支持者和其他类似的概念。关注者是指某社交网站上的会员，他们在自己了解、喜欢或支持的社交网站上注册。例如，一个强势品牌可能拥有许多顾客，并且这些顾客希望能够公开表达他们对品牌的喜爱之情。社交网站不仅在企业同顾客建立关系方面发挥巨大的作用，而且还可以确定谁是企业的忠诚顾客并与之进行深层次的沟通交流。

能否成功招募新成员，在很大程度上依赖于对实体（如个体、品牌、企业或其他群体）的群组认同上。对于不同水平的社交网络，有些顾客可能比其他人更不愿显示其品牌忠诚度，在有品牌的情况下，特别是当面对两个势均力敌的品牌时更是如此。涉及的相似产品有可能影响一个顾客注册社交网络的可能性。我们可以容易地想到，一些极为重要且很私人化的产品完全依赖于其顾客，但是与公众消费相关的品牌相比，有可能很难赢得公众的青睐。

一般难以对社交网站活动的有效性进行客观判断。通常以拥有追随者的多少来判断社交网站的运营状况，某品牌得到大众的支持越多，该品牌拥有高认知度和忠诚度顾客的可能性就越大。然而，就像许多计量内容一样，关注者更有可能是中间计量内容而非企业目标本身。可能大多数企业都有发展和维持关注者或追随者的明确目标，但只将关注者数量（且没有附加更多的信息）作为营销策略成功的标志，这是远远不够的。营销人员既要注重社交网络运营的成本和最终收益，也要注意顾客参与的潜力。关注者成本简单地说就是企业吸引每个关注者的成本，其计算公式为

$$关注者成本 = \frac{社交网站的总成本}{关注者的总数} \quad (10\text{-}25)$$

通常社交网站的直接成本很低。然而，这不能使营销人员得出结论说，社交网络是零成本。网站要进行设计、更新，并且营销人员要设计营销战略与策略。在计算社交网络成本时，这个成本应该包括在准备社交网络时所产生的全部成本。

要了解"每个关注者所带来的好处"这样的指标，营销人员或许应该对关注者所产生的收益进行分类。对于"关注者是否帮助企业销售了更多的产品"这样的问题，营销人员往往很难对特定社交网络行为的结果进行跟踪记录。但这并不意味着社交网络的存在，不是网络营销策略的重要组成部分。当设计网站时，企业需要明确网站的最终目的。例如，网站通常需要招募关注者来参与投票活动，关注者的参与比例是"每个关注者所带来的好处"指标的简单示例，但或许这并不是企业的真正目的。

10.4.8 下载量

监测下载量是一种企业追踪顾客参与程度的方法，该计量内容可用来确定取得顾客申请的有效程度。营销人员通常使用下载量来感知顾客的参与情况，包括手机和计算机等的应用程序的下载。像 App、电子数据表格、电话铃声、白皮书、图片和小工具，都是下载应用的例子。这些下载应用能为顾客带来很多好处，而对于企业来说，它们开发的程序能够出现在顾客的设备上。例如，一个天气预报的 App 可以与某网站的天气频道绑定，并对天气情况进行实时更新。企业也许可以为顾客提供一个商品打包的应用，该应用可能会让顾客以新的方式使用产

品。总之，下载量反映的是顾客请求的成功程度。其计量方法也是直截了当的——只需要测算出应用或文件被下载的次数即可。

不论是谁提出下载请求，下载量只是对应用或文件下载次数的简单计算，但它并不能区别某一个人的10次相似下载和来源于10个不同个体的10次分别下载，虽然这两种情况会对企业的经营产生极不同的结果。这种下载方法与印象数类似，如前文所述，给定数量的印象可以通过到达数量和频次的不同组合而取得。

营销人员在计算下载量时，必须考虑如何处理那些开始了下载但却未完成的下载。可以这样来处理：分别计算开始下载量与完成下载量。对已经开始下载但却未完成下载的处理，可以像计量跳出率那样计算。

10.4.9 软件测定法

以上所介绍的各种计量方法无疑都是有效的，但有些计量内容在很大程度上往往过于依赖营销人员的主观判断，因此难免出现误差。网络和网络广告测定软件的出现大大提高了效果测定的效率和准确性。这种效果测定主要有两种方式：①网站请第三方来测定其网站和广告的效果。网站需要与第三方签订一定期限的合同。由网站定期把其日志文件（log）的内容传给第三方认证机构，由它们分析出最终的结果。这种做法得到了绝大多数广告主的赞成，因为这样他们可以得到有关网站和广告的更公正的评价和准确的评估结果。②一些网站从别的公司购买效果测定软件，自己来进行网络和网络广告的测定。软件测定虽然提高了测定的效率和准确度，但也不能笃信数据本身。软件本身还存在很多技术问题，对于有些效果的测定（如网络广告认知的测定）就很难单凭软件完成，因此，需要对所介绍的各种方法加以综合运用。

本章小结

本章讨论了有关广告与网络媒体的计量问题，介绍了总收视率、千人印象成本（CPM）、净到达率、频次、反应频率函数等概念。作为营销人员，通常要对某特定产品或品牌广告的相对水平进行评估，而广告占有率可以帮助我们量化某特定产品或品牌享有的广告投入效益，即某品牌产品广告的总收视点占该类产品广告的总收视点的比重。广告占有率与媒体投资比重相对应，媒体投资比重用于评估广告投资情况，而广告占有率则量化广告投放传播的效果，这两个计量指标是制定广告投放策略的重要参考。

随着互联网的发展及其向商业社会的强烈渗透，网络营销已经成为市场营销的重要方式，评估网站流量和活动自然成为营销人员的工作重点之一。为了量化网站产生的流量，营销人员需要检测网页浏览人数和进入网站网页的次数。通常营销人员需要确定其广告被观看的时间有多长，他们会运用多媒体显示时间等计量内容，来监测其广告可以吸引当前顾客多久的注意力。多媒体显示时间是一种很重要的追踪网络广告效果的方式。营销人员应用多媒体互动率来评估单一多媒体广告在产生顾客参与方面的效果。而多媒体互动率表示了一个成功追踪网络广告的很重要的方法，它监测了观看者方面印象数产生的互动率，衡量和监测广告中的参与者及其参与程度。

本章还讨论了点击率的概念和计算方法，点击率是指顾客点击数占某一广告的印象数的百分比，用来测试顾客对网站的最初反应。我们用访问量来计量网站被访问的次数。放弃数量通常是针对购物车而言的。在特定时期内使用的购物车的总数是放弃数量与完成购买数量的和。

这几个计量内容有助于我们理解网站用户行为。跳出率是衡量网站鼓励访问者继续浏览网页的有效能力的方法,以百分率表示,用来反映在网站第一个网页就结束访问的访问量。关注者/追随者/支持者是一个很简单的计量内容,用来衡量加入到某公司社交网络中的个体数量。关注者数量多意味着对网站的兴趣大。监测下载量是一种追踪企业顾客参与程度的方法,该计量内容可用来确定取得顾客申请的有效程度。

测试题

1. 临界反应模型告诉我们,超过临界点,更多的广告就没有必要且浪费资金。(对/错)
2. 印象数、曝光数和接触频次三个概念实际上是指同一个计量内容。(对/错)
3. 总收视率是通过多种媒体得到的曝光总数。(对/错)
4. 某特定网页向用户显示的次数称为网页浏览量。(对/错)
5. 多媒体互动率用来评估单一多媒体广告在产生顾客参与方面的效果。(对/错)
6. 某广告活动花费 0.6 万元,产生了 12 万个广告印象,该广告的千人印象成本(CPM)为( )。
   A. 50 元   B. 5 元   C. 0.5 元   D. 0.05 元
7. 广告初期并没有给其预期的顾客留下印象,随着重复播放,人们对广告的吸收了解变得更有效率。反映这种广告效果与广告频率之间关系的模型称为( )。
   A. 线性反应模型   B. 非线性反应模型
   C. 学习曲线反应模型   D. 临界反应模型
8. 某一网店在网络广告上投入 50 000 元,产生 250 万个印象,带来 25 000 次点击,其中大约每 10 个点击中有 1 个能带来 1 次订单,该网店的订单成本为( )。
   A. 0.02   B. 0.2   C. 2.0   D. 20
9. 为潜在顾客提供一次广告接触的成本称为( )。
   A. 印象成本   B. 点击成本   C. 订单成本   D. 初始成本
10. 广告的平均频率测算取决于下述计量指标( )的大小。
    A. 广告印象   B. 到达数量   C. 到达率   D. 净到达率
    E. 总收视率

练习题

1. FT 公司主管想了解公司发布的广告效果及潜在顾客的反应情况,以便更好地进行广告决策。上半年有关数据见表 10-7。

表 10-7 销售额与总收视率数据表

月　份	销售额(千元)	总收视率(%)
1	260.3	5
2	286.1	7
3	279.4	6
4	410.8	9
5	438.2	12
6	466.3	14

请按照表中相关数据,分别使用 SPSS 和 Excel 软件对广告市场反应模型进行拟合,包括线性、对数和 S 形三种模型;写出三种模型的拟合结果,说明哪一种拟合效果最好;如总收视率达到 15%,则销售额预计是多少?

2. A 公司管理层想了解公司广告投入和销售额之间的关系，以便做好广告预算，提高营销绩效。相关数据见表 10-8。

表 10-8　年人均广告投入与销售额数据表

地　区	年人均广告投入（百万元）	年人均销售额（百万元）
A	0	5
B	2	7
C	4	13
D	6	22
E	8	25
F	10	27
G	12	31
H	14	33

请参照相关数据完成下列任务：

（1）参考 ADBUGE 模型使用 SPSS 进行非线性回归，写出拟合函数并画出模型与实际数据的拟合结果图。

（2）使用 Excel 进行拟合，找出拟合度最高的趋势线，并与 SPSS 结果进行比较。

第 11 章

营销与财务

本章目录

11.1 利润与利润影响
11.2 投资回报
11.3 经济利润——经济增加值
11.4 评价多期投资与营销投资回报率

学习目标

1. 理解净利润、销售回报率、利润影响值的计算方法
2. 理解投资回报与投资风险的相关概念
3. 掌握经济增加值的原理和计算方法
4. 掌握评价多期投资和营销投资回报率的计算方法

11.1 利润与利润影响

11.1.1 净利润与销售回报率

净利润衡量的是企业的盈利能力,即企业销售收入减去所有开支。若开支存在于企业的不同部门,那么净利润的计算方法会更加复杂(见图 11-1)。按定义,企业的总开支成本无法直接与企业的一个部门或某个产品的相关费用直接挂钩。经典的例子就是雇用总部工作人员的费用。

图 11-1 净利润的计算

计算一个单位(如公司或部门)的净利润,就是从总销售收入中减去总成本,包括公平承担的企业管理总费用的相对份额。其计算公式为

$$净利润 = 销售收入 - 总成本 \tag{11-1}$$

销售回报率是一个盈利指标,通常用来比较不同大小的企业和行业的盈利能力。值得注意的是,销售回报率并不考虑用来产生利润的资本(投资)。

营销人员必须及时衡量企业的盈亏情况。那么，如何判断一个企业是否成功呢？最常用的方法是看其业务的净利润。企业净利润的大小是项目在市场中运作的结果，判断一个项目是否成功可以看它在增加企业净利润方面成效如何。项目有大有小，一个调整其大小的方法就是根据销售收入来确定利润。由此产生的比例便是销售回报率，即扣除所有相关费用之后企业所获得的净利润占销售收入的百分比。其计算公式为

$$销售回报率 = \frac{净利润}{销售收入} \tag{11-2}$$

息税折旧及摊销前利润是现今比较流行的一种用于衡量企业财务状况的指标，用来评估一个企业的经营利润。息税折旧及摊销前利润可以初步用来计算企业赚取了多少现金，这个现金可以被称为经营性现金流。这种衡量方法是相当适用的，因为它降低了会计、财务以及税收政策对利润的影响。支持息税折旧及摊销前利润的人认为，这种计算方法有效地减少了管理人员随意汇报企业利润的可能，即使管理者在企业运营中可以通过选择不同的会计准则，或者通过聚拢资金改变其所汇报的企业利润。这个指标不受企业所做出的各种决策的影响，这类决策包括如何确定企业的资本结构（即债权比例）以及固定资产折旧的提取时间。与税后经营利润相比，息税折旧及摊销前利润同现金流之间的关系更密切。

息税折旧及摊销前利润的计算可以通过加总净利润、利息、折旧及摊销费用及已发生的任何税费来实现。其计算公式为

$$息税折旧及摊销前利润 = 净利润 + 利息 + 税收 + 折旧及摊销费用 \tag{11-3}$$

尽管在理论上可以计算出各产品或者各部门的利润，但是这种计算往往需要分摊企业经营的管理总费用成本，而这种分摊并不容易，因此其科学性常常受到质疑。再者，企业经营的管理总费用成本并非完整划一，因此在不同的部门之间或者在不同的产品之间进行分摊，往往被认为是一种艺术处理而不是科学处理。

对于销售回报率而言，需要注意的是，良好的销售回报率依赖于行业的发展潜力和该行业资本投入的强度。销售回报率类似于边际利润率，但是与销售回报率不同的是，边际利润率忽略了管理费用和其他固定成本。税后净营业利润扣除了相关的所得税，但排除了一些被认为与主营业务（经营）无关的项目。

11.1.2 利润影响值

当新产品即将上市的时候，在生产成本已确定、产品已经能批量生产且价格也基本确定的情况下，营销人员需要与财务人员配合，计算出该产品的潜在利润。利润影响值作为一个计量项目，在于描述与产品相关的花费对企业利润的影响效果。在计算利润影响值之前需要确定出厂价和单位贡献值，计算公式分别为

$$出厂价 = 零售价 - 零售加价 - 批发商加价 \tag{11-4}$$
$$单位贡献值 = 出厂价 - 可变成本 \tag{11-5}$$

然后就可以列出计算利润影响值的公式

$$利润影响值 = 单位贡献值 \times 销售量 - 固定成本 \tag{11-6}$$

举例说明： 某公司生产家庭影视中心遥控器，根据公司年报，该产品的零售价为 10 元/个，零售商的加价率为 30%，批发商的加价率为 8%，共有 35 000 000 个家庭拥有家庭影视中心设施，该公司的市场份额为 20%，当年该公司共销售了 7 000 000 个遥控器，可变成本为 3 元/个，总固定成本为 1 800 000 元。下面计算该产品对该公司的利润影响值。

第一步，确定出厂价。

$$出厂价 = 零售价 - 零售加价 - 批发商加价$$
$$= 10 元/个 - 10 元/个 \times 30\% - 10 元/个 \times 8\% = 6.20 元/个$$

第二步，确定单位贡献值。

$$单位贡献值 = 出厂价 - 可变成本$$
$$= 6.20 元/个 - 3 元/个 = 3.20 元/个$$

第三步，计算利润影响值。

$$利润影响值 = 单位贡献值 \times 销售量 - 固定成本$$
$$= 3.20 元/个 \times 7\,000\,000 个 - 1\,800\,000 元 = 20\,600\,000 元$$

利润影响值计量营销花费对整个企业、一条生产线，或者对某一产品的利润能力的影响。当然这个计量项目主要从与产品相关的成本角度出发，并不能用来计量营销对企业的全部贡献。许多关于利润影响值的研究都已经不适用了，这些研究主要是在20世纪七八十年代期间进行的，在那个时代，管理理念以生产为主体，因此忽略了其他非生产性经营活动的贡献。与时俱进的考量方法应该将为了促进销售而必需的花费纳入计算中，这些花费包括在促销期间的所有广告支出、公关支出、降价等。将许多非生产性活动排除在外，显然会低估营销人员及其活动的贡献，虽然消费者不可能同时感受到所有这些营销活动的影响力，但这些活动是新产品成功上市所必需的。

在竞争日益白热化的今天，市场营销活动将会产生持续的长期影响力，正如在生产领域能够形成的长期影响力一样。所以，不管其他领域的人员怎么看，营销人员必须坚持与时俱进的理念，必须让各个方面都能够认识到营销的贡献。

单位贡献值的信息可以通过营销部门和财务部门直接查询零售商和批发商的加价率来获取。同样，营销人员也可以从营销部门和财务部门获取销售收入的信息，从财务部门可以获取固定成本的信息，或者可以按部门算出固定成本。有时销售人员可能不会很快向财务部门报告最新的销售进展及其结果，这时营销人员就必须通过销售部门来获取最新资料。

11.2 投资回报

11.2.1 投资风险与回报

一般来说，投资者要求的回报大小依赖于其心目中的投资风险的大小。如果一项投资极具风险，投资者就会期望一个高的回报率。风险因素包括时间和流动性。

一项投资所需的时间越长，其回报率就应该越高。因为一个投资项目时间越长，因某种不可预见的意外而使投资遭受损失的概率就越大。作为一个投资者，自然希望对这种风险能有所补偿。

此外，任何一个投资者都必须考虑资金的流动性。流动性是指一项投资的资金投入和收回的难易程度。投资资金的流动性如何？在特别急需使用资金的时候，能否从投资的公司收回投入的资金？如果可以，这项投资的流动性就强，或者说，资产很容易兑换为现金。

总之，一项投资回收需要等待的时间越长，回报就相应地越高；投资者投入的资金越容易收回，投资回报就越低。

这里，提请读者注意对小企业投资的高风险和高回报问题。小企业的投资回报率一般来说是很高的。对于多数小企业来说,失败的风险也非常高。根据美国小企业管理局的估计,每7个小企业中只有1个能够在激烈的竞争中生存下来。但也有许多创业者经历了失败却没有被打倒,相反,他们开办新企业,并成为百万富翁甚至亿万富翁。其实只要基本储备不因商业上的失败而消耗殆尽,失败就完全可以成为一次很好的经验教训。

11.2.2 投资回报率

衡量不同时期经济实体的投资回报率,是企业决策者所必须关注的内容之一。投资回报率是一项与资本投资有关的资本利润衡量指标。资产回报率、净资产回报率、资本回报率和投入资本回报率均为与投资回报率相似的指标,其区别在于如何定义"投资"。

营销不仅影响净利润,也会影响投资水平。新的工厂和设备、库存、应收账款是受到营销决策影响的三项主要内容。

投资回报率和相关指标(如资产回报率、净资产回报率、资本回报率以及投入资本回报率),可以用于评估不同的投资规模对企业盈利的影响。营销决策与投资回报率计算公式中的净利润有潜在的关系,这些决策往往影响资产的使用情况和资金需求(如应收账款和存货)。营销人员应该了解自己企业的地位和可预期的投资回报。投资回报率常常与预期的(或要求的)投入资金的回报率相比较。

在计算一个独立的单位时间内的投资回报率时,营销人员只需要用该单位时间内的回报或者净利润除以消耗的资源量或者投资额即可。其计算公式为

$$投资回报率 = \frac{净利润}{投资额} \tag{11-7}$$

将很长一段时间的利润与投资平均化会导致人们忽略利润和资产的大幅波动,特别是存货和应收账款的大幅波动。这对于季节性的企业(如一些建材和玩具公司)更是如此。人们在分析这样的企业时,应该着重注意不同时间段的数据之间的关系。

资产回报率、净资产回报率、已动用资本回报率及投入资本回报率是计算投资回报率的其他几个常用计量指标。在计算这些指标时,可用净利润做分子,但是分母则要视不同情况而定。本书将不讨论这些指标之间的细微区别。这些指标的部分差异来自是否从营运资金中减去应付账款,以及如何吸引资金和如何规定股东权益。

投资回报率的优点是计算简单;缺点是没有考虑资金时间价值因素,不能正确反映建设期长短及投资方式不同和回收额的有无等条件对项目的影响,分子、分母计算口径的可比性较差,无法直接利用净现金流量信息。只有投资回报率指标大于或等于无风险投资回报率的投资项目,才具有财务可行性。

此外,还需注意利率和投资回报率的区别。利率又称利息率,它表示一定时期内利息与本金的比率,通常用百分比表示,按年计算则称为年利率。其计算公式为

$$利息率 = \frac{利息}{本金} \tag{11-8}$$

利息率的高低决定着一定数量的借贷资本在一定时期内获得利息的多少。影响利息率的因素主要有资本的边际生产力或资本的供求关系。此外还有承诺交付货币的时间长度以及所承担风险的程度。利息率政策是西方宏观货币政策的主要措施,政府为了干预经济,可通过变动利息率的办法来间接调节通货膨胀水平。在萧条时期,降低利息率,扩大货币供应,刺激经济发展;在膨胀时期,提高利息率,减少货币供应,抑制经济的恶性发展。

11.2.3 投资回报分析与可量化收益

对于投资回报分析的应用，人们最大的困惑是寻找收益和量化收益的难度问题。有些收益，比如提升士气和提高顾客满意度，听起来很有用，但是在绝大多数情况下都很难用财务术语对其进行量化。到目前为止，最容易量化的收益就是降低的成本，很多投资回报分析都落入这一俗套，完全依赖这一部分的收益来计算它们的投资回报。尽管降低成本是一种非常有效和有价值的收益，但是过度依赖于这种单一的收益，会使企业错失一些更大的、可能更有价值的收益，还可能使企业混淆重点，把精力浪费在解决其他非关键性的问题上。

举例说明：假设某企业有 10 名销售代表，平均每人的薪水、佣金和费用是每年 10 万元，那么每年在这些销售代表身上总共就需要花费 100 万元。每位销售代表都能带来 100 万元的营业收入，那么年总收入就是 1 000 万元（企业总收益）。或者说，除去付给销售代表的费用之后，企业的经营收入有 900 万元（净利润）。如果需要一种销售工具来帮助提高 10% 的收益，有两条路可以选：通过改进来降低成本（少投入、多收益）或在原有的基础上通过提升销售能力来增加销售收入。如果把销售代表减少到 9 个人，那么每年就能节省 10 万元，而销售收入保持 1 000 万元不变，这样，净利润就增加到 910 万元。相反，也可以仍旧保留 10 名销售代表，运用增加的销售能力来有效地创造出一个新的"虚拟的"销售代表。如果选择这种做法，薪水支出保持 100 万元不变，但是能够把销售收入提升到每年 1 100 万元，这样我们企业的净利润就达到了 1 000 万元。显然，对企业来说，第二种做法要比第一种更好。

这个例子说明了要从总体去分析收益，而不是单纯追求降低成本。归根结底，所有的财务收益都来自两个方面：降低成本和增加收入。一般来说，有六大领域可供企业从中找出可量化的收益：增加销售收入（增加收入）、提高生产力（增加收入，降低成本）、降低运营成本（降低成本）、提高顾客满意度（增加收入，有可能降低成本）、提高安全性（降低成本）和增强竞争力（增加收入）。许多潜在的投资都包含这些收益，只不过不同类型的收益所占比例不同而已。为了评估哪些收益对进行投资回报分析有帮助，营销人员需要考虑它们的下列特点：

(1) 实质。这种收益是不是有形的，能否量化？例如，收入增加 10% 就是一种有形的收益，而提高员工的满意度虽然可能从长期来讲对企业有利，但它是无形的，因为它难以衡量，更难以和金钱直接挂钩。

(2) 潜力。如果能够完全实现这一收益，那么该收益能有多大呢？在前面的例子当中，企业有可能节省下来的成本是 10 万元，而有可能增加的收入则是 100 万元。

(3) 确定性。企业得到这一收益的可能性有多大？如果原有的电话服务的成本是每年 20 万元，而另一种同样的服务不但成本只是前者的一半，还保证极有可能赚到 10 万元的收入，那当然是选择后者取代前者。通过提高 10% 的销售能力，应该能使总收入增加 10%，但是这个结果是没有任何保障的，因此这类收益的确定性也就被降低了。

(4) 受益人。谁真正受惠于这些收益？是项目的发起人，还是企业的顾客？不同的受益人对于收益的看法非常不一样。一个好的投资回报分析会把重点集中在那些对项目发起人进行财务分析时非常重要的收益上面，但也会兼顾项目中其他相关人员的收益。例如，在前面的例子当中，项目的发起人是销售副总监，他会要求把销售收入提高 10%。而销售人员也会积极支持配合，因为这个方案不但能帮助他们减少文书工作，还能帮他们赚到更多的佣金。确保项目中所有相关人员都能明确知道自己能从该项目中获得什么收益，是保证项目得到充分支持的一个重要方面。在投资回报的财务计算中，应该使用有形的、最能够量化的收益，但是那些无形的、涉及除发起人之外的其他项目相关人员的收益也要考虑进去。

11.3 经济利润——经济增加值

营销人员常常需要评估经济利润。经济利润有时称作经济增加值，或剩余收益，其中一些被视为"商标"。经济增加值（Economic Value Added，EVA）是由美国学者思图尔特（Stewart）提出，并由美国著名的思腾思特咨询公司（Stern Stewart & Co.）注册并实施的一套制度。

经济增加值是基于税后净营业利润和产生这些利润所需资本投入总成本的一种企业绩效财务评价方法。企业每年创造的经济增加值等于税后净营业利润与全部资本成本之间的差额。其中资本成本包括债务资本的成本，也包括股本资本的成本。不同于用百分比的方式计算回报率（如销售回报率或投资回报率），经济增加值是以货币单位来计量的指标，因此，它不仅反映了盈利率，而且反映了经营规模（销售量和资产）的大小。

经济利润不同于会计学中的利润，因为经济利润考虑了投入资本的成本，即机会成本。如同净现值折现率的计算，这笔成本考虑了与投资相关的风险。人们往往将经济利润与经济增加值联系在一起。经济增加值可以通过税后净营业利润减去资本成本来计算（见图11-2）。

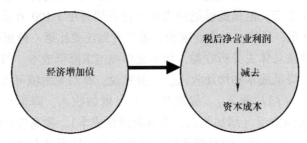

图11-2 经济增加值

经济增加值是股东衡量利润的方法。资本成本是经济增加值最突出、最重要的一个方面。在传统的会计利润条件下，大多数的企业都在盈利。但是，许多企业实际上是在损害股东财富，因为所得利润是小于全部资本成本的。经济增加值纠正了这个错误，并明确指出，管理者在运用资本时，必须为资本付费，就像付工资一样。考虑到包括净资产在内的所有资本的成本，经济增加值显示了一个企业在每个报表时期创造或损害的财富价值量。换句话说，经济增加值是股东定义的利润。假设股东希望得到10%的投资回报率，即他们认为只有当他们所分享的税后净营业利润超出10%的资本金的时候，他们才是在"赚钱"。在此之前做的任何事情，都只是为达到企业风险投资的可接受报酬的最低量而努力。

经济增加值使决策与股东财富一致。思腾思特咨询公司提出了经济增加值衡量指标，帮助管理者在决策过程中运用两条基本财务原则：①任何企业的财务指标必须最大限度地增加股东财富；②一个企业的价值取决于投资者对利润是超出还是低于资本成本的预期程度。从定义上来说，经济增加值的可持续性增长将会带来企业市场价值的增值。这条途径在实践中几乎对所有组织都十分有效，从刚起步的小企业到大型企业都是如此。经济增加值的当前绝对水平并不真正起决定性作用，重要的是经济增加值的增长，正是经济增加值的连续增长为股东财富带来连续增长。

著名管理学家彼得·德鲁克曾在《哈佛商业评论》中做出评述："经济增加值绝不是一个新概念，它只不过是对经济学家的'剩余收益'概念的发展，并具有可操作性和高度的灵活性。"《财富》杂志高级编辑曾著书说："实现经济增加值是管理企业的一场革命，经济增加值不仅是一个高质量的业绩指标，它还是一个全面财务管理的架构，也是一种经理人薪酬的奖励机制，可以影响一个企业从董事会到基层上上下下的所有决策，经济增加值可以改变一个公司的文化。"

现在，越来越多的营销人员意识到，他们做出的一些决定将影响到公司资本投资额或资产使用量。首先，销售的增长要求增加对固定资产、应收账款或者存货的投资，通过计算和分析经济利润与经济增加值，可以帮助营销人员确定这些投资是否值得。其次，供应链管理和营销渠道协调的改善，往往体现在减少对存货和应收账款方面的投资。在某些情况下，即使销售收入和利润下降，这种投资减少也是值得的。经济利润是一个度量，用于评估这种牺牲销售和利润而减少投资的选择是否值得。

经济利润或经济增加值可以通过三步来计算：①确定税后净营业利润；②计算资本成本；③从税后净营业利润中扣除资本成本。其相关的计算公式为

$$资本成本 = 资本使用总额 \times 加权平均资本成本率 \tag{11-9}$$

$$经济增加值 = 税后净营业利润 - 资本成本 \tag{11-10}$$

如果投资项目利润低于资本成本，那么该投资项目就失去了对企业的价值。当然，如果经济利益是正数，则此项投资为企业创造了价值。例如，某公司有税后净营业利润145 000元，此公司有一个简单的资本结构，一半资本是由股东提供的。股东们希望有12%的风险回报。另一半资本来自银行，但其收取6%的利息，因此加权平均资本成本率为9%[资产（12%×50%）+债务（6%×50%）]。公司共使用资本总数达1 000 000元，将资本使用总额乘以加权平均资本成本率，所得数据可以用于估计该公司应该达到的利润值，这个利润值应该能全额支付公司资本使用的机会成本，从而使得公司不亏本。资本成本为

$$资本成本 = 资本使用总额 \times 加权平均资本成本率$$
$$= 1\ 000\ 000\ 元 \times 9\% = 90\ 000\ 元$$

经济增加值是超过预期的资本回报的利润盈余。即

$$经济增加值 = 税后净营业利润 - 资本成本$$
$$= 145\ 000\ 元 - 90\ 000\ 元 = 55\ 000\ 元$$

经济利润为我们提供了一个不同于投资回报的另外一种评估某企业经营状况的方法。这对于诸如沃尔玛和微软这一类已经历过销售收入巨额增长的公司来说更是如此。如果只用传统指标来衡量美国零售商巨头沃尔玛，将不容易观察出其成功的结果。虽然回报率总体上是好的，但这些指标却不能表明沃尔玛已经占有了大部分的市场份额。经济利润不仅反映了沃尔玛销售的快速增长，更加反映了其对投入资本产生的客观经济效益。这个计量显示了已减去资本成本的利润幅度，在一定程度上结合了投资回报与利润回报双重概念。简单地说，这个计量内容显示了沃尔玛在实现了巨额的资本投入的情况下所达到的客观经济效益。

经济增加值指标与其他指标不同，如果税后净营业利润、投入资本和资本成本率已知，在理论上经济增加值能够为任何经营单位进行计算，包括分支机构、产品生产线、不同地域的部门等。因此，首先，经济增加值可以在部门层次上实现更多的市场价值；其次，由于经济增加值是对利润的度量，而从定义出发，利润指标都是流动性指标，因此，经济增加值本身也是一

个流量指标；最后，经济增加值能更好地激励管理层。

经济增加值与传统的会计利润相比，最主要的差异是考虑了所有资本的成本，它是经济利润而不是会计利润。经济增加值基于这样一种思想：一个企业要赚取经济学上的"租金"，即投资的超额回报，收入不仅要能够充分地补偿所有的经营成本费用，而且要能够充分地补偿所有的资本成本，包括权益资本的成本。没有对经济利润的期望，就不能为投资者创造价值。而投资回报率中所使用的净利润，是会计利润而不是经济增加值，这样自然会出现一些问题。对此，读者需要注意。

要提高经济增加值，可以通过以下几个途径实现：

(1) 提高现有资产的回报率。如果资产净利润率提高，而其他因素不变，经济增加值得到提高。

(2) 增加利润。当一项投资回报被期望高于加权平均资本成本率时，将会创造价值。

(3) 剥离价值毁损的资产。当一项业务或一个部门被出售或关闭时，投入资本减少，但如果减少的资本被资产净利润的提高所补偿，经济增加值同样会提高。

(4) 延长资产净利润率高于加权平均资本成本率的时期。企业保持竞争优势的时期越长，越能获得更多的超额回报。

(5) 降低资本成本率。通过对资本成本与资本规模的比较，确定合理的资本规模和成本使用水平，从而使经济增加值达到最大化。

(6) 增加财务杠杆。大多数经营管理者倾向于使用低杠杆，也就意味着他们过多地依赖权益融资，而债务融资不足。经济增加值可以改变这种倾向，因为当经营管理者需要支付资本成本时，他们会有一种强烈的愿望来设计资本结构以使加权平均资本成本最低。杠杆高的企业，采用的负债融资越多，固定支付的利息费用越多，财务杠杆的作用就越大，经济增加值就越高。

11.4 评价多期投资与营销投资回报率

11.4.1 评价多期投资

评价跨越多个时期的投资是一个比较复杂的工作。因为投资要考虑未来各种形式的挑战性因素，未来成功与否意味着当前的决策是否明智。然而，投资者并非可以做所有的投资，可以做的投资必须要求可以进行投资风险评估。此外，一些投资没有吸引力，即使投资者有足够的现金也不会投资这类项目。在一个单位时期内，投资回报仅仅是指那些在一定时期内，资本投资所产生的净收益。而对多单位时期的投资所产生的效益评价，则需要更复杂的分析，需要兼顾投资的规模和回报的时间。通常，多期投资采用三个量化指标来评价，即投资回收期、净现值和内部收益率。这三个指标可以用来评估风险的不同方面和多期项目的回报。

1. 投资回收期

投资回收期是指从项目的投建之日起，用项目所得的净收益偿还原始投资所需要的年限。其计算公式为

$$投资回收期 = \frac{初始投资额}{年净收益} \tag{11-11}$$

2. 净现值

在净现值之前，先来了解一下折现值。折现值是指未来的一笔资产折算为当前的价值为多

少。这个计量的特点是它考虑了不同时点上现金或资产点的时间价值,相同数目的资金,时间越靠前,其价值越大。其计算公式为

$$折现值 = \frac{第1年年末现金流}{(1+折现率)^1} + \frac{第2年年末现金流}{(1+折现率)^2} + \cdots + \frac{第N年年末现金流}{(1+折现率)^N}$$

$$= \sum_{n=1}^{N} 第n年年末现金流 \times \frac{1}{(1+折现率)^n}$$

(11-12)

净现值是指一项投资所产生的未来现金流的折现值与项目投资成本之间的差值。换言之,净现值是指投资方案所产生的现金净流量,以资金成本为贴现率折现之后,与原始投资额现值的差额。净现值大于零则方案可行,且净现值越大,方案越优,投资效益越好。其计算公式为

$$净现值 = 折现值 - 初始投资额$$

(11-13)

3. 内部收益率

内部收益率(IRR)是指资金流入现值总额与资金流出现值总额相等,即净现值等于零时的折现率。它是一项投资可望达到的报酬率,该指标越大越好。一般情况下,内部收益率大于或等于基准收益率时,该项目是可行的。内部收益率的计算过程是解一元 n 次方程的过程,要用若干个折现率进行试算,直至找到净现值等于零或接近于零的那个折现率。但是如果使用软件工具,如用 Excel,就可实现快速求解。

首先分析投资回收期。一般来说,投资回收期短的项目更加受青睐,因为这些项目可以让资源被迅速地重新利用。此外,一般来说,投资回收期越短,收回投资的不确定性就越小。当然,投资回收期分析的主要缺点是忽略了投资回收期后的利润。因此,不能产生即时效益的项目往往会被忽略。

例如,哈利正考虑投资 50 000 元购买一个小型的连锁发廊。他估计,发廊至少在 5 年内每年会产生 15 000 元的净收入。哈利的这项投资的投资回收期为 3.33 年(50 000 元 ÷ 15 000 元/年)。

再来分析净现值。净现值是一个投资项目在经济分析期中,历年效益的现值之和减去历年费用的现值之和后所得的差值。折现值以表格的形式表示最为直观。1.00 元人民币的 10% 的折现率在未来 3 年中的价值变化见表 11-1。

表 11-1 未来 3 年的价值变化

	第 0 年	第 1 年	第 2 年	第 3 年
折现公式	1	$\frac{1}{(1+10\%)^1}$	$\frac{1}{(1+10\%)^2}$	$\frac{1}{(1+10\%)^3}$
折现系数	1	0.909 1	0.826 4	0.751 3
未折现资金流(元)	1.00	1.00	1.00	1.00
现值(元)	1.00	0.91	0.83	0.75

应用表格可以让人们更容易地计算出折现因子。例如,哈利想知道他生意的价值。虽然他对创业成功充满信心,但是所有未来现金流都是不确定的。有个朋友建议说,未来现金流的年折现率大约是 10%。哈利将所有现金流输入表 11-2 中,用 10% 的折现率计算折现后的资金流。

表 11-2 折现后资金流（10%折现率）

	第 0 年	第 1 年	第 2 年	第 3 年	第 4 年	第 5 年	总 计
投资（元）	50 000						50 000
收入（元）		15 000	15 000	15 000	15 000	15 000	75 000
未折现资金流（元）	-50 000	15 000	15 000	15 000	15 000	15 000	25 000
折现后现金流（公式形式）	-50 000	$\dfrac{15\,000}{(1+10\%)^1}$	$\dfrac{15\,000}{(1+10\%)^2}$	$\dfrac{15\,000}{(1+10\%)^3}$	$\dfrac{15\,000}{(1+10\%)^4}$	$\dfrac{15\,000}{(1+10\%)^5}$	
折现系数	1	0.909 1	0.826 4	0.751 3	0.683 0	0.620 9	
折现后资金流（元）	-50 000	13 636.5	12 396	11 269.5	10 245	9 313.5	6 860.5

由分析可知，哈利项目的净现值为 6 860.5 元。当然，净现值比未折现的现金流量总和低。因为未来的 1 元的价值要低于现在 1 元的价值。

让我们再来看内部收益率。上文已经说过，内部收益率是指一段时间投资的利润百分比。大多数电子表格都提供计算内部收益率的功能，因此用计算机软件是比较容易计算内部收益率的。

内部收益率是一项很有意义的计量内容，因为它可以和一个企业的最低回报率相比较，而最低回报率是确认一个项目好坏的重要指标。如果一个企业的最低回报率为 12%，则意味着企业可能只会做内部收益率不低于 12% 的项目，也就是说内部收益率高于 12% 的项目往往受到青睐，而低于 12% 的项目往往被遗弃。

回到哈利的例子，我们可以看到，内部回报率可用计算机进行简单的运算。哈利在今年开始第一笔投资，在未来 5 年的每年都有 15 000 元的回报。运用 Excel 内部收益率函数可算出结果为 15.24%。正如前文所指出的，如果不用软件工具，内部回报率的计算是非常复杂的，因此，建议读者使用 Excel 进行计算。首先，我们创建一个空白工作簿或工作表。在工作表中，将初始投资 50 000 元录入到 A2 中（注意在这个投资额前必须加上负号）。接下来将未来 5 年的现金流分别录入 B2、C2、D2、E2 和 F2。数据录入好之后，指定任意一个空白单元格来记载答案，如 G2。然后单击插入函数按钮 "fx"，在弹出的 "插入函数" 对话框中选择 "财务" 类别，再选择函数 "IRR"，这时 "函数参数" 对话框自动打开，在 "Values" 中填上 A2：F2，单击 "确定" 按钮，在 G2 单元格中显示的结果是 15.24%（见表 11-3）。

表 11-3 Excel 中的内部收益率计算 （金额单位：元）

单元格引用	A	B	C	D	E	F	G
1	第 0 年	第 1 年	第 2 年	第 3 年	第 4 年	第 5 年	IRR
2	-50 000	15 000	15 000	15 000	15 000	15 000	15.24%

内部收益率和净现值相关，内部收益率是资金流入现值总额与资金流出现值总额相等，即净现值等于零时的折现率。因此，采用最低收益率的企业只接受净现值为正的项目。另一种说法是，他们只接受内部收益率高于最低回报率的项目。

投资回收期和内部收益率的计算需要对现金流进行估计。现金流为企业持有的期限短、流动性强、容易转换为已知金额现金、价值变动风险很小的投资。净现值的计算与内部收益率、投资回收期的输入变量相同，只是增加了一个折现率。通常，折现率在企业水平上确定，这个比率有反映两个方面的双重目的，即资金的时间价值和潜在的风险。

一般原则是：项目的风险越高，折现率越大。当然，折现率可以依据当前的银行利率再加上相关的风险评估来确定，不过，关于折现率的确定超出了本书的讨论范畴。我们很容易观察到，在理想的情况下，由于各项目的风险不同，不同项目的折现率要单独计算。一般来说，政府承担的项目应该是相当好的项目，不同于任何承包商所组织的项目。相同的考虑也会发生在企业通过内部收益率分析而为所有项目设定一个最低回报率的时候。

4. 现金流和净利润

在前述例子中，现金流与利润相同，但在很多情况下，它们会有所不同。

与计算内部收益率类似，Excel 软件也具有计算净现值的功能。该功能使用 NPV 函数，其语法是 NPV（rate, value1, [value2], …），其中, rate 为各期折现率；value1, value2, …表示各期支出及收入的参数值，所属各期间的长度须相等，且支付及收入的时间都发生在期末。

因此，哈利 10% 折现率的回报可以用 Excel 中的程序进行运算，具体操作可参照内部收益率的计算，在财务类别函数中选择 NPV，输入折现率及第 1~5 年的现金流（注意不能输入第 0 年的现金流，可以理解为第 0 年无须求现值），计算结果见表 11-4。

表 11-4　Excel 中的净现值计算　　　　　　　　　　（金额单位：元）

单元格引用	A	B	C	D	E	F	G	H
1	第 0 年	第 1 年	第 2 年	第 3 年	第 4 年	第 5 年	折现率	NPV
2	-50 000	15 000	15 000	15 000	15 000	15 000	10%	56 861.8

Excel 中计算出第 1~5 年的净现值为 56 861.8 元，再减去第 0 年的初始投资 50 000 元，折现后的资金流为 6 861.8 元，与表 11-2 中计算的 6 860.5 元基本一致。

11.4.2　营销投资回报率

营销人员越来越注意计量盈利的营销开支及其速度，也就是营销投资回报率，这是一个相对较新的计量指标。对市场营销方面的投资往往带有高风险，它与将钱投放在库存及工厂方面完全不同，营销支出往往发生在当前。此指标的使用方法有很多种，虽然在营销领域目前对营销投资还没有一个明确的定义，但是人们在具体实践中一般会按以下公式来衡量

$$营销投资回报率 = \frac{因营销活动而增加的收入 \times 边际贡献率 - 营销支出}{营销支出} \qquad (11-14)$$

以销售收入和利润来衡量市场反应的想法并不新鲜，但诸如营销投资回报率这样的专业术语，如今却使用得较为频繁。通常，如果营销投资回报率为正，则营销支出就被视为是合理的。

给出投资回报的具体数据已经成为越来越多的营销人员所面对的来自企业内部的压力，遗憾的是，人们常常还不清楚这意味着什么。当然，营销支出并非通常意义上的投资。一般情况下营销投资无法形成看得见的有形资产，因此难以预测（量化）投资结果并据此来评估营销支出，但商家仍强调营销活动会促进财务的健康发展。有些人认为营销应被视为一项支出，而且有必要关注它是否必要。营销人员认为，他们的许多活动产生了持久的效果，因此他们的许多活动应该会吸引投资。

通常可以这样来计算市场营销投资回报率：营销利润除以营销投资，这里我们将营销利润定义为由于营销支出而获得的利润额。在计算营销投资回报率时，一个必要的步骤就是计算由于营销活动所增加的销售收入。这些增加的销售收入是由于营销努力而带来的总销售收入增加，或

者营销努力而形成的边际销售收入。下面的例子有助于理解二者的不同，如图 11-3 所示。

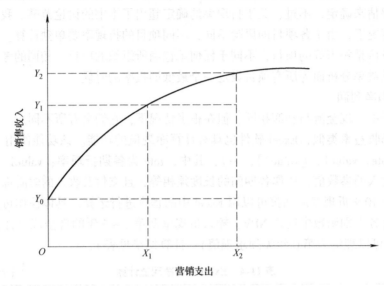

图 11-3　营销支出与销售收入

图 11-3 中，Y_0 代表营销支出为 0 时的销售收入（即基本销售收入），Y_1 代表营销支出为 X_1 时的销售收入，Y_2 代表营销支出为 X_2 时的销售收入；X_1 与 X_2 之间的差额代表了所增加的营销支出，如广告或展销会开支。

由图可知：

(1) 营销支出增加所带来的收入增长率为$(Y_2-Y_1)/(X_2-X_1)$，即由于增加营销支出所带来的额外收入，如特定活动或赞助资金，再除以增加的营销支出。

(2) 营销产生的收益为 Y_2-Y_0，即由于营销而形成的新增销售收入，相当于现销售收入减去基本销售收入。

(3) 总营销收入回报率为 $(Y_2-Y_0)/X_2$，即营销销售收入除以营销支出。

(4) 营销投资回报率为$[(Y_2-Y_0)\times$边际贡献率$-X_2]/X_2$，即所有营销活动的额外净收益除以所有营销活动的支出。

(5) 增加的营销投资回报率为$[(Y_2-Y_1)\times$边际贡献率$-(X_2-X_1)]/(X_2-X_1)$，即由于增加的营销支出而产生的新增净收益除以增加的开支。

例如，某农场设备公司正在考虑通过邮件形式直接告知顾客，在春播前将享受拖拉机维修服务。该活动预计花费 1 000 元，同时使销售收入由 45 000 元增加到 50 000 元。拖拉机维修的基本销售收入（未进行任何营销活动）估计为 25 000 元。直接邮寄活动和常规的广告活动以及其他的营销活动费用为 6 000 元，对拖拉机服务收入（不包括人工）的贡献率平均为 60%。

依据例题中所给的数据，进行以下计算

$$\text{营销支出增加所带来的收入增长率}=\frac{Y_2-Y_1}{X_2-X_1}=\frac{50\ 000\ \text{元}-45\ 000\ \text{元}}{7\ 000\ \text{元}-6\ 000\ \text{元}}=500\%$$

$$\text{营销产生的收益}=Y_2-Y_0=50\ 000\ \text{元}-25\ 000\ \text{元}=25\ 000\ \text{元}$$

（注意，该数据只有在持续进行直接邮寄营销计划的条件下才有效，否则收益就是 20 000 元，即 45 000 元 - 25 000 元。）

$$总营销收入回报率 = \frac{Y_2 - Y_0}{X_2} = \frac{50\,000\,元 - 25\,000\,元}{7\,000\,元} = 357\%$$

（注意，如果未执行直接邮寄营销活动计划，则总营销收入回报率为20 000元/6 000元 = 333%。）

$$营销投资回报率 = \frac{(Y_2 - Y_0) \times 贡献率 - X_2}{X_2} = \frac{(50\,000\,元 - 25\,000\,元) \times 60\% - 7\,000\,元}{7\,000\,元} = 114\%$$

（注意，如果未执行直接邮寄营销活动计划，则营销投资回报率为（20 000元×60% - 6 000元）/6 000元 = 100%。）

$$增加的营销投资回报率 = \frac{(Y_2 - Y_1) \times 贡献率 - (X_2 - X_1)}{X_2 - X_1}$$

$$= \frac{(50\,000\,元 - 45\,000\,元) \times 60\% - (7\,000\,元 - 6\,000\,元)}{7\,000\,元 - 6\,000\,元} = 200\%$$

对于一些行业而言，以回报率为基准的指标可能是一个有用的量化指标，尤其是那些可变成本较低而大量额外收入做出贡献的行业。但在多数情况下，这样的量化指标可能会产生误导。例如，以20 000元的广告支出带来约100 000元的新增销售额，即有500%的可观回报率，但如果可变成本很高使这项营销活动仅仅带来5 000元的贡献，此时的回报率只有25%，这就需要权衡一下为这项营销活动投资的意义。

对于计算营销投资回报率而言，我们所需的第一个数据信息就是营销活动、项目或预算的成本。虽然定义哪些开支属于营销活动常常会引起争议，更有争议的是如何估算营销所带来的回报、贡献和净利润。这与前述所讨论的基本销售与增量销售之间的区别是相似的。

此外，估算营销投资回报率的一个重要问题，就是考虑如何处理不同的营销方案和活动之间的关系，许多营销投资活动的回报很可能被显示为其他营销活动所带来的回报。如果邮寄邮件所带来的效益，实际上体现为电视广告所带来的效益，那么营销人员应该怎样计算这些增长的效益是否真的与广告推广有关呢？由于不同的活动之间有相互关系，在广告推广上产生的回报，也取决于其他营销活动，因此该投资与回报的函数不是一个简单的线性关系函数。

对于预算而言，营销人员需要理解，最大限度地追求投资回报将很可能减少开支和利润。营销人员通常会遇到收益递减的情况，因为每增加单位金额所产生的营销投资回报的增量会变少，因此低开支会产生高回报。将营销投资回报最大化，可能导致有利可图的营销活动被减少。这个区别类似于前述讨论过的投资回报率和经济增加值的区别。额外的营销活动或广告活动，会减少回报的平均百分比，但会增加总体的利润。因此，单纯使用营销投资回报率这一测量指标来确定总预算的方法，是不可取的。当然，营销人员可以将那些营销投资回报值为负的项目去掉。

前面的讨论中没有涉及后续效应，也就是说，将市场营销的影响扩展到未来的时期。当营销的影响超过一个固定时期，估计其影响时则需考虑其他因素。这些因素包括投资回报期、净现值和内部收益率。另外，为了维护与顾客之间的长期关系，营销人员应该了解这些顾客长期以来的记录，以便更加准确地估量市场营销活动的开支。

这里有一个相关指标，即营销投资的媒体曝光回报率，需要营销人员特别注意。为了更好地估量营销活动（如赞助所带来的影响），营销人员常常委托调查机构来评估媒体曝光的数量和质量。这种曝光率会产生某种价值，其计算公式为

$$营销投资的媒体曝光回报率 = \frac{媒体曝光所带来的价值 - 营销活动的开支}{营销活动的开支} \quad (11\text{-}15)$$

例如，一个旅游公司决定给某门户网站公司赞助一辆小轿车。他们估计该门户网站会将此消息放在其网站首先来宣传，这样可以带来关注者 500 000 人次，产生 1 000 000 元的经济效益。而公司赞助的小轿车的成本为 250 000 元。据此，可以计算出其营销投资的媒体曝光回报率为

$$营销投资的媒体曝光回报率 = \frac{1\,000\,000\,元 - 250\,000\,元}{250\,000\,元} = 300\%$$

结论就是该项媒体曝光的市场营销回报率很高，是一项值得投资的营销活动。

本章小结

本章讨论了有关营销与财务方面的计量内容和方法，重点讲述了利润与销售回报率、利润影响值、投资风险、营销投资回报率等概念和计量内容。销售回报率是一个盈利指标，通常用来比较不同大小的企业和行业的盈利能力。值得注意的是，销售回报率与产生利润的资本无关。净利润衡量的是企业的盈利能力，即企业收入减去开支。若开支存在于企业的不同部门，那么净利润的计算方法会更加复杂。利润影响值在于描述与产品相关的花费对企业利润的影响效果。

衡量不同时期经济实体的投资回报率，是企业决策者所必须关注的内容之一。投资回报是一项与资本投资有关的资本利润衡量方法。营销不仅影响净利润，也影响投资水平。经济增加值是基于税后营业净利润和产生这些利润所需资本投入总成本的一种企业绩效财务评价方法。企业每年创造的经济增加值等于税后净营业利润与全部资本成本之间的差额。经济增加值与传统的会计利润相比，最主要的差异是考虑了所有资本的成本，它是经济利润而不是会计利润。多期投资通常有三个评价指标，即投资回收期、净现值和内部收益率。用这三个指标可以评估投资风险和多阶段项目回报。投资回收期和内部收益率的计算需要对现金流量进行估计。

本章强调必须注意对营销投资回报率的分析，这是一个相对较新的计量指标。对市场营销方面的投资往往是带有高风险的，它与将钱投放在库存及工厂生产方面完全不同，营销支出往往发生在当前。本章还指出，对营销投资回报率这个指标，目前存在着不同的使用方法，而且迄今为止，营销领域对营销投资还缺乏一个明确的定义。

测试题

1. 销售回报率与产生利润的资本无关。（对/错）
2. 良好的销售回报率依赖于行业的。（对/错）
3. 利润影响值计量营销花费对整个企业、一条生产线，或者对某一产品的利润能力的影响。（对/错）
4. 如果营销投资回报率为正，则营销支出通常就被视为是合理的。（对/错）
5. 估算营销投资回报率的一个重要问题，就是考虑如何处理不同的营销方案和活动之间的关系。（对/错）
6. 投资项目净现值等于 0 时的折现率称为（　　）。
   A. 利息率　　　　　　B. 内部收益率　　　　C. 贴现率　　　　　　D. 基准收益率
7. 多期投资常用的评价指标有（　　）。
   A. 投资回收期　　　　B. 净现值　　　　　　C. 营销投资回报率　　D. 内部收益率
   E. 增加的营销投资回报率
8. 税后净营业利润与资本成本的差值称为（　　）。
   A. 经济增加值　　　　B. 经济利润　　　　　C. 剩余收益

D. 净利润　　　　　　　　　　　　E. 利润影响值

9. 为了评价营销活动，营销人员常常需要了解媒体曝光的数量和质量，这样的计量指标称为（　　）。
   A. 营销投资回报率　　　　　　　　B. 营销投资的媒体曝光回报率
   C. 投资回报率　　　　　　　　　　D. 销售回报率

10. 增加的营销投资回报率计算涉及的数据有（　　）。
    A. 增加的营销开支　　　　　　　　B. 由于增加的营销开支而产生的新增净收益
    C. 营销产生的收益　　　　　　　　D. 所有营销活动的额外净收益

练习题

1. 某网店未进行营销活动时的销售收入为 25 万元。开展常规的营销活动费用为 6 万元，销售收入为 45 万元。现尝试购买直通车广告，花费 1 万元，结果销售收入从 45 万元增加到 50 万元。如收入贡献率为 60%，计算：
   （1）营销支出增加所带来的收入增长率。
   （2）营销活动增加的收入。
   （3）总营销收入回报率。
   （4）营销投资回报率。
   （5）增加的营销投资回报率。

2. 某制鞋企业希望开拓某国旅游鞋新市场。根据财务部门提供的资料，公司生产的皮革旅游鞋在某国市场的零售价为 128 元/双，零售商的加价率为 30%，批发商的加价率为 8%，该旅游鞋的年销售量为 13 500 万双，该公司的市场份额为 20%，当年该公司共销售了 2 700 万双，可变成本为 30 元/双，总固定成本为 128 000 万元。

老板告诉营销总监，公司希望在该国的业务净营业利润为 145 万元。公司有一个简单的资本结构：一半资本是由股东提供，股东要求有 12% 的风险回报；另一半资本来自银行，但收取 6% 的利息。因此，加权平均资本成本率为 9%。老板预计，公司在该国的业务拓展需要大约 300 万元的初始投资。

请完成下列任务：
（1）计算旅游鞋产品对公司利润的影响值。
（2）计算经济增加值，并回答预期的目标利润能否补偿公司资本使用的机会成本。
（3）估算公司的净利润和销售回报率。

第 12 章
营销计量指标的应用

本章目录

12.1 应用营销计量指标分析企业经营状况
12.2 营销中的杜邦模型
12.3 恒等式在营销分析中的应用
12.4 营销组合模型

学习目标

1. 掌握应用营销计量指标分析企业经营状况的思路
2. 理解销售收入模型及其应用
3. 理解恒等式在营销分析中的应用
4. 掌握通过营销组合模型进行市场分析的方法

12.1 应用营销计量指标分析企业经营状况

12.1.1 分析企业的发展潜力

营销人员必须很好地理解营销计量指标在评估企业经营方面是如何补充和应用于传统的财务指标的。特别地，营销计量指标可以用来评估和预测市场中存在的问题、机会和企业未来的财务业绩。如同 X 射线（以及现今的核磁共振）可以观察人们身体内部存在的问题一样，营销计量指标同样可以表明企业经营中存在的风险与机遇。

举例说明：表 12-1 展现了公司 A 和公司 B 的财务状况。这两家公司在 5 年内的财务数据可用来分析比较其多方面的经营状况。假定你所在的风险投资公司委派你来考察，你会建议投资这两家公司中的哪一家？

表 12-1 表明这两家公司的营业利润率和利润是一样的。虽然公司 A 的销售收入和营销支出增长速度非常快，但其销售回报率和投资回报率却在下降。如果这样的下降还在持续，那么公司 A 将会面临危机。况且公司 A 的营销支出与销售收入的比值比公司 B 的增长速度要快，这是不是暗示着公司 A 市场经营不利呢？

依据表 12-1 提供的信息，相信大多数人会选择公司 B，因为公司 B 在营销支出方面的增长明显低于公司 A，而两家公司的营销支出与销售收入之比却相差无几，因此公司 B 更有效率。在销售回报率方面，公司 B 表现得很好，而且公司 B 保持着 5% 的投资回报率。相比之下，公司 A 唯有销售收入方面比公司 B 好。接下来，我们还应该进一步分析这些指标。

表 12-1 公司 A 与公司 B 的财务状况

公司 A

项　　目	第 1 年	第 2 年	第 3 年	第 4 年	第 5 年
销售收入（千元）	833	1 167	1 700	2 553	3 919
营销活动前利润（千元）	125	175	255	383	588
营销支出（千元）	100	150	230	358	563
利润（千元）	25	25	25	25	25
营业利润率（%）	15	15	15	15	15
营销支出/销售收入（%）	12	13	14	14	14
销售回报率（%）	3.0	2.1	1.5	1.0	0.6
年度收入增长率（%）	—	40	46	50	53
复合年度增长率（%）	—	40	43	45	47
投资额（千元）	500	520	552	603	685
投资回报率（%）	5.0	4.8	4.8	4.1	3.6

公司 B

项　　目	第 1 年	第 2 年	第 3 年	第 4 年	第 5 年
销售收入（千元）	1 320	1 385	1 463	1 557	1 670
营销活动前利润（千元）	198	208	219	234	251
营销支出（千元）	173	183	194	209	226
利润（千元）	25	25	25	25	25
营业利润率（%）	15	15	15	15	15
营销支出/销售收入（%）	13	13	13	13	14
销售回报率（%）	1.9	1.8	1.7	1.6	1.5
年度收入增长率（%）	—	5	6	6	7
复合年度增长率（%）	—	5	5	6	6
投资额（千元）	500	501	503	505	507
投资回报率（%）	5.0	5.0	5.0	5.0	4.9

表 12-2 展示了公司 A 和公司 B 在营销计量指标下的表现。这个表同时也展示了两家公司的顾客数量，并将其划分成新顾客与老顾客。不仅可以看到公司新顾客的增长速度，还为我们展现了顾客保留率。这样来看，公司 A 的营销支出效果比公司 B 的要好，因为营销支出是用于吸引新顾客并且留住老顾客的。同时，公司 A 花在留住老顾客上的支出成效比公司 B 要好。还有一点，即使公司 B 在顾客方面的支出比公司 A 多，公司 A 却能保持更长时间。

表 12-2 公司 A 与公司 B 的营销计量指标

项　　目	公司 A					公司 B				
	第 1 年	第 2 年	第 3 年	第 4 年	第 5 年	第 1 年	第 2 年	第 3 年	第 4 年	第 5 年
新顾客（千人）	1.33	2.00	3.07	4.77	7.50	1.86	1.97	2.09	2.24	2.43
顾客总数（千人）	3.33	4.67	6.80	10.21	15.67	3.86	4.05	4.28	4.55	4.88
销售收入/顾客总数（元/人）	250	250	250	250	250	342	342	342	342	342
营销支出/新顾客数（元/人）	75	75	75	75	75	93	93	93	93	93
顾客保留率（%）	—	80	80	80	80	—	54	54	54	54

也许还需要另外一组营销计量指标来帮助我们评估顾客所带来的利润率和价值。表 12-3 使用了之前表格的信息来计算更多的与顾客相关的指标。假设营业利润率和顾客保留率不变，

并且所有产品的折扣率为 15%，从而计算出每家公司的顾客终身价值。顾客终身价值可用于评估公司用于吸引顾客的开销大小，它展示了一家公司可以通过一个顾客的终身光顾而获取的利润。具体的顾客终身价值计算方法请参考本书有关章节，顾客终身价值可用于评估作为资产的顾客资源。顾客资产价值仅仅是顾客终身价值乘以顾客的数量。就上述例子而言，假设所有的营销活动是用来获得新顾客，则顾客获取成本是通过营销支出除以每年的新顾客数得到的。

表 12-3 顾客获利能力

顾客价值计量指标	公司 A	公司 B
顾客终身价值（元/人）	123.21	96.71
顾客获取成本（元/人）	75.00	93.00
顾客数（千人）	15.67	4.88
顾客资产价值（千元）	1 931	472

根据上述条件，公司 A 在市场营销方面的支出增长似乎非常乐观。就顾客终身价值与顾客获取成本的差值而言，公司 B 是 3.71 元/人，而公司 A 是 48.21 元/人。在第 5 年结束的时候，公司 A 的顾客资产价值是公司 B 的 4 倍之多。表 12-4 提供了更多的顾客信息。公司 A 的顾客满意度明显更高，并且公司 A 的顾客更愿意将这个公司推荐给他人。由此可以得出结论，可以期待公司 A 的顾客获取成本未来会下降。事实上，基于公司 A 满意的顾客基础，可以预期公司 A 的品牌权益也会更高。

表 12-4 顾客态度及意愿

项 目	公司 A					公司 B				
	第 1 年	第 2 年	第 3 年	第 4 年	第 5 年	第 1 年	第 2 年	第 3 年	第 4 年	第 5 年
知晓度（%）	30	32	31	31	33	20	22	22	23	23
公司优先度（%）	17	18	20	19	20	12	12	12	11	10
顾客满意度（%）	85	86	86	87	88	50	52	52	51	53
愿意推销度（%）	65	66	68	67	69	42	43	42	40	39

12.1.2 分析企业营销中隐藏的问题

再来看 XW 公司的财务报表，如表 12-5 所示。从表上看来，这家公司的财务表现相当好；其销售量呈上升趋势，毛利率也很高。营销支出以及营销支出和销售收入的比值都呈现上升趋势，但是这家公司有没有什么隐藏的问题呢？

表 12-5 XW 公司的财务状况表

项 目	第 1 年	第 2 年	第 3 年	第 4 年
销售收入（千元）	14 360	18 320	23 500	30 100
产品销售量（千件）	85	115	159	213
市场份额（%）	14	17	21	26
毛利率（%）	53	53	52	52
营销支出（千元）	1 600	2 143	2 769	3 755
利润（千元）	4 011	5 317	7 051	9 227
销售回报率（%）	27.9	29.0	30.0	30.7
营销支出/销售收入（%）	11.1	11.7	11.8	12.5

当仔细检查 XW 公司的经营状况时，我们会更加清楚地看到在华丽外表下这家公司真正的运行机制。表 12-6 表明了 XW 公司的销售增长来自两个方面：一是很好地运用了价格促销手段，二是经销商销售量的提高。由于还有很多零售网点没有引进这个品牌，因此公司的销售业绩还有可能持续增长。

表 12-6　XW 公司营销和渠道计量指标

项　目	第 1 年	第 2 年	第 3 年	第 4 年
零售销售收入（千元）	24 384	27 577	33 067	44 254
零售销售量（千件）	87	103	132	183
终端储存数（件）	300	450	650	900
加价幅度（%）	30.0	22.3	15.1	8.9
占全部商品价值比（%）	30	40	48	60
折扣销售比率（%）	10	13	20	38
广告支出（千元）	700	693	707	721
促销支出（千元）	500	750	1 163	2 034

表 12-7 记载的是 XW 公司经销商的相关计量内容，综合分析表 12-6 和表 12-7 可以发现：即使 XW 公司总的销售量在上升，但这个上升速度远远没有达到销售该产品商店的增长速度，而且单个商店的销售收入在下降。还有一点，虽然价格促销刺激了销售，但是经销商却会发现他们的毛利润确实在减少。未来的销售可能会给经销商带来很大压力。如果这种对此品牌不满的情绪持续下去，那么此品牌的销售量就会大幅度减少。

表 12-7　XW 公司零售获利能力量化指标

项　目	第 1 年	第 2 年	第 3 年	第 4 年
零售利润（千元）	9 754	11 169	13 557	18 366
零售利润率（%）	40	41	41	42
零售存货（千件）	15	27	54	84
每店存货（件）	50	60	83	93
每店销售收入（千元）	81	61	51	49
分销配置率（%）	10	11	14	15
存货投资回报率（%）	385	260	170	155

我们预计，随着对此品牌的推广和降价处理量的增多，可能会引起潜在顾客对 XW 品牌产生怀疑。这家公司可能会采用其他的营销计量指标，来看看人们对这个品牌的看法是否会改变和如何改变。如果这种改变在可控范围之内，那么 XW 公司的运营状况还是较为令人满意的；否则，XW 公司则应该重新考虑是否应该改变经营策略。此外，如果经销商大幅度打折出售 XW 公司的产品，那么 XW 公司就很有可能面临前所未有的危机。

在具体的营销实践中，有很多事情是无法事先预测的，XW 公司就是这样的一个案例。一个公司会在一系列的价格促销后迅速膨胀，但是一段时间之后，它们可能会被销售更高端产品的公司收购，因此，该公司的经营策略将不再被看好。许多经销商会将这个品牌的商品下架，而重新上架需要花费很长一段时间。

上述例子说明了运用营销计量指标深入财务报表背后发掘信息的重要性。更多的数字自身只是答案的一部分，看到数字背后的规律和意义的能力更重要。

表 12-8 显示了一家烟草公司为了分析低价折扣品牌竞争所运用的营销计量指标。缩小的市场规模、停滞不前的市场份额，以及因为促销而增大的营业额，使得这家公司的前途渺茫。该公司的问题在于，用打折销售取代未打折销售。更糟糕的是，广告促销费用是原来的两倍之多。用一句通俗的话来说就是：这家公司已经黔驴技穷，到了只能用降低价格的方式运营的地步了。

表 12-8 某烟草公司的营销计量指标数据

项 目	2013 年	2018 年
市场规模（单位）	4 000	3 850
公司市场份额（%）	25	24
公司销售量（单位）	1 000	924
未打折品牌销售量（单位）	925	774
打折品牌销售量（单位）	75	150
广告促销费用（千元）	600	1 225

然而，在查看了表 12-9 的计量指标后，公司的经营状况看起来不再那么悲观。表 12-9 表明，在同样的一个 5 年阶段里，通过打折手段而带来的利润对该公司变得更加重要，销售收入和营业利润均增长了 50% 多。理由非常明确：单价增长了近一倍，当然很大部分的价格增长都以"打折"促销的形式被抵消了。总体而言，对公司来说影响是积极的。

表 12-9 某烟草公司的其余指标数据

项 目	2013 年	2018 年
销售收入（千元）	1 455	2 237
平均单价（元/单位）	1.46	2.42
平均未折扣价（元/单位）	1.50	2.60
平均折扣价（元/单位）	0.90	1.50
营业利润（千元）	355	550

现在我们可以很好地理解表 12-9 所示的含义，从而不用再担心表 12-8 的消极信息。事实上，我们在这个实例里所经历的，正是很多市场参与者在全球范围内所经历的——共同的错误就是将更多的注意力放在了表 12-8 里，从而忽视了表 12-9 的信息。

上述两个表描述的情况与当今市场上真实的情况非常相似，就如同著名的"万宝路星期五"的案例一样。在这个案例中，由于菲利普·莫里斯公司高级管理人员考虑到公司产品的高价给予了竞争对手更多降低价格的机会，从而他们会在吸引顾客方面输给竞争对手，于是他们采取了行动。在 1993 年 4 月 2 日，菲利普·莫里斯公司宣布了一系列计划，这些计划详细阐述了如何针对消费者和零售商开展不定期促销活动，这次活动大幅降低了美国市场上高价万宝路品牌香烟的零售价格，下降幅度 20%。宣布当日正是星期五，在这一天，菲利普·莫里斯公司股票价格下跌了 23%，致使公司市值损失了 134 亿美元，许多消费品公司的股票价格也受到牵连，经历了两位数的下跌。因此万宝路的这次行动公布之日被称为"万宝路星期五"。这次事件被称为营销史上的一个里程碑。

12.1.3 营销管理仪表盘

营销计量指标也可以以管理"仪表盘"的形式出现，这会有助于管理者的决策。所谓仪表盘，就是将不同的各种仪表安装在同一个平面台板上，以便操作人员调整和控制正在运行中的机械或化学反应系统。借用机械和化工领域的这个概念，将有关市场营销的各种图表放在同一桌面上，就形成了营销管理仪表盘。在设置营销管理仪表盘时，需要将各种相关的数据整合起来，这样一旦某一个图表的相关计量内容发生变化，其他图表也跟着发生变化。这种综合各个计量指标的营销管理仪表盘的概念和方法，近年来被很多市场营销人员所接受。在这种应用工具中，值得注意的一个问题是，采用不同的方式展现数据会直接影响人们对市场走向的看法。那么像仪表盘这样的可视化描述，会不会给市场营销人员对市场的观察和分析带来便利呢？

我们不妨用机动车的仪表盘来打个比喻，因为对于机动车而言，有许多指标是要通过不同图标表现出来的，这样操作者就可以依据仪表盘的指示更加简便快捷地进行操作。然而这个方式的弊端是：即便所有的机动车都有相似的指标，但还是存在不同的指标，因此操作人员必须熟悉和适应不同的指标系统。而且在不同的行业中，关键的与合适的指标集会因行业而有区别。

图 12-1 是一个使用营销管理仪表盘的例子，它为我们提供了五项重要的计量内容。通过

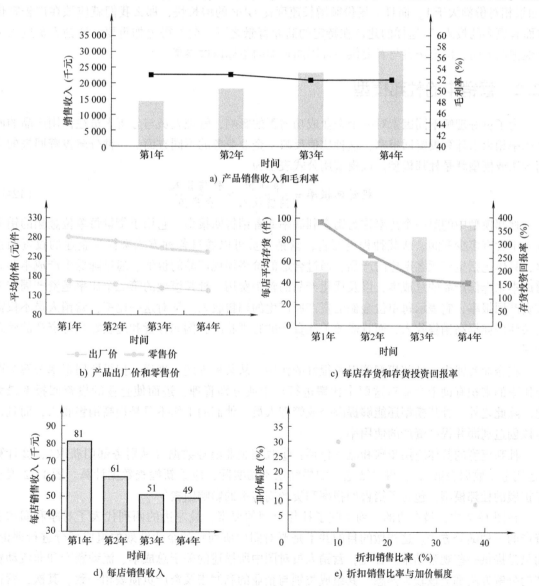

图 12-1　XW 公司的营销管理仪表盘

查看和分析这个仪表盘，可以发现 XW 公司在销售相对便宜的产品时，也能保持其毛利率不变。然而令人不安的是，经销商的回报，即库存投资毛利率在急剧下降的同时，库存量却增多了。每家商店的销售量似乎都有所下降。XW 公司的收入也在不断下降，与此同时，这家公司的更多产品在打折出售。这应该是一个警示，提醒公司在扩大经营面的时候应谨慎处理。

对以上的讨论加以小结，可以这样高度概括为如下等式

$$\text{营销计量指标} + \text{财务计量指标} = \text{更深的洞察} \tag{12-1}$$

实际上，像仪表盘、计分卡这样的管理工具，是检测一个公司运营是否良好的营销和财务计量指标的集合。营销管理仪表盘可以被用于洞悉市场营销的动向。在任何一个市场背景之下，这些指标都相当重要。在拥有着不同价值观及竞争力走向的公司中，用不同的指标进行判断，从而进一步提出对策和建议。这些建议可能以"如果……就……"的形式提出来。例如："如果相对份额大于1，而且市场份额增长速度比 GDP 的增长快，那么我们就应该在广告宣传方面有更多的投入。"这样的建议在特定的商业背景之下，会显得更加重要。营销人员应该更好地把握方向，向市场参与者提供各种不同种类的指标以供参考。

12.2　营销中的杜邦模型

为了更好理解不同因素对一个企业成功与否的影响，管理人员与分析人员往往用产品的两个比率相乘来计算投资回报率，这种比值反映了企业业务的不同方面。一种分解投资回报的常用方法或模型就是杜邦模型。该模型用公式表示为

$$\text{投资回报率} = \frac{\text{净利润}}{\text{销售收入}} \times \frac{\text{销售收入}}{\text{资产值}} \tag{12-2}$$

杜邦模型中的第一个比率称为销售利润率或者销售回报率，它用于衡量每单位金额的销售收入中含有多少利润。从某种程度而言，营销人员可以通过各种方式来提高企业的投资回报率，具体包括生产顾客期望的产品、通过合适的价格体现产品的价值、通过降低生产成本和渠道成本来降低产品的总成本，以及优化产品的营销费用。杜邦模型的第二个比率是资产周转率或资产回报率，它表示每单位金额的资产所产生的销售收入。针对这一比率，营销人员不仅需要关注怎样提高销售收入，而且需要关注资产的管理状况，例如存货和应收账款等资产的管理状况。

在企业实践中，杜邦模型能发挥很好的作用。从某种程度上来说，把投资回报率分解为两个比率的乘积有助于企业对这两个比率进行集中或分别管理，进而使企业的投资回报率最大化。除此之外，杜邦模型还能够提醒企业管理人员，他们的工作不只是提高销售收入，而且还应该创造利润并提高资产的使用率。

杜邦模型的具体应用步骤和流程包括：①收集企业财务数据（从财务部门获取）；②计算（运用电子数据表格）；③得出结论。如果结论不切实际，应重新检查数据计算。图 12-2 展示了扩展的杜邦模型，包含了销售回报率和资产周转率的影响因素。

在图 12-2 中，最右边的三列反映了杜邦模型的要素，最左边的两列代表了对净利润和总资产的一种细分方法。这样做的目的并不是要对图中所列示的企业绩效的组成部分进行评论，而只是提供一些观察结果。首先，营销人员对图中所描述的关于总成本、流动资产和非流动资产的分解方法都应该较为熟悉，其组成类别与企业的利润表及资产负债表相一致。其次，营销活动所创造的资产（如企业的品牌及客户关系）经常以那些难以衡量的无形资产的形式出现。

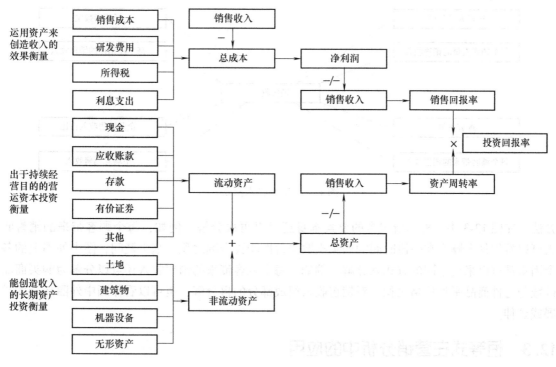

图 12-2　扩展的杜邦模型

最后,也是最重要的,在销售收入保持不变的情况下,总成本、流动资产和非流动资产都被分解成为更小且更容易理解的模块。人们似乎更多地关注企业的总成本和总资产,而较少关注企业的销售收入。因为该模型是财务人员设计出来的,所以出现上述结果并不是一件令人诧异的事情。然而,作为营销人员,注意力应该集中于如何提高销售收入方面。在关心总资本和总资产利用情况的同时,更应该关注销售业绩以及构成。

图 12-3 反映了一个主要依靠市场营销、降低成本和提高支出使用率而取得成功的公司。而对于当今那些不仅依靠产品而且依靠营销成功的企业来说,我们需要一种不同的模型,该模型类似于对资本和资产进行细分的杜邦模型,但需要对销售情况进行同样详尽和清晰的分解。

当开始思考销售情况的具体分解方案时,我们很快就会理解"为什么没有一种可以用于分解不同类型业务的普遍方法",因为在创造收入的过程中会涉及多个不同的实体(其中大部分属于外部实体),例如:营销人员、客户、经销商甚至竞争对手。正是由于存在多种分解方法,因此不存在一种能够为人们普遍适用的方法也就不奇怪了。

为了进一步说明这一问题,图 12-3 展示了四种不同而又有效的分解销售收入的方法。

$$销售收入 = 销售人员数量 \times 每个销售人员的销售收入 \qquad (12\text{-}3)$$

$$销售收入 = 经销商数量 \times 每个经销商的销售收入 \qquad (12\text{-}4)$$

$$销售收入 = 企业销售收入占比 \times 市场总销售收入 \qquad (12\text{-}5)$$

$$销售收入 = 顾客数量 \times 每个顾客带来的销售收入 \qquad (12\text{-}6)$$

同杜邦模型一样,上述四种方法的每一种都是一个恒等式。这四种方法不仅都是恒等式,而且还能为我们带来一些有价值的信息。

除了上述四种方法外,还存在着其他不同的分解方法。图 12-3 展示了四种最简单的分解

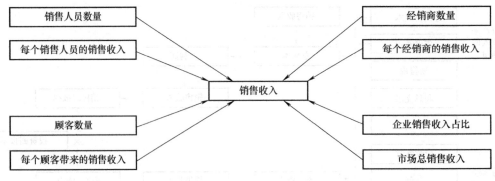

图 12-3　销售收入模型

方法。在图 12-3 中，外圈所包含的要素本身还可以再次分解。例如，每个顾客带来的销售收入可以看作每个顾客在一段时间的购买次数与每次购买金额之积。毫无疑问，图中外圈上的各个因素都可以采用不同的方式来分解。例如，每个顾客带来的销售收入还可以分解为购买商品件数与每件商品平均价格之积。对销售收入组成部分的再分解，也可以看作图中外圈部分的扩展或延伸。

12.3　恒等式在营销分析中的应用

12.3.1　恒等式应用的意义

使用类似于杜邦模型的分析工具，来帮助营销人员进行市场决策和制定目标，主要有以下三个方面的意义：

（1）分解销售收入指标可以帮助管理者明确企业在成长过程中遇到的各种问题和挑战。例如，企业市场份额的减少，是由企业的销售收入下降还是由竞争对手的销售收入增加造成的呢？如果是由企业销售收入的减少造成的，那么是由于企业的顾客减少了，还是由于顾客的购买量减少了，还是由于平均价格变低了，或者是由以上原因综合造成的？将一个评估指标分解，可以使不同恒等式和经验关系式区分开来。虽然恒等式比较容易计算，经验关系式却需要我们对关系、成因以及未来发展趋势进行更深入的分析。

（2）通过分解计量指标可以评估那些无法直接衡量的指标。有些指标往往难以直接衡量，使用不同的恒等式可以帮助减少评估过程中产生的错误，这个过程可以通过检测不同构成的指标值来完成。同样，不同的市场指标可以被看作是不同关系网的一部分。如果在这个关系网中的每个环节都是无误的，即使对其中一个指标值的评估有错误，整个关系网也会呈现健康的状态。

（3）选择并组织正确的营销网络常常可以帮助企业构建营销组合的决策模型。如同杜邦模型一样，那些包含中介因素的模型使得模型本身在管理方面显得更加清晰，同时还能帮助管理者制定决策并监测决策的效果。

12.3.2　恒等式与经验关系式

如前所述，使用一个或多个恒等式来分解销售收入的主要目的，是更好地理解所观察到的变化和产生问题的原因，至少是拓展了理解问题的不同角度。虽然恒等式可以解释各种变化和产生问题的原因,但它们却没有一个统一的评估标准。如果恒等式从定义上理解是正确的,则我们将这些恒等式称为(ID)。

下列恒等式描述了销售收入、销售量与价格之间的关系:

$$(ID)\text{销售收入} = \text{销售量} \times \text{价格} \tag{12-7}$$

这个恒等式告诉我们,任何时候只要销售量减少的速度大于价格提高的速度,销售收入也会随之下降。如果我们观察到了销售收入的减少,那么这个恒等式也会同时帮助我们关注:第一,这个减少是否由销售量减少,抑或价格减少,抑或二者同时减少造成的;第二,如果销售量减少了,是因为价格提高了且销售量仍然减少了,那么销售量所减少的比例必然大于价格提高的比例。

与恒等式形成对比的是经验关系式。经验关系式中的各种变量在恒等式中无法涵盖,而在经验关系式中则能够不完全地包含。例如,在进行价格变动决策时,经验关系式是必要的。我们把这种经验关系式记为(EM)。例如,我们认为销售量与价格之间的关系是一种直接线性函数,其公式为

$$(EM)\text{销售量} = b \times \text{价格} + \text{误差} \tag{12-8}$$

这个销售量和价格之间的经验关系式包含了一个在价格和销售量衡量时可能产生的误差,这个误差解释了为什么实际的价格和销售量与估计的价格和销售量不会保持完全的一致(例如,由于竞争对手的价格导致的后果)。同时,需要注意到经验关系式中的 b 值本身就是一个未知量,因此可以根据适当的数据来对其进行估值。然而,恒等式(ID)与经验关系式(EM)之间的一个主要的不同点,就是 EM 比 ID 在应用上更加灵活,二者都可以用于解决困难和重要的问题,如"公司的价格每降低 1 元,销售量可以增加多少呢?"

营销计量指标的仪表盘往往反映了潜在的管理逻辑,如市场运转是如何影响销售和利润的。这种仪表盘包括了恒等式和经验关系式两方面的内容。如图 12-3 所示,销售收入可以被分解成很多方面。一些销售收入的恒等式本身还可以再次用不同的恒等式分解。这些也会体现在仪表盘上。如此一来,营销人员就可以通过不同的恒等式来深入了解不同的指标,从而更好地分析随着时间的变化而发生的变化。仪表盘的作用除了监控设备运转情况之外,还应当能够解释因果关系。如同脚踩制动踏板可以达到减速的效果,踩加速踏板可以达到加速的效果。在我们开始考虑不同因素的综合效益之后,这一点会变得更加复杂。例如,虽然踩加速踏板可以加速,可是油箱里的油也会减少得很快。有时候,我们需要使用一系列的测量指标,以更好地预测难以被直接测量的数据。

12.3.3 通过大数定律来消除误差

首先来看一个非常经典的故事。有一个物理教师在期末考试时,要求学生回答如何利用气压计估量一座建筑物的高度。除了常用的分别测量一楼和楼顶气压,再通过差值计算出大楼高度的方法外,教师惊奇地发现了其他一些有创意的回答。其中的一种方法是:将气压计从楼顶扔下,记录其落地所需的时间,再使用合适的物理学公式估测出楼高。还有一种方法是:将气压计和一根绳子系在一起,从楼顶一直将其降到楼底,再测量绳子的长度。第三种方法是:测量大楼影子的长度、气压计影子的长度和气压计的高度,然后再用相同的比值计算出大楼的高度。其中最有创意的方法就是,直接去找大楼的看门人,把气压计作为报酬给他,让他直接说出楼高。

图 12-3 所展示的计算销售收入的不同方法,与学生测量楼高的不同方法很类似。与其在

一种方法上纠缠，不如纵观全局。当在两种方法中选择其一的时候，为什么我们不同时选择这两种方法呢？就如同研究气压计一样，我们为什么不同时使用所有的方法，最后再将各种测量指标整合成一个指标——也许这么做会使得问题简单化，就如同我们可以对这些评估结果进行简单的平均数求解一样。如果我们希望做得更好，可以通过不同测量指标的准确程度计算其加权平均数。如果考虑到我们的观测或者自然现象本身会使得气压计不准确，还可以将更多的权重放在以数据为基准的测量值上，而将较少的权重放在对气压计落地的计时上。观察者的相对权重取决于我们对观察者的信心。如果观察者比较了解情况，就应该给予其较大的权重；反之，则给予较小的权重。

使用不同指标的平均值而非其中的某一个指标，可以使我们更好地利用"大数据定律"的优点。按理说，这个平均值非常接近真实数值，而且计算的指标越多，这个数值会更加接近真实值。在理想情况下，我们希望可以估计到不受影响的"独立"的指标值，就如同气压计的例子一样。

在气压计的例子中，人们更关注建筑物的高度。在营销实践中，市场营销人员则更有可能对估量的组成部分感兴趣，就如同对销售本身感兴趣一样。事实上，在很多的例子中，企业会很好地掌控其销售量，并且倾向于对组成部分有很好的估计。这些组成部分包括市场份额、每个顾客的平均购买量，或者其他一些相关指标。在个别案例中，企业对每一个组成部分并没有独立的测量指标，在这种情况下，企业需要重新使用其他指标的测量方法。每一个原始指标（以及相关的标准差）均会用来估计最终的测量值。模型中的恒等式和相互独立的测算值越多，我们对最后结果也就越有信心。

12.3.4 用恒等式估量难以直接测量的指标

通常可以利用营销模型中的恒等式来推断缺失变量的值。首先，我们通过现实世界中的一个例子来类比营销中的问题。如果想要直接计算出一个游泳池的平均深度，需要一系列错综复杂的数据。要么一遍遍测量随着长度和深度变化的游泳池，要么使用固定的定理测量池底的弧线，再用算数的方法计算。一个较为不直接的方法也许更简单，如记录游泳池的容水量，再除以游泳池的底面面积。

市场营销人员往往热衷于估计那些可以直接测量的数据，殊不知间接地使用其他计量方法做出的估计会更加有效。例如，我们常常需要对一家公司的平均需求份额或钱包份额进行估计，不管是以货币量衡量还是以商品单位衡量。估量这个指标需要知道这家公司平时运营的购买数据库，更重要的是，在这个数据库中，顾客需要具有代表性并且占一定的权重。市场营销人员会发现，相对于直接测量，通过方程式可以更有效地估量这家公司的市场份额。其计算公式为

$$平均需求份额 = \frac{市场份额}{渗透份额 \times 重度使用指数} \quad (12\text{-}9)$$

等式右边三个变量可以根据销售报告、现有顾客的数量以及顾客使用企业产品的估计量直接计算出来。当然，用这种方法估计出的指标只是一个平均数值，而且无法帮助我们深入分析由顾客忠诚度引起的重复购买行为所代表的营销意义。

12.4 营销组合模型

如同"营销组合"一词的创始人——尼尔·博登（Neil Borden）在半个多世纪前所说的那样，市场环境的不同特征会影响营销人员预测和控制营销行为的结果。成熟的营销恒等式可以用

来帮助人们解决这个问题，也就是说人们可以通过综合框架和结构对市场决策的效果加以检测。营销模型往往需要在综合性与可理解性之间谋求平衡，也需要在完整性和简洁性之间进行取舍。

问题的复杂性在于以下多个方面：①企业的销售收入和利润会受到潜在营销行为的影响，包括价格、降价促销、广告、人员推销以及销售渠道的变化等。②这些营销行为与销售收入的关系通常是非线性关系。众所周知的 S 形曲线就是一个典型的非线性关系（有些广告在投放初期对销售收入不会产生明显的效果，当达到某种程度时就会提高销售收入，然而在超过某一点后这种影响效果就会渐渐下降甚至消失）。③一种营销决策的效果往往受到其他一些决策的影响。例如，广告对销售收入的影响不仅会受产品本身的影响，也会受价格和产品实用性的影响。④营销中还会涉及反馈信息和滞后效应。随着时间的流逝，在广告上的投入会提高品牌的知名度，久而久之就形成了公司的品牌资产，进而可以使品牌价格提高。或者，如果竞争对手有一个更好的商品上市，但这个商品的价格很低，低到销售人员基本不获利，那么销售人员就不会在这个商品上花很多精力，最终，商品的销售量就会减少。潜在的复杂性在于市场营销会受多方位的影响：非线性的影响、各种因素之间关系的影响、反馈信息的影响和竞争对手的行为影响。更多的是，这种复杂性会受人们创造力的影响——市场营销人员的确应该富有创造力。因此，可以说，任何模型都不可能将这种复杂性全面反映出来。

在面对这种潜在的复杂问题时，市场营销人员最重要的是要找到把复杂问题简单化的方法，用阿诺德·泽尔纳（Arnold Zellner）的话来说就是，保持其复杂的简单性。围绕着几个重要恒等式展开的营销指标框架有很多好处。一个好处就是它们可以帮助人们在实体架构的层面而非经验关系的层面上，理解不同指标之间的关系和市场反馈信息。我们可以先区分营销决策、营销行为、营销目标（如利润）和其他指标，这样就可以很好地理解这些指标之间的关联。一个简单的营销组合模型可以这样来表述：利润与单价、广告、销售队伍、促销活动具有一种函数关系（见图 12-4），其公式为

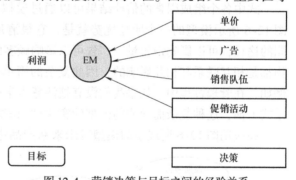

图 12-4　营销决策与目标之间的经验关系

利润 = f(单价，广告，销售队伍，促销活动)　　　　(12-10)

许多营销人员对图 12-4 所示的营销模型持质疑态度，认为它没有完全反映营销组合决策的多重影响。例如，单价每增加 1 元可能会导致单位边际利润上升 1 元，但同时单位收益则可能下降 1 元。我们首先要对单价和单位收益间的经验关系进行独立评估，然后再用单价、单位成本以及单位收益的恒等式来计算毛利率。因此，我们可以把一个恒等式所计算出的结果与那些必须经过评估才能得出的指标相区别。同样，在明确了广告、销售队伍和促销与单位收益之间的因果关系后，营销人员就可以了解这些因素对利润具有什么样的影响作用，进而制定相关的价格决策（见图 12-5）。选择哪种方法主要取决于实验推断结果和直接计算结果哪一个能够更好地理解营销组合的效果。

营销组合模型常被用于评估营销杠杆对营销目标和资源分配决策的影响，其中有一个常用于测试市场状况的指标，如图 12-5 所示，只需对其稍做修改，就可以用修改后的模型来预测新产品的销售收入。即使有些模型并没有想象的那么简单，但是该模型的结果却清晰明确。通

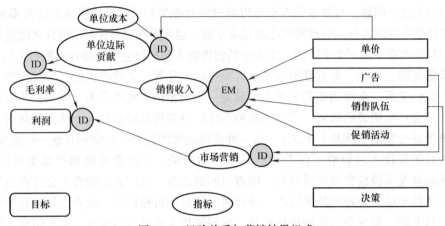

图 12-5　经验关系与营销结果组成

过下列计量指标形成的多个恒等式就能够预测未来的销售收入。在不需要借助一些复杂的公式及方程式的前提下,这一恒等式的乘积高度概括了营销组合最重要的互动,所以我们认为这种模型在实践中具有更加明确的管理意义和优势。

$$预期销售量 = 预期顾客数量 \times 认知度 \times 实用性 \times (试用率 \times 试用量 + 重复购买率 \times 重复购买量) \quad (12\text{-}11)$$

式中各个组成因素的估计结果可以通过模拟测试、调查、管理评估和经验模型估算出来。图 12-6 所示模型的一个明显优势就是,它很清楚地展示了市场营销组合元素,通过明确且不同的途径,可以影响销售量。广告可以影响顾客的认知度,但不影响商品的实用性。当然,事物都是相互联系和相互影响的,因此复杂的简单性模型结构的有效性在一些情况下就会降低。例如,在管理过程中,如果我们没有把注意力集中于那些已被恒等式证明了的最重要的经验关系式上面,这种复杂而简明的模型的实用性和清晰性也会打折扣。

在应用图 12-6 所展示的模型对未来新产品进行预测时,我们认为预测的未来销售量实际

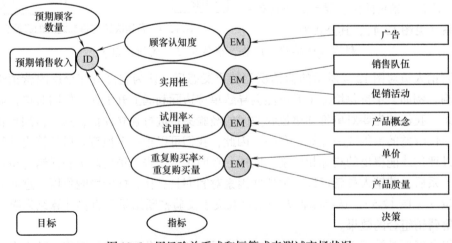

图 12-6　用经验关系式和恒等式来测试市场状况

上是所列恒等式的综合函数。从某种程度来说,我们所选择的将目标分解的方法也可以用于区分营销组合的经验效果。例如,将市场份额目标分解成需求份额、重度使用指数和渗透份额,

这种方法与营销组合个体因素之间没有明显的关联。虽然任何事物之间都是相互联系、相互影响的，但并非每个恒等式都能在营销组合模型中发挥作用。

此外，根据不同收集方式所得到的数据也可以验证某些恒等式的正确性，即使在我们无法对这些恒等式进行直接测量的情况下也可如此。例如，在消费品市场中，营销人员需要经常收集与分销渠道和渠道促销有关的数据，并要及时地向管理人员汇报。但仅仅有这两项计量内容还不够，还必须有第三项计量内容，即"偏好"，综合这三项计量内容就可以构建出一个恒等式，这个恒等式有助于进一步区分不同的经验关系效果，并将三个指标联系起来。图 12-7 展示了营销人员如何通过份额、促销提升及分销指标等不同计量，来推算出偏好的价值。当然，这种方法意味着营销人员必须用合适的内容来定义偏好，即根据相同的分销渠道和渠道促销所确定的相关决策相一致。

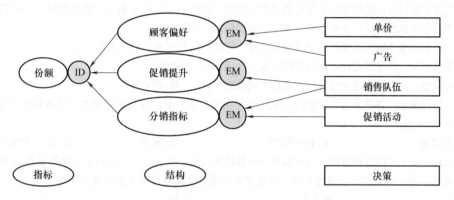

图 12-7　营销组成部分和中间指标与结构的经验关系

再来看看其他相关的计量和概念。根据定义，会计恒等式保持不变。其他一些恒等式，如那些在财务和经济理论方面的概念模型，一般都假定是正确的，或者是建立在一些假设条件基础之上的。正如前面有关章节中讨论过的一样，当价格是在利润最大化的水平时，下面恒等式应该是成立的。

需求价格弹性不变时：

$$销售利润率 \times \frac{价格 - 可变成本}{价格} = \frac{1}{|需求价格弹性|} \qquad (12\text{-}12)$$

或者，线性需求函数时：

$$价格 = 可变成本 + \frac{顾客愿意支付价格 - 可变成本}{2} \qquad (12\text{-}13)$$

虽然这些恒等式之间的关系并不是很精确，但大体上是正确的。

本章小结

本章重点讨论了营销计量指标在分析企业经营方面的作用和意义。营销计量指标可以用来分析企业潜在问题、机会和未来财务表现。本章还介绍了营销管理仪表盘。在这个应用工具中，值得注意的是采用不同的方式展现数据，会影响人们对市场走向的看法。营销中的杜邦模型为我们提供了营销计量指标的分解工具，有助于反映业务的不同方面。在本章的最后部分，讨论了在营销具体实践中如何应用恒等式对某些计量内容进行估算的相关问题。例如将一个大的评估指标分解成小的组成部分，可以帮助我们从细节上发现企业的问题和优势。又如，将指标划分成小的组成部分，同样可以间接地评估其组成的指标，因为这些指标往往难以直接被估测。分解企业的各项指标的主要目的，是更好地观察并且理解一个企业所产生的变化。营销人员往往热衷于估计那些可以直接测量的数据，其实间接地使用其他计量方法做出的估计往往会更有效。也就是说，可以通过综合框架和结构对市场决策的效果加以检测。营销模型往往需要在综合性与可理解性之间谋求平衡，也需要在完整性和简洁性之间进行取舍。营销组合模型可以用来估测对市场资源调配决策的有效性。有些恒等式即便不是直接测量得出的，也可以从所收集到的数据中反映出来，关键在于资料和数据是如何收集到的。

测试题

1. 营销计量指标可检测到营销中存在的风险与机遇，因此具有如同 X 射线一样的作用。（对/错）
2. 营销计量指标能够反映企业营销管理中潜在的问题。（对/错）
3. 使用一个或多个恒等式来分解销售收入能够更好地理解所观察到的变化和产生问题的原因。（对/错）
4. 杜邦模型是一种分解营销计量指标的常用方法或模型。（对/错）
5. 营销模型往往需要在综合性与可理解性之间谋求平衡。（对/错）
6. 借用物理概念，将有关市场营销的各种图表放在同一桌面上，以反映各相关营销数据的变化状况，这一概念称为（　　）。
    A. 杜邦模型　　　　B. 销售模型　　　　C. 水晶易表　　　　D. 营销管理仪表盘
7. 某服装公司 1 月的数据显示，公司共有 300 名销售人员，每个销售人员的平均销售量为 2000 件，顾客总数为 1000 人，每个顾客的购买量为 6 件。根据这些数据，计算当月销售量的方法有（　　）。
    A. 1 种　　　　B. 2 种　　　　C. 3 种　　　　D. 4 种
8. 在简单的营销组合模型中，与利润具有一种函数关系的营销因素有（　　）。
    A. 单价　　　　B. 广告　　　　C. 销售队伍
    D. 市场促销　　　　E. 消费者偏好
9. 营销人员要推算消费者偏好的价值，可以通过下列计量指标（　　）。
    A. 份额　　　　B. 促销提升　　　　C. 分销指标
    D. 营销投资回报率　　　　E. 单价
10. 营销组合模型常被用于（　　）分解。
    A. 营销目标　　　　B. 资源分配　　　　C. 广告回报
    D. 顾客偏好　　　　E. 单位成本

练习题

1. 某公司的供货发货数据参见文件"供货发货表.xls"，制作销售分析仪表盘，包括：
（1）购买地区分析视图。
（2）客户年龄分析视图。
（3）购买时间分析视图。
2. 商友公司非常重视对消费者消费行为的分析研究，期望在产品投入市场后，通过相关研究，分析市场状况、市场潜力、品牌知名度、顾客忠诚度等指标，发现市场机会，进行市场定位和分割，细分目标市场以及确定或改进产品的价格、渠道、包装、规格等策略。为此，营销部门设计了一份调查问卷，共收回 60 份，问卷和调查统计数据参见文件"商友公司调查数据.xls"。

请完成一篇营销分析报告，通过对消费者购买商品时受影响的因素、消费者购买商品（自用品、礼品等）时考虑的因素进行分析，明确后期产品的发展方向，实现对产品的准确定位。

参 考 文 献

[1] AMBLER T. Marketing and the Bottom Line: the Marketing Metrics to Pump up Cash Flow [M]. 2nd ed. Upper Saddle River, NJ: Financial Times/Prentice Hall, 2003.

[2] AMBLER T. Don't Cave in to Cave Dwellers [J]. Marketing Management, 2006, 15 (5): 25-29.

[3] AMBLER T, KOKKINAKI F. Measures of Marketing Success [J]. Journal of Marketing Management, 1997 (13): 665-678.

[4] AMBLER T, Wang X C. Measures of Marketing Success: A Comparison Between China and the United Kingdom [J]. Asia Pacific Journal of Management, 2003 (20): 267-281.

[5] AMBLER T, KOKKINAKI F, PUNTONI S. Assessing Marketing Performance: The Current State of Metrics [M]. London: London Business School, 2002.

[6] AMBLER T, KOKKINAKI F, PUNTONI S. Assessing Marketing Performance: Reasons for Metrics Selection [J]. Journal of Marketing Management, 2004, 20 (3-4): 475-498.

[7] CALANTONE R, GARCIA R, DRÖGE C. The Effects of Environmental Turbulence on New Product Development Strategy Planning [J]. Journal of Product Innovation Management, 2003, 20 (2): 90-103.

[8] B H. Marketing Performance Measures: History and Interrelationships [J]. Journal of Marketing Management, 1999 (15): 711-732.

[9] CLARK BH. Managerial perceptions of marketing performance: efficiency, adaptability, effectiveness and satisfaction [J]. Journal of Strategic Marketing, 2000, 8 (1): 3-25.

[10] DAVIS J. Measuring Marketing: 103 Key Metrics Every Marketer Needs [M]. Singapore: John Wiley and Sons, 2007.

[11] DOYLE P. Value-Based Marketing: Marketing Strategies for Corporate Growth and Shareholder Value [M]. Hoboken, NJ: John Wiley and Sons, 2000.

[12] OUYANG F, ZENG J, GENG W W, et al. Critical Factors for B2C E-Commerce in China [J]. Journal of China Marketing, 2017, 6 (2): 117-143.

[13] FARRIES P W, BENDLE N T, PFEIFER P E, et al. Marketing Metrics: The Definitive Guide to Measuring Marketing Performance [M]. Upper Saddle River, NJ: Pearson Education, 2010.

[14] HOOLEY G J, GREENLEY G, CADOGAN J W, et al. The performance impact of marketing resources [J]. Journal of Business Research, 2005, 58 (1): 18-27.

[15] JEFFERY M. Data-Driving Marketing: The 15 Metrics Everyone in Marketing Should Know [M]. Hoboken, NJ: John Wiley and Sons, 2010.

[16] KOHLI A K, JAWORSKI B J, KUMAR A. MARKOR: A Measure of Market Orientation [J]. Journal of Marketing Research, 1993, 30 (4): 467-477.

[17] LENSKOLD J. Unlock Profit Potential [J]. Marketing Management, 2007, 16 (3): 26-31.

[18] LILIEN G L, RANGASWAMY A, BRUYN A D. Principles of Marketing Engineering [M]. State College, PA: DecisionPro, Inc., 2013.

[19] LLONCH J, EUSEBIO R, AMBLER T. Measures of Marketing Success: A Comparison between Spain and the UK [J]. European Management Journal, 2002, 20 (4): 414-422.

[20] LUKAS B A, WHITWELL G J, DOYLE P. How Can a Shareholder Value Approach Improve Marketing's Strategic Influence? [J]. Journal of Business Research, 2005 (58): 414-422.

[21] MALHOTRA N K, BIRKS D F. Marketing Research: An Applied Approach [M]. Upper Saddle River, NJ:

Pearson Education, 2006.

[22] MORGAN N A, CLARK B H, GOONER R. Marketing productivity, marketing audits, and systems for marketing performance assessment: Integrating multiple perspectives [J]. Journal of Business Research, 2002, 55 (5): 363-375.

[23] O'SULLIVAN D, ABELA A V. Marketing Performance Measurement Ability and Firm Performance [J]. Journal of Marketing, 2007, 71 (April): 79-93.

[24] RUST R T, AMBLER T, CARPENTER G S, et al. Measuring Marketing Productivity: Current Knowledge and Future Directions [J]. Journal of Marketing, 2004 (68): 76-89.

[25] SLATER S F, NARVER J C. Does Competitive Environment Moderate the Market Orientation-Performance Relationship? [J]. Journal of Marketing. 1994, 58 (1): 46-55.

[26] SRIVASTAVA R K, SHERVANI T A, FAHEY L. Market-Based Assets and Shareholder Value: A Framework for Analysis [J]. Journal of Marketing, 1998, 62 (1): 2-18.

[27] 陈健平. 我国中小企业营销战略中存在的问题与对策研究 [J]. 科技信息, 2007 (16): 155.

[28] 程琴. 经济附加值（EVA）指标的计算及其功能研究 [J]. 引进与咨询, 2004 (10): 24-26.

[29] 法里斯, 本德勒, 普法伊费尔, 等. 营销量化指标 [M]. 何志毅, 赵占波, 译. 2版. 北京: 中国人民大学出版社, 2012.

[30] 郭国庆. 市场营销学通论 [M]. 北京: 中国人民大学出版社, 1999.

[31] 郭国庆. 服务营销管理 [M]. 2版. 北京: 中国人民大学出版社, 2009.

[32] 胡其辉. 市场营销策划 [M]. 大连: 东北财经大学出版社, 2006.

[33] 纪宝成. 市场营销学教程 [M]. 北京: 中国人民大学出版社, 2002.

[34] 李德明, 王傲胜. 计量学基础 [M]. 上海: 同济大学出版社, 2007.

[35] 李世成. 企业竞争优势 [M]. 北京: 台海出版社, 2005.

[36] 吕一林. 市场营销学原理 [M]. 北京: 高等教育出版社, 2011.

[37] 欧书阳, 袁宏. 创新: 市场营销的生命力 [J]. 西南农业大学学报（社会科学版）, 2004 (2): 41-43.

[38] 欧阳峰, 冯宝莹, 曾靖. B2C电商平台的用户体验评价 [J]. 工业工程, 2017 (1): 100-106.

[39] 潘城文, 苏文浩, 杨炎炎. 基于中国企业构建自主创新市场营销战略的探索性分析 [J]. 安徽农业科学, 2006 (22): 6056-6057.

[40] 赛贝尔资讯. Excel在市场营销中的典型应用 [M]. 北京: 清华大学出版社, 2008.

[41] 田广. 计量营销学就这样简单 [M]. 北京: 经济科学出版社, 2013.

[42] 田广. 市场营销人类学 [M]. 银川: 宁夏人民出版社, 2017.

[43] 万后芬. 市场营销教程 [M]. 北京: 高等教育出版社, 2006.

[44] 汪平. 财务理论 [M]. 北京: 经济管理出版社, 2003.

[45] 王吉鹏. 企业文化建设 [M]. 北京: 中国发展出版社, 2005.

[46] 吴健安. 营销管理 [M]. 北京: 高等教育出版社, 2010.

[47] 吴健安. 市场营销学 [M]. 2版. 北京: 高等教育出版社, 2004.

[48] 吴健安. 《市场营销学》学习指南与练习 [M]. 2版. 北京: 高等教育出版社, 2004.

[49] 温斯顿. Excel营销数据分析宝典: 大数据时代下易用、超值的数据分析技术 [M]. 蒲成, 译. 北京: 清华大学出版社, 2015.

[50] 朱立. 市场营销经典案例 [M]. 北京: 高等教育出版社, 2004.

[51] 徐俊. 中小企业营销的优劣势分析及其营销战略的选择 [J]. 生产力研究, 2007 (8): 131-132.

[52] 布瑞翰, 休斯顿. 财务管理基础 [M]. 胡玉明, 赖红宁, 译. 大连: 东北财经大学出版社, 2003.

[53] 佩罗特, 麦卡锡. 基础营销学 [M]. 胡修浩, 译. 上海: 上海人民出版社, 2006.

[54] 张秀玉. 企业战略管理 [M]. 3版. 北京: 北京大学出版社, 2002.

[55] 张云起. 营销风险管理 [M]. 北京: 高等教育出版社, 2010.